北大版普通高等教育"十二五"规划教材

21世纪教师教育系列教材

语文教育系列

中学语文名篇新讲

杨朴 杨旸 著

图书在版编目(CIP)数据

中学语文名篇新讲 / 杨朴,杨旸著. —北京:北京大学出版社,2015.8
(21世纪教师教育系列教材·语文教育系列)
ISBN 978-7-301-26115-6

Ⅰ.①中… Ⅱ.①杨…②杨… Ⅲ.①中学语文课－教学研究－师范大学－教材 Ⅳ.①G633.302

中国版本图书馆CIP数据核字(2015)第171140号

书　　名	中学语文名篇新讲
著作责任者	杨　朴　杨　旸　著
责任编辑	唐知涵
标准书号	ISBN 978-7-301-26115-6
出版发行	北京大学出版社
地　　址	北京市海淀区成府路205号　100871
网　　址	http://www.pup.cn　　新浪微博:@北京大学出版社
电子信箱	zpup@pup.cn
电　　话	邮购部 62752015　发行部 62750672　编辑部 62753056
印刷者	天津和萱印刷有限公司
经销者	新华书店
	787毫米×1092毫米　16开本　16.5印张　350千字
	2015年8月第1版　2023年5月第3次印刷
定　　价	55.00元

未经许可,不得以任何方式复制或抄袭本书之部分或全部内容。
版权所有,侵权必究
举报电话:010-62752024　电子信箱:fd@pup.pku.edu.cn
图书如有印装质量问题,请与出版部联系,电话:010-62756370

目 录

由外部解读到内部解读
  ——谈中学语文文本解读转型问题 …………………………………… 1
《荷塘月色》的外部研究与内部研究 ……………………………………… 1
美人幻梦的置换变形
  ——《荷塘月色》的精神分析 …………………………………………… 11
"月下美人"象征系统的新文本
  ——《荷塘月色》与《诗经·月出》等的比较分析 ………………………… 22
地坛的多重象征意蕴
  ——《我与地坛》象征性意蕴的重新探讨 ……………………………… 28
爱情情结与阶级意识的纠葛与冲突
  ——《雷雨》周朴园与侍萍重逢一场戏的精神分析 …………………… 38
"完形"的方法与悲剧命运原型模式的呈现
  ——《雷雨》艺术方法及其悲剧主题的重新探讨 ……………………… 50
苦涩、酸楚而又凝重的"轻轻"
  ——《再别康桥》的艺术符号学解读 …………………………………… 60
愁怨情结的多重象征
  ——《雨巷》意象的映衬性阐释 ………………………………………… 72
视角转换与新意表现
  ——《错误》意义的重新探讨 …………………………………………… 80
旧材料新安排的结构意义
  ——论《断章》的形式及其意义 ………………………………………… 86
男权统治下的女性悲剧
  ——《孔雀东南飞》主题的重新探讨 …………………………………… 92
屈原九死而不悔的是自己的独立人格
  ——《离骚》"虽九死其犹未悔"节选重解 …………………………… 107
此恨绵绵无绝期
  ——论《长恨歌》"自我牺牲"的心理原型 …………………………… 115

意象与结构
　　——《登高》的整体性解读 ··· 123
天涯沦落恨的同构性象征
　　——《琵琶行》故事后面的原型模式 ······································ 128
惘然之情的典象化造型
　　——《锦瑟》典故运用的符号学批评 ······································ 136
英雄美人情结的艺术象征
　　——《念奴娇·赤壁怀古》意象的符号意蕴 ····························· 142
理想与幻灭的对立纠结及转换
　　——《赤壁赋》的结构论分析 ··· 145
《声声慢》的外部解读与内部解读 ·· 152
寒蝉凄切　对长亭晚
　　——《雨霖铃》"伤别离"情感的意象化表现 ··························· 164
鲁镇文化和祥林嫂的幽闭恐怖症
　　——《祝福》主题的重新解释 ··· 169
国民性认识的悲观和精神启蒙的决绝
　　——《药》的复合象征和复合意义 ··· 178
阿Q转败为胜的心理法术
　　——《阿Q正传》的重新解读（之一）··································· 183
阿Q想象性的法术思维
　　——《阿Q正传》的重新解读（之二）··································· 187
对男性和爱情的彻底绝望
　　——《杜十娘怒沉百宝箱》中百宝箱的象征意义 ······················ 198
"木石前盟"与"金玉良缘"象征符号的具体内涵
　　——《红楼梦》宝黛与宝钗见面的心理分析 ···························· 205
苦闷的象征
　　——《项链》故事的深层意蕴 ··· 212
李白的恋母情结
　　——《静夜思》深层意蕴的重新探讨 ····································· 220
后　　记 ··· 228

由外部解读到内部解读
——谈中学语文文本解读转型问题

(在吉林省课改实验基地中学语文备课组长培训班上的讲课稿)

文本的外部解读与内部解读

在我看来,我们中学语文文本大体上是这样一种解读模式:从作家生平和创作背景的解读而不是从形式的解读,从客观生活的解读而不是从意象的解读,从一般语言的陈述功能的解读而不是从诗的语言的造型和隐喻功能的解读。这种解读模式较为普遍地表现在语文课堂教学中,每当讲授一部作品——最典型的是在讲授一首诗或词的时候,我们总是从作家生平和创作背景讲起,并把作家生平和创作背景的内容贯彻到文本的讲解中去,用作家生平和创作背景阐释文本主题、意义。我们都是高中语文骨干教师和语文组长,我们是不是这样解读文本的呢?大家是认同的。

我们有没有这样的讲法呢——就是不怎么讲或干脆一点儿也不讲作家生平经历和创作背景,一上来就分析文本形式,即解读意象、隐喻、象征、结构之类,从文本形式解读意义?有没有这样讲的老师呢?好像没有人回应,那大概就是没有,或者有也是很少吧。

我们再问问刚刚毕业或毕业已久的高中生就知道,从作家生平和创造经历解读文本是一种最普遍的讲法。当我们向他们继续询问:"有没有这样的讲法,就是在解读文本的时候,不是从作家生平、创造背景讲起,而是就文本形式——意象、形式结构来进行分析的?"回答几乎都是:"没有!"。

从作家生平和创作背景来解读文本,是文本的外部解读模式,对文本形式本身的解读则是文本的内部解读模式。我们的文本解读模式基本上是一种外部解读模式。

我们的文本外部解读模式是从文本外部解读文本,忽视了文本本身,忽视了形式本身,忽视了内部系统本身,而专门从作家生平、时代背景、政治道德观念、作家人格等角度去解释文本,这样,我们就不知不觉地把作家经历、时代背景、政治道德观念和作家人格等内容强加到了文本之中。但我们知道,文本形式有着独立自主的生命,它的意义就产生于它自身的形式;文本形式是并不等于作家经历、政治道德和作家人格等内容的。因而,当我们这样解读的时候——问题的严重性在于我们是长期这样解读的——我们并没有真正完成文本解读的根本任务。我们以为是讲语文，但实际上，我们讲的是另外一种东西，语文文本讲解成了另外东西的派生物，作品形式本身甚至包括语文本身的内容被扔掉了。

许许多多老师也觉得这是一种很不好的讲法，语文教学本来应该是最具魅力的，但是我们的语文教学反而弄得最枯燥、最乏味，学生厌烦语文，老师没有获得职业的崇高感、满足感与愉悦感，有些人感到教语文就是"受罪"——"上辈子作孽了，这辈子罚我做语文老师"。所有的语文老师还是努力想把语文讲好的，但是大多仍然没有讲好。有的老师非常痛苦，在课堂上就愤怒地质问学生："我这样起早贪黑地备课，准备了那么多资料，又非常认真地讲解，你们为什么做别的卷子、玩手机、不好好听我的课呢？"被逼无奈的学生回答："你讲的我都会，我不会的你也没讲。"我们老师也听出来了，言下之意，还有学生没说的，那就是："我不会的你也讲不了。"在学生的回答中包含了这样一个深刻的问题：老师讲的学生基本都会了，而学生不会的、想获得的，老师基本没有讲；我们老师对文本的解读与学生对文本的感悟与渴求是疏离的、隔膜的、对不上号的。学生正值青春期，他们有着充沛的感情和丰富的想象力，而文学就是以想象的形式表现人性、表现爱情的，文本形式表现的爱情和理想、追求和失落，青春和生命等，都是与高中学生的情感息息相关的。这些讲解应该是饶有兴味、充满魅力的探讨。但是，我们的文本解读课多半枯涩、僵化、了无兴趣。学生不愿意学，教师不愿意讲，其原因就是还没有进入内部解读的系统中去，没有获得文本形式解读的兴味、快感与魅力。

我们的语文老师对文本的解读没有深入文本的内部，没有深入形式的内部，也就没有深入心灵的内部。为数不少的老师并没有讲好，这就是因为我们选择了外部解读模式。我们的语文老师为什么选择了外部解读模式呢？原因可能是多方面的，比如高考采分点的制约等，但是，我认为，最主要的原因还是我们语文教师通用的教材即《语文教师教学用书》（人民教育出版社，2007年出版，多次重印，全国正在通用）的问题。上面我们所说的"从作家生平和创作背景解读而不是从形式解读，从客观生活解读而不是从意象解读，从一般语言概念解读而不是从诗的隐喻性解读"，恰恰是这本教材解读文本的基本模式。正因为语文教材基本上是一种外部解读模式，才导致了语文课堂教学的外部解读模式。实际课堂教学的外部解读模式是语文教材外部解读模式的实践性反映。

文本有两种解读模式，即文本的外部解读和文本的内部解读。[①] 文本的外部解读，是指离开文本形式，根据某种思想观念、时代背景、作家生平、作家人格等对文本的解读，把这些文本之外的东西强加在文本之中，当做文本的内容来进行解读。伟大的批评家弗莱说这种解读是一种"决定论"的解读："是那种从根本不是文学的东西中去寻找文学基本意义的冲

[①] 韦勒克，沃伦. 文学理论[M]. 刘象愚，等译. 南京：江苏教育出版社，2005.

动"。① 弗莱还指出,外部解读"解释不了他们所讨论的东西的文学形式""它们无法解释文学作品的诗的和隐喻的语言"。②"让批评服从一种从外部获得的批评态度是夸大文学中与外部根源有关的价值,不管这价值是什么。把一种文学之外的系统强加给文学是很容易的。"③

文本的内部解读就是指对文本形式的解读,文本形式主要包括语音、意象、隐喻、象征、结构、神话、类型等。④ 扩展开来看,内部解读还包括"从一件单独的艺术品的分析过渡到某一个类型的艺术品分析"上去。⑤ 弗莱也说过:"在接受了诗的形式是诗的意义的原始基础之后,下一步就是要在文学自身中寻找它的语境。"⑥ 这个"语境"既包括"每个诗人都有他独特的区别于他人的意象结构,这种结构甚至在他的早期作品中就已出现,而且不会也不可能从根本上改变"。⑦ 又包括"文学传统"即"更大的结构原则",即"常规、文类、反复出现的意象群或原型"。⑧ 这方面的例子可以参看我对朱自清《荷塘月色》的研究,"荷塘月色"是朱自清"月下美人"意象的变形,而"月下美人"是朱自清从早期一直到《荷塘月色》反复表现的意象;但这一意象又来源于《诗经·月出》"月下美人"的原型(参见本书《〈荷塘月色〉与〈诗经·月出〉》等的比较研究和"杨朴的博客"《月下美人——朱自清作品的一个原型模式》)。文学内部研究是一个有规律的系统,根据这些来阐释文本形式的意义才是真正的文学解读。

文本的解读应该是内部解读而不应该是文本的外部解读。因为,作家不是为了表现某种政治观念,不是为了表现某种社会背景,也不是为了表现自身经历和人格而进行创作的。文学得以存在的永恒价值在于对人的情感的表现。但这种表现是借助生活现象(景物)来实现的,诗人创造的过程是一个主观情感客观化的过程,内在心灵外部化的过程,抽象情感具体化的过程。因而,诗人所表现的生活现象和景物等就成了人的情感的象征形式。原来被认为的生活现象和景物描写其实是诗人为表现情感而创造的形式,是情感的隐喻、情感的象征、情感的符号。齐白石的虾、徐悲鸿的马、凡·高的向日葵、张旭的(狂草)书法、鲁迅的《狂人日记》不是为了表现生活中的虾、马、向日葵、汉字和狂人,而是由它们创造一种艺术符号,用这种艺术符号表现生命的意义和对生命的理解等。但我们常常是把它们就当成生活中的虾等来理解,而没有把它们当做艺术,当做艺术符号来理解。诗的内部解读就是要解释艺术形式的情感意义。但是,长期以来,我们就是用诗人的经历和客观景物来解释诗。这种外在于文学的解释非常可怕地把文学的意义给泯灭了。诗人的生活现象和景物是情感的形式,

---

① 弗莱.批评之路[M].王逢振,秦明利,译.北京:北京大学出版社,1998.
② 弗莱.批评之路[M].王逢振,秦明利,译.北京:北京大学出版社,1998.
③ 弗莱.批评的剖析[M].陈慧,等译.北京:百花文艺出版社,1999.
④ 韦勒克,沃伦.文学理论[M].刘象愚,等译.南京:江苏教育出版社,2005.
⑤ 韦勒克,沃伦.文学理论[M].刘象愚,等译.南京:江苏教育出版社,2005.
⑥ 弗莱.批评之路[M].王逢振,秦明利,译.北京:北京大学出版社,1998.
⑦ 弗莱.批评之路[M].王逢振,秦明利,译.北京:北京大学出版社,1998.
⑧ 弗莱.批评之路[M].王逢振,秦明利,译.北京:北京大学出版社,1998.

是象征性意象,我们却把情感的形式当成了纯粹的作家经历和景物来讲解,这就取消了诗的情感意义。诗人和作家之所以要写生活现象和景物,正是为了表现他内心深处情感的需要。诗人和作家内心深处的情感在现成的语言中找不到相对应的词汇与概念,因而,诗人和作家才要借生活现象和景物,创造某种意象和结构形式。意象和结构形式是诗人和作家自身内部情感的表现,而不是外部观念、作家经历、时代背景和自身人格等的表现。用政治观念、作家经历和时代背景等外部观念解释诗人与作家的意象和结构形式,恰恰是对诗人和作家表现内部情感的一种无视、遮蔽和抹杀。以研究艺术形式而著称于世的苏珊·朗格说:艺术创造"就是以一种客观符号将一个主观的事件或活动表现出来。任何一件艺术品都是这样一种形象,不管它是一场舞蹈,还是一件雕塑品,或是一幅绘画、一部乐曲、一首诗,本质上都是内在生活的外部显现,都是主观现实的客观显现。这种形象之所以能够标示内心生活中所发生的事情,乃是因为这一形象与内心生活中所发生的事情含有相同的关系和成分的缘故"①。诗人和作家创造艺术形式为的是表现情感,因而,我们必须通过艺术形式分析,解读出诗人和作家表现的情感。

韦勒克和沃伦指出:"文学研究的合情合理的出发点是解释和分析作品本身。无论怎么说,毕竟只有作品能够判断我们对作家的生平、社会环境及其文学创作的全过程所产生的兴趣是否正确。然而,奇怪的是,过去的文学史却过分地关注文学的背景,对于作品本身的研究极不重视,反而把大量的精力消耗在对环境及背景的研究上。"②

文本的内部解读,即解释文本中具体的意象、象征、隐喻、神话和结构及原型等,是极具魅力的形式探讨。因为作家是以文本即具体的形式表现情感的,因而,那些具体的意象和隐喻、结构和原型等就是情感的象征;作家表现的某种形式并非凭空独创,而是对此前的文学传统的继承与借鉴,文本是以"互文"的方法(借鉴其他文本)生成的;作家表现了怎样的情感,文本是怎样生成的,透过具体文本的分析又可以过渡到一般性、规律性的认识。这是具有一套专业规律和知识的内部解读系统,只要掌握了这种系统,是完全可以把文本解读得更深刻、更精彩、更具魅力的。

外部解读是一种很普遍的教学现象,它表现在文本解读涉及的方方面面:在师范生到中学实习后的汇报讲课中有鲜明体现(学生经过教师的具体指导,某种程度上就折射了文本解读现状),在语文教师文本讲解中有鲜明体现,在中学课文的网上文章中有鲜明体现,在中学语文教参中有鲜明体现,更严重的是在中学《语文教师教学用书》中也有鲜明体现,在中学语文教学的研究成果中还有鲜明体现。因而,扭转这种外部解读现象,将这种外部解读模式转换到内部解读模式上去,需要经历一个长期的、艰难的、痛苦的过程。需要文学观念的改变,

---

① 苏珊·朗格.艺术问题[M].滕守尧,朱疆源,译.北京:中国社会科学出版社,1983.
② 韦勒克,沃伦.文学理论[M].刘象愚,等译.南京:江苏教育出版社,2005.

知识结构的改变,解读方法的改变,等等。

不能把象征情感的意象当做景物来解读

由外部解读转型到内部解读,我们可以先用《语文教师教学用书》中的诗歌解读说明问题。诗歌文本的外部解读问题最为严重。它主要表现在三个方面:第一,是把表现诗人情感的意象(形式)当做客观景物来解释,从而在很大程度上剔除了形式的情感意义,比如《赤壁赋》《登高》《沁园春·长沙》等。把诗人表现情感的意象当做客观景物来解读,这种文本外部解读问题最严重,几乎成为一种普遍的解读模式。第二,是用政治观念解读文本,把政治观念套在文本上,比如《孔雀东南飞》《沁园春·长沙》等。第三,是用诗人的经历解读文本,把诗人经历嫁接在文本的解释上,使诗人的经历成了文本的内容。比如《再别康桥》《赤壁赋》《琵琶行》《声声慢》等。

我们先来看第一个方面,把诗人表现情感的意象当做客观事物来解释。这个问题,以《赤壁赋》的解读最为典型。《赤壁赋》前两段原文:

> 壬戌之秋,七月既望,苏子与客泛舟游于赤壁之下。清风徐来,水波不兴。举酒属客,诵明月之诗,歌窈窕之章。少焉,月出于东山之上,徘徊于斗牛之间。白露横江,水光接天。纵一苇之所如,凌万顷之茫然。浩浩乎如冯虚御风,而不知其所止;飘飘乎如遗世独立,羽化而登仙。
>
> 于是饮酒乐甚,扣舷而歌之。歌曰:"桂棹兮兰桨,击空明兮溯流光。渺渺兮予怀,望美人兮天一方。"客有吹洞箫者,倚歌而和之。其声呜呜然,如怨如慕,如泣如诉,余音袅袅,不绝如缕。舞幽壑之潜蛟,泣孤舟之嫠妇。

高中语文《语文(2)教师教学用书》做了这样的阐释:

> 第1段,写夜游赤壁的情景。作者"与客泛舟游于赤壁之下",投入大自然怀抱之中,尽情领略其间的清风、白露、高山、流水、月色、天光之美。兴之所至,信口吟诵《诗经·月出》首章"月出皎兮,佼人僚兮。舒窈纠兮,劳心悄兮"。把明月比喻成体态娇好的美人,期盼着她的冉冉升起。……游人这时心胸开阔,舒畅,无拘无束,因而"纵一苇之所如,凌万顷之茫然",乘着一叶扁舟,在"水波不兴"浩瀚无涯的江面上,随波漂荡,就好像在太空中乘风飞行,悠悠忽忽地离开人世,超然独立;又像长了翅膀飞升入仙境一样。浩瀚的江水与洒脱的胸怀,在作者的笔下腾跃而出,泛舟而游之乐,溢于言表。这是本文正面描写"泛舟"游赏景物的一段,以景抒情,融情入景,情景俱佳。[①]

---

① 人民教育出版社,课程教材研究所,中学语文课程教材研究开发中心.语文(2)教师教学用书[M].北京:人民教育出版社,2012.

这种解读的问题是用客观景物和实际行为来解读苏轼的游赤壁,而没有把苏轼的游赤壁当做苏轼内心情感象征的意象来解读,从而把游赤壁当做了"投入大自然的怀抱中,尽情领略期间的清风、白露、高山、流水、月色、天光之美"的"游赏景物",就彻底地歪曲了游赤壁意象对苏轼复杂情感的象征意义。

在实际的教学中,更多的是用"乐—悲—乐"来概括《赤壁赋》的情感线索和情感内容。这种解读方式也是外部解读的一种表现,由于没有注意到游赤壁意象的象征意义,把它仅仅当做客观景物和苏轼的实际行为,又根据字面的"饮酒乐甚"来解释,就做出了"乐"的概括,而这个"乐"恰恰是对意象表现的"悲"的相反的概括。

这里有个对"景"的理解的问题。诗人为什么要写景?是因为诗人看到了景色的美丽,还是因为经历了某个有景的地方?我以为都不是的,诗人都不是因为这个而写景。写景的目的是为了写情,写心,写不能直接说出(说不出)的内心感受。这就涉及诗人是如何创作诗的问题。诗人要表达情感,但是,诗人没有现成的概念来表达他内心的情感、内心情感结构的样式,他只有写景,通过写景(其实是意象创造)把主观情感客观化,内心世界外部化,说不清楚的情感对象化。因而,诗人创造的结果是,景成了诗人情感表现的意象、象征和符号。诗人的创作告诉我们,诗人的景是诗人情的表现形式,不能把诗中的景完全看成是客观事物的表现,也不能把诗人写到的景看成是融情入景,或情境交融——那样就把情从景中剥离了,甚至看不到景对情的象征。不能把意象当成所谓的景。

当诗人用景象征情的时候,就带来了诗歌语言的特点,它的隐喻性和象征性。教材的解读还没有注意到诗歌的语言与一般日常语言是不同的另一种隐喻性的语言。日常语言是一种描述和说明的语言,而诗歌语言是隐喻情感的语言。教材没有用诗歌语言的方式解读苏轼的诗歌,而是用日常语言解释苏轼看到的景和游赤壁的行为,这就犯了一个明显的错误。

教材在把苏轼写到的景——看到景和游赤壁的过程完全看成了客观的景和实际的行为并以日常语言进行解读的时候,就把苏轼在景中表现的情给完全剥离了。这种解读也就成了外部解读。

而《赤壁赋》的内部解读不是这样的,内部解读就是要充分发掘《赤壁赋》的形式意义。什么是《赤壁赋》的形式?《赤壁赋》所写到的意象,苏轼看到的景和苏轼游赤壁的感受等都是《赤壁赋》的形式化表现,我们只有分析这些形式,才能解读出《赤壁赋》的意义。

苏轼为什么要游赤壁呢?关于赤壁,苏轼共创作了四篇作品。苏轼对赤壁情有独钟,那是因为赤壁在苏轼那里已经符号化了,在苏轼那里,赤壁就是一个表现他思想情感的意象。赤壁是什么意象呢?赤壁因为周瑜在那里建功立业,创造了辉煌的战绩而成为一个英雄业绩的符号,人生理想抱负的符号;但那是周瑜的,不属于他苏轼,因而赤壁是苏轼失去的理想的符号。因而,苏轼的游赤壁,就是苏轼与他失去的理想的一次对话。这是一种什么样的对话呢?从景物描写即意象表现的形式来看,那是苏轼失去理想思想情感空虚、茫然、无所皈依的表现。

赤壁既然是苏轼失去的人生理想的象征符号,那么,夜游赤壁之下的所谓景象描写就是苏轼面对失去人生理想的生命感受了,是苏轼内心情感的外化形式。

> 白露横江,水光接天。纵一苇之所如,凌万顷之茫然。浩浩乎如冯虚御风,而不知其所止;飘飘乎如遗世独立,羽化而登仙。

这当然是对苏轼夜游赤壁之下情景的描写,但是,它的艺术意义却并非是对苏轼夜游赤壁情景的反映与再现,而是用这种夜游的意象结构表现苏轼失去人生理想的情感结构。

"白露横江,水光接天"的意象结构是水天连在一起白茫茫没有尽头的一片;它所象征的情感结构是茫茫然没有任何希望。

"纵一苇之所如,凌万顷之茫然",在这样水天连在一起白茫茫没有尽头的一片中,自己乘坐的小船犹如一片芦苇,任万顷波涛颠簸、激荡。"万顷"则把上面的"茫然"渲染得淋漓尽致。"一苇"对"万顷"的意象结构使"茫然"广大无际的情感结构得到最为真切的表现。

"浩浩乎如冯虚御风,而不知其所止",任凭浩浩江风随意吹向任何地方,而不能左右、不能停止,所表现的则是苏轼失去人生理想之后的茫茫然,没有任何方向。

"飘飘乎如遗世独立,羽化而登仙",是被浩浩江风吹得没有任何重量的轻飘飘,这种意象结构表现的是苏轼失去人生理想之后的精神失重状态,像变化了羽毛和成仙一样的没有了定力,是内心空虚的极富表现力的形式表现。

从第一段的意象表现来看,是苏轼茫然、幻灭思想情感的表现,教师用书概括"游人这时心胸开阔,舒畅,无拘无束","浩瀚的江水与洒脱的胸怀,在作者的笔下腾跃而出,泛舟而游之乐,溢于言表",完全是错误的。苏轼游赤壁是苏轼内心感受的外化形式,这种外化形式是茫然、幻灭感的表现,没有什么"乐"可言。

第一段描写的艺术性还在于,苏轼除了以游赤壁的意象表现他的内心情感之外,还以另一种方式象征他的情感。这种方式就是对《诗经·月出》的歌和诵。"诵明月之诗,歌窈窕之章",那种情感基调只能是怅惘、忧伤而不能是舒畅、洒脱和愉悦的。《诗经·月出》是歌唱月下美人的:"月出姣兮,美人僚兮"所表现的是美人渴望而不可即,其情感是怅惘和忧郁的。但苏轼这里不是在《月出》原来的意义上的歌唱,而是赋予了美人以新的象征意义的歌唱。那个美人就是他失去的理想。苏轼歌唱这个象征理想的美人的诗篇,与苏轼游赤壁有一种内在的结构:游赤壁就是苏轼与失去理想的对话,而歌唱"月出"美人的可望而不可即也是与失去的理想的一种对话。因而,"诵明月之诗,歌窈窕之章",表现的情感不是舒畅、愉悦而是怅惘和忧伤的,与意象表现的茫然、幻灭感是一致的。"扣舷而歌之"的"桂棹兮兰桨,击空明兮溯流光。渺渺兮予怀,望美人兮天一方"所表现的仍然是"月出"的美人可望而不可即的指代理想失去的痛苦情绪。

为了表现失去理想的痛苦和茫然,苏轼还进一步以"客有吹洞箫者,倚歌而和之",并大肆渲染了"和之"的音调:"其声呜呜然,如怨如慕,如泣如诉,余音袅袅,不绝如缕"。其实,这音调正是苏轼内心因失去理想而痛苦的另一种形式写照。苏轼为了宣泄这种情绪,不仅做了这种大肆渲染,又进一步渲染了这种音调的巨大感染力:"舞幽壑之潜蛟,泣孤舟之嫠妇。"那"如怨如慕,如泣如诉,余音袅袅,不绝如缕"的"呜呜然",不仅使潜藏在水底的蛟龙舞动起来,也使那孤舟上的寡妇哭泣不止。苏轼是以箫声悲凉的强大感染力来衬托他内心的巨大伤痛。

　　总结起来,第一段所写到的一切,都有一种统一的格调,游赤壁的意象表现的情感是一致的,歌颂的诗篇与意象表现的情感是一致的,箫声与歌声也是一致的,被感染的情绪与箫声的情感形式更是一致的:都是茫然、空幻、悲凉、巨大痛苦情感的表达。

　　解读《赤壁赋》时只有自由充分发掘形式的情感意义,即从苏轼游赤壁的形式表现中解读出苏轼情感的内心世界,才可能接近苏轼复杂、丰富和深邃的精神世界,才可能接近《赤壁赋》艺术形式象征的内蕴,也才可能接近诗,接近文学。如果把《赤壁赋》仅仅做了字面的、日常语言的、景物和游赤壁行为的外部解读,那就不可避免地与苏轼的精神世界隔膜了,与《赤壁赋》的形式隔膜了,也与诗隔膜了。

　　诗的意象是诗人情感的表现形式,但我们把表现情感表现形式的意象仅仅当做景象来解释的时候,我们就与诗擦肩而过了。教学用书在解读《再别康桥》《沁园春·长沙》《登高》《声声慢》等时同样是运用这种外部解读模式(见本书的分析文章)。这种解读不仅对学生理解具体诗篇造成了障碍,而且对学生理解什么是诗及其审美理念也造成了很大的负面影响。

　　只要是一篇优秀的诗篇,一切所谓的景物都是情感的象征,绝对没有纯粹的客观景物。过去在讲到这个观点时,有同学拿那首《鹅》来问我,说这是一个七岁小孩子写的诗,就是写鹅的形态,能有什么情感意义可言呢?我说,这首诗虽然是骆宾王儿童时期的作品,但是,它能流传下来,就说明它不单是写鹅的,肯定表现着人们的情感内容,只是我们还不能明确地把这种情感给解释出来。"鹅,鹅,鹅,曲项向天歌,白毛浮绿水,红掌拨清波。"多么美丽的画面和鲜艳的色彩。诗的意象是一个瞬间的意象,这个瞬间的意象是依托于它的某种行为过程的,是这个过程的最集中、最典型、最美的表现。我们理解诗的时候,就要按照这个瞬间意象的指引,把那个行为过程想象出来。那只鹅为什么"曲项向天歌"呢?"向天歌"是一种极度欢乐、喜悦、兴奋的情感状态,那只鹅为什么这么欢乐、喜悦和兴奋呢?联系到后面写到的"白毛浮绿水,红掌拨清波",我们知道,是那只鹅终于能够到水里自由地嬉戏了。这种获得了嬉戏带来的无比的喜悦使我们想到,在获得自由嬉戏之前,它曾经被关在栅栏内,或者那时是冬天,能够游泳的水被封冻了(这就是读者"接受"的再创造了),那只向往自由嬉戏的鹅不能获得自由自在嬉戏的空间。今天,那只鹅终于从被禁闭的栅栏中突围出来,或者,那是到了春天,冰雪消融,河水潺潺流淌,那只渴盼到水里嬉戏已久的鹅,终于看到了可以自由嬉戏的河水,它能不高兴,能不狂喜么?"曲项向天歌",就是那只鹅高扬着脖子向天而歌的狂欢状态。我们还可以想象,它是从栅栏中一路扑拉着双翅飞奔到河里去的,在水中狂欢着画出了一条白亮亮水线。我们这样理解这首诗,是离开了这首诗的本义吗?大家说没有,这很对,我们没有给这首诗强加什么,那么,这只鹅表现出的、获得在河里嬉戏的情景、状态,不就是人获得自由的情感状态的写照吗?尽管这首诗是出自一个儿童之手,但是,它透过儿童天真情趣的眼睛,看到和表现的是人获得自由的喜悦。

和这首诗相近的,还有中国人妇孺皆知的《静夜思》。"床前明月光,疑是地上霜。举头望明月,低头思故乡。"以前我理解这首诗,就以为,那是李白晚上躺在床上,看到月亮透过窗子照在屋子中,联想起霜,又联想到了故乡。后来,对诗的意象象征有了些体会,才知道,以前的那种理解是对《静夜思》的曲解。

唐代的床是我们今天还在用的"马扎",那可能是喝过酒了的晚饭之后,李白拿个马扎坐在院落中,看到院落中倾泻下来的阔大的一片月光,他联想到了秋霜。正是有这个"霜"的联想,他才有了"举头望明月,低头思故乡"的思想行为。这里的"霜"和"月"的意象,绝不是客观事物的真实表现,而是李白思想情感的象征。他为什么会想到霜呢?这当然与月光的感受有关,但是,更与李白这个远离故乡的游子的生命感受有关。是生命感受中的寒冷、孤独、困顿使他联想到了霜。因而,霜不只是他联想到的自然界的事物,还是他生命感受的象征。霜和月是一对意象,有了霜的寒冷的象征,才有了月的温暖的符号想象和创造。月在潜意识中还有母亲的象征。故乡之所以被人们永生不忘,是因为那是我们生命诞生的地方。然而,给予我们生命的是我们的母亲。故乡的真正象征意义还是母亲。这样看来,李白由霜——生命感受的寒冷想到了母亲的温暖,也就是可以理解的了。前面我们说过,意象的瞬间应该有一个行为过程,"举头望明月,低头思故乡"就是一个行为的过程:由月光联想到霜之后,李白缓缓地从马扎上站起身来,在院落里徘徊,不断地举头望明月,低头思故乡。这种不断地举头和低头的行为,才将对故乡和母亲的思念表现得淋漓尽致。只有把霜和月的意象做了这样的理解,我们才可能接近了李白的《静夜思》。①

诗人之所以要写到客观景物,不是因为客观景物有多么美,而是他有要表现的情感的冲动,是诗人要表现情感的需要,是诗人为他表现情感创造的形式。诗人要表现的情感没有现成的概念可以运用,现成的概念对表现诗人的情感鞭长莫及、隔靴搔痒、不得要领。因而,诗人要把自己的情感"对象化"到自然景物上去,自然景物就成了诗人表现情感、进行形式创造的媒介。自然景物其实是诗人表现情感的艺术符号。

我们解释文学作品有一个传统,就是用很"实"的日常语言来解读,但正是这种很"实"的日常语言的解读阻碍了我们进入文学形式隐喻、象征意义的更大的空间。比如我们讲《琵琶

---

① 杨朴.文学批评:理论与实践[M].长春:吉林大学出版社,2009.

行》就一定要讲白居易对一个歌女的同情,讲《锦瑟》就一定要讲"是一首写恋情的诗"。其实《琵琶行》也好,《锦瑟》也好,还是其他文本也好,都有一个形式结构和符号象征的层面。《琵琶行》有一个白居易情感与歌女乐曲"同构"的形式,那才造成了白居易的"别有幽愁暗恨生";有一个琵琶女乐曲与琵琶女命运"同构"的形式,那才使白居易感到了"说尽心中无限事";还有一个白居易命运与琵琶女命运"同构"的形式,那才使白居易感到他们"同是天涯沦落人"。而《锦瑟》用庄周梦蝶、望帝化鹃、明月珠泪、蓝田玉烟等各种象征,诗人根本就不是指向具体事件,而是指向一种情感结构的。四个"典象"——典故的意象——是由痴迷、热烈、赤诚、沉醉追求到幻化为虚无、幻灭、悲凉的一生情感结构的象征。我们过于"实"的理解妨碍了我们对这种形式结构的意义的理解。

用生活解释文学是外部解读的重要问题之一。文本的外部解读潜隐着一个文学原则,这个原则就是,生活是文学的源泉、文学是生活所反映的观念。要想从这种外部解读模式中解脱出来,就要着力改变这种反映论的文学观念。

不能用政治观念的分析代替对文本的细读

把外在于文本的思想观念套在文本上,当做文本内容来讲,《孔雀东南飞》是最典型的例证,教学用书对"故事的意义"做了这样的概括:"一对彼此深爱着的年轻夫妇,在封建家长的阻挠和高压下,被活活拆开,最终为了捍卫爱情而双双付出生命。"[①]

另一个版本对"情节结构"也做了这样的概括:"本诗以时间为顺序,以刘兰芝、焦仲卿的爱情和封建家长制的迫害为矛盾冲突的线索,也可以说按刘兰芝和焦仲卿的别离、抗婚、殉情的悲剧发展线索来叙述,揭露了封建礼教破坏青年男女幸福生活的罪恶,歌颂了刘兰芝、焦仲卿的忠贞爱情和反抗精神。"[②]

这种讲法就是过去讲法的一种变化,过去的讲法是:《孔雀东南飞》的主题是青年男女爱情与封建家长制的矛盾冲突;刘兰芝与焦仲卿的死是为爱而殉情。我以为这种解读就是从政治观念展开的外部解读。这个政治观念就是封建社会的封建礼教对青年男女爱情的阻挠与破坏。从这种观念出发分析文本,就把封建家长制阻挠和破坏青年男女爱情的观念强加到《孔雀东南飞》文本上,这就离开了《孔雀东南飞》文本形式表现的实际具体内容,把《孔雀东南飞》文本本来的意义给遮蔽与扭曲了。

《孔雀东南飞》的意义应该是来自对文本情节结构、人的思想情感、人物关系、矛盾冲突

[①] 人民教育出版社,课程教材研究所,中学语文课程教材研究开发中心.语文(2)教师教学用书[M].北京:人民教育出版社,2007.

[②] 人民教育出版社,课程教材研究所,中学语文课程教材研究开发中心.语文(3)·教师教学用书[M].北京:人民教育出版社,2007.

等具体形式的分析,而不应该是来自封建礼教阻挠和高压青年爱情的政治观念。脱离开"封建礼教"压迫的传统讲法,重新细读文本,我们就会发现新的问题。这问题我们可以概括为"一个缝隙两段重复"。从这个缝隙和两段重复中,我们会发现不同于青年男女爱情与封建家长制矛盾冲突的另一种矛盾冲突。

开篇是刘兰芝自述:"十三能织素,十四学裁衣,十五弹箜篌,十六诵诗书。十七为君妇,心中常苦悲。君既为府吏,守节情不移,贱妾留空房,相见常日稀。鸡鸣入机织,夜夜不得息。三日断五匹,大人故嫌迟。非为织作迟,君家妇难为!妾不堪驱使,徒留无所施,便可白公姥,及时相遣归。"

过去认为,《孔雀东南飞》艺术性很强,以对话的方式表现了刘兰芝的身世、生活状况以及她自遣的愿望等。我认为这种看法是不全面的。联系全篇来看,特别是从刘兰芝与焦仲卿及其母亲的矛盾冲突来看,这段话有着更丰富、更深刻的内容。

《孔雀东南飞》的对话有一个艺术特点,就是"话里有话"。刘兰芝的话有"话外音",刘兰芝真正想要说的话是隐藏在说出来的话之中的,并未直说。总结刘兰芝的话外音,有这样几重意思:她曾经有过理想的爱情追求,但是没有在现实的婚姻中实现;她对与焦仲卿的两地生活是不满意的;她对婆母的刁难是难以忍受的;她向丈夫焦仲卿说的话是在向焦仲卿"诉求",诉求是为了获得理解、同情和安慰等,但是,她的诉求落空了。

有研究说,这段话表现了刘兰芝要自遣,但要自遣为什么要说到她"十三……"一大套呢?自述这些经历是要表现什么呢?自述这些经历是要表现她曾经有过美丽的幻想,要获得理想的爱情,是表达她对理想爱情的憧憬和追求,以及这种追求落空的遗憾。同一般女性不同,刘兰芝不是耽于理想爱情的幻想,而是用努力的自我塑造,去争取理想爱情的实现。她为什么要这样塑造自己呢?因为她有一个梦想,她要嫁一个如意郎君,获得理想的爱情。我们可以想象,这个美丽的少女是在这一梦想的驱使下,一样一样学女工,一样一样学文学和艺术的。当代作家张洁有一篇散文《捡麦穗》,其中写到那个捡麦穗的少女伴着美丽的幻想去捡麦穗等,可以丰富我们对刘兰芝这个阶段思想感情的理解。

刘兰芝是带着美丽的梦想嫁给焦仲卿的。但是,"十七为君妇,心中常苦悲"。为什么会这样呢?因为丈夫焦仲卿与他的想象是不一样的,婚后的生活与她的想象是不一样的,她实际的婚姻与她少女时代的美丽梦想是不一样的。丈夫焦仲卿是"君既为府吏,守节情不移",刘兰芝是"贱妾留空房,相见常日稀",并没有获得与丈夫的恩恩爱爱。从刘兰芝学习箜篌和"诵诗书",我们还可以想见,她所憧憬的理想爱情恐怕还包括与丈夫"志同道合"的萌芽,即找到相同的情趣之类。但是,刘兰芝的这些憧憬都落空了。不仅如此,她还要完成艰难的劳作:"鸡鸣入机织,夜夜不得息。"在艰难劳作的基础上,还要受到婆母的刁难:"三日断五匹,大人故嫌迟。非为织作迟,君家妇难为!"在你家我没有获得如意的爱情,还要做这样的劳作,并且还受到你母亲的刁难,这样的日子实在没有什么意思(离我想象与期待的太远了),

"妾不堪驱使,徒留无所施,便可白公姥,及时相遣归"。

但是,我们还必须看到,刘兰芝真正的意思并非真的是自遣,而是对焦仲卿表达不满和抱怨。刘兰芝的述说,或者叫诉求,总结成两个字就是"怨"和"求":抱怨没有获得理想的爱情,抱怨焦仲卿没有满足自己的爱情追求,抱怨婚后生活的不如意,抱怨婆母的刁难,抱怨她现实婚姻与她理想爱情的不一致。但抱怨这些并非是她的根本目的,刘兰芝抱怨这些,是为了得到丈夫的理解、同情、解释、安慰和慰藉。

但是,我们理解了这些还不能算是对刘兰芝这段诉求的最终理解。她的诉求究竟表现了刘兰芝怎样的思想感情?她要获得的爱情是一种什么样的爱情呢?她不满足于在焦仲卿家独守空房的生活,不满足于在焦仲卿家的苦苦劳作,不满足于婆母的刁难,但是,刘兰芝所不满意的生活不正是那个时代千千万万个女性通常的生活么?刘兰芝所不满意的生活就是这种女性被奴性化了的生活,没有了自由和爱情的生活。刘兰芝不满意这种生活,因为刘兰芝不仅有自己的理想,还坚持了自己的理想、自己的追求,因而,她在自己的思想行为中,就对这种生活进行了某种程度的反抗。

这是一种什么样的反抗呢?在刘兰芝的诉求之后,《孔雀东南飞》并没有为我们表现焦仲卿的态度。紧接着刘兰芝的诉求之后,是焦仲卿到母亲那里求情。在刘兰芝向焦仲卿诉求与焦仲卿到母亲那里求情这之间有一个缝隙:焦仲卿对刘兰芝的诉求没有任何态度。今天,如果我们把这段情节用话剧的形式表现出来,焦仲卿对刘兰芝的诉求一言不发,不可理喻性就极为明显了。我们要思考的问题是:焦仲卿对刘兰芝的诉求为什么没有任何态度?叙事诗的这个缝隙应该怎样解释?叙事诗的缝隙也是叙事诗形式的一个部分,对这个特殊的形式我们应该给予解释。

焦仲卿在听了刘兰芝诉求之后,就到母亲那里去说情,但是,我们应该看到,焦仲卿的说情不是站在刘兰芝的角度的说情,也不是站在他们爱情的角度的说情,而是站在他自己的角度的说情:"儿已薄禄相,幸复得此妇。"我当官当到现在这个程度已经到头了,得到这样的媳妇已经很不容易了,我打算和她白头到老。"结发同枕席,黄泉共为友。共事二三年,始尔未为久,女行无偏斜,何意致不厚?"没有什么大不了的,就不要提休她的事了。

焦仲卿虽然去说情了,但这是站在自己角度的说情,是站在男人的角度来与母亲说情的。而正是这个男人的角度暴露了焦仲卿的思想立场:男人的角度当然就是男性的角度,他是以男性的思想立场来对待刘兰芝的。正是这个男性的思想立场决定了他对刘兰芝诉求的一言不发,没有一点儿理解和同情,没有一点儿解劝和安慰,甚至连一点语言的表示也没有。因为,在焦仲卿的思想意识里,他觉得他用不着对刘兰芝的诉求有任何表示,用不着安慰刘兰芝的,用不着为刘兰芝说情。他只能也只会从自己的角度想问题,他不会也不能从刘兰芝的角度想问题。

焦仲卿的只能从自己的角度想问题,而不能从刘兰芝的角度或他们爱情的角度想问题,就隐含着一个男性统治的思想立场,而正是这个男性统治的思想立场构成了对刘兰芝的压迫和束缚。刘兰芝觉得在焦仲卿的实际婚姻中没有获得理想的爱情,原来憧憬的爱情落空了,就包含了对焦仲卿这种男性统治思想的深刻感受。

由刘兰芝向焦仲卿诉求到焦仲卿向母亲说情,焦仲卿对刘兰芝的诉求没有任何表示这个情节的缝隙,暴露了焦仲卿的男性统治思想。刘兰芝对焦仲卿的不满,对爱情落空的不满,对"相见常日稀"的不满,对辛辛苦苦劳作的不满,对婆母刁难的不满等,是一种女性自由意识的表现,它既表现在刘兰芝少女时代的美丽憧憬,又包括作为一个女人对爱情、对自由的向往,还包括对丈夫焦仲卿的抱怨上——抱怨正是她对传统女性生活方式的某种反抗。她的这种女性自由意识与焦仲卿的男权统治思想发生矛盾冲突是必然的。

《孔雀东南飞》一开篇实际上就为我们展开了这种矛盾冲突,只是我们不具备女性自由意识而不能看到这种矛盾冲突,而以青年男女爱情与封建礼教的矛盾冲突遮蔽了女性自由意识与男权统治思想的矛盾冲突。

我们再来看两句重复的话。"十三能织素,十四学裁衣,十五弹箜篌,十六诵诗书。"这是刘兰芝对焦仲卿说的话。当刘兰芝被遣回家时,母亲在非常惊恐的情况下也说了大致和刘兰芝相同的这段话。但是,这绝不是简单的重复,而是包含着深刻的用意。刘兰芝向焦仲卿说这段话的意思是,我在少女时代就好好地塑造自己,我塑造自己是为了获得理想的爱情,可是到你家我并没有获得理想的爱情。这段话包含着刘兰芝这个女性对爱情失落的深深的遗憾,包含着对焦仲卿深深的遗憾。刘母说这段话的意思则是,我是按照男人的要求塑造你的,让你学女工,让你学箜篌,怎么你还不符合男人的要求被遣回来了呢?这段话表现了焦母对刘兰芝深深的责难。不难看出,同样一段话,母女两人是表现了不同的思想情感态度的,刘兰芝是从女性的角度来说这段话的,而刘母则是从男性统治的思想说这段话的。由此可见,女性自由意识与男权统治思想的冲突还表现在母女之间。

说到人物之间的矛盾冲突,刘兰芝与所有的人都是矛盾的:与焦仲卿,与焦母,与自己的母亲,与自己的哥哥。这种矛盾冲突绝非青年男女与封建礼教的矛盾冲突,那么,这是一种什么样的矛盾呢?与焦仲卿的矛盾:不满意与他两地分居,长守空房;对她的倾诉没有理睬;对她的羞辱等(刘兰芝被迫出嫁,焦仲卿来羞辱)。这种矛盾是女性自由意识与男权统治思想的矛盾。刘兰芝与焦仲卿的矛盾,说明了刘兰芝与焦仲卿并非是站在统一的立场上,尽管在焦母要休刘兰芝的专制行为中,他们的立场是相同的,但是,他们的出发点是不同的,他们之间是有深刻矛盾的。焦仲卿是站在男权的角度来对待刘兰芝的:没有使刘兰芝获得满意的爱情;对刘兰芝的倾诉不管不顾;站在男权的角度休了刘兰芝,虽然他自己不愿意,虽然他觉得刘兰芝没有什么过错,但是,他还是休了刘兰芝;因为他是男人,他就有男权,可以在女性没有什么过错的情况下休了女人。

刘兰芝与焦母的矛盾:表面看来,焦母要儿子休刘兰芝,是封建家长制的力量的干预,但是，需要进一步思考的是，焦母是根据什么要休刘兰芝的呢？焦母看不上刘兰芝，过去学者研究有两种观点，一是认为焦母潜意识中有"恋儿情结"，就是精神分析的恋母情结的颠倒。这在生活中是可能的，但是，在文本中，我们找不到根据，没有证据能够证明这一点，因而，这种分析是站不住脚的。二是认为刘兰芝嫁给焦仲卿好几年了，还没有生孩子，不能传宗接代，而传统思想是"不孝有三，无后为大"，这就使焦母不得不休了刘兰芝。但是，这种认识我们在文本中仍然找不到一点儿蛛丝马迹。焦母看不惯刘兰芝的是"此妇无礼节，举动自专由"，就是焦母看不惯刘兰芝表现出的"无礼节，自专由"。对现实婚姻与从小对爱情憧憬的不一致，带来了刘兰芝的不满意，独守空房的生活和日日夜夜的劳作使刘兰芝不满意，这不满意就必然表现在她的言行举止之中，这就是焦母说她"此妇无礼节，举动自专由"的原因。这种不满意是与传统妇女的逆来顺受、俯首帖耳不一样的，这种不满意、抱怨和诉求是与焦母心目中传统的媳妇原型形象不一样的。刘兰芝的思想性格与焦母对儿媳妇的要求构成了一种尖锐的矛盾冲突；刘兰芝的"无礼节"和"自专由"与焦母心目中逆来顺受的媳妇原型形象构成了一种尖锐的矛盾冲突。焦母要求刘兰芝做那种传统的儿媳妇，嫁鸡随鸡，嫁狗随狗，逆来顺受，俯首帖耳，完全受男人的支配。刘兰芝的思想性格与焦母心目中儿媳妇原型形象太不一致了，这个太不一致就是她们婆媳矛盾的焦点。但是，这是一种什么样的矛盾呢？

刘兰芝的憧憬、不满和诉求是女性自由意识的表现，而焦母对儿媳妇的要求则是男权统治思想的要求。因而，刘兰芝与焦母的矛盾冲突是女性自由意识与男权统治思想的矛盾冲突，不是青年男女爱情与封建家长制的矛盾冲突。虽然，整篇作品也有爱情与封建家长制的矛盾冲突，但那不是最主要的，而且，青年男女爱情与封建家长制的矛盾冲突也不能概括刘兰芝这个女性自由意识与男权统治思想的矛盾冲突。婆媳的矛盾冲突的实质是女性自由意识与男权统治思想的矛盾。这种矛盾冲突是一种最基本的矛盾冲突，是比青年男女爱情与封建家长制的矛盾更内在更强大但也更隐蔽的矛盾冲突。

焦仲卿虽然不同意休刘兰芝，但还是亲自把刘兰芝赶出家门；焦仲卿最后还是与焦母站在同一立场上。刘兄和刘母是刘兰芝的亲人，但是他们并没有与刘兰芝站在同一立场上，刘母以男权的角度塑造刘兰芝，并以男权的角度责备刘兰芝，是不自觉地与焦母站到了同一立场上；刘兄要赶紧把刘兰芝嫁出去，认为家里有一个被休了的妹妹是不光彩的，也是站在了男权的立场上。

如果进一步思考焦仲卿的立场，我们就会发现，他与刘兰芝的矛盾，并非是迫于母亲的压力，不得不休刘兰芝，而是先前与刘兰芝就有矛盾。这种矛盾是他对刘兰芝的情感不关心，不管在家独守空房的刘兰芝的感受；对刘兰芝的诉求不关心，只是从自己的角度去向母亲求情，而不管刘兰芝的痛苦；对刘兰芝的命运不关心（只表示是其母要休了她，而不关心她回家后的命运；只表示以后会把她接回来，却不关心她的痛苦；只顾羞辱刘兰芝，而不关心刘兰芝的艰难）。

综上所述,刘兰芝与这些人的矛盾,不是什么青年男女爱情与封建家长制的矛盾,而是女性自由意识与男权统治思想的矛盾。刘兰芝周围的人们,都被男权统治思想笼罩着,他们都不能接受刘兰芝的女性自由意识,他们都对刘兰芝的女性自由意识进行着压迫、禁锢与束缚。《孔雀东南飞》隐蔽地表现着一种矛盾冲突线索:刘兰芝的女性自由意识与焦仲卿和焦母等男权统治思想的矛盾冲突。

把《孔雀东南飞》的主题概括为"一对彼此深爱着的年轻夫妇,在封建家长的阻挠和高压下,被活活拆开,最终为了捍卫爱情而双双付出生命"是错误的。其原因是从外部观念——封建礼教是压迫年轻人爱情的——来解释作品,而不是从作品情节和人物冲突本身解释作品。这种外部解读就非常遗憾地把作品真正的意义给遮蔽与歪曲了。

这种遮蔽与扭曲不只表现在当代的解读上,还表现在《孔雀东南飞》产生与流传的过程中。比如《孔雀东南飞》的小序的概括和正文的情节是矛盾的,但是,长期以来我们看不到这种矛盾。小序这样说:

> 汉末建安中,庐江府小吏焦仲卿妻刘氏,为仲卿母所遣,自誓不嫁。其家逼之,乃投水而死。仲卿闻之,亦自缢于庭树。时人伤之,为诗云尔。

但是,对作品有了一些了解的人都知道,"自誓不嫁。其家逼之,乃投水而死",这个对作品的概括是与情节严重不符的。刘兰芝的"举身赴清池"不是因为"自誓不嫁。其家逼之,乃投水而死",而是因为焦仲卿的羞辱。焦仲卿听说刘兰芝要出嫁了,来见刘兰芝。作品的这段描写是极为动人的:"新妇识马声,蹑履相逢迎。怅然遥相望,知是故人来。举手拍马鞍,嗟叹使心伤:'自君别我后,人事不可量。果不如先愿,又非君所详。我有亲父母,逼迫兼弟兄,以我应他人,君还何所望!'"由此可见刘兰芝对焦仲卿的苦苦等待,被迫嫁出去的无奈与痛苦。但焦仲卿是不关心这一切的,他关心的是他自己。他向刘兰芝说了下面的话:

> 贺卿得高迁!磐石方且厚,可以卒千年;蒲苇一时纫,便作旦夕间。卿当日胜贵,吾独向黄泉!

这是批判,这是谴责,这是羞辱,这是鞭挞,这是逼迫。刘兰芝深深感受到了焦仲卿的批判、谴责、羞辱和鞭挞、逼迫的痛苦。她不是攀高枝、图富贵,她是被迫无奈:

> 何意出此言!同是被逼迫,君尔妾亦然。黄泉下相见,勿违今日言!

焦仲卿把刘兰芝休了,发誓要把她接回来,但是他迟迟不能实现自己的诺言,他早也不来,晚也不来,听说刘兰芝要出嫁了,却来了。但是,他来的目的是羞辱刘兰芝,是在休了刘兰芝之后还想以男权控诉刘兰芝。

刘兰芝虽然没有获得理想的爱情,但她并没有在焦仲卿之外爱别的男人。刘兰芝是忠于自己的爱情的。然而,刘兰芝虽然被迫出嫁,但是,她还是没有想到死,以死抗婚。刘兰芝的想到死,是因为焦仲卿说到"贺卿得高迁""吾独向黄泉"。刘兰芝为了证明自己的人格,才与焦仲卿立约,才"举身赴清池"的。因而,刘兰芝的死不是"自誓不嫁。其家逼之,乃投水而死",而是焦仲卿逼迫的。

《孔雀东南飞》原来的题目是"古诗为焦仲卿妻而作"。这是一个很有内涵很有深意的题目,它的意思是,为焦仲卿妻而作,就是为女性而作,这对整个故事的内涵是有概括力的,而且是凸显了女性的悲剧主题的。而《孔雀东南飞》则掩盖了这种内容。还有"孔雀东南飞,五里一徘徊",这个起兴,与题目一起,突出的是男女分别的爱情悲剧思想,而不再是"古诗为焦仲卿妻而作"的女性悲剧主题。

在界定《孔雀东南飞》"故事的意义"时,《教师教学用书》还说:"这个故事很容易让人联想到中国古代的四大民间爱情神话和传说:牛郎和织女、七仙女和董永、白蛇和许仙、梁山伯与祝英台。这些故事中的男女主人公情投意合,满心指望能在一起过着幸福的生活,可是外在的强大的破坏力量不会轻易放过他们,这些破坏力眼里所谓的'法''理',却看不到'情'。《孔雀东南飞》中的焦母更不可理喻,因为看不惯儿媳妇就处心积虑地要把她赶走,儿子的恳求丝毫不能打动她。在她身上,封建家长违反人性的一面暴露无遗。今天读这首诗,刘兰芝、焦仲卿忠于爱情、勇敢捍卫纯洁爱情的言行仍令人震撼。"①

这个概括是来自文本"外部解读"的概括,不是从外部"内部解读"的总结。这几个方面都不是文本形式本身的意义。

第一,"一对彼此深爱着的年轻夫妇"的概括是不准确的。焦仲卿与刘兰芝并非是彼此深爱的。这从刘兰芝和焦仲卿的话语中就可以看出来。刘兰芝说:"十七为君妇,心中常苦悲",就表明了他们并非"彼此深爱着"。"贱妾守空房,相见常日稀"怎么能是深爱着呢?"君即为府吏,守节情不移"说明焦仲卿是把自己注意力放在奉公守法上,而没有顾及到自己妻子的感受。当刘兰芝向他诉求之后,他并没有向刘兰芝表示任何宽慰、安慰的话,这能是深爱么?当自己的母亲坚决要休掉刘兰芝的时候,他屈服了母亲的压力,休了刘兰芝,这能说是深爱吗?还有当刘兰芝被家里逼迫嫁出去,他去羞辱刘兰芝,说她是攀高枝、图富贵,还以死相威胁,这能是深爱吗?

第二,"在封建家长的阻挠和高压下,被活活拆开",这个概括并没有揭示出刘兰芝与焦母等人的内在矛盾,因而,也是不准确的。

第三,说刘兰芝与焦仲卿"最终为了捍卫爱情而付出生命"这个概括也是不准确的。刘兰芝的死不是为了捍卫爱情,而是捍卫自己清白的人格;焦仲卿的死更不是为了捍卫爱情,他什么也没捍卫,如果一定要说到捍卫,他是不自觉地捍卫了男权统治思想;他逼死了刘兰

---

① 人民教育出版社,课程教材研究所,中学语文课程教材研究开发中心.语文(2)教师教学用书[M].北京:人民教育出版社,2007.

芝,自己也不得不死。

第四,"这个故事很容易让人联想到中国古代的四大民间爱情神话和传说……"《孔雀东南飞》的故事与《牛郎织女》等故事是极为不同的。《牛郎织女》等故事的矛盾冲突确实是青年男女爱情与封建专制力量的矛盾冲突,但《孔雀东南飞》虽然有这个矛盾,但这个矛盾却不是最基本最重要的矛盾。女性自由意识与男权统治思想的矛盾冲突才是《孔雀东南飞》最基本最重要的矛盾冲突。《孔雀东南飞》凸显的是刘兰芝这个女性的悲剧,而"梁祝"等表现的则是爱情悲剧。

第五,"《孔雀东南飞》中的焦母更不可理喻,因为看不惯儿媳妇就处心积虑地要把她赶走,儿子的恳求丝毫不能打动她。在她身上,封建家长违反人性的一面暴露无遗。"这个概括是不得要领的。焦母为什么看不惯儿媳妇,儿子的求情为什么丝毫不能打动她,封建家长为什么违反人性,基本原因并没有揭示出来。

第六,"今天读这首诗,刘兰芝、焦仲卿忠于爱情,勇敢捍卫纯洁爱情的言行仍令人震撼。"这里面有两个问题,"刘兰芝、焦仲卿忠于爱情,勇敢捍卫纯洁爱情的言行"是怎么表现出来的?"忠于爱情,勇敢捍卫爱情的言行"在焦仲卿那里是怎么表现的?唯唯诺诺,软弱无力……刘兰芝只能是被动地被休,焦仲卿的话只是些没有把握的情感意向……既然没有什么"忠于爱情,勇敢捍卫爱情的言行",所谓"刘兰芝、焦仲卿忠于爱情,勇敢捍卫纯洁爱情的言行仍令人震撼"的概括也就落空了。

第七,刘兰芝与焦仲卿的故事令人震撼,但不是他们忠于爱情、勇敢捍卫爱情的言行令人震撼,而是其他东西令人震撼。这个令人震撼的东西在我们教参书中没有被概括出来。

由外部解读转型到内部解读,一个很重要的方面是要从原来那种从政治思想观念的角度解读文本的习惯中解脱出来,回到(其实是走向)文本形式本身的分析。

不能把时代背景的内容强加到文本形式之中

用时代背景解读文本是我们中学语文教学的一大顽疾,由来已久,积重难返。这种文本解读最典型的例子是《荷塘月色》。《荷塘月色》的外部解读问题表现在,大多文本的解释者是把时代背景的内容强加在文本上,或者用朱自清的人格来解释其主题意义,而不是专注于《荷塘月色》文本本身的形式研究来解释《荷塘月色》的形式意义。时代背景的解读其实是一种政治性的解读。在《荷塘月色》的讲解中,很长时间都反复重复这样的观点:《荷塘月色》表现的是大革命失败造成朱自清的苦闷,朱自清是借夜游荷塘排遣自己的苦闷。这种解读在中学语文教学中还有不小的影响。教师教学用书虽然有了一定的改变,但是,基本模式还是那种文本外部解读方法。这种从文本外部解读《荷塘月色》表现出三个严重问题。

第一,把时代背景和个人思想冲突的原因等同于《荷塘月色》的形式意义。在"问题探究"中有两个问题就是从这种外部来探究的:如对"4.课文的写作背景是怎样的?"做了这样的解读:"过去对本文的解读一直重视写作背景,那么文章是写于怎样的背景之下呢?本文写于1927年7月,正是白色恐怖笼罩中国大地的时候。在此之前,朱自清作为'大时代中一名小卒',一直在呐喊斗争,但是在'四·一二'政变之后,他从斗争的'十字街头'消失,钻进古典文学的'象牙之塔'了。他毫不掩饰地表白这种思想的变化:'在旧时代正在崩坏,新局面尚未到来的时候,衰颓与骚动使得大家惶惶然……只有参见革命或反革命,才能解决这惶惶然。不能或不愿参加这种实际行动时,便只有暂时逃避的一法……在这三条路里(指政治上的左中右三条路——编者),我将选择哪一条呢?……我既不能参加革命或反革命,总得找一个依据,才可以姑作安心地过日子……我终于在国学里找着了一个题目。'(《哪里走》)'这几天似乎有些异样,像一叶扁舟在无边的大海上,像一个猎人在无尽的森林里……心里是一团乱麻,也可以说是一团火。似乎在挣扎着,要明白些什么,但似乎什么也没有明白。'"(《一封信》)

如果要知人论世地鉴赏课文,可以循此揣摩作者写作本文的思想来由。但编者也意识到了这种外部解读的问题,因而又做出了以下提示:"但不宜过多地挖掘课文的'政治性''思想性'因素"①。

正是与这个时代背景的外部解读相关,"问题探究"才做了这样的设计"2.为什么会突然说'这令我到底惦着江南了'?"其解读是:"在文章中,这句话起着行文转接过渡的作用。如果究其深味,就有必要联系作者的生活经历。江南是作者的故乡。1920年,他从北京大学毕业后,在杭州、台州、温州、宁波等地任教,前后共6年。期间参加了文学研究会,与叶圣陶、俞平伯、丰子恺、朱光潜等人志同道合,写了不少具有进步倾向的诗歌和讴歌江南秀丽山水的散文。他到清华大学任教不久,写了《我的江南》一诗,表达了他的思乡之情。就在写了《荷塘月色》的同时,在《一封信》中写道:'今天吃过了午饭,偶然抽出一本旧杂志来消遣,却翻着三年前给S君的一封信。信里说着台州,在上海、杭州、宁波之间的台州。这真是'我的南方'了。我正苦于想不出,这却指引我一条路,虽然只是'一条路'而已。因此,如果要深究,'惦着江南'便有着身处忧烦而忆往怀旧的意义。"

教师用书的这种"问题探究"是在文本外部解读框架下设计的。它意在说明《荷塘月色》的创作是由大革命失败引起的内心冲突造成的,朱自清的"颇不宁静"是与那个大革命失败时代背景有关,是那个时代背景造成了他的苦闷,因而,"这令我到底惦着江南了",因为他在江南曾参加了许多进步活动。正是在此种设计下,教师用书才得出了这样的结论:"直接而集中地表现作者思想感情的,是第三段的内心独白这一大段,是从不宁静到观赏荷塘月色的

---

① 人民教育出版社,课程教材研究所,中学语文课程教材研究开发中心.语文(2)教师教学用书[M].北京:人民教育出版社,2007.

怡然自得的一个过渡,表达了作者心灵世界与外部世界的冲突和寻求摆脱冲突的愿望。作者的这种心情,在月下荷塘这样一个幽美的环境中,表现的便是忧愁与喜悦交织的审美情怀。"

这种分析的弊病是,它是从时代背景和作者个人思想经历的创作原因进行分析的,是把时代背景和个人思想经历的东西当做《荷塘月色》的内容来分析的,但是,这种时代背景和个人思想经历的东西与《荷塘月色》文本形式表现的东西是两回事。《荷塘月色》的内容只能从《荷塘月色》文本形式分析中得出来,而不能由《荷塘月色》之外的时代背景和作家个人思想经历得出来。离开文本形式分析的任何有关时代背景和作家个人思想经历的分析,都是外在的、非艺术的、对文本施加障碍的有害无益的分析。教师教学用书的这种外部解读不仅不能帮助学生正确理解《荷塘月色》,反而有把学生引向审美歧路的嫌疑。

第二,设计的"问题探究"是在外部解读思想框架下,对朱自清不宁静与寻求宁静的思想情感的分析,是为实现对朱自清创作动因的分析,而不是《荷塘月色》艺术形式本身的艺术分析。"问题探究"的整体设计,从"1.怎样理解'这几天心里颇不宁静'",到"2.为什么会突然说'这令我到底惦着江南了'?"到"3.体会文章的回环婉曲之美",到"4.课文的写作背景是这样的?",就是为了贯彻从时代背景和作家思想经历来解释文本的思路,而各个"问题探究"的具体分析则是很好地渗透了从外部解读的思路。在"欣赏景物描写"中,是着力分析了描写荷塘和描写月色巧妙地结合起来的艺术特点,这种分析应该说是深细的。但是,教材并没有更深入地分析朱自清为什么要以这种巧妙结合来写荷塘月色,没有分析荷花和月色的象征意义。教材在分析荷塘月色的景物描写时,是作为朱自清夜游荷塘很实的美景来分析的,因而说到"文章的回环婉曲之美"的时候,也仍然是一个很实的具体过程的分析:"最后'轻轻地推门进去',与开头'我悄悄地披了大衫,带上门出去'形成了呼应"。所谓的艺术分析是与时代背景和作家思想经历暗暗对应的。

第三,并没有真正展开对《荷塘月色》文本的形式分析。由于是通过时代背景和作家思想经历的外部因素来分析《荷塘月色》,因而不可能对《荷塘月色》进行完整的艺术形式的把握与分析。比如,荷塘月色(荷与月)的象征意义,编者就完全没有注意到。编者是完全把荷花与月色作为实景来分析的,但是,荷花与月色应该是有象征意义的,是朱自清情感的象征,但是一篇旨在指导教师教学的"课文研讨"竟然没有一个问题谈到荷花与月色是对朱自清情感的象征,这就不是疏漏的问题,而是文本分析的指导思想的问题,文本的文本解读重视的是从时代背景和作家思想经历的解读,而根本就不重视文本形式的探究。还有文章的结构,朱自清是以两个"忽然想起"结构全篇的("忽然想起日日走过的荷塘……""忽然想起采莲的事情来了"),朱自清为什么写了现实的荷塘之后又写了远古江南采莲的习俗?这种结构形式有什么意义?教材的意思是说,朱自清不满意他目前的状况才想起他在江南的生活,但是,朱自清写的是远古江南采莲的旧俗,而不是他在江南的生活。讲《荷塘月色》根本不讲朱自清以很大篇幅写到的那个采莲的旧俗及其引述的诗歌,这能是对《荷塘月色》文本的艺术分析吗?还有,文章以"颇不宁静"统领全篇,"颇不宁静"与后面写到的荷塘月色和采莲到底是一种什么关系?如果我们放开思路探究,是不是可以进一步把《荷塘月色》与朱自清的其他文章进行"互文"性分析呢?是不是可以把《荷塘月色》和《诗经·月出》进行比较的原型的分析呢?

解读文本的主要方法是对单个文本的形式分析,但是也可以补充或者说开拓另一种解读方法,那就是超越单个文本的"互文性"或者"叠合法"解读。所谓"互文性"是指作家创作时对别的文本的借鉴,这个别的文本即包括自己的,又包括别人的。这种创作方式有理由使解读时打破文本的界限,采用与别的文本"互文""叠合"的解读方法,这种借助诸多作品的意义空间来解读某篇作品的做法就有可能既超越单个作品的局限,又超越从时代背景和作家经历解读的局限。

一个作家的某种创作意象和主题一般不会只表现在一部作品中,如果这个意象和主题构成了这个作家的情结,就更会在许多作品中有反复的表现。弗莱说,有可能在他最早的作品中就有了表现。《荷塘月色》就属于这类创作。一个作家有许多作品,如果单看其中的一部作品,我们是很难把握它的真正思想内容的,而如果把一部作品放在这个作家的全部作品中去比较,就会看到只看一部作品时所看不到的深层内容。如果我们不看朱自清的其他作品,只就《荷塘月色》看《荷塘月色》,就只能就《荷塘月色》所描写的东西分析它的内容。但是,当我们把《荷塘月色》放在朱自清其他作品中去看,就会看到一个"月下美人"意象的重复出现。在这种"月下美人"意象的作用下,《荷塘月色》就脱离了具体内容,而浮现出"月下美人"的最基本象征形式。在"月下美人"象征意象"重叠"的形式中,我们就能发现朱自清对一个原型模式的反复表现。由于它是朱自清作品的一个原型模式,因而,它的象征意义就超越了朱自清的许多具体作品,而成为朱自清作品中的一种最基本、最重要的内容。在朱自清早期的作品中有一种意象反反复复地出现着,那种意象是由月亮和花,或树,或美人共同构成的。总结这种意象的特点,可以用"月下美人"的象征来概括。朱自清的作品虽然林林总总,然而那个"月下美人"的象征意象却总是执拗地、顽强地、不厌其烦地表现出来。这使我们有充分的理由认为,"月下美人"的象征意象是朱自清的一个原型模式。因而,总结这种"月下美人"模式并进而揭示其意义,就可能成为我们理解《荷塘月色》和朱自清创作的另一个重要途径。

比较直接的,是《温州的踪迹》中的《月朦胧,鸟朦胧,帘卷海棠红》。这虽然是一篇对绘画的描述,但同样是朱自清主观情感的投射。他这样描绘这幅绘画:

> 纸右一圆月,淡淡的青光遍满纸上;月的纯净,柔软与平和,如一张睡美人的脸。从帘的上端向右斜伸而下,是一支交缠的海棠花。花叶扶疏,上下错落着,共有五丛;或散或密,都玲珑有致。叶嫩绿色,仿佛掐得出水似的;在月光中掩映着,微微有浅深之别。

花正盛开,红艳欲流;黄色的雄蕊历历的,闪闪的。衬托在丛绿之间,格外觉着妖娆了。枝歌斜而腾挪,如少女的一只臂膊。(《月朦胧,鸟朦胧,帘卷海棠红》1924年2月1日)

秦淮河仿佛笼上了一团光雾。光芒与雾气腾腾的晕着,什么都只剩下了轮廓了;所以人面的详细的曲线,便消失了我们的眼底了。但灯光究竟夺不了那边的月色;灯光是浑的,且色是清的,在浑沌的灯光里,渗入了一派清辉,确真是奇迹!那晚月儿已瘦削了两三分。她晚妆才罢,盈盈的上了柳梢头。天是蓝得可爱,仿佛一汪水似的;月儿便更出落得精神了。岸上原有三株两株的垂杨树,淡淡的影子,在水里摇曳着。它们那柔细的枝条沐着月光,就像一支一支美人的臂膊,交互的缠着,挽着;又像是月儿披着的发。而月儿偶然也从它们的交叉处偷偷窥看我们,大有小姑娘怕羞的样子。(《桨声灯影里的秦淮河》)

朱自清散文中的"月下美人"是来源于他诗歌中的"月下美人"的。也就是说,"月下美人"在他的诗歌创作中就建立了起来。这就说明,"月下美人"在朱自清那里,不仅是散文创作中重复出现的意象,而且形成了一个传统,一个个人性的传统。

《湖上》一文从整体上也是用"月下美人"的意象来表现的:

绿醉了湖水,
柔透了波光;
擎着——擎着
从新月里流来
一瓣小小的船儿:
白衣的平和女神们
随意地厮并着——
柔绿的水波只兢兢兢兢地将她们载了。
……
我们
被占领了的,
满心里,满眼里,
企慕着在破船上。
她们给我们美尝了,
她们给我们爱饮了;
我们全融化在了她们里,
也在了绿水里,
也在了柔波里,

也在了小船里,
和她们的新月的心里。

(《湖上》,1921年5月14日)

《满月的光》是这样的:

好一片茫茫的月光,
静悄悄躺在地上!
枯树们的疏影,
荡漾出她们伶俐的模样。
仿佛她所照临,
都在这般伶伶俐俐地荡漾;
一色内外清莹,
再不见纤毫翳障。
月啊!我愿永远浸在你的光明的海里,
长是和你一般雪亮!

(《满月的光》,1919年12月6日)

在较早的诗篇里,有的虽然还不是表现"月下美人"的意象,但仍然可以看出"月下美人"的象征模式作用。在分析《月朦胧,鸟朦胧,帘卷海棠红》的时候,我们曾指出,朱自清是借助对一幅绘画作品的欣赏,使自己的"月下美人"得到了对象化的投射。其实,这种投射早在诗歌《睡吧,小小的人》就已经开始了。他从朋友那里得到了一幅《西妇抚儿图》,认为"这幅画很可爱",便据此写成了一首诗。但朱自清并非是对这幅《西妇抚儿图》的真实描绘,而是用自己的"月下美人"意象重新表现了这幅图:

"睡吧,小小的人。"
明明的月照着,
微微的风吹着——阵阵花香,
睡魔和我们靠着。
"睡吧,小小的人。"
你满头的金发蓬蓬地覆着,
你碧绿的双瞳微微地露着,
你呼吸着生命的呼吸。
呀,你浸在月光里了,
光明的孩子,——爱之神!
"睡吧,小小的人。"

夜的光，
花的香，
母的爱，
稳稳的笼罩着你。

（《睡吧，小小的人》，1919年2月）

经过这些作品的"互文"和"叠合"性分析，我们发现，"月下美人"是朱自清创作的一个原型模式。《荷塘月色》只不过是这种原型模式的又一个变形文本而已。朱自清在《荷塘月色》中是把月亮变形成了"月色"，把"美人"变形成了"荷塘"（荷花）。通过这样的解读，我们就会更加清楚地理解，《荷塘月色》与时代背景和作家思想经历无关，而和那个"月下美人"的原型有关。

如果我们把解读的视野更加扩大化，扩大到文学史的范围中去，寻找与《荷塘月色》相联系的意象，就会发现，月下美人的意象并非来源于朱自清的独创，而是来源于远古文学的一个原型意象，那就是《诗经·月出》。《诗经·月出》中的月下美人是朱自清《荷塘月色》及其一系列作品"月下美人"的原型。

月出皎兮，佼人僚兮。舒窈纠兮，劳心悄兮。月出皓兮，佼人懰兮。舒忧受兮，劳心慅兮。月出照兮，佼人燎兮。舒夭绍兮，劳心惨兮。

依照原型批评方法，我们说《荷塘月色》是《月出》的一个变体一点也不为过。①

由于有了这种原型性的解读，我们终于明白，为什么"满月的光"会引起朱自清的"颇不宁静"。那是因为"月下美人"原型作用的结果。月亮象征美人是一种文化传统，也是一种文学传统。直到今天，我们的流行歌曲还表现这个传统："十五的月亮升上了天空哟，为什么旁边没有云彩。我等待着美丽的姑娘哟，你为什么还不到来哟嗬"（《十五的月亮》）。

这种分析方法还启示我们，文学有一个自身的系统，我们的文本解读应该深入文学自身的系统中去，了解文学内部的规律，根据文学自身的系统和规律解读文本，而不是把外在于文本的时代背景和作家经历强加到文本之中去。

《荷塘月色》的意义只能由《荷塘月色》的形式中解读出来，而不能由创作原因解读出来。《荷塘月色》有着自己的形式，月下荷花的意象，采莲的意象；月下荷花和采莲的意象是有着自己的象征意义的；《荷塘月色》有着自己的结构，两个"颇不宁静"和两个"忽然想起"，还有荷花和采莲形成的前后呼应性结构；《荷塘月色》有自己的隐喻和原型形式，这种隐喻意义和原型意义是在文化传统中形成的；《荷塘月色》有文本的生成史，一方面朱自清有一个"月下美人"意象模式——在他早期诗歌《满月的光》《睡吧，小小的人》等和散文《月朦胧，鸟朦胧，帘卷海棠红》(《温州的踪迹》)《桨声灯影里的秦淮河》中，都有一个"月下美人"的意象，这个

---

① 参见杨旸《〈荷塘月色〉的互文性研究》《月下美人——朱自清作品的一个原型模式》，杨朴《〈桨声灯影里的秦淮河〉与〈荷塘月色〉的"叠合法"研究》。

反复表现的意象,超越了具体文本的意义,而透露出朱自清内心真正的情感欲望;另一方面,朱自清"月下美人"的意象又是和《诗经·月出》"月下美人"互文(借鉴)的。《荷塘月色》的意义是被它的形式规定了的,而它的形式的意义又是被它的传统规定了的。我们阐释《荷塘月色》的意义也就只能阐释月下荷花意象及其象征的意义,只能阐释"月下美人"置换变形的"荷塘月色"的意义,只能阐释荷花与采莲中的传统的意义,只能阐释《荷塘月色》内部结构特征的意义。而这些意义是不能被时代背景和作家人格"原因"所决定的。

不能用阶级观念使人物形象分析绝对化

文本解读中,阶级分析仍然是一个管用的概念,但不能把它简单化、绝对化。把复杂的人用一个阶级性来概括就过于简单化了,把人性的丰富性、矛盾性和深邃都用阶级观念来分析就绝对化了。比如《雷雨》中周朴园与鲁侍萍之间有没有过爱情,为数不少的讲法是,封建地主阶级的大少爷,与鲁侍萍没有真正的爱情,那只是对"女下人"的玩弄;周朴园保留鲁侍萍的照片和生产时不开窗的习惯等,也是资产阶级的虚伪的表现。《教师教学用书》在"人物形象"这部分对周朴园的界定是:"周朴园出身于封建大家庭,年轻时留过洋,在剧中是一家矿厂的董事长。课文节选的这部分,主要刻画了他的虚伪、自私、冷酷、强硬、老谋深算。"具体分析是:"当年,为了迎娶富家小姐,他和他的母亲在年三十夜里将侍萍和她刚生下三天的第二个孩子赶出家门,于此可见他的冷酷;他一直用当年侍萍用过的家具,摆着侍萍的旧照片,保留着侍萍喜欢关着窗子的小习惯,据他自己说,是出于对侍萍的怀念。可是这种怀念是很有限度的,因为他在和鲁侍萍谈话中,得知侍萍还活着时,并不想见她,而在得知眼前的人就是侍萍后,他的第一个反应是他没有躲过去,侍萍要来敲诈他了。可见,他怀念的是当年温柔、聪慧且早已死去,不会对自己有任何威胁的侍萍,并且这种怀念恐怕也更多的是出于他自己要寻求良心上的安慰的需求,以及装模作样给别人看,于此可见他的虚伪、自私。"①

我以为这种讲法就是用简单的阶级观念把周朴园的复杂性简单化了。周朴园是一个活生生的人,周朴园除了阶级性之外,还有人性的其他方面。在进入社会之前,他身上还不具有明确的阶级性。他是本着青年人的单纯与侍萍恋爱的。这种单纯可以用周冲的单纯来补充。周朴园的爱情悲剧发生在他屈服家庭意志,与一个门当户对的大小姐结婚之时。这是他的软弱的表现,著名学者王富仁先生曾经深刻分析过这个方面。周朴园的软弱与周朴园的冷酷是有区别的。把周朴园说成为了迎娶富家小姐,他和他的母亲把侍萍赶出家门,是过于简单化了。阶级观念的简单化解读,造成了对周朴园过去生活缺少深入细致的分析。

---

① 人民教育出版社,课程教材研究所,中学语文课程教材研究开发中心.语文(4)教师教学用书[M].北京:人民教育出版社,2012.

周朴园为什么屈从了家庭的意旨,这当然与周朴园性情软弱有关。他曾经留洋,肯定接受了西方的新思想(他能与女下人恋爱并同居就是明证),但是,他还是向封建势力妥协投降了。这里还牵扯到了对不同于阶级性的另外一种毁灭人的东西的暗示,那种毁灭人的东西就是被制度化了的对人的规定。这种被制度化了的对人的规定有两个方面,一是大家庭子女的结婚必须是"门当户对",二是"门当户对"婚姻实际上是人的"入会礼"仪式——这个"入会礼"仪式是对人的改变乃至彻底毁灭。周朴园的人生悲剧就发生在他的"门当户对"的婚姻和"入会礼"仪式上。

与"有钱有门第"的大小姐结婚,对周朴园来说是一种人生转换仪式。大家庭子女的结婚就是他们的成人仪式,就相当于他们的"入会礼"。"入会礼"是原始部落男孩子成长的转换仪式的概念。原始部落的男孩子成长之旅,有一个"入会礼"仪式,即从原来那个孩子的群体进入成人社会。原始部落的人完成这个"入会礼"要经历"死亡"与"新生"两个过程。据文化人类学家研究,一个人完成"入会礼"经历"死亡"和"新生"的生命体验是极其强烈的,因为他要彻底告别他的过去,他便要脱胎换骨,彻底转变成另一个人。

中国人没有成人仪式这种习俗、制度,但是中国人的结婚却是人的一种隐性的"入会礼"。这个"入会礼",不仅是家庭也是整个社会的"制度"惯例。这就造成了中国人婚前和婚后的生活是两个截然不同的世界;结婚前是一种自由自在的世界;结婚后是一种被剥夺了自由的礼法的世界。进入这个"入会礼",也可叫"通过仪式",就意味着人必须告别那个自由自在的世界,而进入成人的礼法的世界。在"门当户对"后面的这个"入会礼"是比"门当户对"更要命的"潜规则"。它形成了一种"制度",许许多多的人都要经历这个"入会礼"的转变,都要被这种"制度"扼杀。

周朴园的结婚就是周朴园的"入会礼",这个"入会礼"在周朴园那里,是一个告别仪式,一个死亡仪式,肯定是一个痛苦过程,残酷地扼杀了爱情,扼杀了人性,扼杀了人的自由;剥夺了属于人的美好的东西,强加给人不属于他的东西;周朴园走向自己的反面,成了另外一种人;从原来的青少年时代价值观念和情感方式中走向成人的价值观念与情感方式,这相当于周朴园"入会礼"的"死亡";而接受大家庭强制给他的价值观念和人生方式,就相当于"入会礼"的"新生"。由这个"入会礼",封建大家庭完成了对周朴园的彻底改造;从纯真的爱情转向门当户对的规矩,从天真无邪的思想转向阶级观念,从人的真情实感转向虚假的价值标准。周朴园变成了另一种人。

但是,话剧《雷雨》不是表现这一阶段的周朴园,而是表现三十年后周朴园与梅侍萍重新邂逅的,因而不能够表现周朴园"入会礼"的痛苦思想过程。但是,透过周朴园对鲁侍萍的怀念,透过周朴园对繁漪的冷淡,透过周朴园对繁漪前一个妻子的极端忽略,透过周朴园对所有女性的不感兴趣(这是由他人交代出来的),我们就会发现,在那个相当于"入会礼"的门当户对的结婚仪式中,周朴园彻底埋葬了他的爱情,也彻底埋葬了他那个阶段纯真的思想情感。

　　能够证明周朴园彻底埋葬了他纯真思想情感的另一种证明是,周朴园对人的极端冷酷,包括对自己亲儿子的极端冷酷。这种冷酷不只是因为他的阶级出身,还因为那个"入会礼"仪式使他的思想感情发生了巨大的变化,他被"入会礼"转变到他家庭的价值观念和人生方式之中了。周朴园的入会礼使周朴园成为一个"冷血动物",他不再有爱,不再会爱,不再有人性的温暖。他丧失了爱之后,变得暴躁、冷漠和绝情。

　　在我们的文本解读中,应该尽力恢复出这个"入会礼"带给周朴园的变化,因为是这个变化导致周朴园的思想性格的多重性。我们做了这种深入的分析,就不会仅仅从阶级性上做简单的判断。这个"入会礼"的分析还可以使我们充分注意到周朴园思想性格的复杂性和矛盾性,也会更深入理解周朴园怀念侍萍到底是一种什么样的思想行为。

　　从精神分析方法看,周朴园的"入会礼"是周朴园爱情丧失的过程,但也是周朴园爱情被压抑的过程。周朴园顺从家庭强大的阶级意志就使自己接受和产生阶级意识,而把原来的爱情送向了死亡。但这种阶级意识并未彻底消灭爱情,而是把爱情压抑到了潜意识之中。正是这种潜意识中的侍萍情结,或者说青年时代的真正的爱情,使周朴园不能对那个"有钱有门第"的大小姐燃起爱情之火。周朴园对她的冷淡就如对繁漪的冷淡是一样的。那个女人是不幸的,他在周朴园的生活中简直没有留下任何一点痕迹。而繁漪则是一个更大的悲剧。由于周朴园把爱留在了侍萍那里,留在了初恋那里,留在了遥远的过去——那张侍萍的照片就表示了侍萍的"在场"和繁漪的"不在场",因而繁漪的情欲得不到正常的满足,就走向了与周萍的乱伦之爱。如果说繁漪的乱伦是一种罪过,那导致这种罪过的也是周朴园的压抑,而周朴园对繁漪之所以造成严重压抑,就在于他的爱被剥夺了,他内心中有一个侍萍情结。

　　正是这个侍萍情结,使周朴园永远地保留着侍萍给他缝补过的花衬衣……侍萍的照片,并保留着侍萍生产时不开窗的习惯等,恰恰是周朴园真实——已经被葬送了的真实的表现,是他被压抑的潜意识的顽强表现。这种行为不能解释成"是出于他自己要寻求良心上的安慰的需求,以及装模作样给别人看"。对侍萍当年的行为,他自己不说任何人也都不知道,他装模作样给谁看呢?至于说到周朴园得知侍萍没有死,就是眼前的鲁妈时,表现出冷酷无情,也不能据此就认为周朴园对侍萍的怀念是虚伪。那怀念如同那冷酷,同样是真实的。因为,自从结婚的"入会礼"仪式之后,周朴园就已经成为冷酷的人。

　　中学语文教材所选的周朴园与侍萍重逢的那场戏是十分精彩的。一对曾经真挚相爱然而又分道扬镳的人三十年后又重逢了。他们该有多么复杂万千的思想情感。两个人的对话,既表现出了他们对往昔爱情的缠绵回顾、追忆和眷恋,又表现出了他们各自冷酷无情的阶级意识。侍萍对周朴园既有脉脉温情,又有着无法言说的怨与恨;周朴园的内心中既有着对遥远的三十年前侍萍的不能忘记的爱,又有着来自于他阶级性的对侍萍的警惕。侍萍的怨与恨并不能彻底泯灭她曾经的爱,那是她少女时代最美好的情感与美好记忆;周朴园内心中虽然有爱,有一个侍萍情结,但是,他三十年的阶级意识已经使他牢牢地树立起阶级观念,正是这种阶级观念使他不能正视自己内心的真实情感,周朴园的"超我"已经把"本我"死死地控制住了。如果说,当年周朴园顺从了家庭意志,是对阶级观念的屈服,那么,三十年后的周朴园不能正视自己的真实情感,不能和自己的亲生儿子鲁大海相认,那就是自觉地、顽固地固守他的阶级立场了。

解读《雷雨》这两个场面的戏,不仅仅是字面的解读,也不应该是简单化的阶级观念的解读。话剧虽然是由对话表现的,但对话却是由人物的整体生活基础作为支撑的。因而,我们应该由周朴园与鲁侍萍的对话,重建他们的过去人生,由他们过去到现在的人生看他们人生的轨迹和变化,由他们的人生轨迹和变化看他们思想性格的复杂性和丰富性,而不是简简单单地凭着阶级观念来做绝对化的判断。

《雷雨》外部解读的例子告诉我们,分析人物,应该根据人物的生命历程,根据人物思想性格的复杂性,去做实际的分析,而不要根据阶级观念进行定性式的判断。根据阶级观念进行定性式的判断往往就是外部解读,而只有从人物复杂性的实际出发,才可能是内部分析。

由外部解读模式向内部解读模式转型,是一个艰苦的过程。一方面,外部解读模式由来已久,已经形成了一种习惯性力量,又有着观念和知识结构的支撑,不大容易得到改变;另一方面,内部解读要求有系统性的形式解读的知识与能力。在诗歌与散文方面是意象、隐喻、象征和传统符号的解释能力,在小说和戏剧方面要有对文本内部如情节结构、矛盾冲突、人物性格、细节意蕴,以及神话原型等的解读能力。这些方面要逐步地积累,这些也不是一蹴而就的,而是一个过程。但是,我们要有这个由外部解读向内部解读转型的意识。有了这个意识就是一个很好的开始。在这个基础上不断探索,不断完善这个内部解读的知识系统,慢慢就会达到最终的转型。

《荷塘月色》的外部研究与内部研究

以往的《荷塘月色》研究大多为外部研究。无论是国家的不宁静造成的思想上的不宁静,知识分子道路选择的不宁静造成的精神不宁静,还是家庭的不宁静造成伦理的不宁静等,都是以形式之外的东西解读《荷塘月色》。《荷塘月色》的内部研究就是要研究《荷塘月色》的形式意义。《荷塘月色》的形式主要由荷花和采莲及其形成的结构形式表现出来。荷花的女性化特点使其成为美女的象征;采莲表现的"妖童媛女,荡舟心许"等意象是男欢女爱的象征;荷花和采莲形成一种结构形式,则是美人爱欲的象征;"颇不宁静"之时所以联想到荷花和采莲,正是因为荷花和采莲是"颇不宁静"原因的象征。

外部解读的局限

我们根据什么解读一个文本呢?只能根据艺术的原则。什么是艺术呢?艺术是"有意味的形式"。艺术是通过形式表现意味的。作家创作也不是创作了小说、诗歌和散文——这种体裁样式是预先存在的,而是在小说、诗歌和散文等样式中创造了具体的艺术形式。作家之所以要创作具体的艺术形式,就在于,他要表现的东西用一般性的语言概念是不能表达出来的,因此作家必须创造艺术形式来表现,这样,艺术形式就必然地蕴含了意味。艺术创造的原则规定了艺术解读的原则。解读形式的意味是解读作品唯一正确的途径。依照这种解读原则看《荷塘月色》产生以来的若干解读,就会清楚地看到,为数不少的解读还是外部解读。所谓外部解读就是外在于文本形式的用《荷塘月色》之外的东西对《荷塘月色》的解读。它的观点不是由对《荷塘月色》形式分析产生出来的,而是把另外的东西通过嫁接的方式强行塞进《荷塘月色》之中的,这种解读的结果是,外在于《荷塘月色》的东西掩盖和遮蔽了《荷塘月色》真正的形式意义。

梳理《荷塘月色》的阅读史,可以看出不同时期呈现出不同的特点:1927年到1949年是艺术风格评论期;1950年到1978年是政治角度解读期;1978年到1988年是整体研究期;1989年以来是多元解读期。

从1927年到1949年,对《荷塘月色》的评论主要集中在艺术特点和风格上。当时由于《荷塘月色》刚刚发表,又由于朱自清的逝世,因而这个时期呈现出作品推介、艺术风格界定和人格评价等几个方面。最早对《荷塘月色》发表评论的是钟敬文先生。他对《背影》的评论从整体上概括了《荷塘月色》的艺术风格："现出在纸上的,是那样幽秀、婉媚与神化!……人间还有描写荷塘夜景比这来得更美妙的图画么?"①郁达夫说:"朱自清虽则是一个诗人,可是他的散文,仍然满贮着一种诗意,文学研究会的散文作家中,除冰心女士之外,文字之美要算他了。"②李素伯说:"同是细腻的描写,俞先生的是细腻的委婉,朱先生是细腻的深秀;同是缠绵的情致,俞先生的是缠绵里满蕴着温熙浓郁的氛围,朱先生的缠绵里多含有眷恋悱恻的气息。"③阿英认为,朱自清高于俞平伯之处在于,"情绪更丰富、奔放,以及文字的更素朴通俗上"④。杨振声说,朱自清的散文"文如其人,风华是从朴素出来,幽默是从忠厚出来,腴厚是从平淡出来"⑤。许杰认为,朱自清的散文是"诚挚而纯真"⑥的。吴晗认为,朱自清"文字上的表现是细腻、稳到、心平气和"⑦。王瑶说,朱自清早期散文是"漂亮缜密的写法"⑧。

  这种艺术风格的评论对理解《荷塘月色》有着重要的作用,但是,不可否认的是,艺术风格的界定还是整体的而非具体的,外在的而非内在的,印象的而非细读的。这些评论多带有推介的意义,因而,缺少深入的内部研究是不可避免的局限。

  从1950年到1978年,对《荷塘月色》的解读主要集中在政治角度。由于这个时期的主流文学观念是"文学为政治服务","文学是阶级斗争的工具",因而对包括《荷塘月色》在内的文学的解读都是在这种统一的文学观念支配下进行的。人们刚刚开始的对《荷塘月色》的艺术解读,理所当然地受到了严厉的批评。王炯华和李炎群《诗的写景,景的抒情——读〈荷塘月色〉》从"奇特的比喻和丰富的联想"分析《荷塘月色》的艺术特点及其意义⑨,是较早进行内部研究的文章。但是,却被指责为"没有强烈的政治内容,我们不应该欣赏伤感的情调,但是作者没有指出和批判整个作品的小资产阶级知识分子的情调,反而欣赏地赞美它,'能给人以美的情思和美的享受',是不对头的"⑩。新中国成立后文艺界的批判和斗争,使人们不能也不敢对《荷塘月色》进行内部研究,而只能导致对它的政治性的解读。政治性解读的代表性观点是吴周文先生的《论朱自清的散文艺术》。他说:"众所周知,江南时期的朱自清,在共产党的影响下,曾经以革命民主主义的姿态战斗过,呼唤过;然而,大革命失败以后,严酷的斗争现实使他陷入极度的苦闷彷徨,'心里'是'颇不宁静'的。从表面上看,作品处处扣住一个'净'字,从各个侧面、用各种手法描写、渲染荷塘的'净'。实质上,处处扣住'心里颇不宁

---

① 车文博.弗洛伊德文集[M].长春:长春出版社,1998.
② 钟敬文.钟敬文集[M].合肥:安徽教育出版社,2002.
③ 郁达夫.中国性文学大系·现代散文二集导言[M].上海:良友出版社,1935.
④ 阿英.无花的蔷薇——现代十六家小品[M].石家庄:河北人民出版社,1991.
⑤ 阿英.无花的蔷薇——现代十六家小品[M].石家庄:河北人民出版社,1991.
⑥ 朱金顺.朱自清研究资料[M].北京:北京师范大学出版社,1981.
⑦ 转引自李广田,等.最完整的人格——朱自清先生哀念集[M].北京:北京出版社,1988.
⑧ 转引自李广田,等.最完整的人格——朱自清先生哀念集[M].北京:北京出版社,1988.
⑨ 转引自李广田,等.最完整的人格——朱自清先生哀念集[M].北京:北京出版社,1988.
⑩ 王炯华,李炎群.诗的写景,景的抒情——读《荷塘月色》[J].山花,1963.

静'一句,正是为了突出地抒写心灵的'风乍起,吹皱一池春水'的不'净',正是为了抒写回首江南斗争生涯的苦闷和彷徨。"①这种观点产生了很大影响,很长时期的中学语文的讲解都沿用了这种观点。

任何一位作家的创作都离不开时代,但时代内容并非直接等同于他所创作文本的形式内容。时代背景与文本内容之所以不能直接画等号,就在于,文本是作家的创作,而作家创作的文本可能表现时代内容,也可能表现与时代无关的个人情感内容。这种把大革命失败的时代内容嫁接到《荷塘月色》中去的解读,犯了一个绝对化的错误,就是作家创作一定要表现时代内容。但是,以朱自清的创作来看,恰恰是截然相反的,他的描写女人美的《女人》(有的选本编辑为《艺术的女人》)、写对女人美欣赏的《阿河》,还有多篇描写花的美的如《看花》《歌声》以及其他篇什如《匆匆》《春》《背影》等,怎么能用时代内容来阐释呢?我们不能用大革命失败的时代内容解释《女人》《看花》和《背影》等,也就不能用大革命失败内容来解释《荷塘月色》。朱自清表现政治性很强的内容并不用艺术的散文来写,而是直接写成了《执政府大屠杀记》(1926年3月23日)。以大革命失败的时代内容解释《荷塘月色》,非常明显地表现着一种文学理念的支撑,就是文学是为政治服务的。文学为政治服务的观念派生出政治角度的解读,不论什么样的作品一定要在文本中挖掘出政治性的内容和主题,但这恰恰是对文本形式的歪曲。

20世纪80年代是整体研究朱自清创作的时期。在资料方面,有陈孝全的《朱自清生平事略》②、陈锡岳的《朱自清著译系年目录》③、朱金顺的《朱自清研究资料》④等;研究方面,有时萌的《闻一多朱自清论》⑤、扬昌江的《朱自清的散文艺术》⑥、陈孝全、刘泰隆的《朱自清作品欣赏》⑦。除此之外,还有大批欣赏和点评著作与文章问世。

20世纪80年代末至今是一个多元解读时期。一直到现在仍然产生重要影响的观点,是钱理群先生的《关于朱自清的"不平静"》。钱理群先生在"两个世界"即现实世界和梦的世界中解读朱自清的"不平静",他认为:"朱自清生活于其中的现实世界与自我心灵升华的超越世界:在某种意义上,可以说这是朱自清的一个'梦'……正是这'现实'世界与'梦'的世界的对立、纠缠,显示着作家灵魂挣扎的凄苦。"钱先生还认为,朱自清"对'属于自己的,自由的世界'的向往本身,即已说明了他在现代中国的'自由知识分子'的立场与历史位置。而像他这样的自由主义知识分子在1927年国(民党)、共(产党)分裂后两大政治力量尖锐对立的形势

---

① 松笔.培养健康的艺术趣味[J].文学评论,1965.
② 吴周文.论朱自清的散文艺术[J].文学评论,1980.
③ 陈孝全.朱自清生平事略[J].华东师范大学学报,1981(5—6).
④ 陈锡岳.朱自清著译系年目录[J].文教资料简报,1982(11—12).
⑤ 朱金顺.朱自清研究资料[M].北京:北京师范大学出版社,1981.
⑥ 时萌.闻一多朱自清论[M].上海:上海文艺出版社,1982.
⑦ 扬昌江.朱自清的散文艺术[M].北京:北京出版社,1983.

下,就不能不陷于进退失据的困境之中——《一封信》与《那里走》所表露的正是这选择的困惑。……一方面他看到这是一种时代的、历史发展的趋向,'是创造一个新世界的必要的历程',不仅势所必至,而且势不可挡;另一方面,他却要固守知识分子的'自我'追求(即本文所说做想做的事、说想说的话,不做不想做的事、不说不想说的话的'自由'),不愿'革自己的命',即改变(改造)自己,因而产生了被毁灭的恐惧:'那些人都是暴徒,他们毁掉了我们最好的东西——文化。'这样,朱自清这类自由主义知识分子既反感于国民党的'反革命',又对共产党的'革命'心怀疑惧,就不能不陷入不知'那里走'的'惶惶然'中——朱自清的'不平静'实源于此"[1]。

孙绍振先生的《超出平常的自己和伦理的自由——〈荷塘月色〉解读》是近年产生很大影响的文章。文章认为:"《荷塘月色》表现的苦闷并不是政治性的,而是伦理性的。"孙绍振先生认为,朱自清"有两个清华园,一个是平常的,一个是当天的。他写的自己也有两个,第一个是平常的,另一个是当天的,不是平常的那个自己,而是'超出了平常的自己'"。孙绍振先生的根据是朱自清那一人生阶段有家庭失和、父子之间的矛盾等诸多问题,"暑假中(也就是写作《荷塘月色》的7月份),朱自清想回扬州,但是又怕难以和父亲和解,犹豫不定。因而有'这几天心里颇不宁静'之语。这一切都证明朱自清在漫步荷塘时感到的自由,在性质上是一种伦理的'自由',是摆脱了作为丈夫、父亲、儿子潜意识里的伦理负担,向往自由的流露,和政治性的自由是没有直接关系的"[2]。

20世纪90年代以来的解读,是从过去政治角度解读模式完全超越了出来,转而从其他比如思想和伦理的角度解读。钱理群先生对朱自清内心矛盾的分析是极其深刻的,而且联系现代知识分子的精神苦闷,也是极具现实意义的,把对《荷塘月色》的解释从决定论的政治性观念中解放出来,更是有价值的。但是,钱理群先生的解读是原因的解读,他把朱自清的这种精神苦闷,特别是用朱自清《一封信》和《那里走》的思想解释《荷塘月色》表现的朱自清的"不平静",也并非是《荷塘月色》形式本身的阐释,更不是对《荷塘月色》形式的整体解读。钱理群先生原因的解读有它的道理和意义,但是我们不能用它代替《荷塘月色》形式的解读。

孙绍振先生的伦理的观点也有特定的角度,把朱自清对荷花和采莲的描写都说成"是摆脱了作为丈夫、父亲、儿子潜意识里伦理的负担,向往自由的流露",很显然也不是荷花和采莲意象和结构形式意义的整体探讨。

这期间《论朱自清散文中的性压抑》一文引起了不小的反应。文章认为:"揭开'淡淡的哀愁'的面纱,真实的内核其实应该是'性压抑'在作祟。因为月色下的女性世界毕竟是一种幻觉,画饼岂能充饥?所以一方面作者为在这月色中做'自由人'而兴奋,但这可想而不可即

---

[1] 陈孝全,刘泰隆.朱自清作品欣赏[M].南宁:广西人民出版社,1981.
[2] 钱理群.名作重读[M].上海:上海教育出版社,1998.

的境界又平添了一些苦闷。"①精神分析的观点是新颖的,但是,还没有深入文本的内部去分析。

新时期以来,确有不少文章谈到了《荷塘月色》的艺术特点,例如比喻、通感等,但是,大多还是就艺术手法谈比喻和通感,而缺少深入地研究比喻等艺术手法对创造意象及其表现情感的作用,因而,《荷塘月色》的内部研究还不是很充分。

外部研究的主要问题

外部研究对人们理解《荷塘月色》的艺术特点、艺术风格以及表现出的朱自清的思想情感等,起到了不容忽视的作用。但是,我们也必须看到,对艺术特点、艺术风格的解读,特别是在时代背景上的解读等,大体上还都是外在于文本的解读。这就暴露出一些非常严重的问题。

第一个问题是政治角度和人格角度的解读抹杀了文本的独特性。政治角度和人格角度是《荷塘月色》解释的两个重要角度。政治角度又区分为两个方面:一个是批评作品表现了小资产阶级情调,一个是在大革命失败的政治背景中分析文本是表现朱自清的苦闷彷徨。而人格角度的解释,也是把朱自清的人格精神贴到《荷塘月色》的文本上去。政治角度和人格角度的解释最根本的问题是,用《荷塘月色》之外的东西解释《荷塘月色》的意义,这就抹杀了作为文学文本的《荷塘月色》的独立性价值。《荷塘月色》的艺术价值是由《荷塘月色》文本形式决定的,有什么样的文本形式就有什么样的意义,因而,《荷塘月色》的形式意义是自足的、独立的、不由外在于《荷塘月色》的其他东西决定的。政治角度之所以不能成为解释《荷塘月色》的原则,就在于《荷塘月色》不是政治性的东西,它也不表现政治性的内容,而作为文学文本,它表现的是朱自清个人的情感,甚至是潜意识的东西。朱自清的人格之所以也不能成为解释《荷塘月色》的原则,就在于,一方面,我们所认为的朱自清的人格可能是不全面的,另一方面,文本表现内容的复杂性和丰富性也不与人格绝对地画等号。政治角度和人格角度的解读最大的弊端就是忽略了文本形式本身的意义,而文学作品的意义恰恰就在于文本形式本身。

第二个问题是把原因当成了结果。大多数论者是把朱自清"不宁静"的原因当做了《荷塘月色》的结果即主题思想,或者认为朱自清是因为国家不宁静而产生了政治性的不宁静,或者是因为知识分子探寻出路的不宁静而产生了精神不宁静,或者是因为家庭不宁静产生了伦理性的不宁静等。而《荷塘月色》的"结果"只能是《荷塘月色》形式产生的意义,而不能是"不宁静"原因——无论是国家不宁静产生的政治不宁静,知识分子不宁静产生的精神不

---

① 孙绍振.超出平常的自己和伦理的自由——《荷塘月色》解读[J].名作欣赏,2003.

宁静,还是个人家庭不宁静产生的伦理的不宁静——产生的意义。这种以"不宁静"原因的探讨当做《荷塘月色》意义的外部研究,由于忽略了《荷塘月色》本身的形式探究,因而,并没有能够深入揭示出《荷塘月色》的意义。韦勒克和沃伦在其影响巨大的《文学理论》中曾深刻指出"外部研究"的弊端。"虽然'外在的'研究可以根据产生文学作品的社会背景和它的前身解释文学,可是在大多数的情况下,这样的研究就成了'因果式'的研究,只是从作品产生的原因去评价和诠释作品,终至于把它完全归结于它的起因(此即'起因谬说')。文学作品产生于某些条件下,没有人能否认适当认识这些条件有助于理解文学作品,这种研究法在作品释义上的价值,似乎是无可置疑的。但是,研究起因显然绝不可能解决对文学艺术作品这一对象的描述、分析和评价等问题。起因与结果是不能同日而语的;那些外在原因所产生的具体结果——即文学艺术作品——往往是无法预料的。"①文学创作是复杂的,原因不一定等于结果,其理由在于,作家一旦进入创造过程不是由原因所能绝对支配的;作家创作的是形式,作品也是由形式呈现意义的,而形式总是大于原因的。就《荷塘月色》来说,何况多数论者所探讨的"不宁静"的原因还不一定是真正的原因。

第三个问题是把《荷塘月色》的形式及其意义扭曲成了"另一个世界",和"超出平常的自己"。由于多数研究者的外部研究把原因当成了结果——朱自清不满于现实世界才来到了"荷月世界"和"理想世界",或者说是在"荷塘月色"中逃避现实,这样一来,就把"荷塘月色"说成了自然世界、自然空间等,从而把《荷塘月色》的形式本身的意义给忽略、遮蔽和扭曲了。荷花和采莲是有着自己的象征意义的,它所象征的正是朱自清的情感。弗洛姆在探讨"被遗忘的语言"时特别提到了象征,他说:"象征语言是我们表达内在经验的语言,它似乎就是那种感官体验,是我们正在作的某物或物理世界对我们产生影响的某物,象征语言是这样一种语言,其中,外部世界是内在世界的象征,是我们灵魂和心灵的象征。"②从象征形式看,荷花和采莲等是朱自清"灵魂和心灵的象征",但如果用外在原因解释《荷塘月色》的主题,或者把朱自清游荷塘——实际是写荷塘,说成是逃避摆脱什么痛苦,就忽略了《荷塘月色》最基本的象征形式要素。

第四个问题是把《荷塘月色》与其传统割裂了。一篇作品虽然是作家对生命感受的表达,但他在表达生命感受的时候,其基本形式却是来源于此前的文学传统的。《荷塘月色》写到月光、荷花和采莲等,而这些意象和象征,在文学传统中早就有多种多样的表现。《诗经·月出》就表现过"月下美人"的意象,《诗经》中也有以荷花象征美人的诗篇。"月下美人"与荷花象征美人又构成了一个源远流长的传统。而"采莲"诗也不绝如缕。《荷塘月色》是综合了三种传统,把"月下美人"置换成了月下荷花,又与"采莲"诗"互文",《荷塘月色》就成为文学传

---

① 范培松.论朱自清散文中的性压抑[J].上海师范大学学报,1992(2).
② 韦勒克,沃伦.文学理论[M].刘象愚,邢培明,陈圣生,李哲明,译.北京:生活·读书·新知三联书店,1994.

统的新文本。既然《荷塘月色》是站在传统形式基点上表现月光、荷花和采莲的,我们就应该在传统形式中去解释它们的意义。但是,我们过去大多在时代背景、作家人格等角度进行解读,与产生《荷塘月色》形式的传统割裂了。而与这种传统的割裂也就必然割裂了它在传统中约定俗成的意义。

这种忽略和歪曲《荷塘月色》形式意义的解读,隐藏着一种文学理念,即文学是对现实的反映。多数论者把朱自清写到的荷塘当成了朱自清的夜游荷塘的一种再现,即朱自清在家里苦闷,来到荷塘这另一个世界消解苦闷,这就简单地把朱自清精心创造的荷花和采莲的意象所形成的形式给消解和抛弃了。而抛弃《荷塘月色》形式的解读,无论如何也是无法解读出《荷塘月色》意义的。

《荷塘月色》的形式意义

文学的内部研究是对文本形式的解读。它首先要回到文本本身;回到文本本身就是对形式的解读。内部解读是要对文本的语音、意象、象征、隐喻、神话、文体和结构等方面的解读。

韦勒克和沃伦在论述"文学的内部研究"时说:"文学研究的合情合理的出发点是解释和分析作品本身。无论怎么说,毕竟只有作品能够判断我们对作家的生平、社会环境及其文学创作的全过程所产生的兴趣是否正确。然而,奇怪的是,过去的文学史却过分地关注文学的背景,对于作品本身的分析极不重视,反而把大量的精力消耗在对环境及背景的研究上。"[1] 苏珊·朗格在阐释形式创造的时候指出:"使这种内在的过程具有一个外部形象,以便使自己和其他的人能够看到它。换句话说,就是以一种客观的符号将一个主观的事件或活动表现出来。任何一件艺术品都是这样一种形象,不管它是一场舞蹈,还是一件雕塑品,或是一幅绘画、一部乐曲、一首诗,本质上都是内在生活的外部显现,都是主观现实的客观显现。这种形象之所以能够标示内心生活中所发生的事情,乃是因为这一形象与内心生活中所发生的事情含有相同的关系和成分的缘故。……只有创造的形象才具有情感生活所具有的成分和结构式样。"[2] 弗莱说:"象征是可以交流的单位,我给它取名为'原型'(archetype),也即是一种典型的或反复出现的形象。我所说的原型,是指将一首诗与另一首诗联系起来的象征,可用以把我们的文学经验统一并整合起来。而且鉴于原型是可供人们交流的象征,故原型批评所关心的,主要是要把文学视为一种社会现象、一种交流的模式。这种批评通过对程式和体裁的研究,力图把个别的诗篇纳入全部诗歌的整体中去。"[3]

---

① 埃里希·弗洛姆.被遗忘的语言[M].郭乙瑶,宋晓萍,译.北京:国际文化出版公司,2007.
② 韦勒克.沃伦.文学理论[M].刘象愚,邢培明,陈圣生,李哲明,译.生活·读书·新知三联书店,1994.
③ 苏珊·朗格.艺术问题[M].滕守尧,朱疆源,译.北京:中国社会科学出版社,1983.

依照这种内部研究的要求,从艺术形式方面解读《荷塘月色》应该有五个不能忽略的角度:一是荷花和采莲意象特点所象征的情感意义;二是荷花和采莲在文化传统中约定俗成的象征意义;三是月下怀念美人是一种原型模式;四是荷花和采莲所形成的结构所表现的情感意义;五是"颇不宁静"与荷花和采莲形成的内在结构的形式意义。

第一,荷花和采莲是有具体象征意义的意象。朱自清描写的荷花是极具女性美特点的意象,而采莲的描写也十分清楚地表现出性爱欢会的自由。根据"只有创造的形象才具有情感生活所具有的成分和结构式样"这一规律,我们判断具有女性美的荷花和表现性爱欢会的采莲应该是朱自清爱欲的象征意象。如果我们把荷花和采莲都当成朱自清对自由世界的象征,就是没有注意到荷花和采莲形象的具体特点所象征的具体情感意义。

第二,荷花和采莲的象征意义是在大的文化传统中约定俗成的。作家的创造是依赖传统的,因而作家的文本是传统以一种新的形式的再现。这一点对于我们理解《荷塘月色》尤其重要。荷花象征美人,在我们的文学传统中源远流长。乐府民歌《江南》中的"鱼与莲戏",闻一多从文化人类学角度解释说,莲是象征女的,鱼是象征男的,因而说鱼与莲戏就等于说是男与女戏。《采莲》的诗是表现那种远古风俗的,而那种远古采莲的风俗则是一种青年男女的性爱欢会。朱自清运用了这种符号,或者说强化了荷花和采莲的美人特点和性爱自由的方面,就必然地表现了这方面的意义。朱自清自己还有一个以花代表美丽女人的原型心理发生过程,他过去不爱花,但自从看到了一个卖花姑娘与花儿有着相似的韵味之后,他就开始爱花了(《看花》)。如果我们用自由世界来概括荷花和采莲的象征意义,那它们来源于文化大传统和个人小传统的意义就被遮蔽了。

第三,《荷塘月色》是《诗经·月出》月下怀念美人原型模式的现代表现方式。《月出》所表现的"月出皎兮,美人僚兮"的起兴方式——看见月亮幻想起美人,到了《荷塘月色》这里,美人则以荷花来象征了。也就是说,《荷塘月色》是把"月亮"与"荷花"两种模式综合成了一个新的文本,表现为一种新的象征方式。从原型批评方法来看,月下怀念美人的表现形式,不是由朱自清开始的,而是一种先在的原型模式。朱自清自觉地进入了这种原型模式。因而,我们解读《荷塘月色》的形式,就离不开这种原型模式。而一旦离开了这种原型模式,就离开了《荷塘月色》形式的原型,就势必把《荷塘月色》解释成对自然的写照。

第四,荷花和采莲形成了《荷塘月色》的"系统结构",这种"系统结构"表现了一种情感内容。《荷塘月色》的形式除了荷花和采莲的象征形式之外,还有结构形成的形式。"忽然想起"的荷花和采莲在朱自清那里并不是互不关联的联想和想象,而是有着相互作用的结构。艺术理论家卡西尔在谈到"系统结构"时,引用了阿道夫·希德布兰德的观点:"有着系统的结构所引起的形式的问题虽然不是由大自然直接而自明地给予我们的,然而却是真正的艺术问题。通过对自然的直接研究而获得的材料,现在由于这种系统化的过程而转化为艺术的统一体。当我们说到艺术的模仿时,我们是指还没有以这种方式得到发展的材料。而一且经过了系统化的发展,雕塑和绘画就逃出了纯粹自然主义的领域而进入真正艺术的王国。"[1] "系统结构"就是各部分互为作用的统一体,它不是由各部分内容的相加而是由各部分内容激发出来的形式形成的整体结构。从这种"系统结构"的观点看来,《荷塘月色》的整体就是一个象征的"系统"。文章前面所描写的荷花美和后面所描写的采莲习俗,是一个整体形式的"系统结构"即有统一内在形式联系的两个部分。荷花是象征美人的,采莲是象征爱欲的,而荷花和采莲两者结合在一起是象征美人爱欲的。

第五,"颇不宁静"与"忽然想起"的荷花和采莲有一种内在结构形式,正是这种内在结构形式表现出了朱自清"颇不宁静"的原因。《荷塘月色》由两个"颇不宁静"和两个"忽然想起"结构全文的。第一个是,"颇不宁静"导致"忽然想起日日走过的荷塘,在这满月的光里,总该另有一番样子吧";第二个是在看了荷花之后听到树上有蝉鸣和水里蛙叫,感到了"但热闹是它们的,我什么也没有"——其实也是"颇不宁静",才导致"忽然想起采莲的事情来了"。《荷塘月色》的两个"颇不宁静"与两个"忽然想起"形成了一种内在的联系:"颇不宁静"才"忽然想起"了荷花和采莲,因而,"忽然想起"的荷花和采莲就应该是"颇不宁静"的原因。从精神分析理论来看,"颇不宁静"是一种"焦虑"症状。弗洛伊德说:"症状是一种已经束之高阁的本能满足的替代物;它是压抑过程的一种结果。当自我——也可能是在超我的命令下——拒绝与本我中产生的本能贯注建立联系时,压抑便从自我中产生了。自我能够借助于压抑来保持这个观念,这个观念是那种本能成为意识的、应受指责的冲动的工具。分析表明这种观念常常作为一种潜意识的形成而继续存在着。"[2] 在弗洛伊德看来,焦虑是一种力比多(性力)冲动,是被意识压抑的潜意识。如果我们不囿于弗洛伊德被压抑的是力比多,而是更宽泛的对自由、爱与美的向往,那么,被压抑的东西就会包含很多人性的内容。

朱自清"颇不宁静"的"焦虑"是对被压抑的潜意识欲望的一种反应。因而,他"忽然想起"的荷花和采莲就是对这种"焦虑"的反应。这样看来,这是一种反应的反应——荷花和采莲是"颇不宁静"的反应,而"颇不宁静"是被压抑欲望的反应——荷花和采莲就成了"颇不宁静"的被压抑的潜意识欲望的象征。朱自清的"不宁静"是被压抑欲望引起的不宁静。

我们还可以从另外一个角度深入分析"颇不宁静"引起的"忽然想起"。"忽然想起"是对被遗忘的东西或者被压抑的东西的"想起",而"忽然"想起,就不是意识层面而是潜意识层面的想起,因而,是指被压抑东西的想起。而想起的是荷花和采莲,这又作何解释呢? 因为荷花和采莲在朱自清的观念里是美人和爱欲的象征,因而,他的"忽然想起"也是一种潜意识欲望的替代。

《荷塘月色》的内部研究就是《荷塘月色》的形式研究,这种形式研究与其外部研究有着

---

[1] 诺斯洛普·弗莱. 批评的解剖[M]. 陈慧,袁宪军,吴伟仁,译. 天津:百花文艺出版社,2006.
[2] 恩斯特·卡西尔. 人论[M]. 甘阳,译. 上海:上海译文出版社,1998.

截然不同的结论。但它是由形式决定的。《荷塘月色》的意义只能来源于它的形式,而不能来源于它的外部。因而,我们必须放弃《荷塘月色》的外部研究,而开始《荷塘月色》的内部研究。《荷塘月色》的内部研究是解读《荷塘月色》唯一的正确途径。

美人幻梦的置换变形
——《荷塘月色》的精神分析

《荷塘月色》是公认的朱自清代表作,是公认的现当代文学"美文",是公认的中学语文典范篇章。然而,《荷塘月色》的主题、内容、意味究竟是什么?《荷塘月色》在艺术上的特色究竟是什么?《荷塘月色》这一"美文"的美究竟在哪里?可以说,《荷塘月色》自发表以来,一直也没有得到令人心悦诚服的解释。相反,那种联系当时社会政治背景而得出的表现了作者在大革命失败后的苦闷心情,以及语言优美等方面的概括,不仅没有触及《荷塘月色》内涵的主旨和艺术的特性,而且,对读者特别是一代又一代的中学生欣赏这篇美文没有任何帮助,对人们理解这篇美文反倒形成了一种严重的错误诱导,致使这篇美文被解释之后,变得不可理喻、匪夷所思。

《荷塘月色》表现的纯粹是朱自清个人的情感。这种个人情感与那个时代的政治背景根本无关;与其他文学作品所表现的革命主题根本无关;与以莲花的出污泥而不染的意象表现坚贞的情操根本无关。这种个人情感完全是属于朱自清作为一个生命个体的内心体验。概括地说,《荷塘月色》是朱自清的一种潜意识愿望的表现。朱自清以"荷塘月色"的幻梦式描写,把潜意识中的美人原型和爱欲投射在了荷花的意象上,这就使荷花——《荷塘月色》成为朱自清潜意识愿望的象征。

幻梦:超越现实的"另一个世界"

长期以来,我们阅读《荷塘月色》存在一严重误区,那就是认为《荷塘月色》是一个写实的文本。无数的阐释者都从写实的角度去解释《荷塘月色》的主题意义。我们是被朱自清的表面描写所蒙蔽了,比如怎样在"满月的光里"离开妻子去游荷塘,荷塘景象如荷叶、荷花、荷色及月色的具体描写,然后又回到妻子的身边等。但实际上,《荷塘月色》是朱自清的一次幻梦即幻想。这幻梦来源于他的潜意识愿望。他是根据他的潜意识愿望重新幻想了一次月游荷塘。我们不是彻底否认朱自清月游荷塘的实际经验,我们所强调的是朱自清《荷塘月色》的幻梦性质。朱自清是以荷塘景象为素材做了一个投射潜意识愿望的梦。朱自清是借荷塘实际是荷的描写,给他潜意识愿望赋形。这种幻想就比写实的描写具有了更深刻更丰富的内容。荣格说:"幻觉是一种真正的原始经验。幻觉不是某种外来的、次要的东西,它不是别的事物的征兆。它是真正的象征,也就是说,是某种有独立存在权利,但尚未完全为人知晓的东西的表达。"①《荷塘月色》的创作具有一种隐蔽的幻梦性质。由于朱自清月游荷塘描写得很具体,这种幻梦性质就被遮蔽了,也就造成了人们从写实的角度去理解《荷塘月色》的误读现象。既然《荷塘月色》是一种幻梦性的创造,我们也就只能从幻梦的角度重新阐释它的象征所表现的"尚未完全为人知晓的东西"。《荷塘月色》的幻梦性特点是朱自清的有意创造:他要借"荷塘月色"之梦,脱离和超越现实,进入一种新的幻境。

首先,作者为他脱离现实进入另一种幻梦境界描绘了一种朦胧的月色。"日日走过的荷塘,在这满月的光里,总该另有一番样子吧。"是朦胧的月色,使作者与现实世界隔开:"月亮渐渐地升高了,墙外马路上孩子们的欢笑,已经听不见了。"这句话可以有两种解释:一是随着月亮的升高,原先在马路上玩耍的孩子们已经回家,所以"孩子们的欢笑,已经听不见了";二是孩子们还在马路上玩耍,但随着月亮的升高,"孩子们的欢笑,已经听不见了"。也就是说,是月亮,使作者与现实隔开。我倾向于后一种解释。这种解释强调了月光朦胧的超越现实的幻梦性特点。正是"在这满月的光里",对荷塘"另一番样子"的期待,才使作者离开了现实进入另一种梦境:"妻在屋里拍着闰儿,迷迷糊糊地哼着眠歌。我悄悄地披上了大衫,带上门出去。"作者对妻子拍着闰儿,迷迷糊糊地哼着眠歌,同上面对孩子们的描写一样,是有双重意义的:既是具象的表现,又具有象征的意义,是相对于后面所描绘的梦境的现实的表现,在作品结尾,作者又写到妻子:"这样想着(对江南采莲习俗的联想——笔者注),猛一抬头,不觉已是自己的门前;轻轻地推门进去,什么声息也没有,妻已睡熟好久了。"这是表现作者经历了一番幻梦之后又重新回到现实。这就进一步证明了作者对荷塘月色描写的幻梦性特点。

其次,作者为他进入幻梦情境创造了一条曲径通幽的小路。"沿着荷塘,是一条曲折的小煤屑路。这是一条幽僻的路,白天也少人走,夜晚更加寂寞。荷塘四面,长着许多树,蓊蓊郁郁的。路的一旁,是些杨柳……"小路的描写仍然是很具体的,但是,由于有了前面对现实的表现和后面对荷塘的幻梦性象征描绘,这条小路在文本的上下文语境中和读者的阅读里,也就具有了很明确的象征意义:那条曲折幽静的小路是作者由现实世界进入幻梦世界的必由之路。作者经由这条小路到达荷塘就是作者由现实世界进入幻梦世界。

第三,作者进入幻梦世界其实就是为了宣泄被压抑的潜意识愿望。作者进入幻梦世界是对现实世界的一次超越、一次脱离、一次反叛。"这一片天地好像是我的;我也像超出了平常的自己,到了另一世界里";"一个人在这苍茫的月下,什么都可以想,什么都可以不想"。"什么都可以不想",是因为"白天里一定要做的事,一定要说的话,现在都可以不想"这是对"白天"即意识的一种脱离和反叛。对"白天"的什么都可以不想,是为了"在晚上,一个人在

---

① 荣格.心理学与文学[M].冯川,苏克,译.北京:生活·读书·新知三联书店,1987.

这苍茫的月下,什么都可以想"。这什么都可以想,是建立在对"白天"的即意识的什么都可以不想的基础上的,而人的思想主要就是由意识和潜意识构成的。因而,对意识的什么都可以不想,就是对潜意识的什么都可以想。是由超我进入本我,是由意识进入潜意识,是由现实的世界进入审美的世界。作者的梦论无可怀疑地证明,作者进入幻梦世界是要表达自己被压抑的潜意识愿望。在《说梦》中,作者一方面对自己"成夜地乱梦颠倒","却做不着一个清清楚楚的梦"而深深地遗憾;另一方面,又为"每早将醒未醒之际,残梦依人,腻腻不去","欲追回梦中滋味于万一,但照例是想不出,只惘惘然茫茫然似乎怀念着什么而已",而深深地遗憾;同时,又肯定地认为:"虽然如此,有一点是知道的,梦中的天地是自由的,任你徜徉,任你翱翔;一睁眼却就给密密的麻绳绑上了,就大大地不同了。"①作者的论梦与弗洛伊德的论梦是相同的。在作者看来,梦中的天地之所以是自由的,那就是因为弗洛伊德所说的,"梦是被压抑愿望的想象的满足"。白天被社会理性、道德伦理束缚的情感,在夜梦的故事里,得到了代偿性满足和"释放"。正如弗莱所说:"白天正体现了人的文化的一面,夜晚则体现了人的自然的一面。"正因为如此,朱自清才要以"荷塘月色"的描写做一个"好好的梦",来表达他内心深处的情感。

荷花:潜意识中的美人象征

"荷塘月色"是朱自清的一个梦,在这个梦中很好地表达了他在现实意识中被压抑、而在夜梦里也不能彻底表达的潜意识愿望。如果我们这个判断是合理的,那么,荷塘月色这个类似梦的显像的描写就应该被看做是朱自清潜意识愿望的象征。"我且受用这无边的荷香月色",是潜意识愿望的投射和满足,而不应该看做是夜游荷塘的实际描写。作者写荷塘实际是为了写荷花;荷塘月色实际是月色中的荷花。《荷塘月色》有两个自然段是直接描写荷花的。第一段是写荷花的美;第二段是写月色笼罩中荷花的朦胧美。第一段写荷叶,写荷花,写荷花的清香,写荷花的颤动,写荷花的风致。荷叶是:"田田的叶子,叶子出水很高,像亭亭的舞女的裙";荷花是:"层层的叶子中间,零星地点缀些白花,有袅娜地开着的,有羞涩的打着朵儿的;正如一粒粒的明珠,又如碧天里的星星,又如刚出浴的美人";荷花的清香是:"微风过处,送来缕缕清香,仿佛远处高楼上渺茫的歌声似的";荷花的颤动是:叶子与花被微风吹过,"像闪电般,霎时传过荷塘的那边去了";荷叶的风致是:"叶子底下是脉脉的流水,遮住了",但流水的流动却使叶子"更见风致了"。

在《荷塘月色》的幻梦中,荷并不是荷花的实在描写,而是情感的象征。苏珊·朗格说,艺术形式"是由情感转化成的可见的或可听的形式。它是运用符号的方式把情感转变成诉

---

① 淳夏.中国现代散文精品·朱自清卷[M].西安:陕西人民出版社,1993.

诸人的知觉的东西,而不是一种征兆性的东西或是一种诉诸推理能力的东西"①。荷花是朱自清情感的象征,荷花是以荷花的形象来象征朱自清的情感的,那么,我们首先应该弄清楚的就是荷花在《荷塘月色》中究竟象征着什么呢?在中国文化和世界文化中,荷花的象征是非常丰富的,诸如生命起源与生命再生的象征,人性中神性或某些不朽精神的象征,两性完美组合——两性精神结合、和谐、融洽的象征、子孙满堂的象征等。②荷花还是美女的象征,出淤泥而不染的高洁精神的象征、神圣的象征、夫妻美满的象征等。③《荷塘月色》中的荷花是上面所说的哪一类象征呢?我们根据什么判断朱自清的荷花象征着什么呢?苏珊·朗格说:"艺术形式与我们的感觉、理智和情感生活所具有的动态形式是同构的形式。"④"同构"的形式是判断象征内容的标准,它启发我们做这样的结论:朱自清所描写的荷花的结构形式与他潜意识中美人的结构形式是"同构"的。从整体上看,荷叶、荷花、清香、叶子与花的颤动和叶子的风致等组合在一起是一位美女的象征。荷花成了美人的象征。荷叶像亭亭舞女的裙,荷花像出浴的美人,荷花的清香是美人的歌声,荷叶的颤动是美人的舞蹈,荷叶的浮动是美人的风致。这是一位亭亭玉立、风姿绰约、婀娜多姿、轻盈娇美、脉脉含情的美人。如果这一段是写美人的,那么下一段则给这一段塑造的美人笼罩了一种幻梦似的朦胧美。首先是写如流水的月光,静静地泻在荷花上,又有薄薄的轻雾浮起在荷塘里,"叶子和荷花仿佛在牛乳中洗过一样;又像笼着轻纱的梦"。月光就有一种幻梦似的朦胧美,而清雾就使这种朦胧更朦胧了。这还不算,又由于有了云,月不能朗照,并且还有树的掩映,就使荷花更具朦胧性了。作者有意写出这种朦胧美,达到了无以复加的程度。在上面所写的由于月光的不能朗照和雾的笼罩及树的掩映的基础上,又写了荷塘的四面杨柳的高高低低像烟雾一样和远山的隐隐约约的朦胧。很显然,作者是有意写荷花被笼罩在一种特别朦胧的意境中。作者既以荷花意象象征美人,又使这个美人笼罩在这种幻梦的意境之中。

幻梦中的美人意象是《荷塘月色》的最突出特征。梦中的意象就是梦者的潜意识象征。之所以要创造象征意象,"是为了伪装其隐意而使用这种象征的"。⑤

梦是通过象征的艺术化方式来满足潜意识愿望的。这种象征就是潜意识的伪装。梦之所以要把潜意识愿望以象征意象加以伪装,是因为即使在梦里,梦者的意识也没有完全对被压抑的潜意识放松警惕,如果被压抑的潜意识(常常是性的)愿望以本来的面目赤裸裸地表现出来,就会被意识所禁止。潜意识和意识斗争的结果是,潜意识以妥协的方式——以象征意象伪装成意识允许的面貌来欺骗意识的稽查,从而使被压抑的愿望得到宣泄和满足。朱

---

① 苏珊·朗格.艺术问题[M].滕守尧,朱疆源,译.北京:中国社会科学出版社,1983.
② 杰克·特里锡德.象征之旅[M].北京:中央编译出版社,2001.
③ 檀明山.象征学全书[M].北京:台海出版社,2001.
④ 苏珊·朗格.艺术问题[M].北京:滕守尧,朱疆源,译.中国社会科学出版社,1983.
⑤ 车文博.弗洛伊德文集[M].长春:长春出版社,1998.

自清的荷花就是朱自清潜意识的伪装。那荷花是一种美人的象征。因而,在朱自清的潜意识中,荷花也就是他美人爱欲的象征。这种象征正是朱自清文章开头所说的"在晚上,一个人在这苍茫的月下,什么都可以想"的内容。因为离开了荷花的象征意蕴,在《荷塘月色》中,我们是看不到朱自清到底想了些什么的。那么,为什么要以荷花象征美人及其爱欲呢?

采莲:潜意识爱欲的移置

以荷花象征美人,并非《荷塘月色》所独有,它是站在悠远的民间文化传统基础上的。梦和文学中的象征是来源于文化传统的。弗洛伊德说,梦中的"象征作用并不为梦所独有,它是潜意识观念作用的特征。除了梦之外,它也存在于民俗、神话、传说、语言典故、谚语机智、大众笑话等之中"。① 梦者正是从这些文化传统来获得和运用意象的象征意义的。弗莱比弗洛伊德更明确、更彻底地强调了以文化传统即原型去阐释文学象征意义的思想。无论是从精神分析的角度还是从原型批评的角度,要彻底解释荷花的象征意味,都要把荷花放在文化传统中去解释,去寻找她的原型意义。非常耐人寻味的是,朱自清不仅为读者展现了荷花这种象征意象,同时还为读者主动提供了荷花象征的文化传统甚至原型。这就既使朱自清以荷花象征的潜意识愿望得到了进一步表达,又使读者对朱自清的潜意识愿望有了进一步的理解。这个以荷花象征出的美人由于是幻梦中的美人,因而是可望而不可即的。正因如此,作者"忽然想起采莲的事情来了","这令我到底惦着江南了"。因为在作者看来,在江南的采莲的旧俗中,"采莲的是少年的女子,她们是荡着小船,唱着艳歌去的。采莲人不用说很多,还有看采莲的人。那是一个热闹的季节,也是一个风流的季节"。作者引述了两首诗来表现他对采莲习俗的理解。

但是,从原型批评的角度看,作者引述的《采莲赋》实际是写采莲时少男少女爱情欢会的。"妖童媛女,荡舟心许",采莲不是为了真的采莲,采莲也不止是少女表现自己的美貌和众人去看少女的美貌;采莲实质是一种文化仪式,一种野合风俗,一种浪漫游戏。它是从生殖仪式发展而来。说到底,采莲是为了爱情,为了性爱。因而,采莲中的少女"尔其纤腰束素,迁延顾步";"恐沾裳而浅笑,畏倾船而敛裾",就不仅是表现少女的美,也是表现少女的媚、少女的风流,少女的诱惑、少女的挑逗。少女的美和媚、诱惑和挑逗是为了爱情和性爱的。朱自清所引述的南朝民歌《西洲曲》其中的几句:"采莲南塘秋,莲花过人头。低头弄莲子,莲子清如水",其实质也是隐喻性爱欢会的。只要我们把这几句恢复到原诗的整体文本中去理解,就会看到它的原始意义。诗的上半部分写女子回忆在西洲的欢会,下半部分写女子对情人的无尽思念。而女子与情人在西洲的欢会是由采莲习俗隐喻出来的,这就说明了

---

① 车文博.弗洛伊德文集[M].长春:长春出版社,1998.

采莲习俗的性爱本质。采莲是一种文化仪式,一种爱情风俗,这在汉乐府民歌《江南》中表现得更彻底。"江南可采莲,莲叶何田田,鱼戏莲叶间,鱼戏莲叶东,鱼戏莲叶西,鱼戏莲叶南,鱼戏莲叶北。"闻一多解释说,鱼和莲"是隐语的一种",隐语"是借另一事物把本来可以说得明白的说的不明白点";"这里是鱼喻男,莲喻女,说鱼与莲戏,实等于说男与女戏"。① 鱼和莲戏是男与女戏的象征。这是一种恋爱的舞蹈,它是原始繁殖仪式的变形。在原始时代,是由巫来模拟神的神圣婚姻和神圣繁殖的,到后来就由其他事物来替代象征了。人们之所以以鱼来喻男,就是因为鱼有巨大繁殖力;而人们之所以又以莲喻女,就是因为莲的花形似女阴,莲蓬的产籽似女性的生产,莲的形体又如女性的形体的美。因而,以莲喻女在中国形成了一种悠远的文化传统。莲的原始意象即原型是位生殖女神,只是到了后来,人们不再强调它的繁殖意义,而只注重它的美的意义,莲也就成了美女的象征。朱自清对这一文化传统是十分了解的,确切地说,朱自清就是在这一文化传统基础上来写荷花的。用荷(莲)花的原型性象征来阐释《荷塘月色》中的荷是再确切不过了。但是,朱自清还是有意地躲避了一些东西。朱自清尽管以古诗透露出了采莲的远古风俗,但还是不愿意直接写出这种风俗的根本。这从他对表现采莲风俗诗的选取上就会进一步看出。它只是选取了那些比较隐晦的而没有选取那些明显的比如《江南》等,而对《江南》他是了解的,"田田的叶子"就取自《江南》的"莲叶何田田"。即使对选取的两首诗中的几句,朱自清也作了为他所用的解释,而他特别重视的是采莲的少女的美及其"嬉游"——"从诗歌里可以约略知道"的是少年的女子荡着小船唱着艳歌的"风流"和"莲花过人头"的美艳而不是少女和情郎的相爱和欢会,采莲习俗中的最关键最重要的内容——男女的相爱被省略了。为什么要省略采莲习俗的性爱内容呢?我们能据此认为,这是朱自清仅止于对由荷所象征的美女的欣赏,而没有另外的情感欲望吗?我认为,只强调两首诗其中的几句所表现的采莲习俗中少女的美而省略了采莲习俗中性爱的中心内容,是朱自清《荷塘月色》创作中"移置"作用的结果。也就是说,作品所表现的重点由一个重要的元素移植到另一个不重要的元素之上。弗洛伊德对梦的分析适用于对《荷塘月色》的阐释。弗洛伊德说,梦的显像的元素和隐意的成分在重要性、强度等方面常常予以置换,"移置作用的结果是使梦的内容不再与梦念的核心相似,梦所表现的不过是存在于潜意识之中的梦的愿望的一种伪装。但我们对梦的伪装已经很熟悉。我们把它追溯到心灵中一种精神动因作用于另一种精神动因的稽查作用。移置作用也是梦的伪装能实现的重要方法之一"。② 在引述的一首半诗中,采莲习俗中重点的性爱内容几乎完全移置到了对少女美的表现中去了。少女的美,"脱离了原来的上下文而变成了某种异己的内容"。③ 这是为什么呢?在我看来,朱自清本来是想通过古诗来表现远古采莲的文化习俗特别是性爱习俗的,这正是

---

① 闻一多.闻一多全集[M].北京:生活·读书·新知三联书店,1983.
② 车文博.弗洛伊德文集[M].长春:长春出版社,1998.
③ 车文博.弗洛伊德文集[M].长春:长春出版社,1998.

朱自清的潜意识愿望的完整表达——前面以荷象征出美人,紧接着写出对这一美人的爱欲。也就是说,朱自清原本是想以采莲的习俗来表现它的爱欲的,但很显然,朱自清知道这不符合意识的要求,由于"内心防御的稽查作用",①就把采莲习俗的重点由性爱移置到了对少女的美的表现。这是潜意识的"转移作用"。"精神分析方法指出,某些着实重要的印象,由于遭受'阻抗作用'的干扰,不能现身,故只好以替身的形态出现。我们所以记得这些替身,并不是因为它本身的内容有什么重要性,而是因为其内容与另一种受压抑的思想间有着连带的关系。"朱自清只选择表现少女的美的意象而省略了采莲习俗中的性爱意象,是一种"遮蔽性记忆"——以显意识意象把潜意识愿望给遮蔽了。但正是这种遮蔽性的"移置"和"转移",恰恰表现出了朱自清的潜意识愿望。从精神分析的角度研究,应该把那个脱离上下文的少女"移置""转移"回到采莲的整体习俗中去,这样,采莲习俗中的性爱内容就得到了恢复,而朱自清的潜意识愿望也就不言自明了。

《荷塘月色》的核心就是由这两部分组成的:荷所象征的美人和采莲习俗中的性爱仪式。这两部分内容在文本中是互为作用的,以荷象征的美女是为后面的诗中所透露出来的采莲习俗中的男与女戏服务的;而后面采莲的原始意象即原型的运用,就又使前面的荷的象征意义更加明显。而文章之所以由荷所象征的美女和采莲所隐喻的性爱内容两部分构成,恰恰是由作者美人爱欲潜意识所构成的。以幻梦的形式投射美人爱欲的潜意识,在中国文学史上有一种悠久的传统。这种传统形成了美人幻梦的原型及象征形式。"所谓'美人幻梦',指用幻境或梦境表达情思与性爱主题的创作类型。"②在美人幻梦的原型性创作中,文人们是把现实中受压抑的情感欲望直接投射到幻梦中去,幻想与一个神女相爱。巫山神女"自荐枕席"的"云雨"之爱,无非是梦主满足与补偿被压抑愿望的想象创造。《荷塘月色》是《高唐赋》等美人幻梦原型的变形。在这个意义上,《荷塘月色》可以看做是"荷塘赋","荷塘赋"对《高唐赋》有三种置换形式:一是"荷塘赋"把《高唐赋》的幻梦形式置换成了月色荷塘的象征性幻梦形式;二是"荷塘赋"把《高唐赋》中的神女置换成了荷花的象征美女的意象;三是"荷塘赋"把"高唐赋"的性爱欢会置换成了对(以荷象征的)美女的欣赏。这种置换的结果正如叶舒宪先生在分析美人幻梦由"帝王性爱"型向"凡人情恋"型转换时所精辟指出的那样:"最深刻的一点便是性爱主题的象征化或虚幻化";是"以情换性,从而使性掩藏到象征的背后"。③ 以性换情、象征化表现、使性掩藏到象征的背后,恰恰是对《荷塘月色》这个变形的美人幻梦文本最深刻的阐释。

---

① 车文博.弗洛伊德文集[M].长春:长春出版社,1998.
② 叶舒宪.原型与跨文化阐释[M].厦门:暨南大学出版社,2002.
③ 叶舒宪.原型与跨文化阐释[M].厦门:暨南大学出版社,2002.

情结:隐藏在一系列创作中的潜意识愿望

通过精神分析方法的阐释,我们可以认为,在《荷塘月色》中,投射着作者美人及其爱欲的潜意识愿望。通过对朱自清其他散文的阅读,我们进而发现,美人及其爱欲是隐藏在朱自清一系列作品中的重要内容(这一发现,区别出了朱自清与其他同时代散文家的极大不同)。或者也可以这样说,一系列创作中的美人及其爱欲证明了在朱自清的潜意识中有一个美人爱欲的"情结"。正是这个"情结"的存在,才导致了包括《荷塘月色》在内的许多散文以象征的意象表现了美人及其爱欲。

《温州的踪迹》三篇中的两篇都以象征的意象表现了这一"情结"。第一篇《月朦胧,鸟朦胧,帘卷海棠红》的象征较为明确。作者先是描写了海棠红绘画的意象,然后发出这样的感慨:"试想在圆月朦胧之夜,海棠是这样的妩媚而嫣润;枝头的好鸟为什么却双栖而各梦呢?在这夜深人静的当儿,那高踞着的一只八哥儿,又为何尽撑着眼皮不肯睡去呢?他到底等什么来着?舍不得那淡淡的月儿么?舍不得那疏疏的帘儿么?不,不,不,您得到帘下去找,您得到帘中去找——您该找着那卷帘人了?他的情韵入怀,原来是这样的哟!朦胧的岂独月呢;岂独鸟呢?但是,咫尺天涯,教我如何耐得?我拼着千呼万唤;你能够出来么?"①如果说,在"海棠红"绘画的空白处,朱自清"发现"了一个并未现身的美人形象,那不单是画家的创造,更是朱自清的创造。是朱自清借"海棠红"绘画的空白处填充和投射了自己的"情结"性内容。因而,那个使朱自清"瞿然而惊,留恋之怀,不能自己"而"千呼万唤"的形象,其实就是他潜意识中的美人原型。把《月朦胧,鸟朦胧,帘卷海棠红》和《荷塘月色》两个文体对照来读是非常耐人寻味的。他对"枝头的好鸟为什么却双栖而各梦"的询问,对"在这夜深人静的当儿",那高踞着的八哥儿为什么却尽撑着眼皮不肯睡去的询问,对他到底等什么,是舍不得那淡淡的月,还是那疏疏的帘儿的询问,以及是因为"卷帘人"的回答——对"海棠红"绘画的询问和回答,完全可以移作对散文《荷塘月色》的询问和回答;在夜深人静的时候,朱自清离开妻子去荷塘到底是为什么呢?他在荷花的形象上到底蕴藉了什么样的感情呢?他在采莲的习俗中到底想到了什么?"朦胧的岂独月呢;岂独鸟呢?"朦胧的还有美人!"我拼着千呼万唤,你能够出来么?"这些也完全可以看做是朱自清写《荷塘月色》的最真实的心理动因。在《温州踪迹》第二篇《绿》中,作者是将梅雨潭的绿幻化为一位轻盈而美丽的少女了。作者的被梅雨潭的绿所感动其实就是被他潜意识中的美人原型所感动。"瀑布在襟袖之间,但我的心中已没有瀑布了",瀑布完全成了美女的象征。"我的心随着潭水的绿而摇荡",潭水的绿是美女的化身,心随着潭水的绿而摇荡其实就是随着幻念中的美女而摇荡。这样,在作者的

---

① 淳夏.中国现代散文精品·朱自清卷[M].西安:陕西人民出版社,1993.

潜意识中就把梅雨潭的绿作为美丽的少女来看待了。

朱自清的散文还擅写花,在他写花的文章中,一面极力地写出花的美,一面又极力地写出对花的爱,因为花是他潜意识中美人原型的投射,因而花的美和爱花的表现就成为他美人爱欲的表现。《一封信》中写了"我真爱那紫藤花!""暖和的晴日,鲜艳的花色,嗡嗡的蜜蜂,酝酿着一庭的春意。我自己如浮在茫茫的春之海里,不知怎么是好!那花真好看:苍老虬劲的枝干,这么粗这么粗的枝干,宛转腾挪而上;谁知她的纤指会那样嫩,那样鲜丽呢?那花真好看:一缕一缕垂垂的细丝,将她们悬在皴裂的臂上,临风婀娜,真像嘻嘻哈哈的小姑娘,真像凝妆的少妇,像两颊又像双臂,像胭脂又像粉……那丰姿更是撩人:云哟,霞哟,仙女哟!我离开台州以后,永远没见过那么好的紫藤花,我真惦记她!"①"真爱那紫藤花"是因为紫藤花的丰姿像少女,像少妇,像仙女。紫藤花在朱自清的笔下成了他美人爱欲的象征。在《看花》中,朱自清透露了这一情感秘密,他儿时并不爱花,即使仆人把他领到紫藤花架下,"却只知道跑来跑去捉蝴蝶;有时掐下几朵花,也只是随意摆弄着,随意丢弃了,至于领略花的趣味,那是以后的事;夏天的早晨,我们那地方有乡下的姑娘在各处街巷,沿门叫着,'卖栀子花来'。栀子花不是什么高品,但我喜欢那白而晕黄的颜色和那肥肥的个儿,正和那些卖花的姑娘有着相似的韵味,栀子花的香,浓而不烈,清而不淡,也是我乐意的。我这样便爱起花来了。也许有人会问,你爱的不是花吧?这个我自己其实也已不大弄得清楚,只好存而不论了"。② 这段话极其重要,它不仅说明了在朱自清的情感历程中,有一个从不爱花到爱花的过程,还说明了朱自清爱花的心理动因、情感生发过程、花与少女美人的原型联系——从此,在朱自清的潜意识中,花就永远是少女和美人的原型象征了,就永远是他爱欲的象征了;而写花、爱花也就成为他美人爱欲的潜意识流露。由此,我们才真正理解了那篇短小精致的《歌声》的秘密:在中西音乐歌舞大会里,三曲清歌"真令我神迷心醉了",那是因为,美妙的歌曲使他进入了暮春早晨花园的幻境:"群花都还做她们的清梦。那微雨偷偷洗去她们的尘垢,她们的甜软的光泽便自焕发了。在那被洗去的浮艳下,我能看到她们在有日光时所深藏的恬静的红,冷落的紫,和苦笑的白与绿。以前锦绣般在我眼前的,现在都带了黯淡的颜色。——是愁着芳春的消歇么?是感着芳春的困倦么?"③洗去尘垢,甜软的光泽便自焕发了的不是鲜花,是那些少女和少妇。因为,鲜花在朱自清的潜意识中早已经是美人的象征了,因而,他幻想中的鲜花实际就是幻想的美人。苏珊·朗格在探讨艺术家"创造"时,曾提出一个最重要的问题:"艺术家在艺术作品中创造了什么?他创造这些东西的目的是什么?这些东西是怎样创造出来的?"④朱自清"创造"花的形象的目的是什么呢?是表达他情感愿望的

---

① 淳夏.中国现代散文精品·朱自清卷[M].西安:陕西人民出版社,1993.
② 淳夏.中国现代散文精品·朱自清卷[M].西安:陕西人民出版社,1993.
③ 淳夏.中国现代散文精品·朱自清卷[M].西安:陕西人民出版社 1993.
④ 苏珊·朗格.艺术问题[M].滕守尧,朱疆源,译.北京:中国社会科学出版社,1983.

需要,或者说是潜意识中美人爱欲的需要。他之所以不厌其烦地写他爱各种花,就是"使这种内在的过程具有一个外部形象",①使他的花的形象成为"富有表现性"的"有意味的形式"。我们说朱自清以荷花表现他被压抑或说未满足的潜意识美人爱欲,除了在他描写各种花的形象上得到证明外,还可以在他描写女人上得到更有力的证明。他所描写的女人是美丽的少女,是温柔的少妇,是艺术的女人,那正是他在荷花等意象上所象征的内容。

  朱自清直接写女人的散文有两篇,一篇是《阿河》,另一篇是《女人》。阿河是朱自清亲戚家的一个佣人,她是很美丽的少女:"一张小小的圆脸,如正开的桃李花;脸上并没有笑,却隐隐地含着春日的光辉,像花房里充了蜜一般。这在我几乎是一个奇迹;我现在是常站在窗前看她了(先前是不怎么看她的,因为先前并未发现她的美——笔者)。我觉得在深山里发现了一粒猫儿眼;这样精纯的猫儿眼,是我平生所仅见!我觉得我们相识已太长久。"阿河真是太美了:"这全由于她的腰;她的腰真太软了,用白水的话说,真是软到使我如吃苏州的牛皮糖一样。不止她的腰,我的日记里说得好,'她有一套和云霞比美,水月争灵的曲线,织成大大的一张迷惑的网!'而那两颊的曲线,尤其甜蜜可人。她两颊是白中透着微红,润泽如玉。她的皮肤、嫩得可以掐出水来;我的日记里说,'我很想去掐她一下呀!'她的眼像一双小燕子,老是在滟滟的春水上打着圈儿。她的笑最使我记住,像一朵花漂浮在我的脑海里。我不是说过,好的小圆脸像正开的桃花么?那么,她微笑的时候,便是盛开的时候了;花房里充满了蜜,真要流出来的样子……只可惜我不曾闻着一些儿花香。"②后来,阿河嫁人了,朱自清说:"我立刻觉得,这一来全完了!""第二天我便托故离开了那别墅,我不愿再见那湖光山色,更不愿再见那间小小的厨房。"③阿河的各种美"织成大大的一张迷惑的网",网住了作者的心;阿河嫁人,对她的欣赏不能持续下去,才产生深深的遗憾。在《女人》中,作者以白水的口吻终于提出了他在包括《荷塘月色》在内的以花象征美丽女人的最根本的问题:"我所追寻的女人是什么呢?我所发见的女人是什么呢?这是艺术的女人。""所谓艺术的女人,有三种意思:是女人中最为艺术的,是女人的艺术的一面,是我们以艺术的眼去看女人";"艺术的女人便是有着美好的颜色和轮廓和动作的女人,便是她的容貌,身材,姿态,使我们看了感到'自己圆满'的女人";"我们之看女人,若被她的圆满相所吸引,便会不顾自己,不顾她的一切,而只陶醉于其中"。朱自清所谓艺术的女人就是美的女人,就是有"圆满相",看了感到"自己圆满"的女人。圆满相和自己圆满的女人就是发现了美丽女人的原型。这个艺术的女人的原型是在人的潜意识中的,但她需要现实具体的美丽女性来"激活"、来复现。前面所引阿河的描写,作者说,"我觉得我们相识已太长久",并深深地被"网住",就是在阿河的形象上重现了他潜意识中"艺术的女人"的原型。《荷塘月色》以荷花所象征的美人就是这种"艺术的女人"。

---

 ① 苏珊·朗格.艺术问题[M].滕守尧,朱疆源,译.北京:中国社会科学出版社,1983.
 ② 淳夏.中国现代散文精品·朱自清卷[M].西安:陕西人民出版社,1993.
 ③ 淳夏.中国现代散文精品·朱自清卷[M].西安:陕西人民出版社,1993.

"艺术的女人"在朱自清那里是一种"情结"。这不仅源于江南才子生活的"才子佳人"传统,还源于朱自清个人婚姻的不幸。朱自清的妻子是父母包办的;她没有文化,谈不上"艺术的女人"的美丽,她与朱自清过着患难与共的生活,为他生了6个孩子,31岁时便故去了。他怀念他的妻,曾写了《给亡妇》的悼念文章,但那是对妻与他过着苦难生活,为他生养6个孩子的辛苦、悉心照料他的深深的感激与歉疚的怀念,而非爱的痴情的痛苦思念。朱自清是北大的学生,先学哲学,后搞文学创作。北大的新思潮对他影响极大。朱自清是一个有新思想的人,但他却生活在旧式婚姻中。这就构成了他的"情结"——对"艺术的女人"的爱欲。但朱自清又是一个道德自律极强的人,他把他对"艺术的女人"极力压抑在潜意识中。然而,对"艺术的女人"的爱欲又是强烈的,这种强烈的爱欲就只有通过他个人的梦——艺术创作来表达。《荷塘月色》正是对"艺术的女人"的爱欲的象征。

以这种观点去理解朱自清的《桨声灯影里的秦淮河》,就会有一些新的思考。朱自清潜意识中正是带着对"艺术的女人"的期待的"情结"去游秦淮河的。但由于他有着严格的道德律,那有着才子风流历史的秦淮河并没有满足他被压抑的"艺术的女人"的爱欲,因而,游河后精神仍是苦闷的。游秦淮河是作者创造的另一个幻梦,但在这个梦里,"艺术的女人"并没有出现,作者甚至没能走近歌妓去大胆地倾听她们婉转曼妙的歌声。去掉了作者对船、河、光、影的繁复描写和对游河过程的详尽记述,我们所感受到的主要思想,仍然是愿望没能满足的深深的遗憾。

"月下美人"象征系统的新文本
——《荷塘月色》与《诗经·月出》等的比较分析

一、"月下美人"的象征系统

  原型批评方法认为,作家是依赖文学传统进行创作的。弗莱认为:"文学可具有生命、现实、经验、自然、想象的真理,各种社会条件,或你愿意加进内容中的任何东西;但是文学本身不是由这些事情所构成的。诗歌只能产生于其他诗篇;小说产生于其他小说。文学形成自身,不是从外部形成;文学的形式不能存在于文学之外。"[①]文学只能存在于文学传统之中。文学创作对传统的依赖就是对象征原型的依赖。弗莱指出:"象征是可交流的单位,我给他取个名字叫原型:它是一种典型的或重复出现的意象。我用原型指一种象征,它把一首诗和别的诗联系起来从而有助于统一和整合我们的文学经验。"[②]作家对原型的依赖是对文学史中象征系统的依赖,"就像一种新的科学发现表明了某种已经潜伏在自然秩序中的事物并同时与现存科学的总的结构有着逻辑的联系一样,新诗表明了某种已经潜伏在词语序列之中的东西"。[③] 文学史中的原型就是隐蔽在其中的象征系统,这种象征系统就像隐蔽在言语中的语言结构即语法一样,任何作家的创作都不可能离开象征系统这个"语法"结构的影响。这就使创作出现了这样的现象:"一首诗似乎是所有文学的缩影,是一个整体的词语秩序的单个展现。那么从总解的意义上看,象征就是一个单体,所有的象征都被联合在一个单独的、无限的和永恒的词语象征之中。"[④]这种被象征系统决定的创作论,使原型批评采取了并非单独地阐释一部作品而是采取把个别作品和其他作品联系起来并把个别作品放在文学史的象征系统中去考察的方法。"如果原型是一些可交流的象征,而且存在一个原型的中心,我们应该期望去发现,在那个中心处,有一组普遍的象征","它们对所有人都是很普通的事物的意象,因此潜在地看具有无限的交流力量"。[⑤] 文学原型的象征系统就是由一组一组"普遍的象征"构成的。这就要求人们在研究文学时,要把单个作品放在"普遍的象征"中去阐

---

  ① 弗莱.批评的剖析[M].陈慧,袁宪军,吴伟仁,译.天津:百花文艺出版社,1999.
  ② 弗莱.批评的剖析[M].陈慧,袁宪军,吴伟仁,译.天津:百花文艺出版社,1999.
  ③ 弗莱.批评的剖析[M].陈慧,袁宪军,吴伟仁,译.天津:百花文艺出版社,1999.
  ④ 弗莱.批评的剖析[M].陈慧,袁宪军,吴伟仁,译.天津:百花文艺出版社,1999.
  ⑤ 弗莱.批评的剖析[M].陈慧,袁宪军,吴伟仁,译.天津:百花文艺出版社,1999.

释。这种方法就是原型批评的方法。

依照这种原型批评方法研究《荷塘月色》,我们会有新的角度:我们不再就《荷塘月色》文本本身来谈论《荷塘月色》,而是要把《荷塘月色》与其他作品即与它的象征系统联系起来,用它的象征系统来阐释《荷塘月色》的意义。这样我们就会有新的发现:《荷塘月色》是一个原型的变形,是一个象征系统的新的表现形式,是一个新的象征符号,其实它并没有什么属于它自己的独特意义,它的意义是被它的原型和象征系统规定着的。远观《荷塘月色》,它的核心部分就是写月亮和荷花的;而我们又知道,荷花在《荷塘月色》中是美人的象征,这样看来,《荷塘月色》的基本意象就是月亮和美人。月亮和美人的意象是一种模式,这种意象和模式所表现的是以幻梦式的形式想象美丽的女性并表现对美丽女性的爱欲。这种意象和模式可以称之为"美人幻梦"。对"美人幻梦"类型,叶舒宪概括说:"所谓'美人幻梦',指用幻境或梦境表达情思与性爱主题的创作类型";"其根源在于男性无意识心理中美人原型的投射作用。"①这种创作类型有着源远流长的传统。从《诗经·月出》到《高唐赋》《神女赋》《洛神赋》等构成了一个十分明显的"象征系统"。这种"美人幻梦"创作模式之所以构成了一个明显的象征系统,在于男性集体无意识愿望的投射:以幻梦的形式创作一系列美丽的女性形象——女神和其他象征符号都是这种美女形象的置换变形——满足现实生活中不能实现或被压抑的美人爱欲。《荷塘月色》不仅属于这个象征系统,更是被这个象征系统催生出来的变形形式。《荷塘月色》是在"美人幻梦"原型模式的影响下形成的作品。当我们把《荷塘月色》放在文学史中的"美人幻梦"象征系统中去比较参照的时候,就会发现,朱自清对文学史中的"美人幻梦"象征系统的诸多作品不仅十分了解,而且运用了诸多意象,融合了诸多因素,更主要的是他吸收了诸多作品中内在的"语法"结构即原型模式,并在新的时代环境中把这个原型模式置换成了新的形式。

二、《荷塘月色》与《诗经·月出》的基本原型

当我们作这样的探讨的时候,首先看到的是《荷塘月色》与《诗经·月出》的相似性。这种相似不仅是指月亮和美人意象的相似,更是指原型结构模式的同构性,《诗经·月出》是《荷塘月色》最早的原型,《诗经·月出》奠定了"美人幻梦"最基本的结构模式。

> 月出皎兮,佼人僚兮,舒窈纠兮,劳心悄兮。
> 月出皓兮,佼人懰兮,舒忧受兮,劳心慅兮。
> 月出照兮,佼人燎兮,舒夭绍兮,劳心惨兮。

月亮是美人的原型象征,这是由《诗经·月出》比兴方法表现出来的。"先言它物"的"它

---

① 叶舒宪.高唐神女与维纳斯[M].北京:中国社会科学出版社,1997.

物"月亮就是原型的一种象征;"引起所咏之词"的"词"则是真正的原型。这样看来,先言它物,则是先表现原型的象征,而引出所咏之词则是对原型的表现了。"兴"是一种比拟关系,是两类相似的事物的类比。"一个原型象征通常是带有人的意义的自然物体。"①苏珊·朗格说"隐喻的原理,也就是指说的是一件事物而暗指的是另一件事物,并希望别人也从这种表达中领悟到是指另一件事物的原理",②就指明了这种象征规律。《诗经·月出》是以月亮象征美人原型的,从而引出美人的咏叹,就是说,说的是月亮而指的是美人。这种先言的"它物",以象征化的方式使原型得到了很好的表现,而这种象征化的表现不仅是引出了下面所咏之词即原型,而且是更好地表现了原型的意义。这种被称做比兴的方法,应该是原型的象征化类比引出原型的方法。

《诗经·月出》比兴的模式被《荷塘月色》化成自己的方式巧妙地运用了。《诗经·月出》是"先言"月亮,《荷塘月色》是"先言""这几天颇不宁静",但这"颇不宁静"还是由月亮引出来的,实际上还是"先言"月亮。《荷塘月色》的比兴只不过比《诗经·月出》更隐蔽罢了。

《荷塘月色》与《诗经·月出》一样运用了幻想的方式。《诗经·月出》是月亮引起美人的幻想,《荷塘月色》是月亮引起荷花的联想:"忽然想起日日走过的荷塘,在这满月的月光里,总该另有一番样子吧";并由这联想导致了夜游荷塘,继而又由夜游荷塘"忽然想起"江南采莲的事情来了,其实这都是幻想。因为荷花是美人的变形,采莲是性爱欲望的表现,因而是美人爱欲的幻想。

《荷塘月色》与《诗经·月出》一样都以递进的层次表现了"美人"的美与诱惑和美人引起的情感的变化。《诗经·月出》第一节是"言美人容貌身段之美",第二节是"言美人丰神姿态之美",第三节是"言美人情感炽热,而又有委婉之美"。③ 幻想的美人不仅容貌美,而且神韵美,还具有爱的炽热情感。而美人引起的情感变化"悄""慅"和"惨"——忧愁、不宁静和躁动也是由幻想的美人的变化引起的。《荷塘月色》对荷花的描写也是有层次的:先写"叶子出水很高,像亭亭的舞女的裙""又如刚出浴的美人",继而写"微风过处,送来缕缕清香,仿佛远处高楼上渺茫的歌声似的",最后写道:"叶子更见风致了""叶子和花仿佛在牛乳中洗过一样;又像笼着轻纱的梦",是由静态美到动态美再到"风姿"(神韵)美,与《诗经·月出》如出一辙。美人引起的情感变化与《诗经·月出》也是一致的:面对美丽的荷花,"这时候最热闹的,要数树上的蝉声与水里的蛙声;但热闹是他们的,我什么也没有";"忽然想起"江南采莲的事情来了,可以看做是"颇不宁静"("悄")情绪的写照;但江南采莲的事情并没有平复"颇不宁静"的心绪,"这令我到底惦着江南了",这不是《诗经·月出》"劳心惨兮"的另一种表现么?

由月亮想起美人是一个悠远的文化传统。《荷塘月色》正是基于这一传统之上的。月亮

---

① 弗莱.批评的剖析[M].陈慧,袁宪军,吴伟仁,译.天津:百花文艺出版社,1999.
② 苏珊·朗格.艺术问题[M].滕守尧,朱疆源,译.北京:中国社会科学出版社,1983.
③ 陈子展.诗经直解[M].上海:复旦大学出版社,1983.

为什么会引起美人的幻想呢？恐怕大致有这样几种因素：一是白天（太阳）代表意识，而黑夜（月亮）代表潜意识，融融的月光可以使白天压抑的潜意识自由地流动。二是因为女性与月亮有一种天然的联系："原始人认为，女人一定有着和月亮一样的本性，这不仅因为她们和月亮一样，都有'膨胀'的趋向，而且还有她们也有与月亮周期一样长的月经期。"①这在中国的文化传统中有更明显的表现。"大明生于东，而月生于西，此阴阳之分，男女之所位也"。② 哈婷也说："太阳是男人的象征，月亮则代表着女人。"③月亮既然是代表女性的原始记忆，就很好地解释了男性在溶溶的月光之下会产生一种与女性融为一体的欲望。三是月亮与美人有着某种形式的同构性。这就是人们常常由月亮的皎洁和温柔联想起女性的美丽（靓）和温柔。朱自清就说过："月的纯净、柔软与平和，如一张睡美人的脸。"④第四，月亮与美人的同构性也是人"原始意象"的远古记忆。"原始意象"即原型，它是以不具内容的形式的方式镌刻在人的心理结构中的，是先民反复经历造成的心理模式给后人留下的精神遗产。月亮之所以会引起美人的幻想，就在于我们的先民曾无数次地在月光下的爱情欢会，留给了我们后人的原型记忆。"作为性爱的女神，月亮女神既是爱的源泉，也是生育能力的源泉。参与了她的神秘的人才能够分享她的力量，通过与她的神秘结合他们获得了她的本性。"⑤在月下与女性的欢会实际上是代表与女神的欢会的。"在月亮女神的神秘活动中，这些心理现实以具体化的形式得到表现，而古代的男人就生活在这种现实之中。他反映着他的心理需求，同时被迫过着象征性的戏剧化生活。"⑥这远古的"心理要求"和"象征性的戏剧化生活"以原型的方式仍然留在人的无意识中，在适当的情境下就会被激活。

"美人幻梦"带着悠远的记忆，浮现着悠远的原型。这个记忆和原型成为朱自清重要的心理内容，也成为朱自清作品重要的意象和原型。这就是为什么朱自清的作品会反复地出现月亮或月亮和花同时出现的根本原因。在《满月的光》中朱自清这样写道："好一片茫茫的月光，静悄悄躺在地上；枯树们的疏影，荡漾出她们伶俐的模样。仿佛她所照临，都在这般伶伶俐俐地荡漾；一色内外清莹，再不见纤毫翳障。月呀！我愿永浸在你的光明海里，长是和你一般雪亮！"⑦在《看花》中，写月下的海棠花时，这样写道："可惜没有趁着月色看过；王鹏运有两句词道：'只愁淡月朦胧影，难验微波上下潮。'我想月下的海棠花，大约便是这种光景罢"。⑧ 在《温州的踪迹》中这样写道："在圆月朦胧之夜，海棠是这样的妩媚而嫣润。"⑨在《桨

---

① M. 艾瑟·哈婷. 月亮神话——女性的神话[M]. 蒙子，龙天，芝子，译. 上海：上海文艺出版社，1992.
② 杨天宇.《礼记》译注[M]. 上海：上海古籍出版社，2004.
③ M. 艾瑟·哈婷. 月亮神话——女性的神话[M]. 蒙子，龙天，芝子，译. 上海：上海文艺出版社，1992.
④ 朱乔森. 朱自清[M]. 北京：人民文学出版社，三联书店，1985.
⑤ M. 艾瑟·哈婷. 月亮神话——女性的神话[M]. 蒙子，龙天，芝子，译. 上海：上海文艺出版社，1992.
⑥ M. 艾瑟·哈婷. 月亮神话——女性的神话[M]. 蒙子，龙天，芝子，译. 上海：上海文艺出版社，1992.
⑦ 庄桂成. 朱自清文萃[M]. 武汉：长江文艺出版社，2004.
⑧ 朱乔森. 朱自清[M]. 北京：人民文学出版社，三联书店，1985.
⑨ 朱乔森. 朱自清[M]. 北京：人民文学出版社，三联书店，1985.

声灯影里的秦淮河》这样写道:"但灯光究竟夺不了那边的月色;灯光是浑的,月色是清的,在浑沌的灯光里,渗入了一派清辉,却真是奇迹!那晚月儿已瘦削了两三分。她晚妆才罢,盈盈的上了柳梢头。天是蓝的可爱,仿佛一汪水似的;月儿便更出落得精神了。岸上原有三株两株的垂杨树,淡淡的影子,在水里摇曳着。它们那柔细的枝条浴着月光,就像一支支美人的臂膊,交互的缠着,挽着,又像是月儿披着的发。"①结尾却这样写道:"我们忽然仰头看见依人的素月,不觉深悔归来之早了!"②把月亮和花连在一起出现,把月亮比喻为美人,这就十分明确地表现出,在朱自清那里,月亮不仅是美人的原型象征,而且是"美人幻梦"原型结构模式的表现。

三、《荷塘月色》与《高唐赋》等文学传统

《诗经·月出》对美人的表现是笼统的,虽然美人的美有递进层次的表现,如"佼人僚兮,舒窈纠兮""佼人懰兮,舒忧受兮""佼人燎兮,舒夭绍兮",但仍然是不具体的。《诗经·月出》对美人引起的爱欲情感的变化也是笼统的,虽然夜游递进层次的表现,如"劳心悄兮""劳心慅兮""劳心惨兮",但也仍然是不具体的。相对于《诗经·月出》,《荷塘月色》这两方面的描写则具体得多。《荷塘月色》不仅有层次地写出了荷花的美,也明确地写出了美人引起的"颇不宁静"的情感变化:月亮引出美人的幻想,引出夜游荷塘,但不能满足美人的爱的欲望,遂产生"但热闹是它们的,我什么也没有"的失落感,从而引起"忽然想起江南采莲的事情来了",但这想象也并没有使"美人幻梦"得到最终的满足,"这到底令我惦着江南了",这是"美人幻梦"的破灭,其情绪类似于《桨声灯影里的秦淮河》结尾所写的:"我们的梦醒了,我们知道就要上岸了;我们心里充满了幻灭的情思。"③这些表现又不能完全看作是来自《诗经·月出》的意象和情感,这些具体化的意象和情感与《神女赋》和《洛神赋》等表现的意象和情感有重要的承续关系。

《高唐赋》和《神女赋》均为中国文学中"美人幻梦"原型模式最典范的篇章。如果说《高唐赋》以宋玉假托先王之梦向襄王诉说他"美人幻梦"的美人还是笼统的,到了《神女赋》则极为具体了。《神女赋》以宋玉假托"梦与神女遇"表现了自己的"美人幻梦"。在那个"美人幻梦"中,"美人"的美是这样的:"茂矣美矣,诸好备矣。盛矣丽矣,难测究矣"。究竟是怎样的美呢?"上古既无,世所未见,瑰姿玮态,不可胜赞。"具体又怎样呢?"其始来也,耀乎若白初出照屋梁;其少进也,皎若明月舒其光。"

《洛神赋》以曹植向车夫诉说的口吻为人们描绘了他的"美人幻梦",在这个"美人幻梦"

---

① 朱乔森.朱自清[M].北京:人民文学出版社,三联书店,1985.
② 朱乔森.朱自清[M].北京:人民文学出版社,三联书店,1985.
③ 朱乔森.朱自清[M].北京:人民文学出版社,三联书店,1985.

"月下美人"象征系统的新文本

中美人是这样的:"其形也,翩若惊鸿,婉若游龙。荣耀秋菊,华茂春松。仿佛兮若轻云之蔽月,飘飘兮若流风之回雪。远而望之,皎若太阳升朝霞;迫而察之,灼若芙蕖出渌波。秾纤得衷,修短合度。肩若削成,腰若纳素。延颈秀项,皓质呈露。芳泽无加,铅华弗御。云髻峨峨,修眉联娟。丹唇外朗,皓齿内鲜,明眸善睐……"

从《高唐赋》到《神女赋》再到《洛神赋》,我们看到,美人的美越来越具体了。但是到了《荷塘月色》为什么却不那么具体了呢?这是因为《荷塘月色》的象征化的缘故。限于当时的文化语境,朱自清不可能像《神女赋》那样具体地写出美人的美,但朱自清以荷花的对美人的象征化描写是吸收了(凝聚着)《神女赋》等内涵的。

《荷塘月色》的幻梦的幻灭感还与"美人幻梦"象征系统相一致。《高唐赋》中虽然写了巫山之女自荐枕席,但楚襄王并未能像楚怀王那样获得"巫山云雨"之梦。而《神女赋》和《洛神赋》"美人幻梦"的幻灭就更醒目了。

《神女赋》这样写道:"意似近而既远兮,若将来而复旋""神独亨而未结兮,魂茕茕以无端。"《洛神赋》这样写道:"恨人神之道殊兮,怨盛年之莫当。抗罗袂以掩涕兮,泪流襟之浪浪。悼良会之永绝兮,哀一逝而异乡。"幻想了一个美人,然而又无法相爱,美梦终于幻灭了。

《荷塘月色》所表现的失落、惆怅和幻灭感与《高唐赋》《神女赋》和《洛神赋》是一脉相承的。这就是因为《荷塘月色》是《高唐赋》《神女赋》和《洛神赋》构成的象征系统的一个变形。《高唐赋》等所表现的幻灭感与《诗经·月出》又是一致的,这样,《诗经·月出》与《高唐赋》与《荷塘月色》便构成了一个从古至今的象征系统。

地坛的多重象征意蕴
——《我与地坛》象征性意蕴的重新探讨

《我与地坛》是一篇思想内容相当复杂的、难以解读的、在现当代散文史上有着独特意义的散文。文章以一个残疾人的特殊生命感受抒写了人的命运与对命运的抗争,在地坛中感悟到的生与死和为什么活的人生永恒的主题,以及母亲的伟大和坚忍对"我"的深刻感染教育和"我"在地坛中的再生。其中既蕴含着较为明确的思想意识,又隐藏着集体无意识的心理原型;既表现出深思熟虑的人生哲学,又流露出难以言说的复杂深邃的生命体味。《我与地坛》的复杂性还在于地坛象征内容的复杂性。总的看来,地坛有这样三重象征意蕴:"我"的思想情感投射到地坛的景物甚至投射到整个地坛的景象中去,"地坛"成为"我"的思想情感的意象和象征;"我"与地坛的内在精神联系,地坛是使"我"死而复生的第二个母亲,地坛是伟大女神的象征;而母亲则是伟大女神的化身,其实是母亲使"我"再一次获得(精神性的)新生。理解和讲解《我与地坛》既不能单独讲"我",又不能单独讲"地坛",不能将两者割裂开来,而要牢牢地把握住"我"与"地坛"的情感关系和内在精神联系。

一、地坛是"我"生命感受的象征

散文这种文体形式常常有这样一种特点:直接表达和间接表达的结合。散文家把能够用现成语言概念表达的思想感情直接陈述出来,而把难以或根本不能用现成语言概念表达的思想感情就用意象来间接表现了。在以意象方式的表达中,作者的意象性描写就是作者思想感情的符号,而不是作者直接方式的纯粹景物描写了。散文的间接表现方式即意象的表现方式才标志着散文创作的艺术高度。所谓意象的表现方式是指作者把自己的思想和感情转换成意象,是作者以意象象征他的思想和感情。这样,就造成了象征性表现和直接陈述的完全不同的意义。散文创作的这种特点,就要求我们既要区别出两种不同的表现方式,又要区别出两种不同表现方式所呈现出的不同意义。但是,在以往的阅读和理解,包括我们语文教师的阐释中,常常出现一种错误:以直接表达的方式去理解间接表达方式的意义,抹杀了两种表现方式的区别,把意象的象征看成了纯粹客观的景象描写,这就严重地妨碍了对散文深层意蕴的理解。

对《我与地坛》的理解和阐释就明显地存在这种错误情况,即把地坛的景物进行陈述角度的"做实"的解释。

在《我与地坛》中,地坛中的景物,包括地坛意象本身,不是直接表现意义上的客观景物描写,而是作者生命感受的象征。作者把自己的思想感情特别是对死亡的思想和在死亡阴影中的挣扎及对生命意义的深刻思考都有意无意地投射在了地坛景物甚至地坛的整体景象中去了,地坛中的景物和地坛形象就成了作者生命感受的意象和象征。

前面我们说过,《我与地坛》有陈述的部分,但即使陈述的部分也比一般的散文更难理解。这是因为,《我与地坛》所陈述的东西是关于生与死、人为什么要出生、人要不要去死、人为什么要活着,甚至包括命运和宿命的永恒的问题和宗教性的问题等。在讲述意象象征问题之前,我们还是要探讨一下这个问题,这有助于我们对意象表现的理解,也有助于我们对《我与地坛》整篇文章意义的理解。

直接陈述的内容主要在文章的第一节,表达的主题是:人的命运与对命运的抗争。这大致表现在三个方面:一是"我"活到最狂妄的年龄上忽地让"我"残废了双腿,这残酷沉重的打击使"我"思考为什么要出生,要不要去死和为什么要活着的严峻问题。二是母亲一个人面对高位截瘫的残疾儿子,她的难以想象的坚忍和无微不至的慈爱。三是那些曾经来过地坛人的命运——漂亮而弱智的少女,永远奋斗、不断取得好名次而永远与荣誉无缘的长跑运动员的这些贯穿在整篇中的对人的遭遇描写,表现出一种强烈的宿命感倾向。

史铁生的宿命感是与他特殊的人生经历有关的。史铁生是在"活到最狂妄的年龄上忽地让我残废了双腿","两条腿残废后最初的几年,我找不到工作,找不到去路,忽然间几乎什么都找不到了"。对史铁生来说,这打击太沉重了。人生之路才刚刚开始,他却残废了双腿,他怎样走自己的人生之路呢?理想之花刚刚绽放,却遭遇到狂风暴雨的猛烈袭击,他还能有什么理想呢?正值青春年少、风华正茂的年龄,却突然高位截瘫,青春、生命、人生还有什么意义呢?史铁生自然陷在了十分自卑、焦虑、悲观和绝望之中。

作者没有直接写到他的自卑、苦闷与绝望,但却直接写到了他对死、生与怎样活着的思考。"记不清都在它的哪些角落里了,我一连几小时专心致志地想关于死的事,也以同样的耐心和方式想过我为什么要出生。这样想了好几年,最后事情终于弄明白了:一个人出生了,这就不再是一个可以辩论的问题,而只是上帝交给他的一个事实;上帝在交给我们这件事实的时候,已经顺便保证了它的结果,所以死是一件不必急于求成的事,死是一个必然会降临的节日。这样想过之后我安心多了,眼前的一切不再那么可怕。"作者之所以没有绝望地自杀,首先是因为他对命运的认可,其次便是他对苦难的承受。在作者的这段"弄明白了"的道理中,有一种对命运认可的宿命的思想倾向。

所谓命运就是人之外的对人的吉凶祸福、生老病死左右的力量,由于这种力量是由非常复杂的力量因素构成的,人对它是不能左右更不能改变的,因而就具有了某种神秘性。如果把命运理解成外界的不可知力量对人的规定,命运就是存在的。王蒙认为,《三国演义》《红楼梦》和莎士比亚的戏剧等"都有一种非常强烈的宿命感",在这些作品特别是《红楼梦》中,可以"感受到一种冥冥中你所无可奈何的东西,你感受到在冥冥当中有一种不是你自己能够决定的东西"。[①] 人的出生和死亡最典型地体现了人的命运。史铁生说,"一个人出生了,就不再是一个可以辩论的问题",而人一旦出生,也就必然意味着他的死亡。这就是人的命运。人自己也不能选择他出生在什么环境中,富有还是贫穷,城市还是乡村;人自己也不能保证,他是健全还是残废、美丽还是丑陋等,这都是命运。对命运的认可不是唯心主义,而正是唯物主义的态度。认可命运就是认可生存方式。认可命运不一定就导致悲观主义,相反,却可能激发人强烈的抗争意识。

人不能改变命运,但却可以改变对命运的态度。残疾是不可改变的,但可以改变残疾带来的残疾心理。史铁生正是在对命运认可的前提下,挣脱了死神的纠缠,而开始了对生命意义的追寻。史铁生对生命意义的寻求表现在两个方面:一是勇敢地承受苦难;二是在创造中升华生命的意义。

承受苦难,首先在于肯定苦难对人的意义。苦难对人有什么意义呢?史铁生并未正面回答,但从史铁生面对命运即面对苦难的选择来看,他是以人的生命精神来选择承受苦难的。人的身体可以是残废的,但人的精神却可以是健全的;人的躯体虽然不能行走,但人的精神却可以飞翔。史铁生是以人的健全的精神去承受躯体残废的苦难的,这种承受、超越和战胜显示了人的伟大和坚强。海明威说:"人生不是被打败的。"陀思妥耶夫斯基说:"我只担心一件事,怕我配不上我所受的苦难。"正是在这个意义上,史铁生说:"我感恩于我的命运。"

在文章中我们看到,史铁生不仅以人的强力生命意志承受着苦难,同时,也以不屈不挠的精神寻求和创造生命的意义。史铁生的散文是史铁生承受苦难、创造生命意义的真切记录。

史铁生对生、死和怎样活着即对命运的思考、对命运的抗争是在地坛中进行的,或者说就是以地坛为思考的载体进行的,因而地坛就自然成为他思想感情的意象和象征。用一般语言难以表现的流于肤浅和苍白的复杂思想都以"我在地坛"的意象和"地坛在我"的意象来表现了。

"我在地坛"的意象,是"我"走向死亡和在死亡思想中挣脱的象征。所谓"我在地坛"就是"我"的主体在地坛的客体中的行为。这个角度的"我与地坛"重在"我"的表现。因为生命正在热烈燃烧的时候我突然残疾,因而,"我那时脾气坏到了极点,经常像发了疯一样地离开家,从那园子里回来又中了魔似的什么话都不说"。他发了疯一样到园子里,又"中了魔似的什么话都不说"是被一种可怕的思想牢牢地攥住了。这种思想就是极度的自卑与绝望,这使他想到了死,想以死结束这不幸的人生。死曾经是紧紧缠绕住史铁生灵魂的问题。正是这

---

① 王蒙.王蒙新世纪讲稿[M].上海:上海文艺出版社,2005.

个问题促使史铁生天天发了疯似地到地坛去。"地坛的每一棵树下我都去过,差不多它的每一平方米草地上都有过我的车轮印。无论是什么季节,什么时间,我都在这园子里呆过。"可以想象,一个双腿残废了的青年,靠着轮椅在地坛中茫然、困惑、悲观、绝望地"走"着。然而,这种"走"既是人生找不到出路的绝望和茫然,又是对这悲观、绝望的茫然的挣脱,对生命意义的追寻。作者虽然没有正面写到他被死神缠绕,没有写到他的自卑、苦闷与绝望,没有写到他在自卑、苦闷与绝望中挣扎,没有写到他在没有希望、没有出路和绝境中对生命意义的追寻,但是,透过那些他无论什么季节,什么天气,什么时间,都"走"遍园子的每一个角落的意象描写,便使读者领略了作者的内心精神世界。作者是把自己复杂内在的难以言传的思想通过外在行为表现出来了。

"地坛在我"是指地坛意象是"我"生命死而复生的象征。所谓"地坛在我",在"我与地坛"的关系中重在以地坛表现"我",就是以地坛的景物或者说就是以地坛的意象象征"我"的生命感受。作者是以自己的心理在组构地坛的景物和描绘地坛整体的意象特征,这地坛的意象就成为作者心理、精神的形式符号,而不是地坛中景物和地坛整体形象纯客观的景象。地坛中的虫儿、花儿、草儿等都是作者情感的表现,地坛的整体形象也是作者生命感受的象征。

如果我们从这个角度重新欣赏文章中的所谓景物描写,就会有截然不同的理解。比如最典型的这一段:"蜂儿如一朵小雾隐隐地停在半空,蚂蚁摇头晃脑捋着触须,猛然间想透了什么,转身疾行而去,瓢虫爬得不耐烦了,累了祈祷一会便支开翅膀,忽悠一下升空了;树干上望着一只蝉蜕,寂寞如一间空屋;露水在草叶上滚动,聚集,压弯了草叶轰然坠地摔开万道金光。"这显然是史铁生思想转化的意象,因而这意象就成为史铁生思想的暗喻。苏珊·朗格说:"当人们打算较为准确地把情感表现出来时,往往是通过对那些可以把某种情感暗示出来的情景描写出来。"①这一种创作方法就是将思想感情转化为意象的形式。朗格又说:"一种感性的转化所起的作用有点儿像是一种强烈的暗喻在那些惯用的和简单易懂的直接陈述中所起的作用,——它传达的感情比起普通的交流方式传达的感情更为生动透彻,它传递的意义也更为深刻感人、更为完整和一针见血。除此之外,暗喻在大多数情况下还比直接的陈述更富于深刻性和揭示性。"②史铁生的思想正是这样暗喻出来的。他没有直接陈述他在死亡的阴影乃至自杀的可怕境地挣脱出来,寻求到了生命的新的意义(如果直接陈述将是概念化的僵硬的也是简单化的粗浅的),但他把这种思想感受转化成了意象,这意象就成为史铁生生命感受——死而复生的形式符号。这是作者极为深刻的生命感悟的意象化的暗喻、象征,对这种象征我们不能理解为是"在地坛古老而又充满生机的境界中,作者获得了对

---

① 苏珊·朗格.艺术问题[M].滕守尧,朱疆源,译.北京:中国社会科学出版社,1983.
② 苏珊·朗格.艺术问题[M].滕守尧,朱疆源,译.北京:中国社会科学出版社,1983.

生命的一些新的理解,从而走出了残疾自伤的阴影"。① 这种理解是一种颠倒的理解,正是把问题说反了——把作者精神转换成的意象看成了纯粹的自然景物,把死而复生的隐喻看成了自然境界的启发,把源自内在情感的外化形式看成了没有内在情感的外在事物。在文学作品中,所有的景物其实都是作家情感转换的意象,因而没有纯粹的自然景物描写。"感时花溅泪,恨别鸟惊心",是因为有对时间的流逝的伤逝感,才在花的露珠上看到了"溅泪"(是溅泪而不是滴泪、流泪、淌泪,溅泪是泪的飞溅乃至喷涌——这就把伤逝的内在情感外化得淋漓尽致、无以复加);是对离别的痛苦感,才在鸟飞去的行为上感到了分别的"惊心"。"春蚕到死丝方尽,蜡炬成灰泪始干",则更是为自己透蚀骨髓的相思寻找到的"同构"的客观对应物。花、鸟和春蚕与蜡炬既不是自然客观事物的如实写照,又不是这些东西触动了作家的情感,而是作家为表现他的情感创造的形式符号。

"我与地坛"还包含着更为隐秘的意蕴:"我"的生命感受在地坛上的不自觉地投射。正是这种投射的作用,地坛在某种程度上成了"我"的生命感受的象征。"我"的残疾与不屈不挠的生命意志和地坛的荒凉衰败但又充满勃勃的生机恰好形成了一种对映。因而我们有理由认为,地坛的荒凉衰败但又充满勃勃生机是作者虽然残疾但生命意志仍然顽强的无意识投射。地坛是荒凉甚至是衰败的:"它一面剥蚀了古殿檐头浮夸的琉璃,淡褪了门壁上炫耀的朱红,坍圮了一段段高墙又散落了玉砌雕栏",但另一面它又充满了生机:"祭坛四周的老柏树愈见苍幽,到处的野草荒藤也都茂盛的自在坦荡"。这一段描写就更明显了:"这古园的形体被不能理解它的人肆意雕琢,幸好有好些东西是任谁也不能改变它的。譬如祭坛石门中的落日,寂静的光辉平铺的一刻,地上的每一个坎坷都被映照的灿烂;譬如在园中最为落寞的时候,一群雨燕便出来高歌,把天地都叫喊的苍凉——譬如那些苍黑的古柏,你忧郁的时候他们镇静地站在那儿,你欣喜的时候它们依然镇静地站在那儿,它们没日没夜地站在那儿,从你没出生一直站到这个世界上又没了你的时候"。作者的生命感受在地坛那里得到了"异质同构"性的表现。作者对自己的残疾既有着难以言说的伤感,又有着超越着残疾的坚毅坚韧的强力生命意志。这些思想精神是深深地弥漫在作者整个灵魂中的东西,当作者描写地坛时就自然把这些复杂的东西都融入了地坛的描写中,地坛意象就成了作者"我"的对象化的表现,成了"我"的象征。刘勰《神思》中说:"规矩虚位,刻镂无形,登山则情满于山,观海则意溢于海",讲的就是作家创作时是变抽象为具象、赋无形以有形,将无形的抽象的思想感情客观对象化道理。苏珊·朗格也说:"每一种艺术都有自己独特的再现外部现实的形象,然而这些形象都是为了将内在现实即主观经验和情感的对象化而服务的。"② 史铁生在地坛中的思想变化是人生观的变化,人生观及其变化是一种思想的东西、精神的东西、灵魂的

---

① 人民教育出版社中学语文室.《语文》第二册[M].北京:人民教育出版社,2000.
② 苏珊·朗格.艺术问题[M].滕守尧,朱疆源,译.北京:中国社会科学出版社,1983.

东西,而这些东西是无形的抽象的东西,但史铁生却在地坛景物和地坛意象的特点中使这些东西有形化了、具体化了。

二、地坛是伟大女神的象征

文学创作中有一种难以解释的神秘现象,即作家的创作超出了他要明确表达的东西,或者也可以这样说,在一些创作中,既有作家意识的明确表达,又有作家的无意识投射。创作的神秘现象就是这样构成的:作家不仅被他的创作目的即意识所指引,同时也被他的无意识所驱使。这样,作品中就自然出现了难以解释的形式及其意味。这种源于作者无意识投射的形式意味,不仅读者难以理解,即使是作者也难以解释清楚。《我与地坛》中"我与地坛"的描写就属于这种现象。

首先,"我"与"地坛"的关系有一种神秘性的缘分。正是这种神秘的缘分才使"我"走近地坛或者总也离不开地坛。"五十多年间搬过几次家,可搬来搬去总是在它周围,而且是越搬离它越近了。"

其次,"我家离不开地坛"就使"我"常觉得这中间有着某种宿命的味道。"这古园仿佛就是为了等我,而历尽沧桑在那儿等待了四百多年。"它等待"我"出生,然后又等待"我"残废了双腿后"摇着轮椅进入园中"。

第三,地坛就是为收留"我"而存在的。"它为一个失魂落魄的人把一切都准备好了";"在人口密集的城市里,有这样一个宁静的去处,像是上帝的苦心安排";"那儿是可以逃避一个世界的另一个世界"。自多十五年前那个下午"我"无意中进了这园子,就再没长久地离开它。我一下子就理解了它的意图。地坛成了"我"的精神皈依。

第四,"我"在地坛中思考着死亡,也思考着出生,还思考着怎样活。在地坛中"我"的生命重新复活了,"我"开始了生命意义的寻求。

第五,在整篇文章的结尾(第七节),作者还说,地坛迟早要招我回去的。这些"我"与地坛的神秘的缘分是作者有意地写出来的。然而通过这神秘的缘分又透露出作者的无意识心理。

人有两个精神系统,一个是意识的系统,"还有第二个精神系统存在于所有的个人之中,它是集体的、普遍的、非个人的。它不是从个人那里发展而来,而是通过继承与遗传而来,是由原型这种先存的形成所构成的"。[①] 人的集体无意识是对原始意象的一种种族心理积淀、种族记忆。这种原始意象就是原型。也就是说,人有一种原型心理,它是不为人的意识所知的,它属于种族的心理遗传。平时,这种原型是潜隐在无意识深处的,一遇到合适的情境,它

---

① 荣格.心理学与文学[M].冯川,苏克,译.北京:生活·读书·新知三联书店,1987.

就被激活了。

"我"与地坛的神秘的缘分其实就是"我"对原型的集体无意识记忆。地坛在"我"的无意识中是原型的一种象征,由于"我"残废了双腿的特殊生命感受,这种原型就被激活了。地坛显然是被"我"当做神母即大母神来看待了。因而,"我"与地坛的神秘缘分就是"我"与神母原型的缘分。"我"离不开地坛,"我"一走近她就再也没离开过她,"我"在她那里思考死亡、出生和怎样活着以及在她那里获得新生,其实就是"我"在另一个母亲那里获得再生仪式原型的重复。荣格曾深刻地论述到:"与明显的个人心理交织在一起的还有一个非个人的母题。在其他领域中这个母题是我们非常熟悉的,这就是'双重母亲'的母题,它是神话和比较宗教领域中以各种变体出现的一个原型。它构成了无数'集体表现'的基础。"①之所以需要"双重母亲"的母题或原型,那是因为在人的无意识心理中,人不仅从肉身母亲那获得生命,还从神母那里再一次获得孕育和诞生。基督就有两次诞生,"约旦河中的洗礼赋予他以新的生命,使他从水与精神之中再生了"。②在《我与地坛》中,史铁生无意识地再现了"双重母亲"的幻想和"双重诞生"的母题。到地坛去"仅为着那儿是可以逃避一个世界的另一个世界"。

"我"到地坛那里去,是因为"我"残废了,想(无意识)在另一个母亲——神母那里获得重新孕育和诞生——成为无论肉体和精神都是新的健康的生命。事实上,史铁生也正是在地坛那里获得了精神的再生——他没有走向死亡,而开始了新的生活。这恰恰是在神母那里获得死而复活的古老仪式的重复。

在女神那里获得第二次诞生,是人类古老的习俗。地坛是地母神即女神的晚近的象征(400多年),地母神的更为久远的象征是在5000多年前。在辽宁凌源建平交界处出土的巨大的女神庙,巨大的女神殿和巨大的女神像,应该是中国最早的地母祭祀遗迹。原始先民之所以要创造出一个地母神,其原因有几个:一是先民将女性与大地相认同,她们有巨大的孕育功能和繁殖功能,"我们必须寻找做梦者本人并不知道的母题,它们虽然不为做梦者所知,但却仍旧在他的梦中起着作用,这种作用正好与我们从历史来源所知道的原型的作用所合起来"。所有的生命都来源于她们;二是先民还理解大自然循环的规律,认为有一种巨大的力在左右着这种循环,而他们认为这种巨大神秘的力就来自于地母神;三是他们创造了地母神的形象,一方面去祭奉她,另一方面是以巫术的方式左右她,使她能够像人们愿望的那样,孕育创造生命,生生不息。四是原始先民每年都有举行祭祀地母神的仪式,那是在举行生命第二次诞生的仪式。生命的第二次诞生是宗教性的由生命的不完美走向完美。伊利亚德深刻地指出生命第二次诞生的意义:"当人类被生出时,他并不是完整的,他必须被第二次出生,这种出生是精神性的,他必须经历一个从不完美的、未成熟的状态转变到一个完美的、成

---

① 荣格.心理学与文学[M].冯川,苏克,译.北京:生活·读书·新知三联书店,1987.
② 荣格.心理学与文学[M].冯川,苏克,译.北京:生活·读书·新知三联书店,1987.

熟状态的过程才能成为一个完美的人。一句话,也许可以这样说,只有通过一系列的'转变仪式'——即经过不断的入会式,人类的存在才能达到圆满。"①地坛就是最早的地母神祭祀的地方女神庙的变形,他在史铁生的无意识中又是神母的象征。史铁生("我")与地坛记载的就是他无意识中返回地母神那里使自己这个残疾人获得第二次诞生——获得更高级存在方式的象征性形式。史铁生正是在地坛——神母这里完成了一个第二次出生的仪式——"经历了从不完美的、未成熟的状态转变到一个完美的、成熟状态的过程",摆脱了生理残疾的心理疾患;从死亡的阴影中挣脱出来;开始了新的生活追求。史铁生的第二次诞生的生命感受使他的创作具有了强烈的宗教意识特征。

三、母亲是地坛象征神母的化身

文学作品隐喻的形式给作品带来了更深层的意义,这是不言而喻的。但是,在作品中,有些隐喻是作者有意为之,而有些隐喻却是作者无意形成的。有意为之的当然具有深层的意义,而无意为之的就更是有意味的形式。为什么会无意形成隐喻的形式呢?那是因为在一个优秀的作家那里,他是把他的全部情感都转化成了形式的结果,这形式本身既包含着隐喻的意义,同时,形式与形式之间又构成了一种隐喻关系,激发出了新的意义。所谓隐喻就是指,说的是一种事物而暗指的是另一种事物。《我与地坛》一方面无意识地表现了"我"在神母那里获得了再生,另一方面有意识地表现了是母亲的伟大的爱使"我"重生,这就必然地形成了母亲像神母的隐喻关系及其意义。

这种隐喻关系是这样形成的。《我与地坛》的第二节全部是写母爱的,是写母亲的坚忍与伟大;第一节是写地坛是神母原型的象征,这在文本的形式和读者的阅读感受中,神母和母亲这两者必然地构成了一种隐喻关系。

文章第二节写母爱首先是从"我总是独自跑到地坛去,曾经给母亲出了一个怎样的难题"写起。作者用了五个"知道"和一个"不知道"写母亲的痛苦和惊恐。"她知道我心里的苦闷,知道不该阻止我出去走走,知道我要是老待在家里结果会更糟,但她又担心我一个人在那荒僻的园子里整天都想些什么。我那时脾气坏到极点,经常是发了疯一样地离开家,从那园子里回来又中了魔似的什么话都不说。母亲知道有些事不宜问,便犹犹豫豫地想问而终于不敢问,因为她自己心里也没有答案。她料想我不会愿意她跟我一同去,所以她从未这样要求过,她知道得给我一点独处的时间,得有这样一段过程。她只是不知道这过程得要多久,和这过程的尽头究竟是什么。""我"的身体是残疾的,生活是没有任何出路的,精神是极度苦闷的,思想是极度悲观的。"我"去荒僻的园子分明有结束生命的可能,这给母亲出了极

---

① 伊利亚德.神圣与世俗[M].王建光,译.北京:华夏出版社,2003.

大的难题:既要儿子有独处的时间,又担心儿子会出什么问题;既知道摆脱苦闷得有一段时间,但又不知道这过程有多长和过程的尽头是什么。母亲的内心充满了煎熬似的痛苦、焦灼与恐惧。

文章不只是写出了母亲的痛苦与苦难,还写出了母亲独自"承担"苦难、与命运抗争的坚忍意志。"在那些空落的白天后的黑夜,在那不眠的黑夜后的白天,她思来想去最后准是对自己说:'反正我不能不让他出去,未来的日子是他自己的,如果他真的要在那园子里出了什么事,这苦难也只好我来承担',在那段日子里——那是好几年长的一段日子,我想我一定使母亲做过了最坏的准备了,但她从来没有对我说过:'你为我想想'。"母亲唯一的儿子是残疾的;母亲的残疾的儿子找不到生活的希望;母亲的儿子限在了极度的绝望之中。这就是母亲的命运。但母亲没有为命运屈服。母亲以坚忍顽强的意志与命运抗争着。

母亲与苦难命运抗争的方式一方面是独自承担苦难,另一方面就是那种伟大的爱。作者以"张望"与"寻找"两个意象刻画出了母爱的精神世界。"有一回我摇车出了小院,想起一件什么事又返回来,看见母亲仍站在原地,还是送我走时的姿势,望着我拐出小院去的那处墙角,对我回来竟一时没有反应。"母亲是不让"我"知道她在找"我"的;"只要见我还好好地在这园子里,她就悄悄转身回去,我看过她几次的背影。我也看见过她四处张望的情景,她视力不好,端着眼睛像在寻海上的一条船";母亲找不到"我"是多么焦灼:"有一回我坐在矮树丛中,树丛很密,我看她没有找到我;她一个人在园子里走,走过我的身旁,走过我经常呆的一些地方,步履茫然又急迫。我不知道她已经找了多久还要找多久。""张望"是定格的,"寻找"是到处的:"这么大一座园子,要在其中找到她的儿子,母亲走过了多少焦灼的路","有过我的车辙的地方也都有过母亲的脚印"。定格"张望"的姿势把母亲的疼爱的形象写得栩栩如生;而到处寻找的脚印又把母亲的焦灼神情写得淋漓尽致。

母亲对待苦难命运的态度和毫不张扬的爱给"我"以"怎样活"(生存)的启发。作者说,母亲生前没有给我留下什么隽永的哲言和要我恪守的教诲,但母亲以坚忍的意志对艰难命运的抗争和对"我"的毫不张扬的爱,给"我"以深刻的教育。正是母亲对待困难的态度和对"我"伟大的爱,才使"我"从苦难命运甚至死亡诱惑的阴影里摆脱了出来,开始了新的生活。在"我"的感受里,母亲不仅给了"我"生命,还在"我"残废时给了"我"更高级的生存方式。实际上,是母亲给了"我"双重诞生。

"双重诞生"既是第一节的主题,也是第二节的主题。这是作者创作时两种意识同时作用的结果。作者即被他的意识所支配——要写母亲对苦难命运抗争的态度,写母亲以伟大的爱给了"我"以再生;同时,作者又被他潜意识心理原型所驱遣——重返地母,获得再一次诞生。这样,这两种"双重诞生"的描写又构成了一种隐喻的形式:以地母神使"我""双重诞生"的伟大隐喻母亲使"我"双重诞生的伟大。实际上,母亲就成了地母神的化身。隐喻形式的创造,在作者那里也是无意识进行的,这是因为作者两种意识都要寻求强烈表现的原因造成的。其结果是,无意识的心理投射和有意识的表现便形成了一种隐喻的形式。

史铁生生命感受的表现经过了投射与转换两个相辅相成的过程:即自然事物的主观化与情感的客观化过程。他把他所看到的自然事物内化为他的生命感受;而他的生命感受投射到自然景物上去就使自然事物成为他生命感受表现的意象;他把他的生命感受投射到外部自然之中去,就使他的内在生命感受得到了客观化、对象化的表现。史铁生的创作最典型地体现了艺术的创造规律。

爱情情结与阶级意识的纠葛与冲突
——《雷雨》周朴园与侍萍重逢一场戏的精神分析

周朴园与侍萍重逢是《雷雨》第二幕的一场戏,这场戏是《雷雨》中最重要的一场戏,是《雷雨》的"戏核"即最核心的部分。从内容的角度看,《雷雨》的所有内容都是由这一场戏生发扩展出去的,从结构的角度看,第一幕的戏是这场戏的交代,而第三幕和第四幕的戏则是这场戏的发展。这场戏的情感冲突是在周朴园和侍萍之间展开的,既表现了他们的过往爱情及其悲剧,又表现了他们对过往爱情及其悲剧的不同态度;既表现了他们潜意识中的爱情情结与他们阶级意识的纠葛,又表现了他们之间当下的阶级意识的矛盾冲突;既表现了他们的纠葛与冲突牵扯到其他人物的关系和命运,又表现了他们的情感冲突对整个故事的作用与走向。惊心动魄的"雷雨"是由这场戏酝酿的,这场戏是《雷雨》内容和主题的开端,没有这场戏,《雷雨》的戏剧冲突和情节主题便没有办法展开。因而,理解这场戏便成为理解《雷雨》主要人物周朴园和侍萍思想性格的关键,也成为理解《雷雨》主题的关键;对这场戏理解的程度便决定了对《雷雨》理解的程度。这场戏是《雷雨》中最值得研究的一场戏。

《雷雨》"戏"的最精彩之处是表现了周朴园与侍萍的"重逢":一对三十年前曾经相爱而又分道扬镳的人重新邂逅,他们是带着近三十年的不同人生经历,带着近三十年的不同人生感受,带着近三十年的不曾变化的阶级观念,当然也带着近三十年不能忘记的爱情记忆,同时也带着近三十年的没有泯灭的潜意识中的"情结"重逢的,因而,他们重逢的"情感冲突"的戏剧性是极其复杂的。《雷雨》由周朴园和侍萍的对话深入到了他们过往的爱情及其悲剧、过往的命运及其遭遇、过往的人生体验其心理深处,也深入到了他们的潜意识深处。《雷雨》重逢的这场戏其实就是由他们的潜意识情结和他们意识中的阶级观念的冲突展开的。

周朴园的"侍萍情结"与阶级意识的纠葛与冲突

周朴园与侍萍重逢是因为,侍萍要找她女儿四凤回家而意外地在周朴园的家里与他相见了。这种重逢是在周朴园保留侍萍三十年前在时的环境中展开的。周朴园保留着侍萍当年居室原来的样子;周朴园特意把侍萍使用过的大柜从南方搬来并一直放在被保留的侍萍居室内;周朴园一直把侍萍的相片放在居室的镜台上;周朴园还保留着侍萍当年生产时不开窗的习惯;周朴园还保留着侍萍给他缝过带梅花和"萍"字的花绸衬衣;周朴园还不用新雨衣而偏要用在樟木箱中同花绸衬衣一起保存的旧雨衣。周朴园既然把侍萍抛弃了,为什么还要保留侍萍的居室的样式、放置她的照片,还要用侍萍在时的雨衣和侍萍给他缝过的衬衣呢?这来源于周朴园的"侍萍情结",是周朴园被压抑的潜意识愿望的变形性象征。

周朴园的"侍萍情结"是在周朴园和他的家庭抛弃侍萍时形成的。周朴园与侍萍是有真挚的爱情的,那周朴园为什么要抛弃他所爱的侍萍呢?这是因为周朴园要经过一个人生的"转换仪式",他要从原来的极为个人化的思想情感状态转换到他的大家庭的思想情感状态上去,而他的结婚就是他人生的替代性的"转换仪式"。他的家庭要通过他的结婚来完成他的人生转换。正是在这种人生转换中,他抛弃了侍萍,娶了有钱有门第的小姐,这就造成了他思想感情的复杂性:在意识层面他服从了他大家庭的意志,树立起了阶级意识和继承、创造家业的意识,而他与侍萍的纯真爱情则被阶级意识压抑在了潜意识之中,造成了周朴园自己也难以意识到的"侍萍情结"。

三十年前,周朴园是周公馆的大少爷,侍萍是周公馆的"下女人",但是他们同居了三年,生了两个孩子,然后周朴园顺从了家庭的意志,为了娶门当户对的女人而把侍萍撵走了。那么,三十年前的周朴园和侍萍到底有没有爱情呢?我认为是有的。我们不能从后来周朴园把侍萍抛弃了的结果就认为周朴园当年与侍萍的同居关系不是爱情关系,而是周家大少爷对"下女人"侍萍的玩弄和欺骗;我们也不能认为周公馆的大少爷与侍萍的悬殊的阶级差别就认为他们不可能产生真正的爱情;我们还不能根据三十年后周朴园见了侍萍是那样的绝情就认为周朴园当年不可能真爱侍萍。我们所能根据的只能是当年周朴园和侍萍的感情,但周朴园和侍萍的对话并没有正面表现这些感情,然而这并不能成为我们理解他们感情的障碍,通过他们的对话,我们是可以重建他们曾经经历的爱情的。周朴园与侍萍的爱情故事发生在1893年,距离反封建的"五·四"新文化运动还有将近三十年,也就是说,周朴园与侍萍的同居,是在封建专制和封建礼教还相当严重的时代发生的,而且是同居了三年,还生了两个孩子。侍萍是一个"下女人",是与周朴园不同阶级的人,尽管大家庭对子女婚前的感情生活是宽容的,但如果没有周朴园的反封建等级制思想,这是不能够发生也不能够做到的。在周朴园和侍萍恋爱三十年后的1923年,那已经是经过封建的"五·四"新文化运动洗礼的社会,周朴园的儿子周萍与"下女人"四凤的恋爱还是偷偷摸摸的呢,更谈不上堂而皇之的同居和生孩子了。可见,周朴园当年爱侍萍是需要一些勇气的。他不是一时的感情冲动,不是为了暂时的玩弄,周朴园与侍萍的爱情也应该是单纯而又执著的,周朴园与侍萍的对话并没有直接表现这些,但这也可由周冲与周萍对四凤的热烈的爱得到补充。周朴园对侍萍爱的勇气不是来源于什么别的,而只能是来源于他的爱。爱的前提是他觉得侍萍美丽。周朴园把侍萍的照片公开放在房间里近三十年,这固然是周朴园为了纪念侍萍而赎罪,但同时也表现了周朴园对侍萍美丽的不能忘怀,到后来他还拿着侍萍的照片反复地看,都说明了周朴园对侍萍的欣赏。而侍萍即使老了,"鬓发已经有点斑白,面貌白净,看上去也只有三十八九岁的样子。她的眼有些呆滞,时而呆呆地望着前面,但是在那秀长的睫毛,和她圆大的眸子间,还寻得出她少年时静慧的神韵"。就是这种"神韵"深深地打动了"阔公馆"周大少爷的心,使他冲破了阶级的界限的藩篱,深深地爱上了"下女人"侍萍。周朴园与侍萍的爱情,从侍萍的感受中也可以看得出,在她与周朴园刚刚重逢时,她说周朴园打听的那个梅小姐与周朴园生了两个儿子,"生了第二个,才过三天,忽然周少爷不要她了",这就说明侍萍是没有任何思想准备的,她还沉浸在做母亲的甜蜜里,沉浸在爱情的甜蜜里,沉浸在未来生活的憧憬里,因而,她才感到变故的"忽然"。但她的沉浸不可能是单方面的原因,而一定是周朴园爱的结果。

周朴园在与侍萍恋爱时,虽然就是"阔公馆"的大少爷,但那时,周朴园是没有家庭门第观念和阶级意识的,他就像梅侍萍一样的单纯,就像周冲一样的浪漫,他是本着人的青少年时期特有的单纯、天真、自然和美好的情感来恋爱的。他可能也遭遇了来自家庭的阶级意识的强烈干预和反对,但是,他还没有进入社会的单纯自然的思想感情使他能够有勇气去反抗家庭的阶级意识,而毫无顾忌地大胆地恋爱。然而,一旦进入社会,他就要进入社会角色,就要以社会角色规范自己。而中国人进入社会角色的标志就是结婚,"成家立业"的概念就是最好的概括和说明。周朴园是周公馆的大少爷,而中国阔家大少爷长子的身份是有特殊规定性的,他要继承父辈的事业,准备担当支撑大家庭的使命。周朴园的爱情悲剧就发生在他由一个单纯的青年向社会角色转变的"转换仪式"上。

文化人类学家对原始部落人"转换仪式"的研究,对我们深入理解周朴园思想性格的复杂性是有启示作用的。文化人类学家认为,"转换仪式"又可以称为"通过仪式",是"伴随着每一次地点、状况、社会地位,以及年龄的改变而举行的仪式",并认为"所有的通过仪式或'转换仪式'都有着标识性的三个阶段:分离阶段、边缘阶段(或叫阈限阶段,阈限这个词在拉丁文有'门槛'的意思)以及聚合阶段。第一个阶段(分离阶段)包含带有象征意义的行为,表现个人或群体从原有的处境——社会结构里先前所固定的位置,或整体的一种文化状态(称为'旧有形式'),或二者兼有——之中'分离出去'的行为。而在介乎二者之间的'阈限'时期里,仪式主体(被称作'通过者')的特征并不清晰;他从本族文化中的一个领域内通过,而这一领域不具有(或几乎不具有)以前的状况(或未来的状况)的特点。在第三个阶段(重新聚合或重新并入的阶段),通过过程就圆满地完成了。仪式主体——无论是个人还是群体——重新获得了相对稳定的状态,并且还因此获得了(相对于其他人的)明确定义、'结构性'类型的权利和义务。他的身上被给予了一定的期望值:他所做出的表现应当与某些习俗的规范、道德标准相一致,而这些正是在这类职位的体系中对社会职位的担任者的要求"。① 我们仔细思考就会发现,原始部落的"转换仪式"并没有消失,它以变形的方式被保留在现代文化形

---

① 维克多·特纳.仪式过程:结构与反结构[M].黄剑波,柳博赟,译.北京:中国人民大学出版社,2006.

式中,旧时代中国人结婚仪式就是其中的一种。结婚当然首先是男女结合的一种文化仪式,但它在某种程度上也是"转换仪式"的代替形式,特别是在大家庭子女的结婚仪式中,"转换仪式"的文化性质更为明显。大家庭子女在结婚前的人生是一种状态,而结婚后又是另一种状态,其转变方式就是结婚仪式,他们是把子女的结婚仪式当成了成人的"转换仪式"。大家庭对子女结婚前的情感生活是相对宽容甚至是放纵的,而结婚后的情感生活是受到严格约束的。其原因就是他们要无条件服从大家庭的"习俗的规范、道德标准"。结婚是他们由完全自然的情感状态和价值观念向另一种已经预先存在于家庭的规范的情感状态和价值观念的转变,是由一种生命模式向另一种生命模式的转变,是一种情感方式向另一种情感方式的转变,因而,对于大家庭的子女比如周朴园来说,结婚仪式就是人生的"转换仪式",他必须由完全个人化的情感方式转变到家庭规范的情感方式中去。这是一种文化形式,一种惯例,也是一种不成文的规则,甚至法律。"阔公馆"家庭要求子女的婚姻必须是"门当户对"。"门当户对"就是大家庭阶级意识的体现:必须是他们同一阶级的成员才能结成婚姻,如果与贫穷阶级的人结婚就不被允许。伊利亚德说:"婚姻,也是从一种社会—宗教组织向另一种社会—宗教组织的转变。年轻的丈夫离开了单身汉的群体,从此以后他就成了在家庭中当家立业的群体的一部分。每一个婚姻都意味着一种紧张,意味着一种危险,因此也就造成了一种危机。这就是为什么要有一种转变仪式的原因。希腊人把婚姻称之为 telos,其意为献身,婚姻仪式也就更像是一种神秘仪式。"①周朴园和侍萍的爱情悲剧就是这样发生的。周朴园的结婚就是要完成他的"转换仪式",他要告别属于他个人的过去的情感方式和人生方式,而进入家庭规定的情感方式和人生方式之中。他要与以前的情感方式告别,与以前的恋人告别。这就是侍萍感到"忽然周少爷不要她了"的根本原因,这就是侍萍指责周朴园"你为了要赶紧娶那位有钱有门第的小姐,你们逼着我冒着大雪出去,要我离开你们周家的门"的根本原因。这爱情悲剧的发生,是周朴园顺从了那"转换仪式"即屈从了家庭的意志,告别了他与侍萍的爱情。

周朴园与侍萍的爱是被另外一种力量给剥夺了(并非周朴园自己的喜新厌旧),这无疑就给周朴园的心理造成了巨大的创伤。"某种经验如果在短时期内,给大脑提供强有力的刺激,以致不能用正常的方法应付或适应,从而使大脑能量的分配方式受到永久的干扰,我们把这种经验称为创伤经验":创伤经验是"来自于患者无能力应付某种具有强烈情感色彩的经验"。②创伤经验即"情结",这种"情结"虽然不为具有"情结"的人所明确意识到,但却对该人的思想感情具有潜在性的支配力量。周朴园与侍萍的爱情创伤经验造成了周朴园的"侍萍情结",而他的思想情感也必然为这"侍萍情结"所支配。周朴园为了娶有钱有门第的小姐

---

① 米尔恰·伊利亚德.神圣与世俗[M].王建光,译.北京:华夏出版社,2003.
② 车文博.弗洛伊德文集[M].长春:长春出版社,1998.

而抛弃了侍萍,但周朴园潜意识中的"侍萍情结"却牢牢地占据着他的感情。在周朴园的意识层面,他是要以保留侍萍的遗物去纪念她,或以此种方式忏悔自己的罪过,但他并不知道自己是把被压抑的潜意识欲望移置到了侍萍的遗物上。弗洛伊德对潜意识移置理论的深刻阐释可以用于对周朴园潜意识愿望转换的分析:"这些琐碎的记忆似乎存在一个移置过程:这些内容是对另一些重要记忆内容的替代,或是这些内容的再现。这些重要的记忆印象可以通过精神分析的方式来发现;但是有一种抵抗的存在促使它们不能直接地表现出来,这些不重要的记忆不仅对它保留的印象负责,而且还要对其内容和联想到的另一些被压抑起来的重要的东西的联系负责,因此我们将这种记忆称之为掩蔽性记忆。"①周朴园保留的侍萍的遗物就是周朴园的"掩蔽性记忆",在他的意识层面保留的是侍萍的遗物,而在他的潜意识里,那遗物是等于侍萍的。周朴园保留的侍萍的遗物实际上并非是单纯的侍萍遗物,而是周朴园被压抑愿望的象征。精神分析学家说:"只有被压抑的东西才被象征化;只有被压抑的东西才需要被象征化。"②周朴园保留侍萍的遗物象征了周朴园被压抑的愿望是这样造成的:他在意识层面顺从了家庭的规范,但潜意识层面却固着于他与梅侍萍的爱情;这种爱情欲望既不符合家庭即社会意识的规范,又不符合周朴园自己的人格选择,但周朴园的"侍萍情结"力量又是十分强大的,周朴园内心中十分强大的"侍萍情结"与更为强大的外在社会意识和自己人格之间的激烈冲突,便造成了双方的妥协物:周朴园保留侍萍的遗物,既表现了他的潜意识愿望,又符合了社会意识和他自己人格的规范。周朴园的这种复杂的心理过程,用精神分析方法可以得到更彻底的解释,精神分析学告诉我们"心理分析学最重要的成果也许是:我们所称之为心灵的东西,即能被意识到的精神过程,仅仅是从整个心灵中挑出的一个变形了的部分,它源出于更深的纯粹无意识层,经过与外部世界的刺激接触后,发生了改变。更深的无意识层,发源于我们身体器官的本能,它主要由欲望组成,这些欲望不断灵巧地反抗着将它本身表现出来。它们受到反对的力量,特别是恐惧和犯罪的影响,其核心后来转变为道德感。被允许表现出来的东西,通过进入意识,再现出来的是一种妥协物;欲望仅仅是一种变形的和伪装的形式,才得到充分满足"。③ 正是周朴园潜意识愿望与"外部世界"的冲突,才造成了周朴园以保留侍萍遗物的形式纪念侍萍,实际上是表现他被压抑的对侍萍爱的欲望的现象。

周朴园的"侍萍情结"还表现在婚姻方面。我们惊讶地发现,周朴园在梅侍萍之后的两次婚姻都是不幸福的。繁漪是周朴园第二任妻子,但繁漪并没有在周朴园那里得到她所渴望的爱,因而繁漪才把爱的饥渴转向了周朴园的儿子周萍。周朴园与繁漪长期没有夫妻性生活,即使长时间从矿上回来几天也不到楼上与繁漪同住,这表现了周朴园对繁漪的性冷

---

① 车文博.弗洛伊德文集[M].长春:长春出版社,1998.
② 阿诺德·豪赛尔.艺术史的哲学[M].陈超南,刘天华,译.北京:中国社会科学出版社,1992.
③ 阿兰·邓迪斯.世界民俗学[M].陈建宪,彭海斌,译.上海:上海文艺出版社,1990.

淡。周朴园的性冷淡来自他的"心理阳痿"。而"心理阳痿"按精神分析方法来看,是因为内心中有个恋人情结从而导致他不能对另外的女性产生情欲。周朴园长期保留侍萍的遗物、照片和侍萍缝补过的衬衫等,说明了他内心的情感长期地"固着"在侍萍身上——侍萍的遗物就是侍萍的象征。在周朴园的意识里是以侍萍的遗物纪念侍萍,但在周朴园的潜意识里,是以侍萍的照片和不开窗习惯的保留创造侍萍的"在场"。周朴园对繁漪是专制的,这并非来自周朴园封建大家庭的一家之主的思想性格,而仍然与他的这种"侍萍情结"有关,是他的"侍萍情结"使他患了"心理阳痿"症,而"心理阳痿"又使他思想性格畸形。在周朴园的意识层面,他自己并不知道他内心有个"侍萍情结",是这个"侍萍情结"导致了他"心理阳痿"和对繁漪的性冷淡。侍萍总是占据着他的情感,他对繁漪很难爱起来。

在侍萍之后和繁漪之前的15年间还有一个有门第的小姐为周朴园的第一个妻子,这是周朴园的第一次正式婚姻,但是这个与周朴园生活了十几年的女人在周朴园那里就是没有留下任何印象,这正说明他与她没有什么深厚的感情,其原因是可以在周朴园与繁漪的关系中得到解释的。周朴园对繁漪的性冷淡,长时间不与繁漪住在一起,周朴园对繁漪爱不起来,还有四凤说:"听说老爷一向是讨厌女人家的",这些都是因为周朴园内心的"侍萍情结"的缘故。周朴园对侍萍的居室等要保留到永远其实就是周朴园内心"侍萍情结"的外化形式。周朴园全身心地投入到他的事业,但这并非完全是为了他事业的成功,而很大程度上是他"力比多"转移——他在繁漪那里没有爱,他的爱留在了他的过去,然而过去的爱已经过去,已经无法挽回也无法重现,他也就只能一面以忏悔的形式重温已逝的爱情,一面以拼命工作转移他的"力比多"。

周朴园在没有认出侍萍时,从他以为新来的仆人打开窗子的姿势中想到了侍萍,这是周朴园心中的"侍萍情结"在起作用,因为在他的心中牢牢地镌刻着侍萍打开窗子的形象;以为新来的仆人是无锡的口音,也是"侍萍情结"在起作用,因为侍萍就是无锡人;他有五次提到三十年前,仍然是"侍萍情结"在起作用。因为这个数字对他来说太重要了,那是他与侍萍爱情开始的时间。他说:"三十多年前,是的,很远啦,我想想,我大概是二十多岁的时候,那时候我还在无锡呢。"这说明在周朴园的内心中之所以记得无锡,因为在那里有他美好爱情的缘故。周朴园保存着侍萍给他绣过梅花的并绣了"萍"字的绸衬衣,时常拿出来看看,都是"侍萍情结"的具体表现。周朴园对自己被"侍萍情结"支配着的情感表现是浑然不觉的。周朴园在听了侍萍满怀愤怨的诉说后,向侍萍说:"你不要以为我的心是死了,你以为一个人做了一件于心不忍的事就会忘记了么?你看这些家具都是你从前顶喜欢的东西,多少年我总是留着,为着纪念你。""你的生日——四月十八——每年我总记得。一切都照着你是正式嫁过周家的人看,甚至于你因为生萍儿,受了病,总要关窗户,这些习惯我都保留着,为的是不忘你,弥补我的罪过。"周朴园对侍萍的怀念,不能看做是周朴园的虚伪,不能看做是周朴园自我愧疚的心理安慰,也不能看做是以表面的纪念形式进行虚假的忏悔,而应该看做是周朴园的真诚。这真诚来源于周朴园的"侍萍情结"。周朴园正是靠着这种侍萍在时的文化氛围的保留来保留对侍萍的爱,从而使被压抑的"侍萍情结"得到一种变形的释放和代偿性的满足。

周朴园的"侍萍情结"是强烈的,它是周朴园家业意识和阶级观念的孪生姊妹,是伴随着他的家业意识和阶级观念一起生成的。"侍萍情结"与周朴园的家业意识和阶级观念好像如影随形似的,周朴园的家业意识和阶级观念能走多远,他的"侍萍情结"就走多远。周朴园的"侍萍情结"与他的家业意识和阶级观念是相辅相成的,没有他的家业意识和阶级观念,他的"侍萍情结"是不会存在的;而没有他的"侍萍情结",他的家业意识和阶级观念也是不能维持多久的,他的整个思想意识也不能获得平衡。这就是周朴园性格的多重性、复杂性和矛盾性。然而,周朴园"侍萍情结"的潜意识虽然是强烈的,到处寻求表现的,但是周朴园又是决不允许他的"侍萍情结"出现在他的意识层面,而仅止于停留在潜意识层面。一当"侍萍情结"出现在意识层面,周朴园就会毫不留情地给予镇压。在他们重逢后,他不无深情地回顾三十年前的爱情,在听了梅侍萍的"你自然想不到,侍萍的相貌有一天也会老到连你都不认识了"之后,他惊诧地说"你——侍萍?"他"不自觉地望望柜上的相片,又望鲁妈"的举动,表现了他真实的心理:他在潜意识中有一个侍萍的形象,那是周朴园永远的侍萍;他只能接受三十年前的侍萍而不能接受现在的侍萍,只能接受潜意识中的侍萍,而不能接受意识中的侍萍,只能接受想象中的侍萍而不能接受真实的侍萍,因为那个只存在于他想象中的侍萍是没有阶级性的,现在的侍萍则是有阶级性的了,而有阶级性的侍萍是他所不能接受的。无怪乎他与侍萍对话时把当年梅侍萍的"下女人"身份改成了"年轻小姐"。因而当侍萍这样深情地说"朴园,你找侍萍么?侍萍在这儿"时,周朴园却不能依着梅侍萍的情感规定性——这规定性首先是他的"侍萍情结"创造出来的——与之交流,而是"忽然严厉地"问:"你来干什么?"读者和观众都会感觉周朴园的这个情感转折太"陡"了,但这个"陡"在周朴园是有内在原因的:他的家业意识和阶级观念,不要说使他不能接受现在的梅侍萍,就连梅侍萍公开与他的婚姻关系和与儿子相认,都是他绝对不允许的。他要维持他的周家阔公馆的家业,他就要在人们面前维持他的社会形象,而要维持他的社会形象,他就要拒绝在人们面前与侍萍相认。到这里,人们终于发现,导致周朴园拒绝在人们面前与侍萍相认的东西,恰恰就是使周朴园三十年前抛弃梅侍萍的东西,而这种东西不是什么别的东西,就是他强烈的阶级观念。正是这种强烈的阶级观念,毁灭了他美好的爱情,毁灭了他美好的人性,甚至毁灭了他最基本的伦理关系。正是在这种阶级性的选择上,《雷雨》第二幕侍萍与周朴园重逢和周朴园开除鲁大海的两场戏才取得了主题上的内在一致性。周朴园是在知道鲁大海就是当年侍萍带走的他的儿子的情况下坚决开除鲁大海的,这表明他为维护一己利益不惜以牺牲自己与儿子的伦理亲情为代价。如果我们不从周朴园的阶级性角度看,侍萍与周朴园重逢和周朴园开除鲁大海的两场戏就没有什么内在联系,而必然显得"隔"。

侍萍的"朴园情结"和阶级意识的纠葛与冲突

曹禺在这场重逢的戏中极为精彩地表现了他们心理的变化过程。在侍萍这方面,重逢是经历了一个比周朴园更复杂的心理变化过程的。这个变化过程是:由强烈的阶级意识到"朴园情结"的浮现,又由"朴园情结"转换到以阶级观念去面对周朴园的过去和现在。侍萍与周朴园的重逢,两人是带着不同的情感的。周朴园是不自觉地带着"侍萍情结"出现在侍萍面前的,而侍萍则是带着强烈的阶级意识出现在周朴园面前的。

侍萍强烈的阶级意识并非是由侍萍所在的阶级赋予她的,而是由周朴园那个"阔公馆"阶级强加给她的。侍萍的母亲是不同意她与"阔公馆"家的少爷恋爱的,最后竟被她给气死了。侍萍不相信母亲的教导而相信自己的爱情,但她的爱情悲剧告诉她,母亲是对的,而自己是错的,因而,她才有无尽的悔恨。侍萍强烈的阶级意识,首先是来源于"阔公馆"阶级之人的不可信。她对女儿说:"你不懂,你不知道这世界太——人的心太——"(叹一口气)这里有多少难以言说的内容呢?是世界太复杂太黑暗了,是人心太复杂了太不可信了,还是人心太复杂太不可信了才造成了世界太复杂太黑暗了?侍萍的爱情悲剧使侍萍产生了对人特别是对"阔公馆"阶级的人的彻底怀疑。侍萍指责周朴园说:"过年三十的晚上我生下你的第二个儿子才三天,你为了要赶紧娶那位有钱有门第的小姐,你们逼着我冒着大雪出去,要我离开你们周家的门。"侍萍是在大过年的时候被扫地出门的。周家为什么要这么做呢?是因为周朴园"要赶紧娶那位有钱有门第的小姐"。也就是说,"阔公馆"的周家包括周朴园在内为了明媒正娶一个有钱有门第的小姐,是可以不顾与周朴园同居了三年又生了两个孩子的侍萍的死活的。周朴园和周家为什么可以这样做呢?不就是因为他周家是一个有钱的大家庭,而侍萍是属于一个"下女人"梅妈的女儿吗?说到底,就是阶级差别造成的。

侍萍强烈的阶级观念还得到了另外两个方面的强化:被周朴园抛弃后的悲苦之人的生命运,以及女儿对她命运的重复(这时她还没有看到自己亲生女儿和儿子乱伦的发生)。

侍萍在大年三十被驱逐出门,侍萍抱着自己的孩子,在举目无亲的情形下,无家可归无路可走。此时的侍萍是何等的绝望,对自己的行为是何等的悔恨,对周朴园是何等的痛恨。侍萍正是带着这绝望、悔恨和痛恨投河自尽的,并且是抱着自己的孩子。假若侍萍没有被慈善人救出,她就这样悄无声息地死了,就像一两只蚂蚁在这个世界上消失了一样,没有人会为她鸣冤叫屈,甚至也没有人为她们洒下一两滴眼泪。侍萍虽然活了下来,但是活得是何等的艰辛和痛苦。她带着她的孩子也带着她的怨和恨,"单身一人,无亲无故,带着一个孩子在外乡什么都做:讨饭,缝衣服,当老妈子,在学校里伺候人"。为着自己的孩子先后嫁过两次,但那两个男人她都不满意。

侍萍与周朴园重逢是在周朴园的家里,侍萍是到周公馆来找他的女儿的,她的女儿在周朴园家做佣人。当然,这是侍萍当时所不知道的。侍萍不同意她的女儿在"阔公馆"家做佣人,"叫人家使唤",她要找到女儿把她从"阔公馆"带走,那是因为她有着被阔家大少爷抛弃的悲剧爱情和悲剧人生经历,她担心自己的女儿也会重复她的命运,而事实上她的担心被证明是绝对有道理的,侍萍之所以以极其强烈的态度非要把女儿从周家带走不可,那是源于梅侍萍的虽然是模糊然而却十分强烈的阶级观念。但周朴园的家她是如此的熟悉,以至她感到她的"魂"曾经来到这里。后来她发现这就是周朴园的家,也曾经是她的家,至少那时她是把周朴园的家当做了她的家。这一切给侍萍带来最强烈的情感反应,并不是她与周朴园过往的爱情,而是极度的精神恐惧:恐惧女儿做佣人的"阔公馆"人家正是她当年做下女人的人家:"这是真的么?这张相片?这些家具?怎么会?——哦,天底下地方大得很,怎么?熬过这几十年偏偏又把我这个可怜的孩子,放回到他——他的家里?哦,好不公平的天哪!"侍萍与周朴园说:"谁知道我自己的孩子偏偏命定要跑到周家来,又做我从前在你们家里做过的事。"说这话的当时,侍萍还不知道,四凤与周萍不仅偷偷摸摸地恋爱,而且还怀了孩子。侍萍首先想到的是,她女儿正在重复她的爱情悲剧和人生悲剧,而不是她和周朴园的爱情,这在梅侍萍是必然的情感反应,因为她曾经被周朴园抛弃,因为她曾经有着颠沛流离的人生命运,更因为她的女儿又在周公馆做下女人,因为她的女儿正在重复她的人生悲剧。但问题又不是那么简单的。人是复杂的,人不仅仅在他的意识支配下感受、思维,还在他潜意识的驱使下进行心理活动和行为活动。周公馆是侍萍恋爱的地方,就如同她被抛弃的命运让她刻骨铭心一样,她在这里的爱情同样刻骨铭心。

  她看到了她三十年前在的时候的家具,女儿告诉她这是老爷特意从南方搬过来的;她看到了她三十年前生孩子时关闭的窗子的样子,女儿告诉她那是老爷不让开的;还有摆在镜台上的她三十年前的相片,女儿说那是老爷摆放的。当她看到那一切,特别是当她得知是由周朴园保留的一切之后,她不可能连一点感受都没有,我们可以由侍萍与周朴园的对话的开始看到侍萍不同于她阶级意识的一种情感反应,这就是她潜意识中对周朴园爱情的留恋,这种留恋可以称为"朴园情结"。在侍萍得知四凤与周朴园的儿子周冲关系不一般之后,她跟四凤说:"孩子,你现在就跟我回家。"她的态度是何等的决绝,但是,当她与周朴园见面之后,她的这种态度却是被延搁了,这不仅是由于她认出了周朴园而周朴园没有认出她的缘故,还由于她发现周朴园始终没有忘记自己,这一切激活了她已被压抑在潜意识中的"朴园情结",正是这种潜意识中的"朴园情结",使侍萍由让女儿立即回家的目的转向了让周朴园认出她就是当年的侍萍的目的。当周朴园出现的时候,她"站起,忙躲一旁,神色大变,观察他"。"站起"和"忙躲一旁"的活动是没有经过意识控制的,是在潜意识支配下的不自觉反应;"神色大变"是指从原来的状态的变化,原来的状态是什么状态呢?那是与繁漪谈要女儿回家的思想状态,是梅侍萍阶级意识的表现,而这种情结状态是以对周朴园的怨恨为前提的,"神色大变"就是从这种神色变化到别的神色上去。"观察他"不是怨恨的情感表现而是包含着极为丰富的心理内容。它至少包含着他到底是一个什么样子的想法,而这正是梅侍萍潜意识中对周朴园恋爱情感的自然流露。一个女人与三十年前的痴心相爱的人,但也是抛弃她,给她带来悲剧命运的人,不期而遇了,她能想到什么呢?她该想到什么呢?侍萍虽然有强烈的阶级仇恨,但见到周朴园首先想到的不是他给她带来的悲剧命运,不是她的委屈和不幸,不是对他的怨和恨,而是他们过往的爱情。在周朴园房间里本来可以走却故意不走,她特意以当年的姿势关窗,她与周朴园谈三十年以前无锡一个女人跳河的事等,目的确实是要让周朴园认出她是当年的侍萍,但是这种行为本身却包含了侍萍让周朴园对他们当年爱情的回顾。当周朴园还没有认出来她是谁时,她说:"老爷那种衬衣不是一共有五件?您要哪一件?";"不是有一件,在右袖襟上有个烧破的窟窿,后来用丝线绣成一朵梅花补上的,还有一件——";"还有一件绸衬衣,左袖襟也绣着一朵梅花,旁边还绣着一个萍字。还有一件,——"。在梅侍萍的意识层面,她是要通过对过去的回忆让周朴园认出她就是当年的侍萍,但在潜意识层面,她是在与周朴园重温当年的爱情。当周朴园终于惊讶地发现她就是侍萍时,她说:"朴园,你找侍萍么?侍萍在这儿。"这里侍萍不仅没有用"老爷"的称呼,也没有用"周"字和"您"字,直接用了三十年前的称谓"朴园",而"你找侍萍么?侍萍在这儿",则包含着无限的心酸和痛楚,但也是表现了无限的亲切和柔情。

周朴园所保留的侍萍当年的一切给梅侍萍带来了极度恐惧的同时,也唤醒了压抑在侍萍潜意识中的"朴园情结",而当周朴园出现并也以"侍萍情结"与梅侍萍交流时,梅侍萍的"朴园情结"就得到了更为突出的表现。

侍萍的"朴园情结"就是侍萍的初恋,那是一个少女最忘我的情感,最美丽的梦想,最甜蜜的体验。侍萍把整个身心都交给了周朴园,他们同居并生了两个孩子,然而,沉浸于爱情甜蜜里的侍萍"忽然"被撵走了,因为,周家要给周朴园娶有钱有门第的小姐了。侍萍成了周朴园完成人生"通过仪式"的牺牲品。她的爱情被周朴园和他的家庭彻底埋葬了。但是,侍萍经历的爱情是如此的牵魂动魄、刻骨铭心,包括对强行中断爱情的渴望,是不会从侍萍的心灵中彻底清除的,它只是被深深地压抑在了侍萍的潜意识中。与周朴园的偶然邂逅,在周朴园"侍萍情结"的诱导下,她的"朴园情结"就自然地呈现出来了。在初到周朴园家,看见周朴园保留她在时的屋子的摆设和不开窗的习惯,侍萍和她的女儿说:"忽然我把三十年前的事情一件一件地都想起来了,已经忘记了许多年的人又在我心里转","我好像我的魂来过这儿似的"。这正是侍萍被压抑的潜意识欲望的被激活。

《雷雨》的"戏"在这里:周朴园"侍萍情结"和梅侍萍"朴园情结"的融合,使他们在潜意识支配下,开始走向返回周朴园"转换仪式"即抛弃梅侍萍之前恋爱阶段的情感状态。但《雷雨》的"戏"还在这里:他们受潜意识愿望的支配返回恋爱阶段的情感状态时,这种情感状态却被他们的阶级意识终止。他们重逢的心理变化重复了他们爱情悲剧发生时的心路历程。这首先来自于周朴园强烈的阶级意识。周朴园严厉地质问:"你来干什么?""谁指使你来的?"这使侍萍的情感从潜意识层面一下子回到了意识层面,终于表现了她意识中蓄积已久的愤怨:"我没有找你,我没有找你,我以为你早死了。我今天没想到这儿来,这是天要我在这儿又碰见你。"当周朴园要她冷静不必哭哭啼啼时,侍萍说:"哼,我的眼泪早哭干了,我没有委屈,我有的是恨,是悔,是三十年一天一天我自己受的苦。你大概已经忘了你做的事了!三十年前,过年三十的晚上我生下你的第二个儿子才三天,你为了要赶紧娶那位有钱有门第的小姐,你们逼着我冒着大雪出去,要我离开你们周家的门。"侍萍爱情的丧失和悲剧的命运积蓄了太多的愤怨,她的痛苦的人生和情绪被这怨愤紧紧地包裹着,她找不到宣泄的渠道,今天终于看见了给她带来悲剧命运的人,她能不痛快淋漓地倾诉吗?当周朴园又提醒她过去的事不必再提了时,梅侍萍说:"我要提,我要提,我闷了三十年了!你结了婚,就搬了家,我以为这一辈子也见不着你了;谁知道我自己的孩子偏偏命定要跑到周家来,又做我从前在你们家里做过的事。"梅侍萍憋闷了太久的愤怨终于发泄出来了。

但侍萍与周朴园的想象是不一样的。周朴园以为侍萍是要来讨债的,是要向人们公开他们以往婚姻的,是要与他当年留下的儿子相认的,可是,梅侍萍不是那样的人。尽管她有说不尽的怨和恨,但她不是主动来找周朴园诉说她的怨和恨来的;尽管周朴园给她带来了悲剧命运,但她不是来找周朴园讨还悲剧命运的代价来的;尽管她的亲生的儿子就在眼前,但她不是为了自己的感情就要认儿子的。侍萍的话是令人揪心也令人动容的:"你以为我会哭哭啼啼地叫他认母亲么?我不会那样傻的。我难道不知道这样的母亲只给自己的儿子丢人么?我明白他的地位,他的教育,不容他承认这样的母亲。这些年我也学乖了,我只想看看他,他究竟是我生的孩子。你不要怕,我就是告诉他,白白地增加他的烦恼,他自己也不愿意认我的。"侍萍的话与其是说给周朴园的,不如说是说给整个社会的,是对整个社会的控诉。侍萍所控诉的这种阶级观念,不仅无情地扼杀了侍萍的爱情,也无情地扼杀了侍萍的母子之情。侍萍超越了周朴园的想象,侍萍要独自承担着阶级观念造成的悲剧人生命运,侍萍有周朴园没有认识到的美德,这显示了梅侍萍的高贵和伟大。

《雷雨》"戏"的精彩之处也就在这里:一对三十年前曾经相爱而又决裂的人重逢,他们带着他们过往的人生经历,也带着他们潜意识中的"情结",他们的对话就是在他们的阶级意识和他们的潜意识"情结"的纠结中展开的。他们爱情情结的相融,表现了他们内心中对过往爱情的珍视,他们(首先是周朴园)的阶级意识又表现了他们对自身的社会角色定位。他们内心中意识与潜意识的矛盾性正是当年周朴园爱情与阶级性的矛盾性的再现。这说明,人与社会的矛盾是如何转化在人的内心中以意识和潜意识相冲突的形式而表现的。周朴园与侍萍的重逢仍然以分手而告终,这也使观众感到,在他们的内心,爱情和阶级性冲突的"雷雨"还会继续下去的。在"序幕"和"尾声",读者(或观众)仍然感到了这种来自他们内心的"雷雨",而这种"雷雨"正是几乎所有人的人生体验的象征。

人是既有美好人性又有阶级性的。人的美好人性的东西就是人的纯真、善良、美好的品性,对美好事物包括美好爱情、美好理想的追求,它常常是属于人的自然属性,而人的阶级性就是人的社会属性。阶级性是由人的经济地位所规定的社会属性。人生活在社会中必然地带有阶级性。人性与阶级性常常是水火不容地发生矛盾冲突。人性是从纯真、善良和美好的品性出发,追求美好的感情、实现美好的愿望;而阶级性则是站在团体、家庭和个人利益的立场上去面对一切的,这就造成了单纯、善良和美好的人性常常遭受团体、家庭和个人利益的阶级性的压抑、戕害和异化的严重现象。人性与阶级性的矛盾冲突是发生在个人的内心中的,矛盾冲突的结果是由个人的选择来决定的。你要维护人性的美好的东西,你就站在了人性的观念和立场上进行了人性的选择,你要维护你的社会利益,你就根据阶级性的观念和立场进行了社会性的选择。选择的实质是一种放弃。选择人性的美好的东西,就得放弃社会性利益;而选择社会性利益也得以放弃美好的人性为代价。而人性的美好的东西,它只是一种品性,一种感情,一种感受,一种体验,一种向往,它不具有社会功利性,维护它不会给人带来具体可见的实际利益,相反,却会以失去既得的利益为代价;选择阶级性则不同了,尽管它是以牺牲人性美好的东西为代价的,但是它却可以给人带来具体可见的实际利益。正是对这两者的不同选择带来不同的结果的衡量,常常使很多人在两者的矛盾冲突中选择了阶级性而放弃了人性。《雷雨》中的周朴园就是这样一个典型。在他自己的爱情和他家庭的阶级性之间的矛盾冲突中,他选择了他家庭的阶级性,因为这可以给他带来社会地位等实际利益。但是恰恰是这种选择,使他葬送了自己的爱情,葬送了美好的人性,并制造出了侍萍一生的人生悲剧命运,还制造出了他的儿子们的人生悲剧,也诱导出繁漪的恶魔性的杀伤力量。周朴园是"雷雨"的酝酿者,也是"雷雨"的催发者。他是整个"雷雨"悲剧的发动机,而这个发动机就是对阶级性的选择和对人性的泯灭。这也说明,在人性与阶级性的矛盾冲突中,选择又不仅仅是发生在个人内心中,选择还必然带来它不可料想的灾难性后果。有水就有云,有云就有"雷雨",这是一种必然。

"完形"的方法与悲剧命运原型模式的呈现
——《雷雨》艺术方法及其悲剧主题的重新探讨

《雷雨》厚重性和深邃性主要是来自《雷雨》人物间互为补充的"完形"艺术方法:人物甲没有表现出的行为和性格用人物乙来补充;乙没有表现出的经历和思想性格用甲来补充。人物互补的"完形"方法造成了《雷雨》的三种艺术效果:一是突破了舞台对话艺术形式的局限,创造出一种悲剧命运的完整形式。由于人物之间的互为补充,就使人物的经历和思想性格更为丰富完整。二是突破了人物表现的局限,创造出一种悲剧命运的原型模式。由于人物之间的互为补充,同时也就表现了人物之间悲剧命运的永恒循环重复,从而呈现出一种悲剧命运的原型模式。三是突破了故事的局限,揭示出造成悲剧命运原型模式的社会文化根源。由于悲剧命运原型模式是社会文化模型铸成的,这就使《雷雨》的主题超越了故事本身,而指向了造成悲剧命运原型模式的诸种社会文化原因的思考与揭示。

悲剧命运原型的艺术"完形"

格式塔也称"完形",是指人们以一种心理中先在的"完美图形"把看到的不完整的形式完整化。比如我们看月牙时,总是以我们先看到过的圆月原型形式使月牙得到圆形化的补充。"完形"并非是指客体本身的形状,还包含了"经由知觉活动组织成的经验中的整体"[①]。"完美图式"的"整体"实际是一种先在的原型形式。艺术家的创作与观众或读者的欣赏的"完形"就是把他所创作与所看到的不完整的形式用先在的原型形式的"完整化"。曹禺表现《雷雨》中的人物成功地运用了这一方法。如果我们把《雷雨》看成是一出命运悲剧,命运悲剧中所有人物命运悲剧的表现都是不完整的:周朴园与梅侍萍的重逢充分地表现了他们爱情的悲剧,但他们爱情的发生却没有表现;周萍与四凤的爱情发生得到了充分表现,但他们爱情的悲剧的缘由却没有得到表现。然而,观众和读者却好像看到了他们爱情从发生到决裂全过程的悲剧命运。这种戏剧效果是怎样获得的呢?一些学者曾经认为,是曹禺运用了互为补充的艺术,从而使人物得到了丰富、完整的表现。但我以为,这种互为补充是依据了一个先在的原型形式的,是用先在的原型形式对不完整形式的"完形"。人物的互为补充实

---

① 鲁道夫·阿恩海姆.视觉思维[M].滕守尧,译.成都:四川人民出版社,2007.

"完形"的方法与悲剧命运原型模式的呈现

际上是一种"完形",是用先在的"完美图式"即爱情悲剧的原型形式的"完形",而并非人物之间经历的简单相加。

周萍与周朴园的互为"完形",实际是在用命运悲剧的原型形式把他们的悲剧完整化即原型化了。《雷雨》的重心是在描写周朴园与梅侍萍相逢时情感纠葛的"现在的戏剧",而周朴园对梅侍萍的爱情以及"始乱终弃"的"过去的戏剧",则是通过他们的对话交代出来的。他们的爱情在《雷雨》中并没有直接呈现出来。那他们到底有没有爱情呢?有人认为那是周朴园这个贵族公子哥对"下女人"的玩弄,没有真正的爱情。如果我们理解了曹禺对周萍和周冲与四凤的爱情的表现,是对周朴园和梅侍萍爱情的"完形"补充,我们也就自然理解了周朴园与梅侍萍是有爱情的。如果我们不能说周冲和周萍与四凤没有爱情,我们也就不能说周朴园与侍萍没有爱情。周冲对爱情的浪漫憧憬和周萍对爱情的热烈向往都是当年周朴园的爱情思想。曹禺正是依据了爱情悲剧原型形式各有侧重地表现了周朴园和周萍、周冲两代人的两个方面:用周萍、周冲的爱情表现爱情的发生,用周朴园表现爱情的悲剧;两者的"完形"正表现了爱情悲剧的原型形式。

周冲对四凤的爱情是一个爱情刚刚萌动的青年男子的遐想,它带有超过爱情对象本身的浪漫性质,是根据爱情理想也包括人生理想产生的热烈痴迷的感情。因而,在周冲的感受里,四凤是被美化为一个带有崇高的神性的少女。在这样一个被美化了的少女面前,在这样一种刚刚萌发的爱情面前,在这样一种被浪漫诗性裹卷着的情感面前,周冲还来不及考虑现实的问题,如四凤是一个不同于自己阶级的成员,也没有文化和教养,是不是和自己"门当户对",还有自己的有文化有教养的母亲、特别是专制的父亲允不允许等。他完全是被一种浪漫的理想鼓胀着、燃烧着、激动着。周萍对四凤的爱情是超越了周冲的浪漫阶段的,它更包含着性爱的性质,但较之于周冲,周萍对四凤的阶级地位、他们的相爱为社会习俗所不容、父亲不能同意这门婚事是应该有考虑的。在爱情发生时,周萍是敢于并冲破了这个界限的。《雷雨》对周朴园与侍萍当年爱情没有表现的,正是由周冲、周萍与四凤爱情的表现呈现了出来。这就使观众和读者可以想见,当年周朴园与侍萍的爱情是像周冲那样浪漫,又像周萍那样的热烈。"完形"的方法首先使周朴园的爱情得到了原型化的完整化表现。

正像没有表现的周朴园的爱情由周冲和周萍补充了那样,没有表现的周萍(其实也隐含了周冲)与四凤爱情决裂的原因也反过来由周朴园来补充了。曹禺通过这种"完形"也把周萍的命运原型化了。周萍与四凤(还有繁漪)的爱情是经过了一个决裂的阶段的,周萍要到矿上去,为什么要离开四凤呢?最明显的理由是要摆脱纠缠他的后母兼情人繁漪,因为那是为社会伦理道德所不容的。但这里面包含着周萍在爱情价值观和世俗功利价值观之间的重新选择。周萍的这个重新选择曹禺并没有明确地表现,但这种选择被周朴园在与侍萍的爱情和家庭要求之间的选择中有了补充的"完形"表现。周朴园与侍萍相爱三年并生了两个孩子,但有一天(大年三十)侍萍"突然"被周家逐出了家门,那是因为周朴园的家庭要周朴园娶

· 51 ·

一个有钱有门第的小姐。这与其说是周朴园顺从了家庭的意志,倒不如说是周朴园在爱情和世俗功利之间自己重新进行了选择。因为,周朴园在爱侍萍的时候,是有着周冲那样的浪漫和周萍那样的热烈,在爱情和社会功利之间是不顾及社会世俗功利价值的,包括不顾及家庭的阻挠反对的。但是,他现在顾忌了、害怕了、退缩了。这表面看是周朴园的软弱,但实质上还是周朴园的自私,从爱情价值观走向了曾经强烈反抗的社会世俗功利价值观。周萍与四凤其实也包括与繁漪决裂的原因,就是周朴园当年在爱情和社会世俗价值观上的重新选择。周萍与四凤继续爱下去,他就违背了家庭对子女结婚的门当户对的要求,他就得失去家庭长子的继承父亲事业的资格,这是当年周朴园不愿意选择的,同样也成了周朴园儿子周萍今天重新选择的价值立场。周萍与繁漪的爱情与决裂同样反映了周萍的价值立场的转变。在周萍的潜意识中,他是要从与继母繁漪私通的乱伦罪感中挣脱出来,因而,他要赶快离开家到矿上去。然而,这只不过是周萍在爱情和世俗价值选择的极端放大。我们回顾一下周萍和繁漪的爱情便可以明了这一点。周萍是一个受过新思想教育的青年,他爱繁漪并非是凭着性本能的一时冲动,而是经过了理性思考的。他曾向繁漪表示,他恨他父亲死。为什么呢?是源于弗洛伊德所说的儿童"杀父娶母"情结吗?"杀父娶母"是儿童的潜意识愿望,而周萍的恨父及与继母私通则是有意识行为。周萍之所以这样做,有两个原因:一是父亲周朴园在家庭中的专制,使继母繁漪陷于无限的苦闷之中;二是繁漪虽然是周萍的母亲,但是继母并非亲生母亲,并没有直接血缘关系。然而周萍考虑这样两点还是基于对繁漪的爱。周萍对繁漪的爱情心理,《雷雨》没有直接的表现,但《雷雨》表现了周冲对母亲繁漪的心理感受。周冲觉得母亲不是一般的女人,有文化、有气质等,繁漪的这种形象和气质同样或者更强烈地被周萍感受到了,并且与周冲不同的是,周萍带有更浓烈的性爱意识。周萍在与繁漪发生爱情关系时,不可能不在爱情和乱伦之间进行再三考虑,但最终周萍选择了爱情。也就是说,在周萍与繁漪发生爱情时,他是宁可犯下乱伦的罪过的。这里面当然也包括对社会世俗价值的放弃。到了周萍要摆脱繁漪的时候,周萍确实恐惧着乱伦的罪过,但这其中起着最重要作用的是,周萍如果继续与繁漪的爱情,就可能暴露,就可能身败名裂,变得一无所有。而这种在爱情和世俗两者的价值取向上,与他要抛弃四凤其实是一致的,也与他的父亲周朴园当年抛弃侍萍是一致的:背叛爱情,选择世俗价值取向(并非是向世俗妥协)。

上一代人周朴园的爱情在下一代人周萍那里得到了补充性表现,下一代人周萍的爱情与世俗价值抉择的缘由,在上一代人周朴园的爱情与世俗价值抉择中得到了补充性的表现。但不只是表现得丰富,更重要的意义在于,《雷雨》以两代人的互为补充,使一种爱情悲剧命运原型最终得以"完形"呈现。并且,又表现了下一代人的爱情悲剧命运正是上一代人爱情悲剧命运原型的循环和重复。《雷雨》就这样达到了对命运的深度表现:父子相同的选择表现了对爱情悲剧命运原型的不可摆脱性、永恒的循环性。繁漪还说:她看见了周家祖辈及父辈的罪恶,这就更丰富了对人的爱情悲剧命运原型的深度表现。

侍萍和四凤的表现互为"完形",也同样是为了复现爱情悲剧命运原型的。侍萍被周朴园抛弃的命运是粗略交代出来的,但在四凤被周萍抛弃的具体表现中,侍萍被周朴园抛弃的悲剧情节却得到了丰富;四凤被周萍抛弃给四凤造成了极大的精神痛苦,而她的命运却在她母亲侍萍一生的悲剧命运中得到了"完形"。侍萍之所以要坚决找回在阔公馆打工的四凤,不仅是因为自己的一生的悲剧教训,还有自己母亲梅妈一生的教训,因为梅妈当年也像四凤那样坚决不同意女儿在阔公馆打工——由于自己没有听从母亲的忠告而使母亲竟被活活气死,这就透露出梅妈与侍萍同样的遭遇和同样的悲剧命运。梅妈、侍萍和四凤这三代人在《雷雨》中是互为"完形"的,这互为"完形"的悲剧人生都是重复性的:下一代人重复着上一代人的悲剧命运;上一代人不想让下一代人重复她们上一代人的悲剧命运,但上一代人没有办法阻止下一代人重复他们上一代人的悲剧命运。也就是说,她们的悲剧命运是重复的、循环的、轮回的、不可改变的、必然的。

悲剧命运原型模式的"完形"

曹禺通过"完形"的方法把悲剧命运表现了出来,但表现悲剧"命运"并非曹禺的最终目的,曹禺的最终目的是要通过"完形"方法呈现人生悲剧命运的原型模式,而不仅仅是周朴园和侍萍等几个人的悲剧命运。《雷雨》人物的互为补充不仅是互为"完形",还互为重复。互为"完形"就说明了他们命运的相同性,是对同一种命运样式的重复。周萍重复着周朴园的爱情悲剧命运,周朴园也重复着他父辈的爱情悲剧命运,周家一代又一代的男人重复着这种爱情悲剧命运;四凤重复着侍萍的爱情悲剧命运,侍萍重复着梅妈的爱情悲剧命运,四凤家一代又一代的女人重复着这种爱情悲剧命运。这种永恒性的重复揭示出了一种悲剧命运的原型模式。

曹禺对《雷雨》表现内容的"不可言喻"的理解和"我始终不能给它以适当的命名"恰恰证明了曹禺要表现的正是一种悲剧命运的原型模式。1936年曹禺给《雷雨》写序这样说:"《雷雨》对我是个诱惑。与《雷雨》俱来的情绪蕴成我对宇宙间许多神秘的事物一种不可言喻的憧憬。……我不能断定《雷雨》的推动是由于神鬼,起于命运或源于哪种显明的力量。情感上《雷雨》所象征的对我是一种神秘的吸引,一种抓牢我心灵的魔。《雷雨》所显示的,并不是因果,并不是报应,而是我所觉得的天地间的'残忍'。(这种自然的'冷酷',四凤与周冲的遭遇最足以代表。他们的死亡,自己并无过咎。)如若读者肯细心体会这番心意,这篇戏虽然有时为几段较紧张的场面或一两个性格吸引了注意,但连绵不断地、若有若无地闪示这一点隐秘——这种种宇宙里斗争的'残忍'和'冷酷'。在这斗争的背后或有一个主宰来使用它的管辖。这主宰,希伯来的先知们赞它为'上帝',希腊的戏剧家们称它为'命运',近代的人撇弃了这些迷离恍惚的观念,直截了当地叫它为'自然的法则'。而我始终不能给它以适当的命名,也没有能力来形容它的真实相。因为它太大,太复杂,我的情感强要我表现的,只是对宇宙这一方面的憧憬。"强烈诱惑、神秘吸引、抓牢心灵,促使曹禺非要创作《雷雨》的"魔",是决定人间"残忍"和"冷酷"命运的"主宰",曹禺就是要通过人物命运的表现逼使那决定人物命运"角色"即"太大,太复杂",有着神秘力量的"角色"出场。对于这"角色"曹禺之所以"始终不能给它以适当的命名",就因为它是一种原型,一种悲剧命运的原型模式,而悲剧的原型模式是不可能被明确命名的。

原型理论家认为,原型是需要通过某种模式故事表现出来的:"我说的'原型'是指由观念和感情交织而成的一个模式,在下意识里广泛为人们理解,但却很难用一个抽象的词语来表达,同时它又是那么'神秘',不经过周密的考察是完全无法分析辨明的。这种复杂的心理情结需要通过某种模式的故事,既体现它又像是掩盖它的真正含义;待到它的原型意义被'分析'出来,或者根据表达它的语言找出了它的寓意之后,整个奥秘才会昭然若揭。"①曹禺以"完形"的方法再三表现人物命运的重复,就是通过模式性的故事揭示悲剧命运的原型模式。

曹禺对命运的不可抗拒的表现其实也是对悲剧命运原型模式的表现。这个爱情悲剧命运原型模式的实质是,一对男女青年本着纯真的感情产生了十分美好的爱情,然而在外在力量的作用下,男主人公最终选择了世俗价值而背叛自己曾经热恋的女人也毁灭了自己刻骨铭心的爱情。这是许许多多的人不断重复的爱情悲剧命运样式,因而是一种爱情悲剧的原型模式。曹雪芹曾以"木石前盟"和"金玉良缘"两个神话来象征这种爱情悲剧命运原型模式(所不同的是,贾宝玉没有主动就范于"金玉良缘")。周朴园、周萍和周冲,梅妈、侍萍和四凤等,任何人也看不见这个悲剧命运的原型模式,但却无一例外地被这个悲剧命运原型模式制约着、框范着、束缚着、禁锢着、折磨着,任何人也无可逃遁地重复着这一悲剧命运原型。这个悲剧命运原型模式深刻地表现了人的爱情和世俗价值的永恒矛盾,也深刻地表现了人的选择的悲剧性。曹禺是非常明确地意识到了这个原型模式的巨大制约作用的。曹禺说:"这堆在下面蠕动着的生物,他们怎样盲目地争执着,泥鳅似的在情感的火坑里打着昏迷的滚,用尽力来拯救自己,而不只千万仞的深渊在眼前张开了巨大的口。他们正如跌在沼泽里的赢马,愈挣扎地陷落在死亡的泥沼里。"(《雷雨》序)他们之所以是"盲目地争执着",就因为他们别无选择地陷在了既定的悲剧命运的原型模式之中。还是曹禺自己的说得深刻:"在《雷雨》里,宇宙正像一口残酷的井,落在里面,怎样呼号也难逃脱这黑暗的坑。自一面看,《雷雨》是一种情感的憧憬,一种无名的恐惧的表征。"(《雷雨》序)曹禺形象理解的"井"和"坑","是一种情感的憧憬","一种无名恐惧的表征",正是曹禺对悲剧命运原型模式的无意识理解。

---

① 叶舒宪.神话——原型批评[M].西安:陕西师范大学出版社,1987.

曹禺时刻地感受到了这种爱情悲剧命运原型模式对人的毁灭性力量,也再一次地感受到了创作中"自主情结"的巨大推动作用。曹禺所感受到的有一种力量推动他进行《雷雨》的创作,那就是他对爱情悲剧命运原型模式的思想感悟,这种思想感悟推动着他非要把它表现出来不可。原型理论家荣格说:"我们最好把创造过程看成是一种扎根在人心中有生命的东西。在分析心理学的语言中,这种东西就叫做自主情结。它是心理中分裂了的一部分,在意识的统治集团之外过着自己的生活。依靠其能力负荷,它可以表现为对意识活动的单纯干扰,也可以表现为一种无上的权威,驯服自我去完成自己的目的。这样看来,那种与创造过程保持一致的诗人,就是一个无意识命令刚开始发出来给以默认的人。"曹禺说:"累次有人问我《雷雨》是怎样写成的","老实说","连我自己也莫名其妙"(《雷雨序》)。"我并没有显明地意识着我是要匡正讽刺或攻击些什么,也许写到末了,隐隐仿佛有一种情感的汹涌的流来推动我,我在发泄着被压抑的愤懑,毁谤着中国的家庭和社会。"(《雷雨序》)曹禺又说:"《雷雨》的降生是一种心情在作祟,一种情感的发酵,说它为宇宙一种隐秘的理解乃是狂妄的夸张,但以它代表个人一时性情的趋止,对那些'不可理解的'莫名的爱好,在我个人短短的生命中是显明地划成一道阶段。"这就是曹禺理解到的爱情悲剧原型模式在起作用。爱情悲剧原型模式成了一个有生命的独立存在,支配着曹禺的创作。正如原型批评家所说:"这些作品或多或少完美无缺地从作者笔下涌出。它们好像是完全打扮好了才来到这个世界,就像雅典娜从宙斯的脑袋跳出来那样。这些作品专横地把自己强加给作者:他的手被捉住了,他的笔写的是他惊奇地沉浸于其中的事情;这些作品有着自己与生俱来的形式,他想要增加的任何一点东西都遭到拒绝,而他自己想要拒绝的东西却再次被强加给他。在他的自觉精神面对这一现象处于惊奇和闲置状态的同时,它被洪水一般涌来的思想和意象所淹没⋯⋯他只能服从他自己这种显然异己的冲动,任凭他把他引向哪里。他感到他的作品大于自己,他行使着一种不属于他,不能被他掌握的权利。在这里,艺术家并不与创作过程保持一致,他知道他从属于自己的作品,置身于作品之外,就好像是一个局外人,或者,好像是一个于己无关的人,掉进了异己意志的魔圈之中。"陈思和十分敏锐地指出了曹禺创造的无意识现象,他说《雷雨》"许多地方都是无意识的,是无意当中碰到了天机,天机不可泄露,他因为年轻幼稚不懂,他去触到了这种最不能碰触的人性的罪与恶,这样才产生出一个对人类来说很残酷的写照,也恰恰产生了一部中国现代文学史上最伟大的作品"。[①] 曹禺创造中的无意识现象最重要的就是对悲剧命运原型模式的深刻揭示。

《雷雨》的厚重性和深邃性在于,《雷雨》把许多作品才能表现的命运原型模式表现在一部作品中了。原型模式是对诸多作品的概括和抽象,原型批评家指出:"在诗歌里——这里我们将特别考虑悲剧诗歌——有一些题材具有一个特殊形式或模式,这个形式或模式在一

---

① 陈思和.中国现当代文学名篇十五讲[M].北京:北京大学出版社,2005.

个时代又一个时代的变化中一直保存下来;并且,这个形式或模式是与被这个题材所感动的人的心灵中的那些感情倾向的某一模式或配搭相呼应的;我们可以断定诗歌中这样的一些题材的一致性。"①《雷雨》表现的悲剧命运原型模式是一个时代又一个时代许许多多作品表现的统一性模式,从《诗经》中《氓》开始的一直到当代的《人生》,期间有《莺莺传》《杜十娘怒沉百宝箱》《秦香莲》等一系列作品,都或显或隐地表现这一模式。《雷雨》不仅以"完形"的方式表现了几代人爱情悲剧的原型模式,《雷雨》还由父子、母女等命运交织的永恒循环与重复来表现,这就造成了《雷雨》特别强大的思想震撼力。王富仁说,《雷雨》始终保持着经久不衰的新鲜生命力,"主要在于他深刻揭示了历史的真实和生活的真理",曹禺揭示历史的真实和生活的深刻所依赖的正是他对悲剧命运原型模式的把握。

悲剧命运原型模型的"完形"

曹禺运用互为补充的方法表现出了人生悲剧的原型模式,但这种原型模式并非荣格所说的原始记忆的原初模式,而是指在人与现实社会和人与人发生关系时所反反复复经历的人生样式,侍萍和周朴园等无数人的无数次重复,就使这种人生样式呈现为一种原型模式。曹禺以人物"完形"的艺术方式,极其鲜明地凸显了这种人生悲剧的原型模式,惊心动魄地显示出在这种人生悲剧原型模式的"残忍"和"冷酷"。

那么,造成这种"残忍"和"冷酷"循环和衍生悲剧命运原型模式的强大力量到底是什么呢?人生悲剧命运原型模式应该是由人生悲剧的"模型"模塑出来的,这个塑造人生悲剧原型模式的"模型"又指的是什么呢?《雷雨》即把这种爱情悲剧命运原型模式表现了出来,又暗示了造成这种爱情悲剧原型模式的诸种社会文化原因。《雷雨》还有一个爱情悲剧原型模式和造成这种原型模式的模型之间的"完形"。

在看过《雷雨》这一震颤灵魂的悲剧之后,观众和读者就会陷入深深的思考:是什么造成四凤、侍萍和梅妈这些女人的人生悲剧命运的原型模式?是什么造成了周冲、周萍和周朴园这些男人的悲剧命运的原型模式?观众沿着结局向前追溯《雷雨》的情节线索,就会逐步发现,造成四凤和萍自杀的原因是他们知道了兄妹乱伦的真相,而周冲的自杀也是因为四凤自杀导致的。那又是什么导致四凤与周萍不知情的兄妹乱伦呢?那就是周朴园对侍萍的抛弃。繁漪的恶魔性是令人惊骇战栗的,周萍与继母繁漪的乱伦更是令人厌恶的,但这些都是怎样造成的呢?这些都是当年周朴园抛弃侍萍造成的。《雷雨》的所有悲剧都是由此发端的。没有周朴园抛弃侍萍就没有《雷雨》所有人物的悲剧,因而,观众或读者还会进一步思考:周朴园为什么要抛弃侍萍呢?观众或读者在曹禺的人物"完形"方法中得知周朴园爱侍

---

① 叶舒宪.神话原型批评[M].西安:陕西师范大学出版社,1987.

萍,会像周冲爱四凤那样浪漫,像周萍爱四凤那样热烈的,但为什么要抛弃曾经爱过并且还在爱着的侍萍呢?因为周朴园的家庭要周朴园与有钱有门第的小姐结婚。周朴园的家庭——在曹禺"完形"方法作用下,周朴园的父亲也是一个类似于周朴园那样专制型的封建家长,可以允许儿子周朴园与侍萍婚前相爱,但决不允许他和侍萍结婚。因为,侍萍出身低微,是老妈子的女儿。一个阔家的大少爷是不能娶老妈子的女儿为妻的。周朴园顺从了家长的意志,放弃了自己的爱情。这里面隐藏着产生人生悲剧模式的"模型"的各个方面,是各个方面构成了《雷雨》人生悲剧模式的"模型"。

不平等的阶级观念是产生人生悲剧原型模式的最重要方面。周朴园之所以抛弃侍萍(在周萍和周冲身上也蕴含着抛弃四凤的因素,而繁漪的话也揭示出了周朴园父辈曾经有过类似的行为;侍萍与梅妈之所以被抛弃,四凤也蕴含着被抛弃的命运)就是因为侍萍等几代人是属于无产阶级,而周朴园等人是属于资产阶级。这里构成了一个二元对立的模式:资产阶级和无产阶级的对立,资产阶级的男性不能够越过阶级的差别和无产阶级的女性结婚。婚姻应该是爱情结合的形式,但周朴园等人爱情和婚姻是分离的;周朴园与侍萍有爱情但不能结婚,而周朴园与繁漪结婚(繁漪之前,周朴园还娶过一个女人)但没有爱情;侍萍爱着周朴园,但却不能结婚。这里似乎隐含着这样一个结论:资产阶级的男人不能获得自己的爱情,而无产阶级的女性也不能获得有爱情的婚姻。悲剧的发生就在于资产阶级的男人不能跨越阶级的鸿沟。旧时代婚姻"门当户对"的传统其实质就是阶级差别的不可逾越的标志。人应该是平等的,这种平等应该表现在各个方面,但在实际上人是不平等的,特别是在封建专制的时代,人是分等级的,分高低贵贱的。人的等级与高低贵贱是由经济状况和社会地位来区分的。人的感情是不分等级与高低贵贱的,但阶级的观念却把人分成了等级与高低贵贱,正是这个等级和高低贵贱的差别毁灭了周朴园和侍萍等人的爱情。

封建家长制是产生人生悲剧原型模式的第二个重要方面。人并不是生来就带来阶级观念和高低贵贱的差别的,年轻人在产生爱情的时候是本着自然的感情而不用阶级观念来衡量,比如周冲是何等的单纯、浪漫和充满诗意,但是年轻人的这种纯粹的爱情却常常遭到父辈的强烈反对和干预。周朴园与侍萍的爱情就是这样被毁灭的,而周萍与周冲与四凤的爱情也暗暗地隐含着对父亲周朴园爱情悲剧的重复。这里又构成了一个二元对立的结构:父与子的矛盾冲突。这就是封建家长制的恶果。封建家长常常是用自己的意志干预儿女的婚姻,而他们加以干预的出发点就是阶级的差别和人的高低贵贱之分。在封建社会中,不仅所有的人会以经济状况分出高低贵贱的阶级,就是在同一个阶级家庭中的父子,也要分出高低贵贱。"父为子纲",父亲的意志儿子是不能违抗而只能顺从的,父亲的话就是绝对的命令,不执行父亲的命令就是大逆不道。儿子在自己的爱情与父亲的阶级意志间是必然要选择前者而放弃后者的。更为严重的问题是,当年曾经反对父亲专制意志的儿子一旦成了父亲,就站在了曾经反对过的父亲立场而强烈反对和干预儿子的爱情。这是个怪圈。周朴园重复了这一怪圈,封建社会中的很多人都重复了这一怪圈。正是在这一怪圈循环中,几乎所有的人(因为所有的人都曾经是父亲的儿子)都丧失了自己的爱情。

男权制统治思想是产生人生悲剧模式的第三个重要方面。在《雷雨》中,受伤害最为严重的是女性,侍萍要投河而死,繁漪成为恶魔性的人物,繁漪之前周朴园的那个妻子默默无闻地死去,四凤最后触电身亡。当然,男性的命运也是悲剧性的。周朴园虽然有自己的事业,但他没有自己的爱情,内心空空荡荡;周冲和周萍都走上自杀的道路。这里虽然都是悲剧命运,但有一点是非常清楚的,就是女人的悲剧命运是由男人造成的。男人在造成女人悲剧命运的同时,也造成了自己的悲剧命运。《雷雨》还隐秘地包含着一个男与女对立的二元结构。比如周朴园的父亲,他之所以毫不犹豫地反对儿子的爱情,就是因为他除了站在阶级和父亲立场上,同时还站在男性的立场上。或者可以这样说,男性的立场正是他的阶级立场和父亲立场的基础。在封建专制社会,女性是低于男性的"第二性","夫为妻纲"是男女不平等的最典型体现。男性为了自己的利益,完全可以不顾及女性的情感与利益,哪怕造成女性悲惨的人生甚至死亡。中国许许多多的爱情悲剧就表现了这一方面,《孔雀东南飞》中的焦仲卿、《杜十娘怒沉百宝箱》中的李甲、《长恨歌》中的唐明皇等,都极为深刻地表现了这一主题。从这一方面看,周朴园在侍萍和有钱有门第小姐间的选择,看上去是自私的行为,实际上这不是周朴园个人的自私,而是男性立场的自私。周朴园对侍萍、周冲与周萍对四凤,以及侍萍母亲梅妈所受到的伤害、周朴园父辈对女性的伤害所重复的就是男性对女性的损害、欺侮和凌辱。

爱情价值观的缺失是产生人生悲剧模式的第四个方面。周朴园等人在爱情和家族利益之间之所以最后都选择了家族利益,还在于,家族利益即阶级利益包括男性利益是被社会广泛承认的价值,而人的爱情则是绝不被社会认可的价值。封建社会在人与社会群体的关系中所强调的永远是社会群体的利益,而没有给个人留下一点空间。这就是个人观念的缺失,人性观念的缺失,人的价值观念的缺失。这样,当周朴园与父亲所代表的家庭利益发生矛盾冲突时,他就没有一个被广泛承认的价值立场、价值观念可以遵循、可以退守、可以坚持、可以对抗、可以依托、可以据理力争。因为社会没有给周朴园的爱情提供明确的价值观念这个"理",而社会群体的价值观念虽然违反人性但却堂而皇之、神圣不可侵犯,是至高无上的"天理"。但是爱情是人的最基本、最自然也最重要的感情,它是不能被其他利益所彻底代替的,它也是放不下的。周朴园放不下(同样,周冲放不下,周萍也放不下)。但是,在周朴园那里,它又不能被肯定和实现,而只能留在内心之中。周朴园留恋与侍萍的初恋,而不能与繁漪产生感情,这就酿成了繁漪和四凤及周萍、周冲等人的一系列人生悲剧。《雷雨》告诉人们,爱情悲剧一旦产生,悲剧的并非爱情自身,它还要产生多米诺骨牌似的效应,它产生的悲剧力量还要推动和导致一系列更沉重的人生悲剧。

在《雷雨》中,曹禺以"完形"的方法,不仅给人们表现了一种人生悲剧的原型模式,还深刻地揭示了造成这种人生悲剧原型模式的"模型"。这种人生悲剧的"模型"是由阶级差别、封建家长制、男权统治思想和爱情及人性价值的缺失等几个方面构成的。在《雷雨》中,曹禺深刻地揭示出了悲剧的模型产生悲剧的原型模式,悲剧的原型模式产生悲剧的人生。《雷雨》震颤灵魂的深刻性在于,它以两家几代人反复出现的人生悲剧模式,深刻地表现出,人一旦与这个"模型"遭遇,就被强行地按在这个模型里,被这个模型塑造,被这个模型模式化。而在封建社会,这个模型是无处不在的,人是无所逃遁的。就这样,《雷雨》透彻骨髓地让人们感受到了封建社会里人们悲剧命运的必然性,爱情毁灭的必然性,人性毁灭的必然性,人生悲剧模式的必然性。悲剧原型模式的表现和悲剧原型"模型"的揭示是《雷雨》最深刻的悲剧主题。

苦涩、酸楚而又凝重的"轻轻"

——《再别康桥》的艺术符号学解读

《再别康桥》是现当代文学史上少有的经典之作。然而,多年来的《再别康桥》研究,我认为,与这首诗的艺术形式基本是隔膜的,与这首诗表现的深刻情感基本是隔膜的,与诗人徐志摩的精神世界基本是隔膜的。

究其原因,大多数研究者是从一般语言符号形式去解释这首诗,而不是以艺术符号的形式去阐释这首诗的。

以艺术符号学的方法解读这首诗,我认为,《再别康桥》诗一首是眷念恋人和表现失恋痛苦的诗。诗人是以康河客观化景物描写表现了他对理想恋人的痴情、依恋和眷念的主观情感;以康河意象的象征性描写表现了他内心深处理想恋人的原型形象;以"轻轻的我走了"的意象表现了他精神、情感、灵魂的"空"。诗人是把精神的"空"转化为外部行为的"轻",外部行为的"轻"(轻飘飘)恰恰是内心"空"(空荡荡)的艺术符号性表现。诗人的"再别"是因为"再来";"再来"是要寻求"梦境缠绕的销魂踪迹"。之所以要"寻梦"是因为精神的空(与林徽因失恋后,又与陆小曼感情不和),所以是"轻轻的我走了,正如我轻轻的来"。

诗人"再别"的就是他梦魂牵绕的依恋和眷念的情感;"再别"的就是他刻骨铭心的爱情体验;"再别"的就是他梦寐以求的美、爱和理想。因而,这再别的"轻轻"必定是苦涩、酸楚而又凝重的。

一、艺术符号形式与一般语言符号形式的区别

一般语言形式即一般概念是对客观事物的诠释,对表现人的情感鞭长莫及,无能为力。一般语言符号最多只能标示出情感的概念,却不能表现出爱、思念、惆怅等具体的情感形式。而表现人的情感的任务必须由艺术符号去完成。所谓艺术符号就是借一种客观事物的描绘来实现对情感的象征性表现,给情感形式找到一种客观同构物(异质同构)。卡西尔曾经非常深刻地指出,艺术想象的最高、最独特的力量就是艺术家"给他的情感以外形","外形化意味着不只是体现在看得见或摸得着的某种特殊的物质媒介如黏土、青铜、大理石中,而是体现在激发美感的形式中:韵律、色调、线条和布局以及具有立体感的造型。在艺术品中,正是

这些形式的结构、平衡和秩序感染了我们。"也就是说,艺术的情感外形化就是将情感予以客观化的过程,就是艺术符号化的过程。而这种符号化不是指哪种语言媒介,而是运用语言媒介的艺术造型,以造型表现情感。媒介物本身并不能表现情感,只有造型才能表现情感。造型也称为构型,构型就是艺术符号形式,"它表现的是语言无法表达的东西"。② 比如"思念",用一般语言符号形式是"我很想你""真的好想你""我想死你了"等,但无论选择怎样的词汇、变化怎样的句式,甚至穷尽了思念的所有词汇概念,都绝对不可能把我们思念的情感样式给深刻地传达出来,而只有"春蚕到死丝方尽,蜡炬成灰泪始干"的意象使我们思念的情感强烈程度和思念的情感样式表现得淋漓尽致、形象彻底——思念的绵绵不尽,就像春蚕抽丝那样,只有到死了才能停止;就像蜡烛燃烧流泪那样,只有到蜡炬烧尽,苦苦思念的泪水才能不流。再比如愁绪的情感,我们用一般语言符号无论怎样去概括,如"真愁啊""我愁得要死"等,也不能把愁绪的情感真实地表现出来,但李后主的"问君能有几多愁,恰似一江春水向东流",就无比传神地把愁绪的情感样式表现出来。诗人正是在"一江春水向东流"(一江春水形式结构的曲曲折折、无尽无休、没有来由、没有尽头、浓浓郁郁、涌流不息、剪不断、理还乱、抽刀断水水更流)的意象上,表现了愁绪的情感形式结构。

艺术符号和一般语言符号的区别是,一般语言符号是用一般概念标示某种情感;而艺术符号则是用语言描绘某种客观事物创造意象,以意象形式象征某种情感。换言之,以意象象征情感就是艺术符号的创造;以意象象征情感的过程就是艺术符号创造的过程;因而,诗即意象,诗即象征,诗即艺术符号。

诗人是以艺术符号形式去表现他的情感或他所理解到的人类情感的,因而,我们欣赏诗、研究诗也就只能从艺术符号的角度去进行。这样,我们才可能获得诗的本意、精髓和真谛。但问题常常也发生在这里,即人们不是用艺术符号去解读诗,而是以一般语言符号形式去解释诗。以一般语言符号形式去解释诗就把艺术符号创造的意象、构型看成了对客观事物的单纯描绘,而诗人正是借艺术符号创造的意象和构型去表现隐秘复杂的情感的,这样的解释就使诗的真正意义被遮蔽了。在《再别康桥》的研究中就非常典型地暴露出这种误读现象。最典型的是这样两种评论:

> 康河给诗人最美的印象,是她的宁静与和谐,诗人不忍自己的别离破坏这种境界,即使是挥挥手打一下招呼,也不能有一点点的喧哗,去惊动了她的宁静,打破了她的这种美。轻轻的来,轻轻走,又轻轻的告别,作者这样的描写,将诗的感情引入了与所描写对象和谐一致的境界。

> "轻轻"是诗人飘逸、洒脱风格的表现等。

---

① 卡西尔.人论[M].甘阳,译.上海:上海译文出版社,1998.
② 苏珊·朗格.艺术问题[M].滕守尧,朱疆源,译.北京:中国社会科学出版社,1983.

这种评论有两个重大失误：一是把诗人对康河的描写完全解释成了自然景物的描写；二是他把"轻轻的"完全解释成了诗人的外部行为。这两个重大失误说明，有些研究者在解释这首诗时，不是以艺术符号的方法而是以一般语言符号的方法去解释诗的，这就不可能真正走进这首诗的形式内部，不可能走进这首诗表现的情感领域，也不可能走进诗人的内心世界。

以一般语言符号去解释诗是诗歌欣赏和研究中的重大问题。它的严重性在于，以一般语言符号解释诗，使诗同样丧失了艺术的"自主性"。艺术的"自主性"是靠艺术符号而实现的，剥夺了艺术符号的自主性就剥夺了艺术的自主性。艺术就仍然沦为他物的奴隶，只不过这个它物不是阶级斗争的工具、道德的衍生物，而是一般语言的附属物。相对来说，诗（艺术），从阶级斗争的工具论及道德派生物中解放出来，较容易些，而从一般语言的理解中解放出来，就艰难得多。

二、意象符号的形式意味

《再别康桥》全诗共七节，可大致分为两部分，第一、六、七节是写"再别康桥"的怅惘心绪的，第二、三、四、五节是写诗人对"康桥"的依恋之情的。下面让我们逐节分析。

"轻轻的我走了，正如我轻轻的来；我轻轻的招手，作别西天的云彩。"第一节虽然只有四句，但对于理解全诗的意蕴是最关键的。其中有这样三重意思必须弄清楚：第一，三个"轻轻的"所指究竟是什么？第二，"作别西天的云彩"是单指西天的云彩即普通语言符号所指的"云彩"吗？云彩有没有象征意义？如果有，那象征意义又是什么呢？第三，"轻轻的我走了，正如我轻轻的来。"这"走"和"来"同样"轻轻"又如何解释呢？要弄清楚这三重意思，首先需要明确一个重要道理：诗中所写的一切都是诗人情感的表现，而不是诗人自然行为的客观写照，诗中没有纯粹的行为和景物。因而，诗人的"轻轻的"和"作别西天的云彩"是诗人情感的外化形式。"轻轻的"就不只是诗人外部行为动作，更主要是指内部感受——精神、灵魂和情感；而"云彩"也是诗人"作别""再别""不带走"的情感内容的象征；这"作别""再别"的"云彩"所象征的内容正是造成诗人内部感受"轻轻的"的原因。那么，这"轻轻的"究竟表现了诗人怎样的精神状态，而"云彩"又象征着什么呢？这只有在理解了下面几节的艺术符号意义后，才能获得较为恰当的解释。

在艺术符号学看来，诗人不是以对事件的具体描写而是以意象表达他的思想感情的。在诗篇中，我们看到的是诗人创造的意象，而不能直接看到诗人的感情；诗人的感情在诗中不能直接呈现出来。呈现出来的只是情感的艺术符号形式。依照这种方式来理解第二节到第五节，我们就会解读出新的意义。

"那河畔的金柳，是夕阳中的新娘；波光里的艳影，在我的心头荡漾。"这三种意象真是美丽极了,自然极了,又艺术极了。河畔的金柳,是描写傍晚太阳的光芒给垂柳渡上了一层耀眼的金辉;"夕阳中的新娘"是那"金柳"幻化的形象,这新娘的形象该是多么的光辉灿烂;而这光辉灿烂的新娘形象又倒影在波光艳影里,这就又使新娘的形象具有了朦朦胧胧、恍恍惚惚、闪闪烁烁的特点。然而,这一切,不是"荡漾"在康河里,而是"荡漾"在诗人的心灵中。这一节,从艺术符号学的角度看,"新娘"无疑是代表美的理想的事物的;而"荡漾"则是表现对美和理想的情感态度。"荡漾"是形容水的波纹缠缠绵绵,反反复复的;在"心头荡漾",表现了诗人对"新娘"所代表的美的无限眷念、依恋和痴情。从表现的艺术手法上说,这一节好像是外感和内感相结合的,但实际上是以内感为主的,即波光艳影里的"金柳""新娘"都是诗人情感的外化意象。

"软泥上的青荇,油油的在水底招摇:在康河的柔波里,我甘心做一条水草!"诗人又把对美、爱和理想幻化为"青荇"——"油油的在水底招摇"。"招摇"一词把诗人对美的爱表现得极为巧妙。那"招摇"是诗人感受到的,是诗人情感的对象化,是诗人的主观感受投射到了客观对象化形象上。本来是诗人的感受,这里却变成了水草的"招摇"——实际是诗人痴恋、眷念、依依不舍的艺术符号化表现。"软泥上""油油的",把柔美、亲切、诱人的形态巧妙地表现出来了。"在康河的柔波里,我甘心做一条水草",是针对上一句——诗人所依恋的美丽的象征——"青荇的招摇"——说的。康河的柔波是因为青荇的招摇,因而,甘心做一条水草,是要和青荇亲切。表现的情感仍然是痴迷、眷念和依恋的。

"那榆荫下的一潭,不是清泉,是天上虹;揉碎在浮藻间,沉淀着彩虹似的梦。"这一节所描写的意象更美丽,而表现的情感内容也更复杂。整体意象是:浮藻间倒映着的彩虹似的梦。然而,这意象不是诗人对康河客观景象的描写,而是诗人创造的主观意象。是诗人把他的内心感受转化在了景色描写中,这景色就成为意象表现着诗人的情感。诗人是把他依恋的美丽的对象抽象为"天上虹"的艺术符号来加以象征的。然而,这天上虹是"揉碎在浮藻间"的。这个意象太绝妙了!她是诗人破碎的梦的形式结构的"同构",她给梦的破碎创造了最恰切的象征形式。"沉淀着彩虹似的梦",又要重新寻梦——重新追寻美好理想的情感表达,表现的依然是对失去的美和爱的依恋和眷念的浓重情感。

"寻梦?撑一支长篙,向青草更青处漫溯,满载一船星辉,在星辉斑斓里放歌。"曾经有过的彩虹似的梦破碎了,那销魂的美、爱和理想失去了。因而诗人要"寻梦",但这失去的梦,失去的美、爱和理想是不可能重新寻回的,因而诗人用了一个问号。诗人自己也知道,这不是寻梦,这梦不可寻,失去的美、爱和理想是不能寻回的。诗人是在重温旧梦,是在重新寻找那"梦魂缠绕的踪迹",是以"寻梦"——重温旧梦的方式来排遣内心中失去美、爱和理想的不尽的苦涩、酸楚和伤痛。"向青草更青处漫溯",是灵魂、精神、情感向那爱的十分遥远了的往昔的追忆。"青草更青处"即指诗人的具体外部行为,又指诗人的内心思想行为;外部行为恰恰成为内心行为的写照。"漫溯"极为真切地写出了诗人的外部行为和内心对失去的往昔爱恋的追忆。但这"漫溯"的"寻梦"由于不是对失去的梦的真的追寻,而只是对"梦魂缠绕的销魂踪迹"的重访乃至于凭吊,这重访和凭吊的心情是更为惆怅、痛苦和悲凉的。"满载一船星辉,在星辉斑斓里放歌","一船星辉"犹如李清照的"月满西楼"一样,是孤独、空虚、凄凉的符号化形式,是"寻梦"的悲凉、凄楚、空洞、无奈的情绪表达。

"但我不能放歌,悄悄是别离的笙箫;夏虫也为我沉默,沉默是今晚的康桥!"不能放歌的"悄悄",是心情更为沉郁的状态。笙箫的声音是呜咽、哀婉、凄楚和悲凉的,连呜咽、哀婉、凄楚和悲凉的笙箫也没有了声响;夏虫的叫声是单调、孤独和寂寞的,连单调、孤独和寂寞的夏虫也沉默了;康桥曾经是特别热闹的,但今天的康桥一切都沉默了。沉默的康桥正是诗人"沉默"(苦涩、酸楚而又凝重心情)的符号化表现。

"悄悄的我走了,正如我悄悄的来;我挥一挥衣袖,不带走一片云彩。"这又是以外感表现内感的描写手法。悄悄不只是诗人的外部行为,更是内心行为。正如上文所写,"悄悄"是诗人内心情感沉郁的另一种符号。"悄悄的我走了,正如我悄悄的来。"表明诗人"寻梦"并未有任何结果,"走"即"别"时的惆怅、凄凉和愁绪正如"来"时一样。"我挥一挥衣袖,不带走一片云彩",这挥一挥衣袖是寻梦而不得,对痴情、依恋和眷念的不能获得的无可奈何、无能为力、无计可施、无补、无望、无助的思想情感的外部动作。"不带走一片云彩",是带不走一片云彩的另一种写法。而"云彩"正如诗的开头"作别西天的云彩"一样,是诗人依恋、眷念、痴情的美、爱和理想的象征。"云彩"在整首诗中比其他如金柳、新娘、艳影、青荇等意象具有更大的象征性,或者可以这样说,诗人在这里以"云彩"这个符号象征了金柳等意象的全部情感内容。

诗的意象是情感的形式符号,也就是说,在诗中,意象是情感转化的形式。然而,情感转化的意象在诗中并不孤立地存在、起作用,也不是相加在一起发生作用,而是由意象构成一定的结构形式在起作用,而这种意象的结构形成正是诗人"为主观经验赋予形体"的另一种艺术符号创造。如果说意象是诗中某种情感的表达,那么,意象整体结构样式的艺术符号才是诗人整体情感结构样式的表达。苏珊·朗格对艺术形式有最精当的概括:"这种最抽象的形式,是指某种结构、关系或是通过互相依存的因素形成的整体。更确切地说,它是指形成整体的某种排列方式。"[①]艺术符号的整体形式与诗人的整体感情形式是同构的。从整体结构样式艺术符号的角度看,《再别康桥》中间的二、三、四、五节应是这样的:"新娘"——"招摇"——"彩虹似的梦"——"寻梦"。如前所述,"新娘"是美、爱和理想的象征;"招摇"则是对美、爱、理想的依恋和眷念;而"彩虹似的梦"则是美、爱和理想的破灭;"寻梦?"则是对这种巨大失落的排遣和凭吊。

诗的开头和结尾与中间这种意象结构符号组合在一起,形成了一种新的整体性的艺术

---

① 苏珊·朗格.艺术问题[M].滕守尧,朱疆源,译.北京:中国社会科学出版社,1983.

符号;诗人的"再别"就是中间意象结构所表现的情感内容;而中间意象结构所表现的情感内容是对美、爱和理想的依恋和眷念。这样看来,诗人"再别"的就是他所依恋和眷念的情感。这种"再别"的"轻轻"就是失恋、失落、失意的轻轻;是与美、爱、诗意和理想的诀别的轻轻;是苦恋、痴情和迷醉的瓦解的轻轻;是用整个生命曾经拥抱过的梦幻的破灭的轻轻;是灵魂紧紧依凭的寄托的空缺的轻轻;是曾经有的美好的丰富的化为乌有的轻轻;这"轻轻"是深深痴情的情感从此无以依傍的轻轻;是诀别了甚至比生命本身更美丽更诗意更宝贵之后的轻轻;是精神从此变得漂浮无所依凭的轻轻;是美和爱由此变得一无所有的轻轻;是人生意义被掏空之后的轻轻。因而,这"轻轻"就是精神的空、无和虚,就是灵魂的漂、浮和游,就是情感的苦涩、酸楚和沉重。

  诗人说:"轻轻的我走了,正如我轻轻的来。"这"轻轻的来"是因为精神、灵魂和情感的空、无、虚和漂、浮、游及苦涩、酸楚和沉重而来。"再别"是因为曾经别过,别过是一次与美和爱震颤心灵的诀别;"再别"又是因为再来,再来是为空虚的精神、飘游的灵魂和苦涩的情感寻求皈依、安顿和慰藉而来。然而,又是绝不可能的,逝去的美、爱与理想就犹如逝去的时间不可逆一样绝不能溯回。因而,诗人的寻梦与其说是对失去的美、爱与理想的追寻,不如说是对曾经历过的美、爱与理想的再一次重温,对失去美、爱和理想无可挽回的心灵痛苦的排遣。这寻梦是注定没有结果的,因而才是"轻轻的我走了,正如我轻轻的来"。"走"正如"来"一样,灵魂仍然是空的、无的和虚的,情感仍然是苦涩、酸楚和沉重的。诗的结尾又说:"悄悄的我走了,正如我悄悄的来。"这个"悄悄"所指仍然是诗人的内心感受。悄悄是承接上节"悄悄是别离的笙箫"及"沉默是今晚的康桥"而运用的,这样,悄悄就是内心感受"沉默"的外部行为。而沉默是因为"再别"——又一次与依恋、眷念的美、爱与理想的诀别,这沉默就是心灵的酸楚和悲凉,"悄悄的"与开头的"轻轻的",能指虽然不同,其所指其实是统一的。

三、象征性符号的原型表现

  我们以符号学的方法解释《再别康桥》的意象,认为"金柳""新娘""青荇""天上虹""彩虹似的梦"等是诗人依恋、眷念和痴情的美、爱与理想的象征,这是不是就是最终、最彻底、最确切的解释呢?诗人表现美、爱和理想可以选择与创造各种意象,为什么独独选择、创造此种意象呢?诗人之所以选择金柳等意象肯定有比美、爱与理想更具体更确指的"所指"。那么,我们怎样进一步解释、确证这种更具体、更确指的"所指"呢?

  《再别康桥》的意象特点应该说是相当明显的。这些意象的共同点是柔美。而柔美常常是和女性连在一起的。但这还不足以充分说明诗人所依恋、眷念和痴情的美、爱与理想就是指女性。能够最有力地说明的是这些意象在文化传统中的象征意义。诗人是在文化传统的基础上运用这些意象的意义的,因而,探讨这些意象在文化传统中的意义也就明确了这些意象的所指。意象的文化传统就是原型,因而,探讨这些意象的原型意义也就成了最终揭开这首诗谜底的关键。

"金柳"意象是美女的象征:柳树是女性的象征,在中国文化中有悠久的传统。至今还有男人和别的女人发生不正当关系被说成"寻花问柳""路边花柳""眠花宿柳";苗条女孩的窈窕被称为"柳腰";年轻女子被称为"嫩柳"。① 而"金柳"的意象就把柳所象征的女性描绘得光辉灿烂,金光闪射,柔美无比。

青荇意象也是美女的象征:青荇(今名荇菜),花开时常在阳光下泛光如金,因此又得名"金莲儿"。叶形与生态近于荷花,又称"水荷"。《诗经·关雎》有"参差荇菜,左右流之,窈窕淑女,寤寐求之"等句,是以青荇象征美女的。而以荷花象征美女就是更明显的象征了。《诗经》中的《陈风·泽陂》云:"彼泽之陂,有蒲与荷。有美一人,伤如之何";"彼泽之陂,有蒲菡萏(荷的另一名称)。有美一人,硕大且卷"。这显然是一种比兴的写法:先言它物,再引出所写之物,然而它物与引出的所写之物并不是简单的比兴关系,而是一种原型的象征关系,即比是兴的原型象征。在上述《泽陂》中,荷就是美人的原型象征。从这个角度看,青荇既然是荷花的另一种名称,因而,青荇实在也就是美人的象征。

"天上虹"意象还是美女的象征:在国外,整条彩虹被认为是圣母玛利亚的象征,是她把天和地和谐地结合在一起;在古希腊,圣洁的彩虹是女神(艾利丝)的象征;"在古代中国,彩虹被看做阴阳结合的象征"②;中国民间常常以彩虹指代美人。这可能是由于彩虹色彩十分鲜艳的缘故。

诗人之所以运用这些原型性意象就是使自己情感象征化、艺术符号化。"一个象征是一个间接的表现形象,它不用事物的名字来称呼事物,也避免对它作直接的描绘,为的是将其伪装起来,或者在一种更为显著的方式中把它揭示出来。也许更有甚者,在同一对象中它既伪装又揭示。一个象征就是把一个适合不同场合的对象特征化。"③象征是以某种外在的感性事物的特点表现某种抽象、普遍的意义,某种普遍的意义就是某种原型,那种表现它的事物就是原型的象征。某种外在的事物之所以能够表现某种原型,就因为外在事物与原型有某种结构形式的同构型。以某种外在事物表现某种原型,是原始思维方式的遗留,因而,具有源远流长的悠久历史传统。它是一种约定俗成的艺术符号。一个诗人只要运用了这种艺术符号,不管他是自觉的还是不自觉的,他就已经是在表现某种原型了。诗人是生活在文化传统之中的,诗人的艺术感受、艺术表达和艺术符号的运用是被约定俗成的艺术符号所教育和影响的。因而,他就离不开艺术符号的对原型的象征表现。正因为诗人运用了约定俗成的艺术符号,他所创造的诗的形式才具有"普遍的可传达性"。卡西尔深刻地指出了这一点:

---

① 杰克·特里锡德.象征之旅[M].石毅,等译.北京:中央编译出版社,2001.
② 汉斯·比德曼.世界文化象征词典[M].刘玉红,等译.桂林:漓江出版社 2000.
③ 阿诺德·豪塞尔.艺术史的哲学[M].陈超南,等译.北京:中国社会科学出版社,1992.

"艺术家的想象并不是任意地捏造事物的形式;他以它们的真实形态来向我们展示这些形式;艺术家选择实在的某一方面进行客观化的过程;当我们进入他的透镜,我们就不得不以他的眼光来看待世界。"但是艺术家在这样做的时候是依据传统的,"然而我们相信,这个方面并非只是瞬息即逝的,借助于艺术品它已经成为经久不变的了。一旦实在以这种特殊的方式呈现在我们面前以后,我们就一直以这种形式来看待它了。"①卡西尔所讲的"经久不变的"意象就是艺术符号的约定俗成的过程,就是艺术形式的传统化过程,就是艺术家对原型形式的运用过程。伟大的原型批评家弗莱从整个文学史演变规律的角度阐释得更为精当:"全部文学史为我们提供了一种机会,即使我们有可能看到文学不过是相当有限和简单的一组套式的复合,这组套式可以通过对原始文化的研究获得。随后我们又意识到后来的文学与这些原始套式的关系并非仅仅是单纯的一种复合,即如我们所看到的那样,这类原始的套式在最伟大的经典作品中不断重现,而且事实上,这些伟大的经典作品似乎本来就有一种回复到这些原始套式去的倾向。"②徐志摩的《再别康桥》同样遵循了这种以意象的艺术符号象征原型和恢复原始套式的创作规律。既然"金柳""青荇"(金莲)和"彩虹"等在文化传统中是美女的原型象征,那么,在这首诗中运用了这个美女原型符号,也就必然表达了美女原型的象征意义。并且,"金柳"的金光灿烂、"青荇"(荷花)的华丽鲜艳、"彩虹"的辉煌烂漫等,又使这美女象征得仪态万方、美丽绝伦。诗人所依恋、眷念和痴情的美、爱与理想原来就是这样一位美女!

四、徐志摩的康桥"情结"

胡适曾经评价徐志摩说:"他的人生观真是一种'单纯信仰',这里面只有三个大字:一个是爱,一个是自由,一个是美。他梦想这三个理想的条件能够汇合在一个人生里。"③然而,这"单纯信仰"既不是他的社会政治人生理想,而爱、自由和美又不是截然分开的。徐志摩在国外是先学政治经济学、银行学,后来对哲学非常感兴趣,再后来在康桥才开始诗歌创作的。他曾经自述他的精神历程:是康桥教我睁开眼睛的。

康桥(即剑桥)的什么东西使徐志摩的精神发生了巨大变化,并且最终使他走上诗歌创作道路呢?这里面当然有英国自由主义思想的影响,有康河美丽自然景观的陶冶,但最重要的还是徐志摩在康河与林徽因的初恋。徐志摩当时虽已娶妻张幼仪(并已到英国陪读),但与张幼仪的结婚却是父母包办的。对林徽因,徐志摩是以全部生命热情投入热烈的追求。一方面,林徽因的年轻美丽及聪慧以巨大的魅力深深地打动了徐志摩;另一方面,徐志摩对

---

① 卡西尔.人论[M].甘阳,译.上海:上海译文出版社,1998.
② 弗莱.批评的剖析[M].陈慧,等译.天津:百花文艺出版社,1999.
③ 赵遐秋.新月诗魂[M].北京:东方出版中心,1998.

爱情本真意义的理解又使他沉迷在爱的迷狂之中;同时,这种初恋的热烈、陶醉和迷狂又使徐志摩把爱情视为极圣洁、极高贵、极浪漫的东西;他在文化精神方面能够与林徽因沟通,因而他又把林徽因视为"灵魂的伴侣"。这就使徐志摩的理想发生了重大变化。原来的三个理想变为一个理想:爱、自由与美就转换为对一个美丽的女性的爱,赋予了超乎对象本身的更理想、更美丽、更柔情、也更丰富的色彩和内容。然而,徐志摩对美、爱、自由的理想并未实现,当他与妻子离婚并辍学追随迷狂的恋爱对象林徽因回国时,发现她已与他人(梁思成)结婚,徐志摩的思想情感受到巨大打击。这样,就使徐志摩的人生理想又一次发生了重大变化:由研究社会政治经济学等转而进行诗歌创作,因为他的爱像大海波涛一样汹涌澎湃,太需要诗的形式去表达了。他不是不爱他所学的专业(他是那样地迷恋、崇拜和追随英国哲学家),而是他是有了更强烈的爱。梁实秋的评论是极为确切的:

> 志摩的单纯信仰,据我看,不是"爱,自由与美"三个理想,而是"爱,自由与美"三个条件混合在一起的理想,而这一个理想的实现便是对于一个美妇人的追求。①

对后一种变化,徐志摩自己也做了极为恰当的解释:

> 我最早写诗那半年,生命受了一种伟大力量的震撼,什么半成熟的未成熟的意念都在指间散作缤纷的花雨。我那时是绝无依傍,也不知顾虑,心头有什么郁积,就付托腕底胡乱绘爬梳了去,救命似的迫切,哪还顾得了什么美丑!②

这生命受到的伟大震撼就是他痴情的爱恋和痛苦的失恋。是这种痴情的爱恋和痛苦的失恋唤醒了他生命深处沉睡的诗魂。他的对美的自由的爱是他创作的源泉。他说:"美人是人间不死的光芒。"他为失去至美的人间光芒而痛苦。在他看来爱情是高于一切的:"恋爱是生命的中心与精华;恋爱的成功是生命的成功,恋爱的失败,是生命的失败。"③他为失去至美的人间光芒而痛苦,他为恋爱的失败即生命的失败而悲凉。他的诗的形式就是他至美的失去的痛苦和生命失败的悲凉的透射。林徽因在纪念徐志摩的文章中对徐志摩的创作动因阐释得极为确切:

> 你在《猛虎集·序》中说"世界上再没有比写诗更惨的事"。"你却并未说明为什么写诗是一桩惨事,现在让我来个注脚好不好?我看一个人一生为着一个愚诚的倾向,把所感受到的复杂的情绪尝味到的生活,放到自己的理想和信仰的锅炉里烧炼成几句悠扬铿锵的语言(哪怕是几声小唱)来满足他自己本能的艺术冲动";"轮着做这种人的多半是为着他情感来得比寻常人浓富敏锐,而为着这情感而发生的冲动更是非常实际

---

① 赵遐秋.新月诗魂[M].北京:东方出版中心,1998.
② 谢冕.徐志摩[M].北京:中国和平出版社,2001.
③ 谢冕.徐志摩[M].北京:中国和平出版社,2001.

的——或不全是实际的——追求,而需要那种艺术的满足而已"。①

在给胡适的信中,林徽因做了更直接的阐释,认为徐志摩对她爱的失恋是促成徐志摩成为诗人的根本原因:"我觉得这桩事,人事方面看来真不幸,精神方面看来,这桩事成为造成志摩为诗人的原因","志摩不悔他有这一段苦痛的历史"。②林徽因终究是理解徐志摩的。徐志摩把对林徽因失恋的巨大痛苦全融入他的诗篇中,在《再会吧,康桥》中徐志摩写道:

> 康桥!山中有黄金,天上有明星,
> 人生至宝是情爱交感,即使
> 山中金尽,天上星散,同情还
> 永远是宇宙间不尽的黄金,
> 不昧的明星。

诗人对美的爱的自由追求就发生在康河这里,康河之水就被诗人投放进了爱情的情感波涛。康河被诗人灵性化、情感化、象征化、对象化了。康河成了荷载诗人情感的形式之河,那是痴情的河,是因为在那里他产生了刻骨铭心的爱、永世不忘的情;是因为在那里他发现了美,那圣洁神圣的销魂的美,这令他为之迷醉和倾倒;是因为在那里他第一次点燃了爱情的熊熊火焰,这火焰几乎烧毁了诗人自身;是康桥,他的全部热烈燃烧的爱情之火和汹涌不息的爱情波涛都留在了那里;也是在康河他失去了用整个生命追求的美、爱与自由。不是因为康桥的美丽,尽管康桥是美丽的;不是因为康桥自由思想的熏陶,尽管这熏陶对诗人的精神起过重要作用;不是因为康桥的大自然的灵性,尽管康桥的大自然给予过人以神秘而深刻的体验。但这些都不是最重要的,最重要的是诗人的诗魂——那是对美和自由的热烈追求和追求失落的深深的痛苦而产生的情感精神。徐志摩后来在《爱眉小札》(给陆小曼的信)中表白的爱情观正是他早期爱情教训的总结:"我来献全盘的爱给你,一团火热的真情,整个儿给你,我也盼望你也一样拿整个,完全的爱还我。"③徐志摩想以燃烧的全部生命热情获得至美至爱至真的爱情,但是,他所痴情恋爱的对象并没有拿爱完全的还他,他诗性浪漫的梦想落空了,他深深地陷入了无法解脱的痛苦之中。

人对理想的美与爱有一种极其强烈的渴求,人常常是以全部生命热情甚至以整个生命为代价去追求他理想的美与爱的。人常常是把他理想的美与爱作为他全部生命的意义来看待的。这样,对理想的美与爱的追求也就成了他人生理想的追求。但对于理想的美与爱的追求由于种种阻隔和限制又常常是不能实现的。人对理想的美与爱渴求得越强烈,失败得

---

① 赵遐秋.新月诗魂[M].北京:东方出版中心,1998.
② 林杉.林徽因传[M].北京:九州图书出版社,1998.
③ 谢冕.徐志摩[M].北京:中国和平出版社,2001.

也就越惨烈。但人又不甘心至美至爱的失去和理想的破灭,不甘心惨烈的失败;人对失去的至美至爱还有无限的痴情、依恋和眷念,人还梦想重新复原它破碎了的理想,但限制和阻隔也是永恒的,梦的复原又是绝不可能的。因而,人就陷在了无法解脱的深深的悲苦和无穷无尽的长思与长恨之中,正所谓"人生长恨水长东"。这是人类永远也摆脱不了的一种永恒的悲剧命运,这是人类情感的一种原型结构形式:对美与爱的渴念和渴念的彻底落空;对美与爱落空的不甘心;重新追寻的不能复得;从此陷入不可解脱的深深痛苦之中。徐志摩正是陷入了这种永恒的原型情感形式之中。或者也可以这样说,徐志摩失恋的巨大痛苦把人类的这种永恒的原型情感形式给典型化、具体化了。

徐志摩在《欧游漫录》中记载过他"上坟"的经历:"它不仅上知名的或与他有关的坟,每过不知名的墓园,它也往往进去留恋。"①徐志摩为什么这么热衷于上坟呢?他不是在凭吊那些知名与不知名的死去的人,而是在凭吊自己,是借坟墓的符号凭吊(透射)自己失去和死去的爱情。在辍学追林徽因至北京时,林徽因已经与梁思成恋爱。在林徽因与徐志摩游香山时,他们看到了一块墓碑,林徽因说:"也不知道这青石底下埋的是谁?"徐志摩说:"是我,我从上个世纪已经埋在这里了。现在的我只是一个躯壳,我的心,我的爱,我的希望早就埋进这青石板下了。你从这块墓碑上读不出年代,读不出心里渗出的血,那不应该是写在石头上的。"②这恰好解释了他上坟的心理——源于他的情结。情结是一种强烈的心理创伤,这种心理创伤又形成了一种强烈的持续性的心理力量,这种心理力量到处需求表现。这种情结就是情感原型。

正是这种情感原型让徐志摩使康河艺术符号化了。正像徐志摩把他的情感原型透射到坟墓的符号上去一样,徐志摩在诗作中把他情感原型投射到了康河的形式之中。是诗人以他的精神赋予康河以柔情的波涛,是诗人以他的情感赋予康河以流不尽的思绪。不是康河美丽,是诗人的爱而使康河美丽。诗人因美、因爱、因自由而爱康河。康河的美是诗人移情的结果。这就是为什么诗人说"康桥,汝永为我精神依恋之乡"之故。诗人最痴情的爱和最瑰丽的美都留在了康桥。因而,他对康桥依依难舍,当他离开康桥时,他就觉得离开了他的梦想,他的爱,他的美。他的灵魂离不开康桥,因而在《再会吧,康桥》中他这样道:"则来年春花香时节,当复西航,重来此地,再捡起诗针诗线,绣我理想生命的鲜花,实现多年来梦境缠绕的销魂踪迹"。诗人果然又来康桥了,但那正是几年后,与陆小曼情感不和,又重来康桥寻觅往昔"梦境缠绕的销魂踪迹。"因而,诗人是"轻轻的来"——轻轻的来是因为灵魂的空虚、精神的空虚、爱的空虚、生命意义的空虚。追寻"梦境缠绕的销魂踪迹"说到底,并不是真的寻梦,而是"此情无计可消除"的重温、追忆和排遣。"再别康桥"就是诗人对曾经痴情热恋过

---

① 赵遐秋.徐志摩传[M].北京:中国人民大学出版社,1999.
② 林杉.林徽因传[M].北京:九洲图书出版社,1998.

苦涩、酸楚而又凝重的"轻轻"

的美与爱的"再别",是对一种爱情方式的诀别,是对一种至美至爱的诀别,是对一种理想人生方式的诀别。诗人的创作经过了双重投射:首先是诗人把对理想的至美的恋人其及浓浓的依恋的情感投射在了康河中的意象上;最后又通过这些意象把他的依恋、眷念和痴情投射在了康河形象上。诗人"再别"的就是这些痛苦的难以解脱的痴情、依恋和眷念。诗人"轻轻的""再别"该是多么苦涩、酸楚和沉重啊!

愁怨情结的多重象征
——《雨巷》意象的映衬性阐释

  同样是以意象表现情感的诗,所表现的方法却是有很大不同的。有些诗是以一种独立的意象表现情感的,有些诗是以多种意象的叠加表现情感的,还有些诗却是以多种意象的相互映衬表现情感的。这种独立的意象和意象的叠加表现情感的诗,相对来说比较好理解些,而那些以多种意象的相互映衬表现情感的诗解读起来就困难得多。有些诗的奥妙之处就在于它运用了多种意象,但它的意义并不是多种意象之象征意义的相加,而是以多种意象的相互映衬激发出新的意义。对这类诗的解读就应该充分注意它的多种意象的相互映衬性,而不能孤立地或多种意象象征意义相加式的解读。《雨巷》解读的歧义多多,矛盾多多,困惑多多,争论多多,就在于人们忽视了《雨巷》意象的相互映衬性。而《雨巷》的相互映衬性正是《雨巷》意义表现的独特形式。忽视了《雨巷》这种相互映衬性的独特表现形式,也就从根本上误解了《雨巷》的独特意义。以往的研究之所以很难逼近《雨巷》的本意,就在于或者是把某种意象从《雨巷》的整体中孤立出来解释,或者是对《雨巷》的几种意象分别进行解释,或者是虽然注意到了《雨巷》几种意象的联系但并没有做到映衬性的深入分析。忽视了把意象结合起来分析的整体性解读方法,自然不能做到对《雨巷》的深入阐释。诗即意象,诗人要表达的情感是由诗人创造的意象表现出来的。但是,意象不是自己孤立地在起作用,而是在相互映衬中起作用。伟大的批评家弗莱说:"诗的意象不是在陈述什么,而是通过互相映衬,暗示或唤起所要表达的情绪。"[①]"文学批评家研究诗歌,依靠一种整体观,认为我们面前的这首诗是一个整体,其中每个细节必须通过它与该整体的关系方可获得解释。""假若没有这一假设,批评家的理解就会失去方向。"[②]意象的互相映衬会激发出新的意义,因而,对一首诗的意蕴的阐发就应该以诗的意象互相映衬为最基本的方法。意象的映衬就是意象的关联,意象的关联就是意象间的相互作用;前一个意象作用于后一个意象,而后一个意象又作用于前一个意象;这种意象的映衬关系在很大程度上改变了意象的独立意义而映衬出新的意义;正是诗的意象映衬(关联)形成了诗的整体形式结构,而诗的意义正是由诗的整体形式结构生发出来的。意象的映衬方式主要有以下几种:一种是个别诗句在诗的整体结构形式的映衬下

---

 ① 弗莱.批评的剖析[M].陈慧,等译.天津:百花文艺出版社,1999.
 ② 弗莱.神力的语言[M].吴持哲,译.北京:社会科学文献出版社,2004.

愁怨情结的多重象征

改变了它的独立意义。比如《长恨歌》，某些单独看来是对唐明皇讽刺的意象，却在《长恨歌》爱情悲剧的整体结构中变成了对爱情美好的描绘。第二种是中间意象在前后意象的映衬下会获得新的解释。如"小桥，流水，人家"，单独看是很美的意象，表现的是世外桃源的自然和谐宁静，然而，在前面的"枯藤，老树，昏鸦"和后面的"古道，西风，瘦马"以及"断肠人在天涯"意象的映衬下，就被涂抹上了和这些意象相一致的色彩，成为枯索、破败和荒凉的意象表现，而表达的则是寂寥、悲凉和日暮途穷的感受而并非对世外桃源的欣赏。第三种是多重意象在一个中心意象或原型性象征意象的破译下获得更深刻的解释。在一首诗中，有多种意象，有些意象的意味是明确的、好理解的，而有些意象的意味则是暧昧的、难以理解的。对这样的诗就要抓住中心意象或原型性的象征意象，那些意象的暧昧意义就会被照亮。我以为，《雨巷》就可以这种方法来解释。

《雨巷》有五种基本意象："我""撑着油纸伞，独自彷徨在悠长、悠长又寂寥的雨巷"的意象；"一个丁香一样地结着愁怨的姑娘"的意象；"在雨的哀曲里"，消失了丁香一样姑娘的意象；其实还有两种被忽略了的而又应该着重解释的意象，那就是"丁香"和"雨巷"的意象。而"丁香"和"雨巷"意象恰恰是理解《雨巷》最重要的象征。但《雨巷》的意义并不是这五种意象意义的相加，而是这五种意象的相互映衬。如果是单独解释这五种意象，就不能解读出《雨巷》的真正意义。

"我""撑着油纸伞，独自彷徨在悠长、悠长又寂寥的雨巷"的意象，单独看来表现的当然是"我"也就是诗人孤独、忧郁、伤感、寂寞、悲凉、忧愁、苦闷、失落的情绪。

"丁香一样地结着愁怨的姑娘"的这个意象，当然可以看成是表现"姑娘"的颜色、芬芳及忧愁、哀怨和彷徨。

"在雨的哀曲里"消失了丁香一样姑娘的意象，也并非不可所作理想的消失。

"丁香"被看做是一种有意味的意象是合理的，人们用李商隐的"芭蕉不展丁香结，同向春风各自愁"（《代赠》）和李璟的"丁香空结雨中愁"（《浣溪沙》）来解释丁香的象征意义，应该说是说明了丁香意象的独立意义的。

"雨巷"被说成是黑暗社会的象征自然是荒谬的，然而把"雨巷"说成是诗人孤独寂寞情绪的象征也失之于简单和笼统。

"雨巷"的意象是《雨巷》最重要的象征，但长期以来，"雨巷"在《雨巷》中的整体意象并没有获得必要的解释。"雨巷"的意象得不到准确的解释，也就不可能解释清楚"我"独自彷徨在"雨巷"这一意象的象征意义。而解读《雨巷》不解释"雨巷"的象征意义，就根本不可能使《雨巷》获得真正的解释。

对这几种意象做这样的解释表面看来是不错的。但问题在于：这种孤立地解释每种意象的结果也必然导致孤立地解释每种意象的象征意义；把五种意象孤立起来而没有相互映衬的象征意义的生发就使《雨巷》失去了整体性的把握；从而也必然使《雨巷》意义的探寻"失去了方向",不可能获得《雨巷》本来的象征意义。

《雨巷》意象的解释应该是相互映衬的。既应该把孤独寂寞的"我"的意象和结着愁怨的"丁香"的意象互相映衬起来,又应该把丁香和结着愁怨的忧愁哀怨彷徨的姑娘的意象映衬起来,还应该把孤独寂寞的"我"和"结着愁怨的姑娘"映衬起来,更应该把独自彷徨的"我"和悠长又悠长的"雨巷"映衬起来。这样映衬性的解释就会使单独看来的意象及其意义生发出完全不同的新意:无论是"我"的独自撑着油纸伞彷徨在雨巷的意象,还是丁香的象征及其丁香一样结着愁怨的姑娘,抑或是悠长悠长而又寂寥的雨巷的意象,其实都是诗人愁怨和渴望愁怨化解但最终愁怨并没有化解的情感象征符号。

诗人"撑着油纸伞,独自彷徨在悠长、悠长又寂寥的雨巷"的意象,单独看来表现的是孤独寂寞伤感凄凉的情绪,但在"丁香"意象的映衬作用下却改变了原来的意义,成了"愁怨"的情感表现。诗人独自彷徨在悠长寂寥的雨巷其实不是孤寂而是"愁怨"情感的意象象征。诗人之所以渴望逢见丁香一样结着愁怨的姑娘,是诗人本身情感愁怨的对象化表现,是诗人本身就结着愁怨,因而他就一方面想找到一种天然的象征符号使他愁怨的情感得到对象化、客观化、形式化的表现,另一方面又渴望逢见和他一样结着愁怨的姑娘来化解他的愁怨。《雨巷》的奥妙之处就在于,诗人不仅没有表现出"愁怨"的情感概念,还没有单独运用丁香的意象,而是把丁香和姑娘作为一个统一的意象来运用,这就造成了解读的难题。其实,丁香一样结着愁怨的姑娘的意象是具有双重象征意蕴的:既象征着诗人难以言说的愁怨,又象征着诗人苦苦的热烈渴念。丁香一样结着愁怨的姑娘既是诗人愁怨情结的原型象征,又是诗人理想恋人即阿尼玛的原型象征。

《雨巷》中"雨巷"意象虽然是最重要的象征,但理解"丁香"意象的象征意义却是关键,"雨巷"及其他意象正是在丁香意象的映衬下才显示出更深刻的意义。

诗人是在丁香意象上象征了自己的"愁怨"情结。在中国文化传统中,丁香是愁怨和苦闷情感的象征符号。李璟的"丁香空结雨中愁"是以丁香之结表现人的情感之结的原型性象征。戴望舒就是在这一原型传统的基础上运用丁香的象征符号的。因而,丁香愁怨的原型象征意义必然成为《雨巷》意象表现的意义。诗人是把他的难以言说的愁怨情结客观化到丁香的意象中去了。毫无疑问,丁香的"结"是诗人"情结"的象征。"情结"是由于情感受到重大创伤而产生的重要心理现象,情结对人的思想感情和行为有一种极大的持续性的支配作用。诗人的情结既是他情感的郁结,又是诗人极力渴望解开的结,然而又是诗人难以解开或根本不能解开的结。这是一种情感受到严重阻碍形成的愁怨情结。诗人以全部的生命热情去追求他的爱,但他的热烈追求并没有获得渴望的呼应,他的美的追求破灭了,他的爱情失败了,他的理想落空了,但他又不能放弃这种爱情,因此愁怨的情结便渐渐地形成。诗人希望逢着一个"丁香"一样结着愁怨的姑娘,是诗人内心当中的情感——对美的理想追求不能实现的失望、失落和失败所形成的愁怨情结对象化到丁香的意象上去了。因而,"撑着油纸

愁怨情结的多重象征

伞,独自彷徨在悠长、悠长又寂寥的雨巷",就不只是"冷漠,凄清,又惆怅"的情绪表现,而是愁怨情结的象征。

诗人"撑着油纸伞,独自彷徨在悠长、悠长又寂寥的雨巷"说到底是诗人愁怨情感的表现。诗人为他愁怨的情感找到了一种十分恰切的形式符号,使这种形式符号成为他情感的象征,而不是情感的概念性表现,这就体现了诗的真正艺术创造。苏珊·朗格曾深刻地阐述过真正艺术创造的秘密:"艺术品是将情感呈现出来供人观赏的,是由情感转化成的可见的或可听的形式。它是运用符号的方式把情感转化成诉诸人的知觉的东西,而不是一种征兆性的东西或是一种诉诸推理能力的东西。艺术形式与我们的感觉、理智和情感生活所具有的动态形式是同构的形式";"艺术品也就是情感的形式或是能够将内在情感系统地呈现出来供我们认识的形式"。①《雨巷》的艺术性就在这里:诗人为他愁怨的情结找到了丁香的同构性的形式。这是诗人的巧妙创造,然而,正是这种巧妙创造恰恰被我们遗憾地忽略掉了。

诗人还在丁香一样结着愁怨的姑娘意象上象征了他内心中的阿尼玛原型。"丁香一样结着愁怨的姑娘",是由丁香和姑娘两个意象构成的一个更富于新的象征意义的意象。诗人想表现的是,他所渴望逢见的那个姑娘也应该是像他一样地结着丁香式的愁怨"情结"。在诗人的诗的符号形式中,丁香结同样是姑娘愁怨情结的象征。在诗人看来,准确地说,在诗人的愿望里,它所渴望遇见的那个姑娘,之所以是像丁香一样地结着愁怨,就因为她也有着愁怨的"情结"。丁香姑娘的愁怨"情结"和我的"情结"是一样的。"她彷徨在这寂寥的雨巷,撑着油纸伞/像我一样,像我一样地/默默彳亍着,冷漠,凄清,又惆怅。"这个情结也是由于情感愿望被压抑的不能实现所造成的。丁香姑娘既然结着愁怨,她也就应该像"我"一样,渴望着愁怨的化解。诗人的愁怨究竟是一种什么样的愁怨呢?诗人渴望着逢见丁香一样结着愁怨的姑娘,是诗人愁怨、渴望愁怨的化解;姑娘也结着丁香一样的愁怨,姑娘就也渴望着愁怨化解愁怨。如果我们把结着丁香一样愁怨的姑娘的意象同样看做是诗人内心情感的外化符号,丁香姑娘就是诗人渴望理解、渴望沟通、渴望同情、渴望慰藉、渴望爱恋的象征,而并不是真的要遇见那样一个姑娘的真实描写。就会理解,渴望逢见丁香一样结着愁怨的姑娘,实在是诗人的愁怨渴望爱的化解的情感表现。那愁怨是由于痴情的情感渴望痴情的爱恋而不能造成的。我之所以这样认为,那是因为,诗人渴望遇见的正是结着愁怨的丁香一样姑娘的意象所规定的。诗人的愁怨要丁香一样的姑娘来化解,就只能理解成愁怨是由痴情的爱恋失败所造成的,而这种痴情爱恋失败的愁怨也就只能由爱的慰藉来化解。因而,愁怨渴望愁怨来化解其实就是痴情的情感渴望痴情的爱恋来化解。"丁香一样结着愁怨的姑娘"是诗人渴望理解、同情和爱恋的形式符号,是诗人内心阿尼玛原型的另一种转换象征,是那种热烈真挚的恋人转换符号。它仍然是诗人"以确定的客观的形式和形象对主观的冲动和激动情状

---

① 苏珊·朗格.艺术问题[M].滕守尧,朱疆源,译.北京:中国社会科学出版社,1983.

的表象"[①]。在诗人的内心中,既有阿尼玛恋人的原型,又有愁怨情结和渴望愁怨情结化解的愿望,而这些复杂的内心情感形式是不可描述的,诗人只能创造一种象征性的意象,去表现他的恋人原型、他的愁怨情结和他的渴望化解愁怨情结的愿望。丁香姑娘就是这种复杂情感的象征性意象。诗人内心的阿尼玛原型即理想的恋人形象原本不是丁香一样结着愁怨的姑娘的形象,诗人之所以描绘成了丁香一样结着愁怨的姑娘的形象,那是因为,诗人所热烈追求的阿尼玛原型并没有获得阿尼玛原型形象的响应,诗人因而陷入了深深的愁怨情绪之中。诗人希望逢见丁香一样结着愁怨的姑娘,实际是诗人把他内心的阿尼玛原型转换成了丁香一样结着愁怨的姑娘。诗人渴望逢见丁香一样结着愁怨的姑娘,是渴望他的阿尼玛原型与他同病相怜、同声相应、同气相求。实际是渴望他所爱恋的对象与他相"同"。相"同"就是相通,就是相和,相通相和就是相爱。诗人之所以渴望相"同",是因为他所爱恋的对象与他"不同"之故。不同就是不通、不和,不通不和就是不爱。正是这不同、不通、不和、不爱才造成了他与恋人之间难以跨越的"隔"。也正是这难以跨越的"隔"才形成了诗人苦闷、沉郁和凝重的愁怨情结。

梦幻的彻底破灭

诗人所表现的"情结"是一种爱的追求失败的"愁"。是爱的希望的失望的"愁",这是一种情愁,一种除了情爱任何东西都不能化解的"愁";诗人所表现的"情结"是爱的追求不能获得的"怨",一种爱的没能满足的怨。这是一种情怨,一种除了爱任何东西都不能解除的怨。这种愁怨的情结是诗人内心郁结的凝重的难以化解的情感。但是,诗人还是执著、热烈地希望着他的爱渴望着他的爱眷恋着他的爱,渴望着拿他渴望着的爱来化解他爱的失落的愁怨。诗人正是带着这种"愁怨"的情结走在雨巷中的,诗人正是被这种"愁怨"的情结笼罩着走在雨巷中的,诗人正是在这种"愁怨"的精神煎熬中走在雨巷中的。然而,诗人还是带着梦幻般的希望走在雨巷中的。

诗人用自己整个的生命去追求他的所爱,为了他的爱,他燃烧着自己。他把这种爱的追求视为对理想的追求,对至美至纯至上的追求,对生命意义的追求。这种追求可以用另外一个诗人的爱情追求来加以说明——那就是徐志摩。徐志摩把他全部的人生理想都转化为他对爱的追求,他以全部的心爱他所爱的人,也希望他所爱的人以全部的心爱他。诗人的爱都是相同的:超越现实的浪漫而又烈火燃烧般的炽烈。但是,同徐志摩不一样的是,徐志摩还有过刻骨铭心梦牵魂绕永世不忘的爱,戴望舒(写这首诗时)以全部生命投入的爱却落空了。《雨巷》不是像"康桥"那样眷恋他过去的爱,他从来就没有获得那样的爱,而是抒发和宣泄他

---

① 恩斯特·卡西尔.语言与神话[M].于晓,等译.北京:三联书店,1988.

爱的不能实现的深深愁怨,并做着爱情失落的愁怨得以化解的梦。诗人带着他深深的愁怨走在寂寥而又狭长的雨巷里,并不是只惮于他精神的苦闷和愁怨,也不是表现他希望的绝望,诗人还带着他的梦幻,他的梦幻还表现了诗人执拗地仍然渴望有一位丁香一样的姑娘出现。来化解他的爱的愁怨,使他走出那狭长的情感雨巷。"我希望逢着一个丁香一样地结着愁怨的姑娘",就是诗人苦苦的渴念,殷殷的企盼,绝望中的希望。她有着"丁香一样的颜色,丁香一样的芬芳,丁香一样的忧郁","她默默地走近/走近,又投出太息一般地眼光,她飘过/像梦一般地,像梦一般地凄婉迷茫","丁香一样的"是诗人渴望恋爱对象的美丽;"丁香一样的忧郁"是诗人渴望恋爱对象对他愁怨深深的理解和同情;"投出太息一般的眼光","飘过像梦一般地凄婉迷茫",是诗人渴望恋爱对象对他愁怨深深的怜悯和怜爱。

但那只是诗人苦苦渴念的一个想象、一个幻想、一个白日梦。他是多么渴望有那么一位姑娘即他所恋爱的对象出现在他的面前,来安慰他焦渴的心灵,来抚平他心灵深深的创伤,来化解他凝重的愁怨。然而,"像梦中飘过一枝丁香的,我身旁飘过这个女郎;他静默地远了,远了,到了颓圮的篱墙,走尽这雨巷"。他所幻想的姑娘并没有来到他的身旁,他焦渴的心灵并没有得到慰藉,他深深的愁怨并没有得到化解。"在雨的哀曲里,消了她的颜色,散了她的芬芳。消散了,甚至她的/太息般的眼光,丁香般的惆怅。"在雨巷里,一切都消失了,姑娘的美丽和芬芳,姑娘对他愁怨深深地理解和同情。诗人怀着深深的愁怨走进这雨巷,在深深的愁怨中他还怀着梦幻般的希望。然而,那只是诗人一厢情愿的梦幻而已,最终连这梦幻也破灭了。那位姑娘飘然而逝——没有人来爱他,他没得到他所渴望的爱,诗人的愁怨最终还是没能化解。

这一切都发生在诗人的内心之中,对美和对理想的追求失败了,他陷在了不可自拔的孤独忧郁凄凉的情感之中;他渴望他所恋爱的人能够以他一样的愁怨理解他的愁怨,以爱心来理解安慰和化解他的孤独和愁怨。但是,他的渴望还是落空了。"丁香空结雨中愁",那确实是孤独寂寞凄凉和愁怨的,然而,丁香的"愁结"终究会被春雨和春风所化解,那个愁怨的结终究会绽放出鲜艳的花蕾和灿烂的花朵。但是,在诗人的内心,那个丁香一样的愁结是永远也化不开的结,永远的结,凝固的结,绝望的结。他的丁香一样的愁结并不能解开。在诗人的内心,那雨一直在飘着,那丁香一直在结着愁怨的结,那丁香一样结着愁怨的姑娘一直也没有出现,而那长长的雨巷一直也不能走到它的尽头。其实,这首《雨巷》是诗人丧失美、丧失爱、丧失理想的绝望情绪的表达。诗人所写的是象征诗,他的孤独寂寞和愁怨的情感不能直说,而必须用意象来象征。诗人是将他失恋的愁怨和愁怨中强烈渴望同情和爱恋以及愁怨渴望化解的失败的情感转化为一种意象形式,这意象形式就成为他情感的象征。对诗人的意象不能作叙述性的理解,诗人从不叙述什么,而只是为他的情感找到或创造一种"同构"物。因为诗人的内在情感在现成的语言中找不到合适的词汇去表达,就只能以语言去描绘一种和情感形式相似的外在事物,以外在事物的形式结构表现内在情感的形式结构。这种外在的事物就成为内在情感的象征或隐喻的符号。苏珊·朗格说:"隐喻的原理,也就是指说的是一件事物而暗指的又是另一件事物,并希望别人也从这种表达中领悟到是指另一件事物的原理。"①诗即意象,诗即隐喻,诗即符号。因而,解读诗或破译诗的形式意味就必须从诗的意象隐喻符号开始。问题的复杂性还在于,解读诗不仅要注意到诗的隐喻象征符号,还要注意到它的意象的相互映衬,它的整体,它的统一结构。因为,只有这意象相互映衬形成的整体的统一结构才是外在事物的整体结构形式;而只有外在事物的整体结构形式才能准确地表现内在情感的形式结构;如果把外在事物的统一结构肢解了,孤立地去解释某个单独的意象,就不可能获得对诗人表现的内在情感形式结构的整体把握。

《雨巷》表达的愁怨不仅是诗人个人的情感,还是人类情感的一个永恒的主题。《诗经》中的《蒹葭》就是愁怨情感原型性的表达。"所谓伊人,在水一方",那是因为"道阻且长"和"宛在水中央"。"道"和"水"是相爱的难以超越或根本不可超越的阻隔力量,因而,爱无论多么强烈、多么刻骨铭心、多么神圣美好都是无法实现的。爱是永恒的,而阻隔爱的力量也是永恒的,人类愁怨的情感也便是永恒的。爱无法实现,人便陷在了绵绵不尽的想极力解脱又不可解脱的深深的愁怨情绪之中。愁怨是人类的一个原型性"情结"。从古至今,有数不清的诗篇在表达这种愁怨的"情结"。《长恨歌》《钗头凤》《孔雀东南飞》等是表现这种愁怨原型的最伟大的诗篇。然而,《雨巷》虽然表达的也是愁怨,但与《蒹葭》等又有所不同。《雨巷》表达的爱的不能实现的愁怨,不是因为"道"和"水"的外在势力的阻隔力量,而是人用燃烧着整个生命的烈火去追求他的恋爱对象但并没有获得他恋爱对象应有的呼应的"阻隔"。这是爱的另外一种阻隔力量。这种阻隔力量更是无法超越和战胜的。《蒹葭》等所表现的阻隔,因为有心灵的相通,人们还可以想象以各种"桥"的形式,跨越"水"的阻隔,实现被压抑愿望的想象满足,比如"鹊桥",它就使天上人间之隔的"天河"得以沟通,从而使相爱的牛郎和织女得以相爱。而爱的追求没有获得爱的对象呼应的阻隔,因为没有心灵的相通,是没有任何桥可以沟通的。尽管,戴望舒想象了"我希望飘过一个丁香一样地结着愁怨的姑娘"来化解他爱的不能实现的愁怨,虽然她"像梦一样地凄婉迷茫",但终究她还是"消了她的颜色,散了她的芬芳,消散了,甚至她的太息般的眼光,丁香般的惆怅"。心灵的不能沟通,爱的任何努力都是徒劳的、枉费心机的;而爱的不能放弃,就会陷在永无穷尽永远也不能解脱的愁怨里。

《雨巷》的意象表现了人的另一种愁怨情感。这是一种完全不同于《蒹葭》《长恨歌》等诗篇所表达的愁怨。它是以一种新的形式对人的情感的一种新的发现和新的表现。正是因为理解了这一点,我们才真正地懂得了为什么一些人在吟诵这首诗的时候,才止不住泪水涟涟的秘密。那是因为《雨巷》替他们宣泄了他们内心深处郁结的凝重而又绵绵不尽的愁怨。

丁香不展之结的意象是诗人苦闷、沉郁和凝重的愁怨情结的象征。在丁香意象的映衬

---

① 苏珊·朗格.艺术问题[M].滕守尧,朱疆源,译.北京.中国社会科学出版社,1983.

下,"雨巷",那悠长、悠长又寂寥的雨巷,诗人撑着油纸伞独自彷徨在其中;在这雨巷的彷徨里,诗人又渴望逢见丁香一样结着愁怨的姑娘;但那个姑娘最终并没有出现;诗人还是独自彷徨在悠长、悠长而又寂寥的雨巷——这雨巷实在是诗人愁怨情结的意象象征。诗人是把他渴望化解、难以化解、没能化解的愁怨情结对象化到了雨巷的意象上。雨巷是诗人内心愁怨情感的外化表现。诗人内在的主观的愁怨情感在雨巷的意象上得到了外在的客观化的形式呈现。诗人苦闷、沉郁和凝重的愁怨情感是像雨巷那样悠长而又永无尽头。雨巷的意象,恰如"一江春水向东流"的意象对愁绪的表达一样,是"有意味的形式"。

视角转换与新意表现
——《错误》意义的重新探讨

一、传统视角的转换

一般评论认为,郑愁予的《错误》是继承了中国古代闺怨和宫怨一类诗歌传统,表现的是独守空闺的女子苦苦等待男人归来的深深失望。我以为,这种看法仍然是沿着闺怨和宫怨一类诗歌传统主题在欣赏和研究郑愁予的《错误》,而没能充分注意到《错误》与传统闺怨和宫怨一类诗歌的区别即《错误》一诗本身的独特性。《错误》与闺怨和宫怨一类诗歌传统有联系,但更有区别,正是这种区别的独特性才使《错误》突破和超越了古代闺怨和宫怨一类诗歌传统,而具有了重要的现代性意义。

《错误》不再沿袭闺怨和宫怨一类诗歌传统的女性视角,而转换为男性视角。正是这一视角的转换,才使原来的闺怨诗歌题材开掘出了新意:不再是女子角度等待绝望的抱怨,而是表现了女性与男性不平等关系的原型模式。《错误》是在古代闺怨和宫怨一类诗歌传统结束的地方开始了新的探索:为什么闺怨和宫怨一类诗歌传统中的女性总是处在被遗弃的地位?

温庭筠的《望江南·梳洗罢》是古代闺怨诗的代表作,只要我们把《错误》和它比较一下,就会清清楚楚地看到《错误》视角的转换。"梳洗罢,独倚望江楼。过尽千帆皆不是,斜晖脉脉水悠悠。肠断白蘋洲。"这个"梳洗罢,独倚望江楼"的人很显然是个女子;"过尽千帆皆不是",是女子等待丈夫的失望;"斜晖脉脉水悠悠。肠断白蘋洲",是女子的情意无限、思念无限、痛苦无限的表现形式。《错误》不再是这种女性的视角,而转变为男性的视角,第一节:

> 我打江南走过,
> 那等在季节里的容颜如莲花的开落

这个"我"是与"等在季节里的容颜如莲花的开落"的女性相对的男性。第二节仍然是从男性视角的表现:

> 东风不来,三月的柳絮不飞
> 你的心如小小的寂寞的城

恰若青石的街道向晚

跫音不响,三月的春帷不揭

你的心是小小的窗扉紧掩

这五句的诸多意象是从男性视角对等待的女性心理情感的体味和描摹。第三节仍然是男性的视角:

我达达的马蹄是美丽的错误

我不是归人,是个过客……

由于《错误》整首诗都是从男性视角进行的观照,这就使《错误》比古代闺怨和宫怨一类传统诗歌有了极其重要的区别:《望江南·梳洗罢》只是表现了女子"独倚"的无望与"肠断"的痛苦,并未明确表现造成女子"独倚"和"肠断"的原因,"过尽千帆皆不是",只是表现"独倚"女子期待的一次又一次的失望,根本意义并非责难男子的不归。《错误》是由男性的视角表现女性等待的愁怨和为什么造成独守空闺苦苦等待的命运的,也就是说,女性独守空闺苦苦等待的悲剧命运的原因是在于男人的"我不是归人,是个过客"。《错误》对古代闺怨和宫怨一类诗歌传统的突破和超越,正是"我打江南走过"对"过尽千帆皆不是"的转换——之所以"过尽千帆皆不是",那是因为"我打江南走过"。同样是闺怨一类的题材,但由于郑愁予不再是从女性苦苦等待,而是从男性"过客""走过"的视角来表现的,就使老题材开掘出了新意义。

二、女性苦闷的男性原因

"我打江南走过,那等在季节里的容颜如莲花的开落"是《错误》的整体意象。也可以这样说,《错误》的全部意义都包含在这两句所表现的意象之中了。"我打江南走过",包含了"我不是归人,是个过客——";"那等在季节里的容颜如莲花的开落"包含了整个第二节五句意象所表现的意义;那个等待归人的女性的寂寞、凄凉、痛苦和绝望。"我打江南走过/那等在季节里的容颜如莲花的开落"也表现了《错误》的"错误","我""打江南走过",她"等在季节里的容颜如莲花的开落",象征了"我"对她的"错误","我"不是她等待的归人,而只是在她面前走过的"过客";而"我"是男性的象征符号,"容颜如莲花"则是女性的象征符号。

"东风不来,三月的柳絮不飞"的意象是第二节的总体意象,读者先是把它理解成客观景象,继而又会把它理解成是主观意象。它既是客观景物,又是主观意象,但归根结底是对那个"容颜如莲花"的女性的思想感情的象征。"东风不来,三月的柳絮不飞"既可以理解成是个并列句,表现的是没有进入春天,象征那位女性的情感仍然留在冬天封闭、冰冻、寒冷的状态中;也可以理解成主从句,是因为"东风不来",才导致"三月的柳絮不飞"。"东风不来"使人想到那位女性的等待没有任何讯息,又联想到下面的"跫音不响"表现的也是等待的落空——她的心才留在冬天的寒冷中。无论做以上哪种理解,都会理解成"容颜如莲花"的女性等待的无望。等待的无望,使那位女性的情感陷入憋闷、窒息、苦闷之中。"你的心如小小的寂寞的城",是绝望、苦闷情感的意象象征。等待没有希望,心被苦闷填得满满,没有任何出路,"小小寂寞的城"——寂寞是封闭打不开的结果,封闭的城就是苦闷的城。"心"是这样的"城",其苦闷就可想而知了。

"恰若青石的街道向晚/跫音不响,三月的春帷不揭",是对那位等待"归人"的女性情感的又一种意象象征。"青石的街道"意象是青苔斑驳、阴森清冷、古旧凄凉的;而这个"青石的街道"又是"向晚"的,"向晚"又使那街道更为阴冷、晦暗、凄凉、寂寥。"青石的街道向晚"的意象象征着那位等待的女性情感的阴郁、凄凉和清苦。那个苦苦等待的女性并没有等来任何信息,"跫音不响,三月的春帷不揭"是指那位等待的女性的内心的"不响""春帷"的不揭——"不响",等待的彻底失望,心如死井;"不揭",没有任何希望,心如冬眠。正因为"东风不来","才"跫音不响""三月的春帷不揭"。第二节仅仅五行,诗人却用两行写了"三月的柳絮不飞""三月的春帷不揭",但两个"三月"仍然是冬天的意象,就特别强烈地表现出了那位等待归人的女性的情感仍然留在冬天的严寒里。等待的无望,才导致那位女性的心又如"小小的窗扉紧掩"。"小小的窗扉紧掩"是等待的无望甚至绝望的意象。"紧掩"不是她自己的紧掩,是等待的无望使其绝望的紧掩。第二节无论哪一句都不是写实的,都是写"心"的。种种意象都是"心"的比喻,"心"的象征,"心"的符号。那"心"如"小小的寂寞的城",如"青石的街道向晚",如"跫音不响,三月的春帷不揭",如"小小的窗扉紧掩",就是象征那等待的情感和等待情感没有结果的晦暗、悲凉和绝望。"小小的寂寞的城"和"小小的窗扉紧掩"等是苦闷的"心"的象征,是将无形的苦闷的"心"有形化了。

第二节所有意象形式表现的都是那个等待的女性的苦苦等待的苦闷心情,而等待的女性这种苦闷完全是由那个男性"走过"造成的。第一节和第三节所表达的就是这种思想。

第三节的"我达达的马蹄是美丽的错误/我不是归人,是个过客",同样引起读者的联想和想象。首先读者会想到:如果"我达达的马蹄"与那个闺中的等待的女性没有关系,就谈不上"我达达的马蹄是美丽的错误"。其次,读者会进一步思考"美丽的错误"的所指。如果仅从"我"这个男性的角度思考就不能说成是"美丽的错误",而从下一句"我不是归人,是个过客"来看,显然是指"我"的行为——"达达的马蹄"——与那个等待而无望的女性有关。再次,读者会进一步思考:"我达达的马蹄是美丽的错误",因为"我不是归人,是个过客",而这就意味着,那个等待的怨妇曾经把"我"当做"归人"。这样,读者就会从联想进入想象,想象诗人并没有描写出的东西。那"东风不来,三月的柳絮不飞/你的心如小小的寂寞的城"诸句,是表现那个女性等待的无望、心如死灰、心如死水的绝望之情的,正是在这样一种情感状态下,"我达达的马蹄"重新唤起了那个曾经苦苦等待、渴盼"归人"但始终没有任何结果而陷入绝望的怨妇的希望。这就使读者想象到:在那个等待的女性的内心感受里,东风来了,三月的柳絮飞起来了;她的心的小小寂寞的城打开了;那向晚的青石的街道,跫音"达达"地响了起来;三月的春帷揭开了;她的心的小小的窗扉推开了——那个等待的女性死灭的爱情之火重新熊熊地燃烧起来了,那个等待的女性沉寂的爱情之水重新激荡了起来。然而,"我不是归人,是个过客"——读者仿佛看到,那个骑马的男人并未在那个等待归人的女人门前驻足而是匆匆"走过";或者,那个骑马而来的男人,是那个等待的女性渴望的爱人或情人,但他终究不是归人而是个过客。"我"与那个等待的女性是无情、无意与无缘的。那个等待归人的女性重新陷入了日复一日的等待之中。

读者还会想象,那个等待的女性之所以心如死水、陷于绝望,是因为她曾经一次又一次地等待、渴望的失望。

她曾经望眼欲穿——盼望、渴望、期望、想望、苦望、凝望、遥望——渴望相爱的人从远方归来;渴望苦恋的人归来就不再离去,渴望相爱的人永远在一起。苦苦渴望的女性把自己凝铸成了一尊凄美忧伤痛苦的"望夫石"。那个依门望夫的女子一次又一次地失望,可并不见她渴望的人儿归来,于是,她更加惆怅痛苦忧伤。她曾经全神贯注地"听"——屏声敛气的谛听、全神贯注地搜听、极尽想象地倾听,苦苦渴望的女性又把自己凝聚成了一尊凄美忧伤痛苦的"听夫石"。

读者不仅会想象到那个等待的女性的"容颜如莲花的开落"——这既是比喻那个等待的女性从妙龄年少、美貌鲜艳绽开如花等到了青春已逝、憔悴凋零枯萎颓落,又是比喻那个等待的女性的情感从希望到失望甚至绝望的变化,读者还会想象到那个等待的女性由"我达达的马蹄"引起的情感的巨大震动与变化:她的情感爆发与崩溃,喜悦与悲凉、梦幻与破灭、渴望与绝望。

当《错误》的种种意象——在读者那里产生联想和想象之后,读者自然而然还会想象到《错误》的总体意象:等待和走过。等待:无望地等待,等待地无望;走过,无情地走过,走过地无情。

三、男女不平等原型模式的象征

然而,《错误》所表现的"错误"究竟是什么呢?读者会陷入深深的、久久的沉思。

最明显、最普遍的理解是,"错误"在于那个等待的女性的误解。"我达达的马蹄"引起了那个等待的女性的幻想,以为是她苦苦渴盼的爱人归来了,然而,那个男人不是她的归人,和她并没有任何关系,而是个"过客"。那么,她等待的那个男人呢?那个等待的女性情感又受到了一次深深的打击、伤害和折磨。这种理解是从那个等待的女性的角度思考的。

另一种理解是,"错误"在于那个男人的"走过"——"我不是归人,是个过客"。这种思考有如下的理由:"我达达的马蹄是美丽的错误",说明了"我"与那个等待的女性是有关系的,

"我"是她的男人——她的爱人或曾经是她的爱人,"我"是她等待的归人,她以为"我"是她等待的归人,然而"我不是归人,是个过客",因而,"错误"才称之为"美丽的"。

还有一种理解是,那个等待的女性永远也得不到长久的欢爱。人们在"那等在季节里的容颜如莲花的开落"一句中做了进一步的解释:"等在季节里",是在表明她对"我"的等待,"季节"一词表现了时间的漫长;而"莲花的开落",也暗喻了"我"暂时的归来和匆匆的离去。莲花的"开"象征着她的欢愉,莲花的"落"象征着她的悲凄。

但无论做怎样的理解,都仍然聚焦在"我"的身上,都会理解"错误"在于"我",在于"我打江南走过","我不是归人,是个过客"。

"我"无情地走过,她苦苦地等待,是《错误》的核心意象,这个核心意象是《错误》的象征符号。从符号学的角度看,"我"是男性的符号象征,"容颜如莲花"当然是女性的符号象征,诗人是把一种他所认识到的情感方式、人生方式,或者说男女关系的方式,其实是一种男女关系的原型模式,用"我"对她的"错误"给抽象而又具体地表现了出来。抽象是指《错误》把男女关系的原型模式形式化了;具体是指这种男女关系的原型性模式以"我"的走过和她的等待体现出来。"我"无情地走过就是男性的无情走过,而她苦苦地等待就是女性的苦苦等待。其实《错误》的核心意象应该是这样的:女人——等待;男人——走过。《错误》的这种意象是一种象征,"我"的走过和她的等待象征了男女不平等的等级制男女关系模式。

在漫长的以男性为中心的统治时代,女性与男性是不平等的,女性是被男性统治的"第二性"。男性对女性的统治、压迫和奴役并不像统治者对人们的统治、压迫和奴役那样是一种显性的制度,而是一种隐性的制度。这种隐性制度规定了一种男女关系模式——男性和女性是不平等的,男性是女性的统治者,男性对女性来说是"自由"(支配、放荡)的,女性对男性来说是不自由(依赖、顺从)的。这种等级制的隐性制度是由男性和女性的集体无意识形成的。不仅男性被这种集体无意识驱使着,从男性的立场统治压迫和奴役着女性,女性也被这种集体无意识驱使着,被男性统治压迫奴役着而意识不到是男性对女性的统治压迫和奴役。正是这种集体无意识,使男性对女性的统治成了一种天经地义的"自然的"秩序。女性就像人们遵循大自然的秩序一样遵循着这种男女关系模式的"自然的"秩序。对于中国古代的女性来说,结婚就是她们人生悲剧命运的开始,如波伏娃所说:"婚姻对于男人和女人,一向都是完全不同的两回事。男女两性是彼此必需的,但这种必需从未在他们之间产生过相互性的地位。如我们所见,女人从未形成过一个等级,平等地与男性等级进行交换、订立契约。"①结婚之后的女性就出在了"思妇""闺怨"的处境中。对于女性来说,男性永远是她们的"过客"而不是"归人";对于男性来说,女性永远是依门而望、窒息、憋闷、痛苦在"闺中"的思妇。在不平等的男女关系模式中,男性的价值观和性爱观是凌驾于女性之上的。男性去建

---

① 波伏娃.第二性[M].陶铁柱,译.北京:中国书籍出版社,2004.

功立业、经商赚钱,可以长期把女性抛弃在家里不理、不管、不顾,如《闺怨》《长干行》;男性见异思迁,巴结权贵,可以遗弃先前同甘共苦的女性,如《诗经·氓》《秦香莲》;男性不把女性当做爱情的对象而是当做性工具来看待,可以随意买卖,如《杜十娘怒沉百宝箱》;男性喜新厌旧、寻欢作乐,可以把女性的情感弃置不顾,如许许多多作品所表现的。在不平等的男女关系模式中,男性是高于女性的性别阶级,女性是低于男性的性别阶级。男性阶级不仅可以不考虑女性的价值尊严,还可以随意地处置女性。在这个不平等的男女关系模式中,女性没有任何自己的价值可言。女性的价值是被男性决定的,女性的人生是活在男性的人生中的。女性没有自己的自由、爱情和幸福。女性的悲哀在于,女性深深地爱着她们的男性,她们把自己全部的青春、情感、灵魂和生命都献给了她们的男性,但她们却得不到她们所爱的男性的爱。她们被她们所爱的男性忽略、遗弃和损害着,却没有任何能力和方式去反抗和改变;她们在被欺侮被遗忘中还等待着她们所爱的男性,然而,她们所爱的男性却不是她们等待的"归人",而永远是个过客。她们被她们所爱的男性抛弃在黑暗的寒夜中,但她们并不特别地憎恨她们爱的男人;她们没有任何希望,苦苦地等待就是她们唯一的希望。《错误》以"我"这个"过客"的走过和那个女人等待"归人"的意象把女性被男性统治的一种男女关系模式象征性地表现了出来。

"错误"的最根本的意义不在于"我打江南走过",不在于"我达达的马蹄"引起了那个等待的女性的幻想,不在于"我不是归人,是个过客","错误"最根本的意义在于"我"的走过与"她"的等待意象隐喻出的不平等的男女关系模式。"我"无情地走过和"她"苦苦的等待是一种瞬间的意象,但这意象的瞬间是生动的瞬间、深刻的瞬间、丰富的瞬间、凝重的瞬间。它把一种深邃凝重的历史内涵包容在了自身之中,把一种反复出现的人生方式、命运方式包容在了自身之中,把一种见惯不惊的不平等的男女关系模式包容在了自身之中,把一种刻骨铭心的情感模式和内心感受包容在了自身之中。《错误》因以一种瞬间的意象展现了一种无法看到的深刻内容而显出丰富与伟大。

旧材料新安排的结构意义
——论《断章》的形式及其意义

断章

你站在桥上看风景，

看风景的人在楼上看你。

明月装饰了你的窗子，

你装饰了别人的梦。

安排：结构隐藏在具体意象之中

诗人与我们一般人有什么区别？我们或许以为诗人所描写的事物我们也看到过，但我们的疑问是，我们与诗人都看到了同样的事物，为什么诗人写出了美丽的诗篇，而我们却不能？我们即使勉强写了出来，也缺少诗意，也不是诗。这又是为什么呢？诗人真的有特别能够发现美的即诗的与我们一般人极为不同的眼睛吗？春蚕吐丝，蜡炬滴"泪"等，都是我们一般人看得见或相见得到的，但诗人却以"春蚕到死丝方尽""蜡炬成灰泪始干"的具体意象抽象出相思的绵长不尽。诗人与我们一般人最大的区别是，诗人能够通过他所描写的东西创造出一种抽象的形式，通过这种抽象形式的结构表现人的情感结构，而我们则缺少或根本不具备这种抽象的形式创造的能力。

关于抽象形式，最有影响力的艺术理论家苏珊·朗格说："这种最抽象的形式是指某种结构、关系或是通过互相依存的因素形成的整体。更确切地说，它是指形成整体的某种排列方式。"[①]诗人创造诗需要意象、隐喻和象征及运用原型的能力，但诗人创造诗的最大才能归根结底还是在于抽象形式的创造能力。

我们读《断章》很容易把诗人描写的"你站在桥上看风景，看风景的人在楼上看你"看成是诗人对他经历到或观察到的实际经验的真实写照，这是对《断章》的误读。不是诗人对一个现成画面的复写而是诗人创造出来的意象，这意象是诗人为他体验到和理解到的思想情

---

① 苏珊·朗格.艺术问题[M].滕守尧，朱疆源，译.北京：中国社会科学出版社，1983.

感创造的某种外观,或者说是一种艺术符号的创造。我们对《断章》的误读包含着我们对诗的理解理念的错误。"通常,人们总以为艺术是再现某种事物的,因此总认为它的符号作用就是再现。"①然而,诗的最根本的任务并非客观事物的再现而是主观情感的艺术表现;"所谓艺术表现,就是对情感概念的显现或呈现。"②而这种"显现或呈现"是用艺术意象的创造来达到的。"模仿他物并非为意象的基本功能,尽管这种功能非常重要,我们借此可以考虑整体实际与虚构的问题。意象的真正功用是:它可作为抽象之物,可作为象征,即思想的荷载物。"③当我们把《断章》意象看成是对一个即成画面的再现时,"你站在桥上看风景,看风景的人在楼上看你",就成了与诗人和读者情感无关的客观图画。如果从诗是以一种形式的创造来表现主观情感的理念来看,"你站在桥上看风景,看风景的人在楼上看你"就成为人的主观情感的意象表现。

《断章》是现代诗中最短的之一,它之所以魅力不尽,阐释无穷,耐人寻味,不在于它的意象性画面,而在于它利用意象画面创造了一种抽象形式。《断章》通过四个"风景"意象,组成了两组互为对象的关系,而这两组互为对象的形式共同表现出一种结构,抽象出一种相对性的哲学思想意味。

《断章》的魅力首先在于整体安排。诗的意义不是由一句一句诗句的相加而呈现的,也不是由一个一个意象叠加而形成的,诗的意义是由诗的结构来表现的;而诗的结构是由诗人的整体安排来体现的,体现结构的整体安排蕴藏着抽象的形式,而正是抽象形式才表现着诗的深刻意蕴。《断章》虽然只有短短的四句,但被整体关系所结构却是十分醒目突出的。这就在于诗人匠心独运的整体安排。卞之琳曾经说过:"旧材料,甚至用烂了的材料,不一定不可以用,只要你能自出心裁,安排得当。只要是新的、聪明的安排,破布头也可以造成白纸。"《断章》所表现的事物或说意象,人、楼、桥、月、窗和梦等是人们司空见惯,也是许多前代诗人多有表现甚至"用烂了的材料",可以说是"旧材料"了,然而就是这些"旧材料"在诗人"自出心裁""新的、聪明的安排"下,形成了一种新的结构关系,而这种结构关系表现的意义就脱出了人、楼、桥、月、窗和梦意象的意味,抽象出一种不同于人、楼、月等新的思想意义。

《断章》的整体结构"安排"形成了它的艺术符号性质。艺术符号是由诗的整体结构表现出来的。苏珊·朗格在论述整体和艺术符号的关系时说:"艺术品作为一个整体来说,就是情感的意象。对于这种意象,我们可以称之为艺术符号。这种艺术符号是一种单一的有机结构体,其中的每一成分都不能离开这个结构体而独立地存在,所以单个的成分就不能单独地去表现某种情感。""在一件艺术品中,其成分总是和整体形象联系在一起组成一种全新的创造物。虽然我们可以把其中每一个成分在整体中的贡献和作用分析出来,但离开了整体

---

① 苏珊·朗格.艺术问题[M].滕守尧,朱疆源,译.北京:中国社会科学出版社,1983.
② 苏珊·朗格.艺术问题[M].滕守尧,朱疆源,译.北京:中国社会科学出版社,1983.
③ 苏珊·朗格.情感与形式[M].刘大基,傅志强,周发祥,译.北京:中国社会科学出版社,1986.

就无法单独赋予每一个成分以意味。"①依照这种艺术符号学理论方法来看《断章》,就不能把《断章》的四句分开来欣赏和分析,而必须从整体的艺术符号性质去阐释。从整体艺术符号的角度看《断章》,"你站在桥上看风景,看风景的人在楼上看你"和"明月装饰了你的窗子,你装饰了别人的梦"意象"安排"方式构成了一种更大的意象(是诗人要表达的东西决定着他的安排)。是这种更大的意象"安排"和《断章》的具体意象,建立了两个"你"互为"风景"的互看形式关系。这种更大的意象所突出的是一种对象性的关系,因而,我们完全可以把这种结构具体意象的更大意象称为"互看的相对性意象"(或称"对象性意象")。正是这种"互看的相对性意象"的形式才使那种"用烂了的材料"生发出新颖、独特、深刻的意义。

《断章》写了人、楼、桥、窗、月和梦等,但《断章》的意义并不在这些意象的意味上,而在由这些意象的前后联系构成的更大的相对性意象上。诗人所着力创作的就是这个更大的相对性意象,楼和桥、窗和月、人和梦等只不过是表现这更大的相对性意象的"媒介"。如果我们的欣赏和研究只注意到了桥和楼、窗和月、人和梦等小的意象,而没能注意到更大的相对性意象,我们就不可能理解《断章》的形式及其意义。

前两句:"你站在桥上看风景,看风景的人在楼上看你",虽然写了两个人看两种风景的意象,但在前后联系的结构关系中所突出的却是两个"你"的互为"风景":"你站在桥上看风景",看的是在楼上看风景的人的意象;而"看风景的人在楼上看你",所看的正是"你站在桥上看风景"的意象。这就构成了两个"你""互看"的意象;呈现出两个"你"互为结构的形式,表现了两个"你"互为"风景"的意义。

后两句:"明月装饰了你的窗子,你装饰了别人的梦",仍然是在前后联系的结构关系中生发出新的意象与意义。"明月装饰了你的窗子",显然是指那个"看风景的人在楼上看你"中的"你",因为,这里有"楼"才有窗,而"站在桥上看风景"的"你"是没有窗子可言的。"你装饰了别人的梦"也仍然是指"看风景的人在楼上看你"中的"你",而"你装饰了别人的梦"的"别人",很明显是指"站在桥上看风景"的"你",也就是说,"你"在楼上与明月等共同构成了"站在桥上看风景"的"你"的"梦"——"风景"。这两句虽然写了明月、窗子和梦,并隐含着楼,但所突出的仍然是两个"你"的互为对象的意象,即"明月装饰了你的窗子"成为"站在桥上看风景"的"你"的"风景"。所表现的仍然是前两句所表现的:两个"你""互看"的意象,呈现出两个"你"互为结构的形式,表现了两个"你"互为"风景"的意义。

我们说《断章》的四个意象构成了两组相对性的意象,是从《断章》的整体结构关系上说的,如果从《断章》句式的排列方式上看,是第一句表现的"你"与后三句表现的"你"构成了相对性的,但是从结构意象上看,确实又可以分成两组。在后两句的第二组中虽然看不到"明月装饰了你的窗子"的"你"的"看","你站在桥上看风景"的"你",似乎不存在两个

---

① 苏珊·朗格.艺术问题[M].滕守尧,朱疆源,译.北京:中国社会科学出版社,1983.

"你"的互看意象,但诗是一个整体,在这种整体的联系中,第一组的"看风景的在楼上看你",对理解后两句仍然起着"前理解"的作用,这样,四句分成两组共同表现了一种相对性的结构关系,而这种相对性结构关系便形成了一种抽象形式——两人之间互为对象的形式关系式。《断章》就是这样由两个"你"互看的互为对象的抽象形式表现了相对性的哲学思想意味。

《断章》由整体排列方式构成了前后联系,由前后联系形成了一种互为对象的抽象形式,又由这互为对象的抽象形式表现出一种相对性的结构关系。就这样,《断章》靠形式呈现的特征即相对性的关系的表现,使其意义从人、楼、月、窗和梦等作为媒介的具体材料中抽象了出来。

诗人为什么要以具体事物为媒介创造这种相对性的结构关系呢?

因为诗人要表现的相对性的"内心生活"的感受是不能以普通语言符号直接说出来的,即使勉强直接说出来,也是缺少或者是没有诗意的。所谓"内心生活","是指一个人对其自身历史发展的内心写照,是他对世界生活形式的内在感受。这一类经验通常只能被我们模糊地意识到,因为它的组成成分大部分都是不可名状的"。[①] 一般语言概念很难把这种"内心生活"表现出来。而"凡是用语言难以完成的那些任务——呈现感情和情绪活动的本质和结构的任务——都可以由艺术品来完成。艺术品本质上就是一种表现情感的形式,它们所表现的正是人类情感的本质"。[②] 诗人的任务就是要为自己体验和理解到的情感创造一种新的艺术符号,这种艺术符号的作用就是"直接展示情感活动的结构模式",[③]因而,诗的关键就是创造能够表现这种情感模式的"结构式样"或结构关系。

《断章》的艺术符号及其意义虽然是由桥和楼、月和窗、人和梦等具体事物构成的,但却不是由这些具体事物直接呈现出来的,而是由人、桥和楼、明月和梦等具体事物构成的"结构式样"即形式关系表现出来的。这就造成了《断章》的形式既是具体的又是抽象的。

"装饰":相对性的形式化前提

"每一件真正的艺术品都有若离尘寰的倾向。其所造成的最直接的效果,是一种离开现实的'他性',这是包罗作品因素如事物、动作、陈述、旋律等的幻象所造成的效果。"[④]

脱离现实的"他性"——它甚至给实际的生产品如一栋楼房或一只花瓶以某种虚幻的光泽——是至关重要的因素,它预示着艺术的本质。[⑤]

---

① 苏珊·朗格.艺术问题[M].滕守尧,朱疆源,译.北京:中国社会科学出版社,1983.
② 苏珊·朗格.艺术问题[M].滕守尧,朱疆源,译.北京:中国社会科学出版社,1983.
③ 苏珊·朗格.艺术问题[M].滕守尧,朱疆源,译.北京:中国社会科学出版社,1983.
④ 苏珊·朗格.情感与形式[M].刘大基,傅志强,周发祥,译.北京:中国社会科学出版社,1986.
⑤ 苏珊·朗格.情感与形式[M].刘大基,傅志强,周发祥,译.北京:中国社会科学出版社,1986.

形式即为空洞抽象之物,又具有自己的内容。艺术形式具有一种非常特殊的内容,即它的意义。①

《断章》由它的抽象结构表现出的相对性意义是很重要的,但我们对《断章》的理解仅止于此还是很不够的。《断章》的相对性有一个重要的前提,那就是"装饰"。两个"你"的互看互为风景就是互为装饰。这个互为装饰才真正构成了《断章》相对性的前提。

这种相对性可以有各种各样的理解,但无论做什么样的理解,都必须把对象即"你"的"风景"作为我的"梦"来理解。因为这是构成《断章》相对性的前提,没有对象的"梦"的性质就构不成相对性。"你站在桥上看风景,看风景的人在楼上看你",两个"你"都在看"风景",然而,两个"你"为什么都要看风景,这又是一种什么样的风景呢?由"明月装饰了你的窗子,你装饰了别人的梦",我们得知,风景即梦:"你"所"看"到的"风景"就是"你"的"梦"。

梦是什么?依弗洛伊德的观点看:"梦是被压抑愿望的想象(或伪装)的满足。"你不满意于你的现实,"你"才做梦,你在你的梦中满足了你被压抑的或未能实现的愿望,你才需要做梦,才愿意做梦。但梦有各种各样的形式,有真实的梦,有"白日梦",还有变相的梦。变相梦即以其他形式作为替代的梦。《断章》所写互为对象、互为风景其实就是互为梦。"你站在桥上看风景,看风景的人在楼上看你",两个"你"都是把对方当成了自己的梦。

两个"你"之所以都把对方当成了自己的梦,那是自己愿望投射的结果。"你"不满意于"你"的现实,"你"才把对方"看"成了自己的风景、自己的梦。"生活在别处"也许就是这个意思吧。然而,两个"你"都把对方看成自己的风景即自己的梦,这说明两个"你"都是对自己一方的现实不满意的,那么,是不是"你"的对方就把"你"不满意的现实当成了自己的梦即理想的生活或人生了呢?不是的,那是自己这一方把自己的梦投射到了对方"你"的风景中的缘故。"你"才成了我的风景、我的梦,这才是《断章》两个"你"相对性的内涵。两个"你"都不满意于自己的现实,都在对方的风景中寄予了自己的梦想,这种相对性不是人与自己的梦即与自己的理想的相对吗?正如"明月装饰了你的窗子"中的"你"在"明月"中投射了自己的愿望一样,"你装饰了别人的梦"——"别人"也在"你"的风景中投射了他的愿望,"你"的风景成了"别人"理想生活的一种象征形式,一种审美对象,一种艺术符号;由于愿望的投射作用,"别人"的生活被"你"给形式化、审美化、符号化、象征化了。"别人"的生活成了自己的风景,那其实是进入了一种艺术创造的境地:"你"用"别人"的生活"装饰"自己的梦是在用客观对象为自己主观情感赋形。一方面由于"别人"的生活不具有自己的生活内容而被高度形式化了,另一方面,又在这形式中填充了自己的愿望,从而使其成为表现自己情感的艺术符号。这种"装饰"就是一种将自己的愿望借助媒介进行形式化的过程,一种将主观情感客观对象化的转换方式。由于"装饰"是"你"的愿望的投射,因而"装饰"的实质就是梦的一种变相形

---

① 苏珊·朗格.情感与形式[M].刘大基,傅志强,周发祥,译.北京:中国社会科学出版社,1986.

式;"看风景"就是"装饰","你""看风景"就是用你的愿望想象的"别人"的生活"装饰"自己的生活。批评家李健吾特别强调《断章》中"装饰"二字,认为这是"诗人对于人生的解释",因而,"整首诗呈浮的是不在意,暗地里却埋着说不尽的悲哀"。① 我以为,这是把握到了《断章》的深层意蕴的。诗人卞之琳不同意批评家李健吾的阐释,在答辩文章中说:"'装饰'的意思我不甚看重,正如在《断章》里的那一句'明月装饰了你的窗子,你装饰了别人的梦',我的意思着重在'相对'上。"② 从更深层理解,诗人卞之琳与批评家李健吾的"相对"与"装饰"看去似乎针锋相对的争论其实并不矛盾。诗人强调的是整体结构、抽象形式的"相对"意味,而批评家则以犀利的目光看到了这"相对"结构形式的前提和内涵:"你"与"你"的相对就是人的相对,人为什么会形成这种"相对"呢? 正因为人不满意于现实,"有说不尽的悲哀",才用别人或别处的生活"装饰"自己的"梦"吧。

你——人,或者说所有的人吧,只要有美、爱、自由的欲求,就要看"风景",就要做在风景中投射自己愿望的梦,就要与自己的理想人生相对。《断章》以短短四句两个"你"的互为风景,写到的正是人对美、爱和自由的欲求。这才是《断章》的巨大艺术魅力之所在。

《断章》的巨大艺术魅力还在于,它虽然写到了桥和楼、月和窗、人和梦,写到了装饰和风景,但由于它是借助于这些具体意象创造一种相对性的结构形式,因而,这些意象的意义就被这种相对性结构给稀释和瓦解了,当人们把握了这相对性的结构之后,是不是还要深入领略和探究那相对性结构的具体内容呢? 诗人卞之琳只是给人们创造了一个相对性的"空筐"结构,至于往那只空筐里装什么,那就是读者自己的事了。所谓"空筐"结构,就是艺术家利用材料媒介给读者创造一种结构形式,这种结构形式只表现一种情感结构的样式,并不表现情感的具体内容,情感的具体内容是读者在阅读这种抽象的结构样式时,根据自己的人生体验去具体填充的。

---

① 《〈鱼目集〉——卞之琳先生作》。
② 《关于〈鱼目集〉》。

男权统治下的女性悲剧

——《孔雀东南飞》主题的重新探讨

有一种文学作品特别是在民间创作的作品中更明显,它所叙述的故事是一个深沉的悲剧,这个悲剧感染着一代又一代的读者,它强烈的悲剧性撕肝裂胆,催人泪下。在这样一种悲剧面前,故事的叙述者和读者(听者)都被悲剧的力量所打动、震撼和感染,但是,是什么造成了这可怕的悲剧,叙述者并没有意识到悲剧的真正原因因而也就没有把悲剧的原因真正地揭示出来。叙述者感觉到有一种可怕的力量推动这个悲剧发展,但这可怕的力量究竟是什么,叙述者是不明确的。因而,叙述者就只叙述了悲剧故事,而不能完全清清楚楚地解释悲剧的主题。然而,叙述者的叙述又是被他朦朦胧胧地感觉到的东西推动着的。这样,就造成了故事的明确性和主题的不明确性。也就是说,悲剧故事是明明白白的,而导致悲剧故事的原因却是模糊暧昧潜隐着的。读者在读和听这样的故事的时候,被这个悲剧打动着,也感觉到了悲剧后面有一种更大的力量推动着悲剧的发生,但是这种更大的力量究竟是什么,读者也不甚了然。读者只是模模糊糊地感觉到了一种东西存在,但是读者就是说不清楚这种东西究竟是什么。原因就在于读者和作品中的人物一样,都受制于这种东西,思想意识都被这种东西笼罩着而不能认识这种东西。文学批评的意义在于,要把作者没有解释的东西和读者没有认识到的东西给揭示出来。然而,问题的复杂性在于,有些文学作品批评家是可以解释的,批评家可以站在作品这座"庐山"之外,以犀利深邃的目光去看清楚庐山的真面目;但有些文学作品是同时代的批评家不能够解释的,其原因就在于,批评家和作者及读者都处在"庐山"迷迷茫茫、无边无际的烟雾之中,而不可能看清庐山的真面目。对于这种较为复杂的作品,只有到了另一个时代,拉开了时间的距离,才有被真正解释的可能。这是因为,另一个时代新的思想文化观念为认识前一个时代文学作品的"庐山"真面目提供了另一个观照角度。但问题并不是像我们想象的这样简单,对文学作品的理解常常被一种传统的惯性力量把持着,虽然一个新的时代为解读过去的作品提供了可能,但是,对所有的作品特别是对那些比较复杂的作品并没有给予应有的解释。在这时,文学批评或文学研究就处在了"失语"状态。

《孔雀东南飞》是较为典型的例子。《孔雀东南飞》是公认的古代民间叙述诗中最伟大的诗篇。人们几乎一致认为是封建礼教制度对刘兰芝和焦仲卿爱情的无情摧残导致了它的悲剧。具体的体现是焦母对刘兰芝的刁难和驱遣以及刘兄逼迫刘兰芝的再嫁。但问题是:第一,焦母固然体现了封建家长制的严酷,但封建家长制本身并不是造成那一悲剧的最终原因。我们知道,焦母虽然看不惯刘兰芝,不喜欢她的"自专由",但是焦母还不能亲自把刘兰芝驱遣回家,即使是最严酷的封建家长制也还是借用了另外的力量。第二,对刘兰芝哥哥逼迫刘兰芝再嫁,也说成是宗法制的力量即也是家长专制的表现,看似有道理,但深入思考就会发现,刘兰芝的哥哥和母亲之所以逼迫刘兰芝再嫁,根本原因并不在于封建家长制(因为家长是应该爱自己的妹妹和女儿的),而是另外的力量不允许他们去这样做,他们是根据另外的力量逼迫刘兰芝再嫁。第三,刘兰芝虽然被逼再嫁,但还没有想到死或以死抗争封建家长制对爱情的摧残。刘兰芝最终之所以"举身赴清池",是因为焦仲卿对她的讽刺和羞辱。焦仲卿是深深地爱着刘兰芝的,但焦仲卿是根据什么讽刺和羞辱刘兰芝的呢?对于这些内容,应该说《孔雀东南飞》是给我们描写出了的。也就是说,作品已经朦胧地意识到了并指向了造成悲剧的最终原因,只是作者还不能明确地解释这种原因罢了。到了21世纪的今天,思想观念已经为解释那一悲剧的最终原因提供了可能。我们也必须重新探讨《孔雀东南飞》这篇民间最伟大的叙事诗的真正主题。

一、女性自由意识与男权统治思想的矛盾冲突

《孔雀东南飞》一开篇就以刘兰芝向焦仲卿的诉求告诉了人们她的爱情经过、她的勤劳能做以及婆母对她的刁难和她对焦仲卿的不满。过去人们只是注意到了这段对话表现的汉乐府民歌的艺术性,以简洁的语言交代了丰富复杂的内容,但并没有充分注意到,它为什么不是以作者的客观角度的叙述,更不是以焦仲卿的角度的叙述,而是以刘兰芝的角度作为叙述的开始。今天我们才真正地领悟到了从刘兰芝的角度,即从女性这个角度叙述的特殊意义。它既使开篇的诉求包含着丰富的内容,又使全篇奠定了从女性视角感受的基调。

从开篇的对话中分析刘兰芝的爱情经过和她目前的处境是不错的,但是,如果从刘兰芝的角度领略这段诉求是不是会看到更丰富的内容呢?我们稍加注意刘兰芝的叙述角度就会发现,在刘兰芝的诉求中包含着女性的自由意识。实际上,《孔雀东南飞》一开始就展开了女性自由意识与男权制思想力量的矛盾冲突。

"十三能织素,十四学裁衣,十五弹箜篌,十六诵诗书。"是刘兰芝在诉说自己这个女性是个有才学的女性:既有着传统女性的女工的本领,又有着不同于传统女性的艺术和文化的修养。刘兰芝为什么要这样做呢?是为了得到理想的爱情。"十七为君妇,心中常苦悲。君既为府吏,守节情不移,贱妾留空房,相见常日稀。"是刘兰芝在向焦仲卿诉说自己的悲苦和怨恨:她对焦仲卿是深爱着的,她希望得到她渴望的爱情,但是她并没有得到那种爱情。"鸡鸣入机织,夜夜不得息。三日断五匹,大人故嫌迟。非为织作迟,君家妇难为!"是刘兰芝向焦仲卿诉说婆母对她的刁难:她无论怎样作、怎样贪黑起早、怎样织得多,婆母都是不满意的。

"妾不堪驱使,徒留无所施,便可白公姥,及时相遣归。"是刘兰芝向焦仲卿宣泄她的不满:我在你家是个无用的人,留我有何用呢,告诉你妈把我休回家去吧。通过开篇刘兰芝向焦仲卿诉求的这段话,《孔雀东南飞》给人们展现了对男权统治严重不满的女性形象。我们知道,在封建时代,女人是没有自己的个性、价值、尊严和爱情的,在男权统治的社会里,女人的价值不是由女人自己而是由男人确立的。男人为女人确立的价值就包含在"三纲五常"的理念中。"三纲"是指"君为臣纲,父为子纲,夫为妻纲";"五常"是指"仁、义、礼、智、信"。"三纲"规定臣、子、妻必须绝对服从于君、父、夫;"五常"规范君臣、父子、兄弟、夫妇、朋友等人伦关系行为准则。在这种规范中,男人与女人构成了一种主从、尊卑和使役的伦理关系,在这种伦理关系中,女性成了一种低于男人、为男人而存在的"第二性"。正如波伏娃所说:"所以,人就是指男性。男人并不是根据女人本身去解释女人,而是把女人说成是相对于男人的不能自主的人。"[①]在这种伦理规范中,女人失去了她自己一切梦想的渴望、价值和尊严。女人必须无条件地服从男人的需要。刘兰芝不满意这种生活,不愿意做这样的好女人,实际上就是向传统的男权统治思想和制度提出了不满和怨愤。在刘兰芝看来,"我是一个有修养的女性,我要获得我的爱情,但是,在你家我独守空房,不仅没有获得我所要的爱情,还要受你母亲的刁难和虐待,我不能忍受这种生活"。当然,我们不能把这些诉求的话当做刘兰芝真的要离开焦仲卿,而是在向自己所爱的丈夫宣泄自己的痛苦和不满。

在刘兰芝的诉求之后,是焦仲卿向母亲的求情,在这两个情节之间文本存在一个缝隙:作品没有向人们叙述焦仲卿对刘兰芝诉求的态度,焦仲卿对刘兰芝的诉求没有任何表示。这并非是《孔雀东南飞》的忽略,而是有意为之:焦仲卿的没有表示就是焦仲卿的表示,作为男人,他可以不在乎"他的"女人的情感如何。其实,焦仲卿的这种情感态度与刘兰芝的情感态度也构成了男权统治思想与女性自由意识的矛盾冲突。

《孔雀东南飞》的矛盾冲突就是由这种女性的自由意识与男权统治思想而展开的,而不是由刘兰芝和焦仲卿的爱情与封建礼教而展开的。也正是这种女性自由意识与男权制社会力量的根本矛盾冲突才导致了刘兰芝的最终悲剧,因为刘兰芝所面对的不只是他的婆母和丈夫,而是他们所代表的无比强大的封建礼教和更加无比强大的男权制社会。

女性的自由意识构成了对封建礼教及男权制的反叛和挑战是引起焦母不满的原因,这并不奇怪。因为在那个以封建家长和男权为专制的社会中,女人就是应该对婆母和丈夫低眉顺眼、逆来顺受、俯首称臣的。虽然,刘兰芝独守空房,虽然,刘兰芝"夜夜不得息",虽然,刘兰芝"君家妇难为",但是,毕竟,刘兰芝是"心中常苦悲",毕竟,刘兰芝是不满意于"大人故嫌迟",毕竟,刘兰芝产生了委屈、埋怨和不满。刘兰芝的这种女性自由意识可能会自觉或不自觉地表现出来。这就是焦母决意要驱遣刘兰芝的根本理由:"此妇无礼节,举动自专

---

① 波伏娃.第二性[M].陶铁柱,译.北京:中国书籍出版社,2004.

由。"这就是焦母对刘兰芝的评价。公允地说,这评价对刘兰芝是准确的。在焦母的心目中,是有一个由"三纲五常"所规范的女人形象的,这个楷模原型形象是由几千年来封建礼教和男权制的社会模式铸造出来的,她千人一面,没有自己的个性,她万众一心,没有自己的价值,她中规中矩,不越雷池一步。这个形象具备了封建礼教和男权制社会对女人的所有要求,就是没有一点女性的自由意识的色彩。现在,刘兰芝居然有了自由的要求,这要求与焦母心目中的女人楷模的原型形象相距太远了,这怎么能不让她"吾意久怀忿"呢?这怎么能不让她命令她的儿子"便可速遣之,遣去慎莫留"呢?这怎么能不让她"槌床便大怒""吾已失恩义,会不相从许"呢?正是根据她心目中的女人楷模原型的形象,焦母为焦仲卿选择了新的合适的妻子——"东家有贤女"。这正符合焦母心目中女人楷模原型形象的要求,而且,"自名秦罗敷",长得还漂亮,"可怜体无比",是应该得到焦仲卿的认可的。

《孔雀东南飞》的描写其实回答了"是什么原因使刘兰芝被休"的疑问的,只是我们还不具备更深刻的思想眼光,因而就看不到刘兰芝被驱遣回家的根本原因。把刘兰芝被休的原因说成是封建家长制是不对的,封建家长制的判断掩盖了更深层的男权制的原因;把刘兰芝被休的原因说成是焦母的"恋儿情结"也是不对的,因为《孔雀东南飞》的文本没有给我们留下一点可以运用精神分析的"症候";把刘兰芝的被休的原因说成是刘兰芝和焦仲卿没有爱情也是不对的,因为《孔雀东南飞》的文本已经给我们描写出了刘兰芝不爱权贵、金钱和美貌而只要和焦仲卿相爱的内容,也描写出了焦仲卿不爱东家的"贤女""美女"而只爱刘兰芝的情感。刘兰芝的被休,就是因为刘兰芝的女性自由意识,是这种女性的自由意识使刘兰芝对封建礼教和男权制不满,这种不满构成了对封建礼教和男权制的挑战,而封建礼教和男权制的社会是不允许女人有任何自由意识的。因而,刘兰芝的被休和悲剧的命运是男权制造成的。

二、男权统治思想是刘兰芝被休的根本原因

《孔雀东南飞》描写刘兰芝的悲剧命运是相当有层次的。虽然作品一开篇就写到了刘兰芝的女性自由意识,写到了刘兰芝这个女性对男权制的不满,写到了女性意识和男权制的矛盾冲突,但还不是那么明显,在接下来的矛盾冲突中,女性意识和男权制的矛盾冲突就越来越激烈地显现出来。

刘兰芝和焦母的矛盾冲突是不可调和的,如前所述,因为那是女性的自由意识与男权制思想的矛盾冲突,而不是儿媳和婆母个人之间的冲突,也不是妻子对丈夫的个人的不满。如果说《孔雀东南飞》的开篇更多的是较为隐蔽地写焦母和焦仲卿所代表的男权制思想,那么,在接下来的情节中,男权制思想就变得相当露骨了。

焦母看不惯刘兰芝的"无礼节"和"自专由",非要把她驱遣回家不可。但是,焦仲卿却不

同意他母亲休刘兰芝,他在母亲和妻子之间进行调和,焦母却大发雷霆:"小子无所畏,何敢助妇语!"焦仲卿在此时还不知道,刘兰芝的不满就已经包含着对他男权制思想的不满("相见常日稀""心中常苦悲"),而母亲对刘兰芝的不能容忍,正是在男权统治思想作用下的不能容忍。在这里我们还必须看到,焦仲卿虽然向母亲求情,但是,他既不是站在刘兰芝的角度,也不是站在他爱刘兰芝的角度进行求情,而是站在他自己的角度向母亲求情:"儿已薄禄相,幸复得此妇。"你的儿子当官已经当到头了,不会再提升了,能得到这样的媳妇已经很不易了,怎么能把她休了呢?"女行无偏斜,何意致不厚?"表面看来是为刘兰芝说话,但因为有了前面为自己辩护的理由,这句其实还是为自己说话,是为了自己而替刘兰芝辩护。

焦母是决意要把刘兰芝驱遣回家的。无论焦仲卿怎样的"求情"或据理力争,都不可能改变焦母的态度。焦仲卿只得"再拜还入户,举言谓新妇,哽咽不能语:'我自不驱卿,逼迫有阿母'。"过去我们据此认为,是焦母所代表的封建家长制造成了刘兰芝的悲剧。但今天看来,这种看法不仅失之于简单和笼统,更重要的是,它还掩盖了更重要的原因。焦母的家长专制固然是造成焦刘爱情悲剧的重要原因——假若没有这个原因就不可能有这个刘兰芝被休的悲剧,但那也仍然是悲剧,因为刘兰芝不仅在焦仲卿男权统治思想那里得不到她所渴望的爱情,而且还要日日夜夜、辛辛苦苦地劳作并受到来自婆母男权思想的刁难。即使我们认为封建家长制是造成他们爱情悲剧的重要原因,但是,仅仅有这一原因而没有另外更重要的原因,也不可能造成他们的爱情悲剧。那么,造成焦仲卿和刘兰芝爱情悲剧的更大原因是什么呢?文本中我们会看到,焦母尽管对刘兰芝很看不惯,很反感,很气愤,给气受、刁难,无事生非甚至虐待,但她并不是亲自把刘兰芝驱遣回家,而是通过他儿子把刘兰芝"休"回家的。也就是说,作为一家之长的母亲虽然是专制的,虽然可以对儿子发号施令,但她却不可以直接休了儿媳妇——她没有这个权力。她是通过她的儿子实现这一目的的。也就是说,只有他儿子有这个权力。她是以家长制的专制借用他儿子的权力休了她的儿媳妇。没有这一借用力量,无论她怎样反感她儿媳妇,她也不会达到这一目的。刘兰芝的悲剧不禁使我们想到了陆游的爱情悲剧。陆游是那样痴情地爱着他的妻子唐宛儿,但是在母亲的干预下,陆游还是休了唐宛儿。在封建时代的中国,母亲常常是借助儿子的权力干预儿子的爱情。那么,儿子的权力在焦仲卿那里又是一种什么样的权力呢?

在焦仲卿看来,他是没有任何理由休他的妻子的,但是他还是休了他的妻子。他是依据什么休妻的呢?第一,焦仲卿爱他的妻子刘兰芝,这决定了焦仲卿的本意不能休妻。第二,只是他母亲反感、厌烦和非难刘兰芝,要休了刘兰芝。第三,在焦仲卿看来,她母亲的反感、厌烦和非难是没有任何理由的。第四,焦仲卿是在没有任何理由的前提下休妻的,也就是说,焦仲卿可以没有任何理由休妻。第五,当然,焦仲卿本人是没有这个权力的,焦仲卿的权力是因为他是个男人,焦仲卿使用的权力不是他本人的权力——他本人不愿意休他的妻子——但作为一个男人,他有这个权力,这是男性赋予他的权力;而作为女人的刘兰芝也就

男权统治下的女性悲剧

随之产生了被男人所休的社会地位,是女性使她处在了被休的地位。同样是人,就因为焦仲卿是个男性就有了男权——可以任意地摆布女人;就因为是个女人,刘兰芝就必然受男人的任意摆布。在刘兰芝生活的封建时代,男性好像是天生地高于女性的。在男性面前,女性成了"第二性"——一种和男性不一样的人,一种低于男人的人,一种可以被男性专制的人,一种被男性任意处置的人,一种非人。这是一种制度,一种习俗,一种法律,更是弥漫在所有社会成员中的一种集体无意识。而正是这种男权制度和男权的集体无意识才最终造成了刘兰芝的爱情悲剧。

三、刘兰芝母亲的男权统治思想

刘兰芝和焦仲卿都不知道,他们的悲剧被一种更大的看不见的力量推动着。焦仲卿在下决心休妻之后,还向妻子信誓旦旦地承诺:"卿但暂还家,吾今且报府。不久当归还,还必相迎取。"不能说焦仲卿的承诺是在欺骗刘兰芝,但是,究竟以什么办法去说服母亲,战胜母亲所代表的男权制的思想及力量,何时去"迎娶"刘兰芝,焦仲卿是一点把握都没有的;也不能把焦仲卿的承诺看做是在安慰悲痛之极的刘兰芝,因为这确实是出自焦仲卿的真诚愿望,更准确地说,是焦仲卿在表达他对刘兰芝不能割舍的爱情。

对此,刘兰芝比焦仲卿要清醒:"勿复重纷纭,往昔初阳岁,谢家来贵门。奉事循公姥,进止敢自专?昼夜勤作息,伶俜萦苦辛。谓言无罪过,供养卒大恩;仍更被驱遣,何言复来还!"不要再提接回来的话吧,我一来到你家,一切都按着婆母的要求去做,什么事哪敢自作主张?我日日夜夜勤勤恳恳地劳作,过着孤单而辛苦的日子,希望终生侍奉老人,即使这样都被休回家了,还说什么再回来呢?没有那种可能了呀。在刘兰芝看来,焦仲卿是没有办法战胜他母亲所代表的强大力量的,她重新回来是不可能的,她对未来不抱任何希望。

这对刘兰芝来说是极其痛苦的。她是爱焦仲卿的,她不想离开她的丈夫,但她又不得不离开她的丈夫,这给刘兰芝带来了极大的痛苦。叙事诗以临行前刘兰芝的多种表现刻画了她深深的眷念之情。刘兰芝赠丈夫以"绣腰襦",为的是"时时为安慰,久久莫相忘";精心地梳妆打扮,"纤纤作细步,精妙世无双",为的是给丈夫和婆母留下最后的也是永恒的美丽印象;"上堂拜阿母"的举动和"今日还家去,念母劳家里"的语言表现了她宽厚善良的性格;"却与小姑别,泪落连珠子"表现了她与小姑子的深情厚谊;"出门登车去,涕落百余行",则表现了她告别时痛苦之极、悲伤之极。

离开自己的丈夫,刘兰芝是被迫无奈。刘兰芝尽管爱自己的丈夫,但是,她没有权力留下来,她只能听任婆母和丈夫的驱遣。她内心中不仅痛苦之极,也矛盾之极。她明明知道再回到丈夫身边是不可能的,但是,当丈夫和她发誓:"誓不相隔卿,且暂还家去;吾今且赴府,不久当还归,誓天不向负!"刘兰芝还是重新萌生出再回到丈夫身边的希望,因为,她还深

· 97 ·

深地知道,除了丈夫,她谁也不爱。除了回到丈夫这里,她无路可走,无家可归。因而,重新回到丈夫这里是她唯一的希望,是绝望中的希望。然而,对这绝望中的希望,刘兰芝还是疑虑重重、忧心忡忡的。一方面,她觉得焦仲卿的"誓天"有做不到的可能,因而她反复叮咛他"君即若见录,不久望君来。君当作磐石,妾当作蒲苇,蒲苇纫如丝,磐石无转移",他虽然说了自己要像蒲苇那样坚韧,但更主要的是,她要告诉丈夫,你的"誓天"即爱我的心、接我回来的誓言要像磐石那样"无转移";另一方面,刘兰芝还知道她的哥哥"性行暴如雷,恐不任我意,逆以煎我怀"。其实,在刘兰芝的内心中,除了对哥哥的暴烈和不能容忍自己怀有忧虑之外,还有着更深的忧虑:她被休的下场使家里人不能接纳她。

刘兰芝内心对丈夫和哥哥的忧虑实际就是对男权制构成的强大的社会力量的忧虑。她知道,不管丈夫如何爱自己,不管丈夫怎样表示要把她接回来,也不管丈夫如何对天发誓,丈夫是很难或根本就不可能把她接回来的,因为丈夫不可能战胜他后面的强大的社会力量。刘兰芝还知道,尽管她回到了自己的家,那里有生她养她教育她的亲爱的母亲,和一母同胞的哥哥,但是,那家已经不再属于她,母亲和哥哥不会像原来那样对待她了,他们会根据社会的习俗标准去要求她、对待她。刘兰芝当然不知道那是一种男权统治思想的社会力量,但是刘兰芝知道那力量的可怕,而家里最亲的人也会依照那种力量来歧视她并逼迫她再嫁。刘兰芝虽然被驱遣回家,但她知道实际上她无家可归了。

回到家里,刘兰芝果然受到了母亲的责难和哥哥的逼迫。这段的重点不是直接写刘兰芝的感受,而是由他母亲和哥哥的态度写出刘兰芝被休回家的艰难处境。一见面母亲就是"大拊掌"和"不图子自归"的严厉责难。"大拊掌"(即大拍手)把母亲对刘兰芝被休回家的惊恐表现得淋漓尽致。在封建社会,女儿一嫁出去,就是属于婆家人了,没有母亲的迎接是不能随意回家的,回家了就意味着为婆家所休了。为婆家所休就一定是女儿的过错;而女儿的过错就是女儿家里没教育好,因而那是奇耻大辱。正因为如此,母亲不由分说不问青红皂白就问罪于女儿:"十三教汝织,十四能裁衣,十五能弹箜篌,十六知礼仪,十七遣汝嫁,谓言无誓违。汝今何罪过,不迎而自归?"从小教你织布裁衣学艺懂礼仪,你是有教养的,应该是没有什么大错的,今天你犯了什么罪过被休回家?当刘兰芝告诉母亲"儿实无罪过",母亲还是"大悲摧"。母亲的悲痛可能包含着母亲对女儿的理解,但是,这悲痛之中仍然带有女儿被休回家受到了巨大羞辱的成分。母亲为什么对女儿没有一点同情和怜悯呢?这是因为,母亲也被那种男权制的思想束缚着,母亲也以男权制的思想在衡量女儿、责怪女儿、问罪女儿。来自母亲的怪罪和责难对刘兰芝来说是失去了最后的庇护和温暖。在这里,我们看到了男权制的思想是如何借母亲的力量给女儿施加重压的。

耐人寻味的是,刘兰芝到家后母亲说的"十三能织素,十四能裁衣,十五弹箜篌,十六知礼仪"与开篇刘兰芝与焦仲卿说的话几乎是一致的。这是一种重合,但这种重合的语言表达的思想却不是重合。刘兰芝说这段话的意思是,我既有女红的才能,又有别的女人不具备的诗词歌曲的才能,我这样完善我自己为的是要获得如意的爱情(读者甚至可以想象到,刘兰芝学这些时对美好爱情的憧憬向往),可是到了你家我并没有获得这样的爱情。而刘兰芝母亲的话的意思是,我这样塑造你,是为了使你符合男人和婆家的需要,你怎么不符合男人和婆家的要求还被遣了回来?这同样表现了女性自由意识与男权统治思想的矛盾冲突。刘兰芝母亲虽然身为女性,其思想观念却被男权统治思想"统治"着。

县令和太守家两次遣媒人说媒都被刘兰芝拒绝,表明了刘兰芝对爱情的忠贞、对和焦仲卿相约的坚守。母亲虽然理解了她的情感,但是哥哥却逼迫她必须再嫁。"不嫁义郎体,其往欲何云?"不嫁给这样仁义(又有权又有钱)的人,将来你怎么办呢?哥哥当然想把她嫁给有钱有势的人,但更主要的是哥哥想尽快地把她嫁出去,因为有了一个被休的妹妹在家对他来说是不光彩的。哥哥并不是从妹妹的角度关心妹妹,而是关心他自己。哥哥同母亲一样是站在男权制的角度来看待妹妹被休的。

在哥哥的逼迫下,刘兰芝只得答应再嫁:"理实如兄言,谢家事夫婿,中道还兄门。处分适兄意,那得自任专!虽与府吏要,渠会永无缘。登即相许和,便可作婚姻。"《孔雀东南飞》的对话简洁而内涵丰富,这段是比较典型的。通过这段对话,我们更深入地了解了刘兰芝的内心世界:正如她回家时所忧虑的,"性行暴如雷"的哥哥是不能允许他在家等候焦仲卿来接她的,因而,她和焦仲卿的爱情是"永无缘"的;她也就只能答应被逼迫的婚姻;更重要的是,在这里我们还看到了刘兰芝内心深处更复杂的东西:作为一个被男权制戕害的女性的男权制的思想。这是刘兰芝意识中的无意识:"理实如兄言","中道还兄门"是不对的,不合"礼"的,不应该的,这使哥哥家蒙受了巨大的耻辱,因而要根据哥哥的"处分"赶快再嫁。这是刘兰芝被当时社会习俗所束缚形成的思想,是她意识中的明确认识。然而,在她站到了社会约定俗成的"礼"上,也就站到了她爱情的自由要求的对立面男权制的立场上,男权制的思想不仅表现在男性身上,更可怕的是还表现在为男权制思想所害的女性身上。刘兰芝意识中的男权制的思想始终伴随着她、困扰着她、撕扯着她、折磨着她。从被休的一开始,她就被这种男权制的思想缠绕着,当她离开婆家时,她对婆婆告别的话就很明确地表明了这一点:"生小出野里,本自无教训,兼愧贵家子。"自己从小就没有教养,成为你家的媳妇感到惭愧。这不能说是刘兰芝矫情,而应该看做是刘兰芝的真话。这些话当然和开篇的质问话是相矛盾的,然而,两者都是真实的。这种矛盾性恰恰反映了刘兰芝内心深处的矛盾:对社会习俗的依循和自己对爱情自由的追求。由此我们也看到,社会的男权制的统治对女性的压迫奴役是如何地转换到作为一个个体的女性的思想深处,使其自身充满着激烈的矛盾斗争和痛苦。当回到自己的家时,刘兰芝是"进退无颜仪",就进一步表明了刘兰芝意识中的男权制思想。为什么上前和退后都觉得没有脸面呢?就因为是被休。被休就是女性的耻辱,被休就是女性的罪过,被休使女性处在了无任何尊严、任何地位可言的地步。这不仅是社会的"体制",也是被害的女性刘兰芝的思想观念。

当我们理解了刘兰芝这个为男权制所害的女性身上的男权制的无意识思想之后,我们也就比较容易理解刘兰芝母亲的男权制思想观念了。当女儿被休回家,其是何等的惊恐万状。然而,她毕竟是母亲,当接连两次来说媒都被刘兰芝拒绝时,母亲对刘兰芝还是理解的,"女子先有誓,老姥岂敢言",母亲毕竟没有像哥哥那样严厉地催逼。但是,当女儿在哥哥的催逼下答应嫁给太守家后,母亲还是加入了对女儿的催逼。这催逼是以母爱的方式出现的:"适得府君书,明日来迎汝。何不作衣裳?莫令事不举!"母亲只是关心女儿的出嫁不要耽误了,而全然不考虑女儿的爱情。在儿子催逼女儿出嫁时,母亲的沉默就已经表现了母亲已经站在了儿子的立场上。这就再一次表明母亲头脑中的男权制思想是何等的根深蒂固。

四、焦仲卿与刘兰芝的死并非殉情而是被男权思想所逼

在哥哥和母亲的催逼下,刘兰芝只得赶快再嫁。她知道彻底告别和焦仲卿的爱情是不可避免的了,因而"手巾掩口啼,泪落便如泻"。刘兰芝的悲痛是难以抑制的。刘兰芝以最快的速度收拾她的嫁妆:"移我琉璃榻,出置前窗下。左手持刀尺,右手执绫罗。朝成绣夹裙,晚成单罗衫。"与其说刘兰芝是在给自己办嫁妆,不如说是进行一种庄严而悲愤的仪式:在和她的爱情作最后的告别。"晻晻日欲暝,愁思出门啼",爱情的希望就像太阳一样马上就要落山了,刘兰芝只能出门宣泄那无尽的悲伤。

《孔雀东南飞》从刘兰芝的角度为我们叙述着她的爱情悲剧和人生悲剧,即她作为一个女性,在婆家受到的驱遣,在娘家受到母亲的责难和受到哥哥的逼迫。这些都是来自男权制对女性的压迫,这压迫摧残了刘兰芝的爱情,使刘兰芝陷于无限的悲痛之中。但是,虽然刘兰芝被迫再嫁,虽然不得不离开他的爱情,虽然不得不嫁给他不爱的人,在刘兰芝的内心中还有一个爱人可深深地念,还有一种爱情可深深地怀念。因而,刘兰芝还不至于彻底绝望于无爱的人间。《孔雀东南飞》的最深刻之处在于,它继续给我们叙述了这个女性的更大的悲剧,而这更大的悲剧的制造者正是来自她所痴心的爱人和同样痴心爱着她的丈夫。正是她的丈夫从男权角度的最后一击,使刘兰芝这个女性的人生希望彻底破灭。

《孔雀东南飞》叙述了所有亲人对刘兰芝这个女性的态度,最后又再一次地叙述她丈夫对她的态度,这就使《孔雀东南飞》这部伟大的诗篇不仅十分耐人寻味,而且具有了更为深邃的思想意义。

焦仲卿得知刘兰芝再嫁的消息之后来和刘兰芝见面。然而,这是一种什么样的见面呢?刘兰芝是怀着无限的怅惘之情去见焦仲卿的:"新妇识马声,蹑履相逢迎。怅然遥相望,知是故人来。"可见刘兰芝对焦仲卿的无限深情。刘兰芝又是以无可奈何的心情去见焦仲卿的:"举手拍马鞍,嗟叹使心伤",可见刘兰芝伤心至极的形象。刘兰芝是来向焦仲卿述说她的被逼无奈的苦楚的:"自君别我后,人事不可量。果不如先愿,又非君所详。我有亲父母,逼迫兼弟

兄,以我应他人,君还何所望!"可见刘兰芝内心无以言说的痛苦和希望焦仲卿理解的极大渴望。

焦仲卿是怀着另外一种完全不同于刘兰芝的心情来见刘兰芝的。有了这种心情,当然就不可能像刘兰芝那样"蹑履相逢迎""怅然遥相望",更不可能像刘兰芝那样深情地倾诉。相反,却是无情地质问、羞辱和嘲讽:"贺卿得高迁!磐石方且厚,可以卒千年;蒲苇一时纫,便作旦夕间。卿当日胜贵,吾独向黄泉!"焦仲卿谴责刘兰芝背叛了爱情,背叛了誓言,讽刺刘兰芝见异思迁嫌贫爱富。如果我们仅仅从焦仲卿质问刘兰芝的话的表面看,确实可以看到焦仲卿是为了爱情的,他的指责是有道理的;如果我们再联系刘兰芝的处境看焦仲卿的话,就会发现焦仲卿是误会了刘兰芝,他不知道刘兰芝是被逼再嫁,这种出于误会的斥责和嘲讽也还是可以理解的。但是,如果我们从焦仲卿自身的行为考虑焦仲卿的话,就会发现焦仲卿男权的专制思想和这种思想的不可原谅性。

我们还记得,焦仲卿在母亲的逼迫下要刘兰芝回家暂时受些委屈,他对刘兰芝说过:"不久当归还,还必迎相取。"在送刘兰芝归家的路上,焦仲卿对天发誓:"不久当还归,誓天不相负。"他和刘兰芝相约要迎娶她回家,这不能说不是他的真诚的承诺,但是,他没有力量兑现他的承诺,他的承诺就流于无力量的几句苍白的空话。他当然不是有意要欺骗刘兰芝,但是,他做不到这一点,他没有任何力量做到这一点。因为他不可能改变他母亲的封建家长制思想,更不可能改变他母亲包括他自身的男权制思想。对于这一点,刘兰芝是比他更清楚的——他没有任何办法反抗他的母亲,没有任何力量反抗他母亲所代表的男权制力量,甚至他连反抗都不想反抗,他不敢反抗也不能反抗。一面是哥哥和母亲的逼迫,一面是没有任何指望的承诺,刘兰芝就是在这种情况下走向再嫁的道路的。

焦仲卿虽然说了要等待时机来接刘兰芝,但是,他迟迟不来,只有在听到了刘兰芝再嫁的时候才来,他的来不是为了爱,而是为了维护他的男人的权力——他休了刘兰芝,要刘兰芝等他来接她回家,但是他又迟迟不来甚至永远也不能来。刘兰芝被逼再嫁,他却来羞辱刘兰芝不守前约,但是他并不自责他负了前约,他更没有自责正是他把刘兰芝休回了家,他更没有自责也正是他才使刘兰芝不得不走上再嫁的路。焦仲卿的所作所为都是对刘兰芝一步比一步更深的伤害,但是,更为可悲的是,焦仲卿并没有认识到这些。他指责刘兰芝而不自责,说明他没有认识到他对刘兰芝的悲剧命运负有任何责任,他以为他做的都合理,而刘兰芝却做得不对。他是根据什么产生这种思想认识的呢?就是他头脑中的男权思想——他是个男性,他可以只考虑自己而不必去考虑作为女性的刘兰芝的命运。他认为他这样做是合理的,而他认为"合理"的"理"就是男权统治之"礼"。

五、刘兰芝与焦仲卿的死并非殉情而是为男权思想所逼

传统观点认为,刘兰芝"举身赴清池"和焦仲卿"自挂东南枝"是为爱而殉情,是一对痴情的青年恋人对封建礼教的以自己生命为代价的坚决反抗。今天我们以女性主义视角重读《孔雀东南飞》却发现这种延续了漫长时间的观点是错误的,是对文本的极大误读。从刘兰芝的角度看,刘兰芝的"举身赴清池"是为了证明自己的人格,而焦仲卿的"自挂东南枝"是为了"践约",是在刘兰芝践约后自己的不得不死。他们的死已经完全离开了为爱情而死的意义。他们刚开始分手是为了爱情而"立约",但他们的死却不是为了爱情而"践约",他们是死于男权制的思想意识。在男权制思想意识的推动下,一对痴心相爱的人一步一步走向了自己的反面并最终走向了死亡。

刘兰芝萌生死的念头是在焦仲卿嘲讽他"贺卿得高迁",谴责他"蒲苇一时纫,便作旦夕间"以及说出"我独向黄泉"的话之后。从前面的情节中,我们知道,刘兰芝虽然在很爱焦仲卿的前提下被休回家,虽然到了家里被亲人歧视,虽然为亲人所逼不得不再嫁,但是,刘兰芝并没有想到死,没有想到以死去反抗封建礼教和男权制的社会力量,刘兰芝也没有和他心爱的人相约以死去捍卫他们的爱情。刘兰芝只是苦苦地等待和苦苦等待无望之后的无可奈何的再嫁。告别了他的爱情而嫁给他并不爱的人,它所带来的生命感受对刘兰芝来说,恐怕比死还痛苦和强烈。但此时,刘兰芝确实没有想到死,这不是因为刘兰芝的懦弱,而是因为刘兰芝内心中还存有对爱情的幻想。刘兰芝说:"黄泉下相见,勿违今日言",实际是在与焦仲卿重新"立约"。但这已不是爱情之约,而是黄泉之约。爱情之约和黄泉之约是有本质不同的。前者是为了爱情,后者是为了证明——证明自己的人格。在焦仲卿的嘲讽和谴责中,刘兰芝感受到了巨大的侮辱:是她不守先前的爱情的"誓天",焦仲卿"磐石无转移",而曾几何时她这个"蒲苇"却再嫁他人了。这是来自焦仲卿的无情的讨伐。除了无情的讨伐之外,刘兰芝在焦仲卿那里还感到了巨大的嘲讽和逼迫:"卿当日胜贵,吾独向黄泉。"你会越来越富贵,我只有自己去死了。在焦仲卿的语言里,刘兰芝分明感到了他是在指责她的背叛,而这背叛导致了他的死的意向。刘兰芝感到了前所未有的委屈和侮辱:"何意出此言,同是被逼迫,君尔妾亦然。"刘兰芝是十分愤慨的:"你为什么这么说呢?我们不是同样被逼迫的吗?你那样我也那样,怎么我理解你,你就不理解我呢?既然说到死,那我们就黄泉下相见吧,谁也不要违背了今日的诺言!"由此可见,刘兰芝和焦仲卿以死相约,是为了证明自己的人格——能够说到做到,决不背叛自己的诺言,以死来证明没有背叛先前的爱情诺言,而不是为了爱情。

《孔雀东南飞》主要是以人物对话表现人物的思想情感,以叙述表现故事的情节发展的,但作者的叙述并不是纯客观的而是包含着浓厚的主观情感色彩的。在紧接着刘兰芝和焦仲

卿以死相约的对话之后,作者作了这样的叙述:"执手分道去,各各还家门。生人作死别,恨恨那可论?念与世间辞,千万不复全。"这里看不到他们"生人作死别"时的缠绵悱恻、撕肝裂胆、揪心揪肺,而是说不清心理愤恨的情感和分手时的决绝态度。他们肯定是要告别这人世间了(这是多么的遗憾啊),作者禁不住发出了无限的惋惜和感慨。这哪里是在描写他们为了爱而徇情呢?

　　焦仲卿死的意向是在他男权制的思想支配下产生的。焦仲卿在母亲决意要休了妻子刘兰芝时没有想到死,他是先"启阿母",在"启阿母"被母亲训斥后是"长跪告";"长跪告"又被母亲驳斥后是"默无声";焦仲卿在母亲的逼迫下作出休妻的决定时也没有想到死,休妻对他确实是痛苦的,但仅仅是对妻子"哽咽不能语"而已;焦仲卿在送妻子归家的那一刻也还没有想到死,他的心爱的妻子真的是被他驱遣回家了,但是他想到的是"誓不相隔卿""不久当还归",而不是什么别的。焦仲卿想到死是在得知刘兰芝再嫁时。为什么在得知刘兰芝要再嫁时他告诉刘兰芝他要死呢?他的死的意向不是为了爱情,因为如果为了爱情,他在母亲逼迫他休妻时就能做坚决的反抗。焦仲卿的死是为了维护他作为丈夫的权力。焦仲卿对母亲和妻子的选择是颇能说明问题的实质的。母亲是代表封建礼教和男权制思想力量的,妻子是代表爱情的,进一步说是代表女性自由追求的。焦仲卿在两者的矛盾时选择了母亲实际就是选择了封建礼教特别是选择了男权制的社会角色。焦仲卿至死都不知道,他顺从了母亲也就顺从了封建礼教和男权制的思想。焦仲卿是在男权制思想的支配下去处理和妻子刘兰芝的一系列关系的。一是他的男权制的思想使他把妻子刘兰芝放在了被压迫被凌辱被损害的地位;二是他的男权制思想使他自己始终笼罩在一种认识问题的误区里——在他们爱情的悲剧里他永远也不考虑自己的因素(错误和罪过),而只要求妻子做什么和谴责妻子的所谓罪过。焦仲卿是在男权制思想的支配下休了妻子,又是在男权制思想的支配下要求妻子等他的迎娶,最后又是在男权制思想的支配下以死相威胁来维护他作为男人的权力。刘兰芝是在男权制的逼迫下一步一步走向死亡的。先是婆母的刁难,继而是丈夫的无情,紧接着是母亲的谴责、哥哥的逼婚,最后又是丈夫的以死相逼。焦仲卿在把妻子驱遣回家后,实际上已经丧失了对妻子的男权约束,焦仲卿已经没有任何力量阻止妻子的再嫁。焦仲卿是在没有男权力量的时候想再以男权力量约束被休的妻子刘兰芝,但是他做不到不让刘兰芝再嫁了。然而,焦仲卿和刘兰芝先前有爱情的"立约"。焦仲卿就利用这先前的立约——刘兰芝再嫁违反了这立约——在已经不是刘兰芝的男人时再一次地显示了他的男权的力量。焦仲卿以男权制的力量休了刘兰芝,又以男权制的力量要求刘兰芝不要再嫁。焦仲卿就这样以男权制的力量,一步一步地把刘兰芝逼向了死亡。

　　焦仲卿不是为了爱情而死,还可以在下面的情节中得到进一步的证实。焦仲卿虽然萌生了死的念头,但是,焦仲卿的死是有条件的,他是在得知刘兰芝死了之后才去死的。这就说明,焦仲卿不是为了爱情而死,为了爱情而死爱情就是唯一的原因,除此之外是不需要其他任何前提条件的。刘兰芝的死是刘兰芝的践约,焦仲卿在刘兰芝践约之后也不得不践约。焦仲卿如果不践约将受到良心的谴责,因为是他先提出"吾独向黄泉",从而迫使刘兰芝提出"黄泉下相见,勿违今日言",并毅然决然地赴死的。

焦仲卿的死是不得不践约的行为,还可以在焦仲卿死的发展过程得到证明。焦仲卿的死是他不情愿的念头,是不以他意志为转移的逐渐发展。当他和刘兰芝说"卿当日胜贵,我独向黄泉"时,他的主要思想是对刘兰芝的嘲讽和表现自己的气愤和悲伤,此时,他并没有真的想到去死。令他万万没有想到的是,刘兰芝却和他立了"黄泉"之约,"执手分道去"的执手,已经不是缠缠绵绵难舍难分的相握,而是以"执手"方式的立约。这就迫使焦仲卿不得不走上了赴"黄泉"之路。焦仲卿的死是被动的,这在他"上堂拜阿母"的话里有着隐喻性的表现:"今日大风寒,寒风摧树木,严霜结庭兰。儿今日冥冥,令母在后单。故作不良计,勿复怨鬼神。"焦仲卿的所谓"大风寒""严霜结庭兰"之类完全是他对刘兰芝"黄泉"之约产生的死亡恐惧的移情。焦仲卿是在"黄泉"之约的"寒风"、"严霜"逼迫下"故作不良计"——才做了去死的打算的。可见,焦仲卿和刘兰芝说"我独向黄泉"时还没有真正想去死。

焦母对儿子要死的劝说没有获得一丝一毫的作用,并不在于焦仲卿对爱情的忠诚,因而对母亲的"慎勿为妇死"的忠告和求娶东家"窈窕艳城郭"贤女的劝说毫不动心,而是母亲的忠告和劝说根本牛头不对马嘴。母亲根本就没理解儿子"话里有话"的苦衷。

"长叹空房中,作计乃尔立。转头向户里,渐见愁煎迫。"作者又以叙述的方式表现了焦仲卿的精神状态。"长叹"是因为没有什么路可走,只有死路一条了;"渐见愁煎迫"是渐渐感到了死亡恐惧的"煎迫"。此时的焦仲卿虽然选择了死,但死的决心其实还并没有最后下定。焦仲卿死的决心的下定和最后的赴死,是在得知刘兰芝已死的消息之后。"心知长别离"并不是感到了刘兰芝对她的长别离,而是感到了自己对生命的长别离——刘兰芝已死,自己不能不死了——那是"黄泉"之约的规定。"徘徊庭树下,自挂东南枝",仍然表现了焦仲卿的矛盾。不管怎么说,焦仲卿最后还是践约了。但我们必须看到:焦仲卿的践约是被动的;焦仲卿以男权制的思想害了刘兰芝,又以男权制的思想害了自己;焦仲卿的可悲之处在于,他至死也不知道他这个男人是为自己的男权制思想所害。

刘兰芝的死不是为了爱情,而是为了捍卫自己的人格尊严。她是以死告诉焦仲卿,告诉她周围的人,告诉世上所有的人,她不是那种为了"高迁"和"日胜贵"就抛弃了爱人、背叛了爱情的女人。作为一个女性,她非常珍视自己的爱情,但是,是婆母和丈夫代表的男权制使她痛苦地告别了她的爱情,母亲和哥哥也站在男权制的立场上逼迫她再嫁,而她的丈夫又以男权的思想来羞辱她的再嫁。刘兰芝这个女性,在男权统治的社会里,失去了一切。但刘兰芝这个女性是高贵的,她可以失去爱情,失去生活,失去自由,甚至失去生命,但是,她不能失去人格的尊严。她的死就是以生命为代价对人格尊严的坚决捍卫。刘兰芝的死包含了她对焦仲卿的彻底失望,对亲人的彻底失望,对爱情的彻底失望,对这个男权制社会的彻底失望。

这个男权制的社会没有给刘兰芝这位女性留下一点爱情的空间、自由的空间、尊严的空间、希望的空间。刘兰芝对丈夫焦仲卿已经没有了任何的牵挂,对她的亲人已经没有了任何的牵挂,对这个男权制的社会已经没有了任何的牵挂。因而,在再嫁的新婚夜晚,她"揽裙脱丝履,举身赴清池"。她的死是绝望的也是决绝的,决不像焦仲卿那样的犹犹豫豫,粘粘连连。这是一个伟大的女性。它显示了女性对清纯爱情的渴望,对女性自由的渴望,对女性尊严的渴望,对没有男权制统治的美好生活的渴望。刘兰芝的死是一个悲剧,这个悲剧是男权制社会造成的。刘兰芝的死就像一道划过夜空的闪电,它瞬间的光辉显现了男权制社会的夜空是如何的阴霾黑暗沉重。

六、"戒之慎勿忘"的是男权统治思想

《孔雀东南飞》有一个在想象中表达理想愿望的象征主义的结尾(并不是所谓的浪漫主义):"两家求合葬,合葬华山傍。东西植松柏,左右植梧桐。枝枝相覆盖,叶叶相交通。中有双飞鸟,自名为鸳鸯,仰头相向鸣,夜夜达五更。"在另一个世界里,没有了男权制力量的限制,他们的爱情是如意、甜蜜、缠绵、销魂动魄的。

然而,这理想化的象征性结尾不正证明了现实爱情的悲剧性吗?

"行人驻足听",行人驻足去倾听鸳鸯的"夜夜达五更"的婉转美妙的歌唱,不是说明"行人"的爱情是不如意的吗?"寡妇起彷徨",寡妇听到这美妙的歌声,夜里睡不着觉,起来彷徨——走来走去的寡妇感受到了什么呢?寡妇是羡慕那对鸳鸯的如意的爱情呢,还是在刘兰芝的悲剧中感受到了她们"同是天涯沦落人"的悲哀人生?

"多谢后世人,戒之慎勿忘。"后世人在刘兰芝的悲剧里"戒"什么"勿忘"什么呢?《孔雀东南飞》从女性的角度叙述了刘兰芝在男权制社会中的爱情悲剧和人生悲剧。《孔雀东南飞》感到了有一种十分巨大的力量在逼迫、侮辱和戕害着女性,但《孔雀东南飞》的叙述者并不知道这种十分巨大的力量究竟是什么,但他知道这不是所谓的封建家长制,它确实是把它——这种巨大的力量对女性的压迫给叙述出来了。《孔雀东南飞》表现出了那种力量的可怕和无处不在;正是这种力量的不断汇聚,才最终形成了淹没刘兰芝的滚滚洪流——刘兰芝最深切地体验到了那种力量的可怕——对爱的毁灭,对生命的毁灭,对自由的毁灭,对希望的毁灭。"举身赴清池",与其说是刘兰芝的自我毁灭,不如说是刘兰芝对那种以男权意识构成的滚滚洪流的抗争。这是以生命为代价的抗争,绝望的抗争。《孔雀东南飞》要"后世人""戒之""勿忘之"的就是这种东西。

描写女性的爱情悲剧是由《诗经》就开始了的诗歌传统。《诗经》中的"无逾我里""无逾我墙"和"无折我杞"是女性对社会"礼"的严酷限制的恐惧而对爱人的拒绝;《蒹葭》所表现的是男性对痴心相爱的姑娘追求而为社会的"礼"所阻隔的悲剧。"所谓伊人,在水一方""溯游

从之,宛在水中央",这"水"就是"礼"的象征。而这个"礼",表面看来是封建家长制,而实际上还隐藏着男权制的思想。男女授受不亲,固然是封建道德观念,但是它是建立在什么基础上的呢？是建立在女性的不自由的基础上的;女性是被规定许配给一个男性的,因而,女性是绝对不可以接触另外的男性的。表面的封建礼教是为深层的男权制服务的。男权制的思想使无数青年男女的爱情不能实现从而给他们带来深深的痛苦。与《诗经》不同的是,《孔雀东南飞》还描写了女性在男权制的统治中的痛苦挣扎。然而这挣扎是徒劳的,刘兰芝的人生悲剧揭示了男权制的社会统治是如何使女性没有任何人性的自由,没有任何爱情的自由,没有任何人生的出路。《孔雀东南飞》第一次触动了压迫女性、损害女性的男权制社会统治力量。所谓男权制就男性对女性的专制。在几千年的封建社会中,它构成一种体制、一种习俗、一种规范、一种法律,它天经地义,没有多少人去怀疑它的正确性;它牢不可破,任何力量似乎都动摇不了它的存在。这种男权专制的力量比阶级压迫更普遍、更持久、更深重,因而也更难以察觉。这种男权意识又构成一种集体无意识,人们并没有认识到它的存在,更没有知觉到它对人的戕害,但是它又左右着人们的思想和行为,好像没有任何一种外在的规范力量如此地深入人心,影响深广,使人自觉不自觉地为这种男权意识所左右和影响。这种男权意识又似乎是一种巨大无边的法网,它无所不在,无处不在,无时不在,甚至无人不在,没有谁能够逃脱它的罗网。不仅是男人,而且是包括为男权制所害的女人,也都不可避免地或多或少地浸染着男权制的思想。《孔雀东南飞》以刘兰芝这个女性的悲剧把男权制的一切罪恶都纤毫毕现地揭示了出来。

这就是《孔雀东南飞》的伟大之处,这就是《孔雀东南飞》对中国文学的伟大贡献。

屈原九死而不悔的是自己的独立人格
——《离骚》"虽九死其犹未悔"节选重解

《离骚》是中国最伟大的诗篇，它伟大到了前无古人，后（迄今为止）无来者的程度。它的伟大之处在于，最为明显的是作为诗的艺术形式，它的繁复的意象、瑰丽的想象、华美的词章，既超越了前人的创造，又给后人留下了丰富的艺术资源，正如鲁迅所说："较之于《诗》，则其言甚长，其思甚幻，其文甚丽，其旨甚明，凭心而言，不遵矩度。故后儒之服膺诗教者，或訾言而绌之，然其影响于后来之文章，乃甚或在三百篇以上。"[①]但更为重要的是，《离骚》表现的高贵的人格精神，几乎超越了所有的诗篇，显现出强大的人格力量而在中国诗歌史上永远放射出耀眼的光芒。

《离骚》所表现的"九死其犹未悔"不是屈原对君王的忠，不是屈原对祖国的爱，不是屈原对人民的体恤——尽管这也是属于屈原的并且是屈原的重要思想精神，但《离骚》"虽九死其犹未悔"的仍然不是这些，《离骚》"虽九死其犹未悔"的是屈原的人格精神，那是一种在世俗强大力量反对下仍能够坚持的绝不向世俗做半点妥协的伟大高贵的人格。他所无限忠于的君王不信任他，他所无限信仰的神灵不了解他，他所无限关爱的人们不同情他，他的同僚陷害他，对他帮助的人们也不真正理解他。屈原的痛苦是举世没有人真正理解他的人格精神的痛苦，而不是"信而见疑，忠而被谤"的误解的痛苦；屈原的伟大不是对祖国的爱、对人民的关怀，更不是对君王的忠，而是在世俗恶势力滚滚洪流的冲击下，能逆流而站，或反潮流而上，仍然坚持自己对美的理想人格的追求。屈原"九死而犹未悔"的就是这种独立、伟大高贵的人格。

九死而不悔的是独立的高尚的人格

高中教材（2005年本）所选"长太息以掩涕兮"和"悔相道之不察兮"两段，是比较典型地体现《离骚》上述主题的章节。"长太息"段主要是以"背绳墨以追曲兮，竞周容以为度"表现世俗力量对自己的压迫和以"虽九死而犹未悔"的人生选择表现自己的人格志向；"悔相道"段主要是以"制芰荷以为衣兮，集芙蓉以为裳"的方式表现对美的人格的坚守。

[①] 鲁迅.汉文学史纲要[M].北京：人民文学出版社，1957.

"长太息以掩涕兮,哀民生之多艰。"我擦拭着心酸的眼泪,长长地叹息,人生是多么的艰难啊!这是屈原人生艰难感受的一种总括。为什么"长太息以掩涕兮,哀民生之多艰"呢?后面所描写的内容就是这人生艰难感受的原因。"余虽好修姱以鞿羁兮,謇朝谇而夕替",我虽然崇尚美德而又严格地约束自己,可早晨进谏晚上就遭了贬黜。什么罪名呢?"既替余以蕙纕兮,又申之以揽茝。"那是因为我既用香蕙做佩带,又采集白芷美化自己。这里的用香蕙做佩带、采集白芷既是表现屈原特立独行的人格,又是指屈原对美的人格的追求行为。但屈原的特立独行和美的人格追求正是被君王罢黜的原因。因为君王需要的是奴才,奴才的本质属性是听凭呼唤和使役,因而奴才是不需要独立的人格和美的人格追求的。屈原的悲剧其实是他充当的社会角色和他美的人格追求之间的巨大矛盾造成的悲剧。他的社会角色要求他必须绝对具备奴才所有的属性,而他的美的追求却使他必须绝对特立独行、追求美的人格。他没有任何办法在他的人格和他的社会角色之间获得平衡,于是选择了美的人格。但是他越是追求他的美的人格,他就越是背离了他的社会角色;他越是背离了社会角色他就越是为社会所不容;他越是为社会所不容,他自己就越是深深地陷入"哀民生之多艰"的痛苦之中。屈原的社会角色和美的人格之间的矛盾是不可调和的,因而他的"哀民生之多艰"的痛苦感受是没有办法消除的。因为,整个社会都是按照他的社会角色对他进行评价的,因而整个社会不能容他。因为整个社会对人的评价都是按社会角色这个标准来评价的,社会并没有提供按人的人格标准评价人。在封建等级社会中,这种按社会角色对人的评价,塑造的是不同等级的奴才,而毁灭的正是独立、美好的人格。屈原为社会所不容首先是为君王所不容。君王需要奴才,可能也需要奴才的思想、智慧和才华,但那是为他的统治服务的,与他的统治无关的东西他是不需要的,而那种美好的人格恰恰是他所恐惧的。君王都不信不用他了,都罢黜他流放他了,他还要坚持自己的美好人格追求吗?"亦余心之所善兮,虽九死其犹未悔。"美好的人格是我至死不渝的追求,即使我死了九回我也不会改变!屈原九死而不悔的是自己独立而美好的人格,这充分地显示了屈原人格精神的伟大与高贵。

这时的屈原还能求助于什么呢?在屈原看来,什么都不能求助,什么都令他深深地失望。首先是对神灵的失望。"怨灵修之浩荡兮,终不察夫民心"。"灵修"是指神明,"浩荡"是指准则的丧失。屈原寄希望于神明,然而神明也是失去了准则的,他看不清民众真实的心理。他能渴望在民众那里得到理解和同情么?民众的心理是什么样的呢?首先是"众女嫉余之蛾眉兮,谣诼谓余以善淫"。"众女"是喻指众多的小人;"蛾眉"是喻指人格高尚。众多小人嫉妒我的美好人格,诽谤我特立独行是邪门歪道。一个特立独行的人,一个有美好人格的人是与周围的人格格不入的,周围的人既被社会角色观念支配,又被自己嫉妒的思想驱使,他们的社会观念不允许特立独行的人存在,他们嫉妒的思想也不允许特立独行的人存在。社会观念和嫉妒思想使民众产生强大的反对的力量,从而去诽谤、诋毁和否定特立独行的人和有美好人格的人。这是谁的过错呢?

其次是对世俗的失望。"固时俗之工巧兮,偭规矩而改错。"世俗本来是适合于投机取巧,违背做人的规矩而施行另外的准则的。人们为世俗的准则所左右,而放弃了做人的道理。在这种世俗的浊流中,独立的人格和美好的人格是必然不合群的,因而也必然是被攻击的。

第三是对世人的失望。世人不仅投机取巧,放弃做人的道理,更为严重的还有"背绳墨以追曲兮,竞周容以为度",把违背做人的规矩、迎合献媚取巧发展成了另一种"潜规则",成了社会做人做事的一种习惯、一种准则、一种规律、一种法度。所有的人都要受到这种习惯、准则、规律和法度的改造和支配,具有独立人格的和美好人格的人都要受到这种习惯、准则、规律和法度的制约和制裁。屈原"哀民生之多艰"的正是这些和他美好人格截然相反的东西。

"忳郁邑余侘傺兮,吾独穷困乎此时也",是承接上文而言的。君王、神灵都不理解我,世俗、世人都嫉妒我、加害于我,我还能寄托于什么,还有什么出路呢?我忧愁、苦闷、失意、绝望甚至走投无路。这种情绪是与此段首句的"长太息以掩涕兮,哀民生之多艰"相呼应的。屈原的忧愁、苦闷、失意和走投无路,不是一般生存意义上的,而是人格意义上的,他要坚持独立美好的人格,但是他的这种独立美好的人格却受到了人们的嫉妒、攻讦和诽谤。人们嫉妒、攻讦和诽谤他的人格,不仅是小人之举,他们是违背做人的规矩和道理,他们不仅违背做人的规矩和道理,还把这种钻营投机发展成一种"潜规则",形成一种不成文的制度。一个有人格独立性的人,一个坚持美好人格的人,该怎么办呢?是屈服于这种世俗的恶势力,还是继续坚持自己的独立美好的追求?这自然是屈原要思考和选择的。

屈原的伟大就伟大在他的选择上。"宁溘死以流亡兮,余不忍为此态也",就是屈原的选择。我(现在)宁愿立刻死去,也不可能与世俗的恶势力同流合污、向恶势力妥协。屈原当然很明白,只要他放弃独立的人格和对美好人格的追求,他就会被人们接受,包括被君王接纳,并且会有高官厚禄、荣华富贵、锦衣玉食、妻妾成群的生活,但是,他的生命的意义并不是为了生存,并不是为了高官厚禄与荣华富贵。屈原有屈原的追求,屈原追求的是独立的人格,美好、高贵、纯粹的人格,这种人格他不能换来实际的利益,它只是一种精神信仰,一种理想追求,一种人格境界,但这种精神信仰却标志着人的自觉、人的独立、人的自由、人的个性、人的尊严。屈原把这种人格独立和人格尊严看得高于一切,那是他的宗教。就像一个虔诚的宗教徒不会因为另外任何利益而放弃他的宗教信仰,相反,为了他的宗教信仰宁可放弃一切世俗利益包括他只有一次的最宝贵的生命一样,屈原也不会为了世俗的名誉地位放弃对独立、美好的人格的追求,但为这美好的人格他可以放弃世间的一切甚至他宝贵的生命。"鸷鸟之不群兮,自前世而固然。"就像勇猛的大鹰不可能与一般的小雀为伍一样,美好的人格不与污浊的恶势力同流合污,是历来如此的。"何方圜之能周兮?夫孰异道而相安?"哪有圆孔可以安上方柄?哪有两种人格可以苟合?"屈心而抑志兮,忍尤而攘诟",那就委屈地压抑着自己的情感,忍受着对自己的诽谤和侮辱吧,独立的人格和美的人格一定是要坚持的。"伏清白以死直兮,固前圣之所厚",进一步表明了屈原的志向:为了坚持清白、正直和美好的人格而不惜献出自己的生命,这本来就是古代圣贤所推崇的。

屈原的伟大在于,在独立人格和世俗的矛盾冲突中,是在差不多所有人都向世俗鞠躬、匍匐、下跪的时候,屈原站直了,因而,屈原的一站,就站成了中国人格的永恒泰山。

屈原所"长太息"和"哀民生"的正是他独立、高尚、美好的人格为世俗所不容。

然而,屈原《离骚》中的这种独立人格和追求美好人格的精神本质是很不容易被理解的。著名学者郭沫若就用人民性的思想翻译它的意义:"我哀怜着人民的生涯多么艰苦,我长太息地禁不住要洒雪眼泪",[①]把屈原对个体人生体验的"哀民生"说成是对"人民的生活"的哀怜。人的独立人格和人民性是一对不可调和的矛盾,而独立的人格常常是被泯灭的。这是因为,在漫长的历史中,我们这个社会都特别强调国家、社会、人民的利益,而不重视个体人格的独立性、自主性、自由性和个性尊严。把国家社会人民利益强调到了无视个人的个体性的地步,就造成了人的虚伪性,因为,个人的利益是不可能完全消除的,这就造成了人以国家社会为幌子去实现个人目的的现象。而另一方面,那些卓尔不群的特立独行的独立人格的表现又常常被视为离经叛道、邪门歪道、大逆不道而遭到嘲弄、贬损和否定。屈原的遭遇就是独立人格不被社会所容的遭遇;而《离骚》被解释为社会性和人民性,不能以它本来的形式意义得到阐释,也正是社会不重视独立人格的体现。

《离骚》因表现人格独立性的主题而在中国文学史显得弥足珍贵。

路漫漫其修远兮　吾将上下而求索

节选的第二节描写的内容从字面看是清楚的,但内容是难以理解的。一是"悔相道之不察"的"道",是实际的道路的道还是象征人生道路的道?一是"制芰荷以为衣兮,集芙蓉以为裳",是真的着花戴草还是隐喻意义的着花戴草?

"悔相道之不察兮,延伫乎吾将反。回朕车以复路兮,及行迷之未远。"说的是自己很后悔没有看清道路,但好在迷途不远,可以及时返回。这个一度迷失的道和"将反"的"复路",既不是屈原走的真实的道路的道,更不是屈原坚持自己人格理想的道,而是指屈原在朝廷做官的"道"。在朝廷做官的"道"与自己独立人格和美好理想是两种"道",即两种人生方式。在朝廷做官就要遵守朝廷的"道",那道便是社会角色的标准,而自己独立人格的道是以自己的人格完善、高尚人格的实现为目的的。这两者是水火不容的,在完成社会角色时必然是对独立人格的戕害甚至消灭。屈原说的"悔相道之不察"就是这种在朝廷做官承担社会角色的

---

① 郭沫若.郭沫若全集:第5卷[M].北京:人民文学出版社,1984.

道;"及行迷之未远"指代社会角色对独立人格戕害还没达到那么严重的程度。下文的"进不入以离尤兮,退将复修吾初服"也是这种思想的表达。坚持独立、高尚的人格是以众多人的嫉妒毁谤为代价的,也是以失去高官厚禄和生存的依凭为代价的。也就是说,坚持自己独立的人格是除了独立的人格之外,将变得一无所有的,不仅将变得一无所有,还要被所有的人误解、疏远甚至唾骂,有谁能坚持呢? 屈原所选择的正是这条几乎没有人选择的道路。"路漫漫其修远兮,吾将上下而求索",正是屈原伟大人格精神的体现。

理解了如上的屈原的基本思路,我们才能真正理解下面描写的屈原穿菱戴荷的行为。"步余马于兰皋兮,驰椒丘且焉止息。进不入以离尤兮,退将复修吾初服。"与其与世俗恶势力没有什么好结果的争斗,不如远离世俗恶势力而洁身自好。牵着自己的马,走向长着兰草的水边高地,又飞驰到长着椒树的山冈,暂且休息;既然在朝廷做官被贬谪,那就退回到自我、重新制作我原先的衣服吧。"初服"是自我独立人格的象征,"退将复修吾初服"就是重新回到自我的独立人格和修炼自我的高尚情操。"制芰荷以为衣兮,集芙蓉以为裳",以荷叶做上衣,用荷花做下装,为的是表明自己的独立、美好的人格志向。"不吾知其亦已兮,苟余情其信芳",不了解和不理解我有什么关系呢,只要我自己确实是美好的人格就足够了呀。"高余冠之岌岌兮,长余佩之陆离",再把我的帽子做得高高的,再把我的佩戴加得长长的(这样才能更加显示我的与众不同)。"芳与泽其杂糅兮,唯昭质其犹未亏","杂糅"是美好的和丑陋的东西掺杂在一起的意思,为什么屈原会觉得自己美的和丑的东西掺杂在了一起呢? 前面有"悔相道之不察"和"及行迷之未远",指的是进入仕途做官,做官的社会角色使自己独立的人格和美好的人格追求被玷污了,因而是美的和丑的在自己身上混杂了;但是我人格上光明的东西还未被彻底污损。

"忽反顾以游目兮,将往观乎四荒。佩缤纷其繁饰兮,芳菲菲其弥章。"我穿上这样的衣裳,站在高高的山冈,放眼望去,在那广大的社会中,人们都用美丽的服饰乔装打扮着自己,掩盖着自己丑陋的人格和那见不得人的勾当。在屈原的表述中,还隐含着这样的思想:那些芸芸众生,虽然也"佩缤纷其繁饰",但他们不是为了美的人格,而恰恰是为了掩盖人格的丑陋,他们的美饰与他们的人格是不一致的,而我,用荷叶和荷花做服装却是为了使人格更加美好。"民生各有所乐兮,余独好修以为常。虽体解吾犹未变兮,岂余心之可惩?"人各有志(我不能改变他们),但我却是为了美好的人格,我这样做("独好修"指的是"制芰荷以为衣兮,集芙蓉以为裳")是我的习惯,为的是修炼我的美的人格。为了我独立、美好的人格,就是被肢解了我也是不能变的,那被贬谪的惩罚怎么能改变我矢志不渝的志向呢? 而这些表现,不正是屈原"路漫漫其修远兮,吾将上下而求索"伟大人格精神的体现么?

需要进一步探讨的是,屈原的"制芰荷以为衣兮,集芙蓉以为裳"到底是真实的,还是一种象征意义上的。我以为既是真实的,同时又是具有象征意义的,这种象征意义是建立在这种正式行为本身基础上的。屈原这种穿着荷花制作衣裳的行为在今天确实不好理解了,但是如果既按照上下文来理解屈原的行为,又在当时的文化语境来看屈原的行为,我们就会体会到屈原穿戴菱荷的深刻用意。

屈原是在什么情况下"制芰荷以为衣兮,集芙蓉以为裳"的呢?那是在他(被贬谪)深深痛彻肺腑地感受到了"长太息以掩涕兮,哀民生之多艰"之后;周围一切人不理解他、污蔑诽谤他、攻击陷害他,而他感到,他之所以受到误解、污蔑诽谤和攻击陷害,正是因为他具有独立人格和美好人格追求的缘故;他痛彻肺腑地感受到了世俗的恶势力对他独立人格和美好人格追求难以容忍;但他还是要为坚持自己美好的人格而"虽九死其犹未悔""宁溘死以流亡兮,余不忍为此态也";同时,他也感受到了在仕途之中,他的独立的人格和美好人格的追求也受到某种程度的污染,他要将那些与他美好人格不相符的东西彻底摒弃,恢复到本来独立的自我;不管世俗的人们怎样龌龊卑鄙,也不管我遭到怎样的打击,我都不会改变我独立的人格和美好人格的追求。正是在屈原深深地感到了坚持自己独立的人格和美好人格追求的艰难,他才想到了"制芰荷以为衣兮,集芙蓉以为裳"(穿上菱叶制作的上衣、荷花制作的下裳)。那既是屈原在绝望中的最后的精神寄托和精神的唯一支撑,又是屈原的一种坚持美好人格的人格美的再生行为。屈原在绝望时为什么要用"制芰荷以为衣兮,集芙蓉以为裳"为他的精神寄托和支撑,为什么又要用"制芰荷以为衣兮,集芙蓉以为裳"坚持和再生他的人格美呢?"制芰荷以为衣兮,集芙蓉以为裳"实际是屈原为他自己坚持和再生美好人格举行的庄严仪式。

那来源于远古的巫术仪式距屈原的时代虽然不算太远,但也不被多数人理解了。那种巫术仪式的原则是"同类相生"的"相似律"。弗雷泽曾极为深刻地总结和揭示这种原则:要想获得什么结果,就要事先把这种结果演示出来。客观事物与主观意愿是可以相互影响的,"同类的东西通过它们内在的灵气或其周围的有生命力的媒介而互相吸引"[①],并把自己的属性传给对方。屈原的"制芰荷以为衣兮,集芙蓉以为裳"的行为其实就是与象征神圣事物进行亲密接触的一种神秘的巫术仪式,他要以这种巫术仪式进一步达到他的美好的人格,即以穿着荷叶和荷花做的衣裳的方式,使荷花象征的纯洁美好的属性转移到他的人格中去。其实,屈原与之"同类相生"的荷花在屈原那里是一种神圣的象征。一种自然物,一旦为人们的巫术仪式所运用,它就不再是自然物本身,而成了人们对一种神圣表现的象征符号。"神圣能够被一块石头或一棵树来表征。但是我们不久将会看到这种情感所涉及的并不是对石头本身的崇拜,也不是对树木本身的迷信。圣石、圣树并不是被作为一块石头或者一棵树来加以崇拜的。它们之所以被崇拜正是因为它们是显圣物,正是因为它们展示出了自己不再属于一块石头、一棵树,而是属于神圣、属于完全另类的东西。"在巫术仪式中,人们用神圣的象征物来达到对神圣的占有:"对于早期人类而言,神圣就是力量,而且归根到底,神圣就是现

---

① 詹姆斯·乔治·弗雷泽.金枝[M].徐育新,等译.北京:中国民间文艺出版社,1987.

实。这种神圣被赋予现实的存在之中。神圣的力量意味着现实,同时也意味着不朽,意味着灵验。"①荷花有神圣的属性,是远古时代约定俗成的象征符号。莲花(荷)"可以象征诞生与再生",同时,莲花还代表着人类精神从心的花苞逐渐成长以及灵魂获得神性,达到尽善尽美境界的内在潜力。②荷花是神圣人格的原型性象征。荷花的这种象征意义,恰好和屈原"尽善尽美境界"的人格追求是一致的。正是基于此种道理,屈原才选择荷花作为他"同类相生"的文化符号。因而,屈原的"制芰荷以为衣兮,集芙蓉以为裳"并非一般意义上的爱菱爱荷、穿菱戴荷,也不是一般意义上的隐喻,而是一种虔诚的、庄严的、神秘的巫术仪式,靠着这种仪式,屈原就可以获得荷花所象征的那种"尽善尽美境界"的人格和品性。屈原的穿菱戴荷是对原型的一种象征性重复,正如伊利亚德所说:"原型可以在人们所期望的任何层面以任何形式被重复,不管它们多么粗鄙;在我看来,至关重要的不在于原型可以被粗鄙地模仿(或曰重复)的事实,而是在于人往往可以在他最低层次的'直接的'宗教经验中接近这个原型,使原型出现。"③屈原靠着这种方式,接近了神圣人格的原型,获得了神圣人格原型的力量。屈原接近神圣人格的心理变化过程正如荣格所描绘的:"一旦原型的情境发生,我们会突然获得一种不寻常的轻松感,仿佛被一种强大的力量运载或超度。"④

"制芰荷以为衣兮,集芙蓉以为裳"是屈原"追寻自我"的一种再生仪式。屈原感觉到了自己在仕途中人格遭到了某种程度的玷污,就是要通过这种重返原型的方式,使自己一度被玷污的人格变得纯洁如初。在屈原那里,这种穿戴菱荷的行为实际是在用原型的力量进行一种"转变仪式"——使被世俗化了的人格重新回到神圣的人格境界。在进行了这种仪式之后,屈原的人格就获得了新生。正如伊利亚德论述神圣仪式所说:"因为它事实上是一条由俗入圣、由梦幻泡影到真实永恒,也是由死而生、从人到神的通过仪式。抵达中心等于受过洗涤,是一场启蒙。昨日尘俗虚幻的存在,今日一变而为清新非凡、真实持久的生命。"⑤"制芰荷以为衣兮,集芙蓉以为裳"的行为,是屈原人格转变的仪式。屈原坚信,他进行了这种转变仪式,他的人格就会去掉那些被玷污的东西,重新变得纯洁美好。

"制芰荷以为衣兮,集芙蓉以为裳"这种巫术仪式还是屈原为他的美好人格寻求依托、支撑和与世俗恶势力抗争的方式。君王不是"既替余以蕙纕兮,又申之以揽茝",既因为我用香蕙做佩带,又因为我采集白芷美化自己而罢黜我么;那些庸众们不是"众女嫉余之蛾眉兮,谣诼谓余以善淫",因为我人格的美好而嫉妒我么;那些周围的人们不是"背绳墨以追曲兮,竞周容以为度",违背美好的人格而以献媚卑鄙邪恶为另一种"潜规则"么,那我就偏偏要"制芰荷以为衣兮,集芙蓉以为裳",在荷花神圣的象征那里获得人格神原型的神性,来使自己的人

---

① 伊利亚德.神圣与世俗[M].王建光,译.北京:华夏出版社,2003.
② 杰克·特里锡德.象征之旅[M].石毅,刘珩,译.北京:中央编译出版社,2001.
③ 伊利亚德.神圣的存在[M].晏可佳,姚蓓琴,译.桂林:广西师范大学出版社,2008.
④ 荣格.心理学与文学[M].冯川,苏克,译.北京:生活·读书·新知三联书店,1987.
⑤ 伊利亚德.宇宙与历史[M].杨儒宾,译.台北:联经出版事业公司,2000.

格达到尽善尽美的境界,以这种尽善尽美的人格与世俗的恶势力抗争,他就会在龌龊肮脏的社会中出污泥而不染,永远保持他纯洁美好而伟大的人格。

屈原为了他的独立、美好的人格而不惜牺牲一切直至他只有一次的最宝贵的生命。《离骚》因为真实地表现了屈原的这种高贵的精神而伟大、辉煌、永恒。中国文学史因为有了《离骚》而具有了灵魂。

此恨绵绵无绝期

——论《长恨歌》"自我牺牲"的心理原型

《长恨歌》之所以成为千古绝唱,成为古典诗词中有巨大艺术魅力的辉煌篇章,最根本的原因,不在于对皇帝的讽刺暴露,不在于表现爱情的专一,不在于既暴露又歌颂的双重主题,也不在于诗中隐藏了"皇家逸闻",①更不在于在李杨的爱情悲剧中宣泄了诗人自己的伤感痛苦。《长恨歌》艺术魅力的最根本因素是《长恨歌》以李杨爱情悲剧的描写,表现出了一个最基本的心理原型——"自我牺牲"心理原型。这个"自我牺牲"心理原型,既和李杨的爱情悲剧有关,是李杨爱情悲剧形式所蕴含的意味,又与作者的情感体验有关,是作者爱情、人生、生命体验在李杨爱情悲剧中的投影,更与读者的心理、情感、生命体验密切相关,李杨爱情悲剧形式所蕴含的"自我牺牲"原型模式,是无数代读者的共同心理、情感、生命体验。他们虽然没有经历过李杨式的爱情悲剧,但他们却都或浓或淡、或深或浅地经历过李杨爱情悲剧结构所表现的"自我牺牲"的生命感受。《长恨歌》以"自我牺牲"原型的表现,触摸到了一种最深潜的心理内容,揭示性地表现出我们这个民族成员的一种最基本而又最模糊的心理体验,最强烈而又最隐秘的生命感受,最伤感而又最无奈的人生况味,最痛苦而又最难以摆脱的命运形式。"自我牺牲"的原型又是超时空的,不论在什么时代,不论在什么民族,只要是有人的地方,就会有这种原型体验,因而,也就会欣赏这首诗。《长恨歌》因表现原型而属于全人类。

独立文本的爱情悲剧

《长恨歌》首先是一个爱情悲剧故事。不管我们对《长恨歌》作何种理解和研究,它也必须被当做一个完整的爱情故事来看待,而且必须被当做一个艺术中的爱情故事而不是史实中李杨爱情悲剧来看待。只有明确这一点,才会进一步看到,正是这个爱情故事的形式结构表现了人的思想情感结构的内容并潜隐着文化心理的原型意蕴。

结构主义的批评方法告诉我们一个最重要的原则:整体性。它来自于结构语言学的启示。结构语言学所重视的是每个词在整体语言系统中的位置和关系。词被孤立出来,离开

---

① 俞平伯.《长恨歌》与《长恨歌传》的传疑[J].小说月报,1929 (2).

了整体,看不出它的确切意义,而只有在上下文的语言关系中,才显示出它的特定意义。就是说,一个词本身的意义会在整体语言关系中被改变,被这个语言系统赋予新的内涵。

以这种方法来重新阅读《长恨歌》,就会破译一些令人困惑不解、争论不休的谜团,看到其整体意义和真正主题。

《长恨歌》之所以被理解成是对皇帝的讽刺暴露,之所以被理解成是既批判又歌颂的双重主题等,原因就在于研究者没有看到《长恨歌》是一个完整的整体,没有看到这个整体是受一种"内在规律"的支配,没有看到这个受"内在规律"支配的整体在构成整体时,已经改变了各部分单独看来的性质,而是把《长恨歌》当做由有独立意义的诗句和各部分相加的"混合物"。《长恨歌》所表现的整体是一个爱情故事。诗人之所以叙说这个爱情悲剧,是要表达他对爱情、对人生、对生命的体验与理解。因而,这种对爱情、对人生、对生命的体验与理解便是支配、构架、排列组合这个故事的"内在规律",是作品的整体意味,是笼罩各个诗句、各个部分的意义。也正是它,朝着相反的性质改变着某些诗句的意蕴。

《长恨歌》共一百二十句,可分为严整的四部分。

第一部分(前三十句)是写爱情的诞生和爱情的缠绵;第二部分(第二个三十句)是写爱情悲剧的发生;第三部分(第三个三十句)是写唐玄宗对杨贵妃的相思;第四部分(第四个三十句)是写杨贵妃对唐玄宗的思念。这是爱情悲剧故事整体构成的四个部分。因而,读者阅读也必然从这爱情悲剧的整体的内在规定性来理解各部分的构成和各部分具体诗句的内容。从结构上来说,正是第一部分极力地渲染出爱情的纯真、热烈和缠绵,才使第二部分的爱情悲剧有着浓重的悲剧色彩和深厚的思想文化意蕴,也才导致第三部分唐玄宗的相思苦恨和第四部分杨贵妃的悱恻之情值得同情、具有震颤心灵的力量。这四个部分是互为作用的整体,在构成中,前一部分作用于后一部分,而后一部分又反过来激发影响前一部分的内容。也就是说,唐玄宗和杨贵妃的相思之苦之恨愈发显出悲剧的意义,同时,也愈使第一部分的爱情显得更加缠绵、美好和动人。这样看来,第一部分就必然地从整体构成上被当作对爱情美好的表现来接受(或重新理解),也使单独看来具有讽刺意味的诗句改变了性质,变成了对爱情追求的描写。"汉皇重色思倾国,御宇多年求不得。""春宵苦短日高起,从此君王不早朝。""缓歌慢舞凝丝竹,尽日君王看不足。"这些只能理解为唐玄宗对美的爱恋,而不是讽刺他的"荒淫"。"回眸一笑百媚生,六宫粉黛无颜色",只能理解为杨贵妃的美艳无双,而不是"狐媚""惑君"。"承欢侍宴无闲暇,春从春游夜专夜"只能理解成李杨爱情的痴迷,而不是批判李的"无度"。在整体构成作用下,第一部分的一切都被赋予了美好的意蕴,也是在整体的"自我调节"作用下,"姊妹弟兄皆列土,可怜光彩生门户",或是被当做爱情的铺垫来理解,或是为整体理解所剔除而忽略不计了。

从创作的角度看,诗人也正是在整体即爱情悲剧所投射蕴藉的心理感受的驱使下,才避开了杨曾是李儿媳等历史真实,而写成"杨家有女初长成,养在深闺人未识","天生丽质难自弃,一朝选在君王侧"。这些描写,意在使诗的文本与历史封闭,构成一个新的艺术世界。如果我们也能够注意到第四部分所描写的杨贵妃死后在仙境中以托物寄词表现的相思之苦,纯属是诗人的想象、虚构,就会进一步认清《长恨歌》艺术世界的独立性。正是幻想的形式,才使诗脱离了历史及其意义,使其成为表达情感的整体艺术符号。

象征符号的形式意味

诗人为什么要写一个皇妃的爱情故事呢?为什么非要这样而不是别样地从整体上结构他的故事呢?我认为,这是诗人在寻找一种形式,创造一种符号来表现他的心理与情感的形式。诗人在民间流传的皇妃的爱情悲剧形式中,发现了与他感受、体验和理解到的心理情感形式的对应与同构。一方面,这个爱情悲剧形式使诗人较为明确地发现和印证了他自身的心理情感形式,使内心复杂模糊难以用普通语言加以描述的体验有了对象化、客观化、具体化、直观化、感性化的形式;另一方面,诗人又以这种悲剧形式揭示出来的心理情感形式重新组构那个爱情悲剧形式,使爱情悲剧故事克服了"历史的外在现象个别性"(黑格尔),爱情悲剧形式与心理情感形式达到了完美的统一,表层的爱情悲剧故事包容了深层的心理情感内容。

文学不是模仿外在现实的,文学是人的内在现实,即人的情感、人的心灵、人的生命的形式表现。人的情感、心灵、人的生命体验是相当复杂,相当隐蔽的。如苏珊·朗格所说,它"是不可能有名称的,因为我们从现有的语言中就找不到任何字眼去表达它们","能够表达这种全新概念的一种最为普通的方式就是寻找一种作为它的天然符号的事物,并运用这种符号的名称去表示它"。① "艺术品也就是情感的形式或是能够将内在情感系统地呈出来以供我们认识的形式。"② 《长恨歌》的形式正是表现情感、心灵和生命"全新概念"的形式符号。

正因为诗人欲使李杨的爱情悲剧在《长恨歌》中成为一种表达他情感和生命感受的形式符号,因而,诗人才重新去组构它,才从整体上去把握各部分,使它呈现出新的不同于历史真实的形式。它的整体轮廓、结构样式显然是为了对应和同构情感的形式、心灵的形式、生命的形式。也正是这种对应、同构,才使《长恨歌》中李杨爱情悲剧形式本身包含了巨大的情感、心灵、生命的内容,本身就是一种情感、心灵、生命的样式,使其成为一种本体象征形式,从而使一种无形的情感、心灵和生命感受变为一种有形的呈现。

在《长恨歌》中,李杨的爱情悲剧,他们的热恋、生离死别和相思的无限悲苦都是符号化了的。由于诗人强化了结构的功能,这种"结构"就成为一种命运的符号。李杨的爱情悲剧

---

① 苏珊·朗格.艺术问题[M].北京:中国社会科学出版社,1983.
② 苏珊·朗格.艺术问题[M].北京:中国社会科学出版社,1983.

被"命运"化了,就已经不单是历史上的皇妃,而被视为一般人的情感符号了;他们身上所发生的已不单是皇妃的爱情悲剧,而是一切人可能经历的情感体验、生命感受;他们所经历的"命运"样式也已经成为一般命运样式的符号,皇妃的个别爱情悲剧是"表示成分"的"能指",而普遍的情感体验、生命感受则是"被表示成分"的"所指"。这样,《长恨歌》中的一切都成为一种情感体验、生命感受的符号。"汉皇重色思倾国""三千宠爱在一身""芙蓉帐暖度春宵"已经成为对美的追求和爱情痴迷沉醉的符号;"回眸一笑百媚生""温泉水滑洗凝脂"已经成为美的符号;"六军不发无奈何,宛转蛾眉马前死""君王掩面救不得,回看血泪相和流"已经成为生命分裂的符号;"黄埃散漫风萧索""鸳鸯瓦冷霜华重"已经成为情感失落的符号;"上穷碧落下黄泉,两处茫茫皆不见"也已成为情感失落、生命分裂的无可奈何的怅惘、痛苦和绝望的符号。《长恨歌》的总体结构:爱的真诚、纯洁和美好,悲剧对美好爱情的撕裂、摧残以及李杨相思之悲苦,则是作品整体形式的符号。这一结构形式所表现的是诗人彻骨铭心的情感体验、生命感受:美的毁灭、爱的毁灭、自由的毁灭、人的毁灭!《长恨歌》中爱的得而复失、失而不能复得的总体形式、意义、意境,必然地造成总体感受、氛围和情调:一种失落、一种悲凉、一种感伤、一种苦痛、一种怅惘、一种凄迷、一种飘零、一种孤独、一种无奈、一种绝望,它是《长恨歌》形式的深层意蕴。尽管这是不难理解的,但也仍为过去的研究所未曾充分注意到。

艺术是一种情感的符号,由于符号的结构形式就是人的情感、生命形式的投影,因而这种形式就与读者的情感、生命形式产生对应同构。因此,读者在欣赏这形式时,就不只是在看外在于他的故事,就不是从政治、道德的角度看它的意义,而是暗暗地从自己生命内部、心灵隐秘的深处对应着形式,体验着自身情感的意味,是在结构符号中理解、感悟和体验了人自身。我以为,这是包括《长恨歌》在内的一切优秀文学作品之所以"伟大"的秘密所在。

这样看来,《长恨歌》之所以有魅力,不是对李杨爱情专一的描写,不是对李杨的同情,也不是表现了爱情的美好,更不是"惩尤物,窒乱阶,垂于将来也"(陈鸿对《长恨歌》主题的概括,王拾遗先生等许多研究者都持这一观点),而是表现了人的心灵、情感、生命的一种巨大失落、巨大创痛、巨大悲哀。

深层结构中的心理原型

艺术从本质上说,是艺术家以情感形式、心灵形式、生命形式对生活形式的占有、重构和创造。因此,在研究一部优秀的作品譬如《长恨歌》时,就不仅应该注意到它的表层结构内容,更应该注意到它的深层结构内容;不仅应该注意到被它说出来的内容,更应该注意到它没有说出来而恰恰正是它所要说的潜意识的内容。

《长恨歌》有双重结构:表层是叙事的,深层是抒情的;表层是写李杨爱情悲剧的,深层是写诗人心灵感受的;表层是表现皇妃生活内容的;深层是表现一切人心理原型的;表层形式是明确的,深层意识是隐蔽的。正像地毯正面的花纹图案是由地毯背面的经纬结构所决定的一样,《长恨歌》的表层结构是由深层结构所决定的。

《长恨歌》的爱情悲剧形式无疑带给我们一种毁灭感,但毁灭感仍然不是《长恨歌》的深层意蕴。《长恨歌》的深层意蕴是这种毁灭感掩盖和包含的"自我牺牲"意识,即"自我牺牲"原型,这才是《长恨歌》的魅力之谜。

原型是一种积累起来的典型的心理经验,是一种心理结构、一种情结、一种模式。荣格在《集体无意识的概念》中说:"与集体无意识的思想不可分割的原型概念指的是心理中明确的形式存在,它们总是到处寻求表现。"费德莱尔说:"原型是指由观念和感情交织而成的一个模式,在下意识里广泛为人们所理解,但却很难用一个抽象的词语来表达……这种复杂的心理情结需要通过某种模式的故事,既体现它又像是在掩盖它的真正含义。"文学批评的任务就是透过种种模式,探索出产生该模式的秘密起因和"真正含义":心理原型。

《长恨歌》所表达的就是一种"心理中明确的形式存在",一种"由观念和感情交织而成的一个模式"。这个"形式存在"和观念情感模式就是"自我牺牲"。因而,我称之为"自我牺牲"原型。

在《长恨歌》中,造成李杨爱情悲剧的原因是什么?《长恨歌》长恨的是什么?《长恨歌》并没有直接表现出来。但《长恨歌》的深层结构却体现出了它的"心理中明确的形式存在"——《长恨歌》中李隆基和杨贵妃的爱情被一种更强大的"超我"势力所摧残毁灭,在这种"超我"面前,两个人都成为牺牲:一个牺牲了"自我",一个牺牲了生命(实际上都是人的牺牲)。这种"自我牺牲"的心灵感受、情感感受、生命感受,是诗人"心理中的明确形式存在",然而,诗人"很难用一个抽象的词语来表达",只能寻求一个故事来复现它。

这就造成了《长恨歌》"既体现它又像是在掩盖它的真正含义"的现象。

《长恨歌》的总体结构是爱情——悲剧(别离)——长恨。它对应了人的"美好的东西——失去——长恨"的心理结构形式。但是,在这个结构中还包含更深层的灵魂的重大秘密。为什么会出现这种结构(悲剧)? 或者说为什么会出现这种心理感受?《长恨歌》的前面是美好的爱情,后面则是爱情悲剧发生后的生离死别、天上人间的痛苦思念。造成爱情悲剧和无尽长恨的原因是什么呢? 在这个结构中有一个枢纽、一个焦点、一个关键,是它导致了前后颠覆性的变化。那就是"六军不发无奈何,宛转蛾眉马前死","君王掩面救不得,回看血泪相和流"。为什么"六军不发"就得牺牲爱情呢? 这里同开头的"杨家有女初长成,养在深闺人未识"造成一个封闭的文本不同,诗人在诗的内部又创造了一个开放的空间,利用读者对那一历史事件的了解,表现一种深刻的意味。这虽然只有四句,但却是理解全篇的"总纲",是这四句使全篇所有其他成分都获得了深层的心理意蕴。它至少有如下两层蕴含:一是蕴藉了李隆基的"自我"成为"超我"的"牺牲"。生活中的任何一个人,他的精神结构,人格结构中都包含了自我与超我的内容。"自我"属于人的角色,它是人的感性、个体、人的自由、人的价值的确证;超我是属于人对理性、社会群体的认知,也可以说是它们摊派给人的角色。它是外在于人、外在于人的"自我"的。在封建社会中,每一个人都为封建专制和封建文化所"结构",每一个体都被这个整体赋予了"超我"的本质。所谓"存天理、灭人欲",所谓"克己复礼",就是"超我"吞没"自我"的最好的阐释、概括和规定。李隆基虽然是个无所不能的皇帝,但是,他同样为封建社会的整体所"结构"。他不能不早朝,不能不以皇帝的角色来塑造自己。这就必然迫使他放弃"自我"而服从"超我",使他的"自我"成为"超我"的"牺牲"。"六军不发"只不过是个最典型的极端形式罢了,它把"超我"对"自我"的压抑突现得最为明确化了。因而,李隆基所长恨的,不能不是这种"超我"的异化力量。二是蕴藉了李隆基撕裂灵魂的痛苦。"君王掩面救不得",从社会角度看是"超我"对他"自我"的逼迫,是外在势力杀掉了杨贵妃;从李隆基的角度看,又是他杀了杨贵妃,使杨贵妃成为一种"替罪羊"式的牺牲。是李隆基自己把"自我"、爱情、杨贵妃高高地摆放在"超我"的祭坛上,用他们的"牺牲"交换了"超我"的角色(皇位)。《长恨歌》后面写杨贵妃相思之苦,实际就是写李给杨造成的牺牲的悲剧,这给李隆基的灵魂深处带来一系列缠绕不解的复杂矛盾和难以言说的悲苦。他获得了最爱的美人,然而又是他"亲手"杀死了他最爱的美人;他最爱她,然而他又不能不杀她;他杀她,又处于无限的思念悲哀痛苦之中。这样,他不能不恨自己,痛恨、忏悔、谴责都是这"长恨"的内容。然而,这"长恨"还有另一重更凝重更深邃的内涵,那就是"苦"!在"超我"面前的"牺牲"之苦,对"超我"的屈从之苦,"自我"分裂之苦,负载罪孽之苦,懊恨之苦,丧失自我之苦,重新寻找自我而不复得之苦,苦不堪言,乃生长恨也!

从"六军不发无奈何""君王掩面救不得"的特定层面来看《长恨歌》的整体,前后的段落中无疑包容着巨大的心理内容,前面对爱情的描写是对自我的肯定,中间悲剧的发生是对自我的否定;而后面的相思又是对自我的重新寻找;天上人间的苦苦相思则又表现了自我不可能再次获得。这样,整部作品就表现出"花非花"实乃"美非美""人非人"的深层意味。"来如春梦几多时,去似朝云无觅处"(白居易《花非花》),就是白居易对《长恨歌》主题的最好注解。

"自我牺牲"是《长恨歌》的原型。这个原型表现了一种最普遍的心理结构形式,一种最典型的命运样式,使每个人在感性与理性、个人与社会、主体与客体、自我与超我之间的矛盾冲突中所经历的前者成为后者之牺牲的情感体验得到了形式化的表现。

诗人正是在这种"自我牺牲"心理原型的驱使下,才创作《长恨歌》的。王拾遗先生所发现和论证的白居易和湘灵的恋爱悲剧,恰好印证了这一点。

白居易在写《长恨歌》时,他本人就经历了屈从外在压力而葬送爱情的悲剧。他与邻居湘灵真诚相爱,但不敢公开;离家之后,又同有地位的杨汝士的妹妹订婚。然而情感深处他并不满意这门婚事,还深深眷恋着湘灵。白居易在怀念湘灵的诗作中深刻地表现了他心灵深处的矛盾和痛苦。《潜别离》这样写道:"不得哭,潜别离;不得语,暗相思;两心之外无人知。深笼夜锁独栖鸟,利剑春断连理枝。河水虽浊有清日,乌头虽黑有白时。唯有潜离与暗别,彼此甘心无后期!"(《白香山集》卷十二)。对爱情的珍视和对外在势力的屈从构成了白居易"自我"与"超我"的矛盾。一方面,他割舍不了自己的爱情,这是最真实、最诚挚和刻骨铭心的爱;另一方面,他又屈从于家庭与社会的门第观念,为了仕途而割断了这种爱。"深笼夜锁"和"利剑春断"既是表现着外在势力的"超我"对白居易"自我"的束缚、禁锢,同时也表现着他自己对"超我"的屈从、认可。是他自己把自己的爱情、把所爱的湘灵、把"自我"奉献在了"超我"的祭坛上,使他们都成了一种"牺牲",从而去换取"超我"价值的认同、允诺和接纳。也正因如此,他才深深地陷入无穷的痛苦之中。

正是这种心理原型,才导致了诗人对李杨爱情悲剧产生了创作冲动。在李杨爱情悲剧中,他是"别有幽愁暗恨生"(《琵琶行》)。在李隆基的爱情遭际上,他感到他们"同是天涯沦落人"(《琵琶行》)。诗人是在李杨爱情悲剧中看到了自己的爱情悲剧;在李隆基的爱情遭际中,他感到了他同他们一样"花非花"的命运;是在李隆基内心矛盾和痛苦的情感结构中表现了自己的矛盾痛苦的情感结构;是在李杨爱情悲剧故事中,投射了自己对爱情、生命的理解;是通过李杨爱情悲剧把平时的人生命运的感性体验显形化、凝聚化了;是在重构的李杨爱情悲剧的结构形式中宣泄了自己难以诉说的苦闷、惆怅和绵绵无尽的长恨。

民间心理的牺牲原型

然而,我们还须进一步看到,"牺牲"之所以成为一种原型,还在于,诗人在以自己的情感重构和创造李杨的爱情悲剧时,依据的不只是史实中的李杨爱情悲剧事件,也不只是自身的生命感受,还有民间传说。诗人在很大程度上是在民间传说的基础上加工、创作了《长恨歌》。民间传说的李杨故事虽然也来源于历史,但却经过了"民间"心理情感的"濡染"和"过滤"。尽管我们缺少"民间"对李杨爱情故事描绘的资料,但有一点是可以肯定的:"民间"是以自己对爱情、生命的理解来重构这个故事的。诗人在没有重构它之前,它就已经是一种心理原型,就已经是一种先在的"结构",就已经是一种有意味的形式了。《长恨歌》的形式之根是深扎在"民间"心理之中的。换句话说,是"民间集体无意识"重新编构了这个故事。

"民间"之所以对李杨爱情故事感兴趣,原因可能是多方面的。如以李杨爱情的专一、美好,表现对美好爱情的向往,以杨贵妃的美表达对美的倾慕,以杨贵妃的死表现美的毁灭等,但这些都是显意识的。真正表现"民间"心理、情感的则是故事的基本"结构",这是潜意识的。是这个基本结构体现了他们对人生、生命不自觉的理解——爱、美、自由、人性的内容总是被剥夺,人、自我总是成为一种"牺牲"。这种心理感受是弥漫在普通人内心中最浓重而又最不具形式的感受,是千千万万个人作为个体的人与群体、社会发生关系时一次又一次所反复经验的情感"模式"。由于皇帝特殊的地位,他能够得到最美、最理想、最自由的东西,因此以其经历入诗就把普通人性的欲望显形化了;又由于皇帝有至高无上的权威但也不得不屈从异己的力量,使"自我"成为"超我"的牺牲,因此以其经历入诗就把所有人的这种感受典型化了。也可以这样说,"民间"的情感深处本来就隐藏着"牺牲"的心理感受,是皇妃的爱情悲剧把这种原型感受裸露了、突出了、强化了。皇妃的爱情悲剧使"民间"自我牺牲的原型心理找到了一个"有意味的形式"。他们为了使李杨爱情悲剧结构更好地对应、同构于自己"牺牲"的心理原型结构,就大胆地改造了李杨的爱情故事。"民间"是在借李杨爱情悲剧故事表达自己对生命的理解。

《长恨歌》的形式之根是深深地扎在"民间"心理的土壤上的,因而它才具有巨大的概括性。原型之所以成为原型,就不是个别的、偶然的,而是发生在所有人身上,并反复出现的。在皇帝、诗人身上,在"民间"都重合着这种心理结构,也就存在这种原型。诗人在运用"民间"传说时就运用了原型模式的力量。"一个伟大的诗人利用在群体幻想中已具形式的故事时,被他加以客观化的不只是他个人的敏感。诗人既然是利用非凡的敏感对已经表现群众感情经验的那些词汇和形象发生反应,他安排这些词汇和形象时便能充分地利用它们的召唤力量。这样,他自己便见到他本人的灵魂和他周围的生活之间所产生的经验并占有它;并且,只要别人对他用的词汇和形象能充分地反应,他便是向别人传达了既是个人的又是共同的经验。"①这就是伟大诗人对原型的运用。M.鲍特金又说:"在诗歌中——在这里我们将特别考虑悲剧诗歌——有一些题材具有一个特殊形式或模式,这个形式或模式在一个时代又一个时代的变化中一直保存下来;并且,这个形式或模式是与被这个题材所感动的人心灵中的那些感情倾向的某一模式或配搭相呼应的;我们可以断定诗歌中这样的一些题材的一致性。"②这个特殊的形式或模式就是悲剧诗歌中的"自我牺牲"。读者为《长恨歌》所感动,也正在于读者自己生命感受中的这个"自我牺牲"的心理原型与《长恨歌》所表现的悲剧诗歌的模式的对应、吻合与同构。

---

① 叶舒宪.神话——原型批评[M].西安:陕西师范大学出版社,1987.
② 叶舒宪.神话——原型批评[M].西安:陕西师范大学出版社,1987.

意象与结构
——《登高》的整体性解读

一首诗的内在结构是十分重要的,它决定着意象的表现和意象之间的关系,诗的意义其实都是由它生发出来的,因而,内在结构是一首诗的灵魂。

阐释一首诗,就要抓住一首诗的灵魂即该诗的内在结构,根据内在结构去解释诗的意象关系及其意义。那么,怎样才能抓住一首诗的灵魂即内在结构呢?

它当然要靠对整首诗的通读,在通读的前提下理解意象之间的关系,看诗的意象是怎样结构在一起的,即在意象之间的关系中理解诗人结构意象的形式,并进而在这种结构形式中重新解读意象关系及其意象的意义。

这是一种在诗的内在结构中解读诗的方法,是与那种以对一个意象一个意象进行具体解释的累加式解释全然不同的解释方法。它当然要解释意象,但它是在诗的内在结构形式中的意象解释,而不是离开内在结构的孤零零的解释;它当然要把握全诗,但它是在全诗的意象关系中把握全诗的意义,而不是脱离了诗的灵魂的局部相加的解释意义;它当然也要研究与欣赏诗的表现艺术及技巧,但它是在诗的最重要的结构形式基础上的研究与欣赏,而不是离开了最重要结构形式的孤零零艺术欣赏。

以杜甫的《登高》为例,累加式和内在结构式两种解读方法可以得到最清楚的说明。《教师教学用书》在"整体把握"的开头做了这样的概括:"诗的前四句写登高所见,后四句抒登高所感。"

在这样的概括中,《登高》就成了杜甫的"所见所感"。这种概括的问题是,一方面,把杜甫《登高》象征情感的意象当做了纯粹的景象描写,另一方面,又没有充分注意到意象间的结构关系。因此,不能在结构关系中解读《登高》的意义也就是必然的了。

"整体把握"的第二层是对诗句的解释:起句"风急天高猿啸哀"是一个全景描写,写出了三峡急风猎猎、秋高气爽、啼猿悲秋等特点,格调高亢,气势恢弘,境界阔大,读之令人振奋。

第二句转写眼前景物,"渚清"对"沙白",色彩如画,加以飞鸟盘旋其中,静中有动,描绘出一幅明丽清爽的峡江秋景图,让人耳目一新。

接着,诗人视通万里,凝神谛听,在一个更为广阔的时空中感受秋天的气息:萧萧落叶,仿佛是在为秋的脚步伴奏;滚滚长江,好像是在为秋的来临壮大声势。落叶,江水,无边无尽,合奏出一首三峡秋日最为强劲的交响乐。

诗人被这大自然的声音震撼了,不由得想到了自己生命的旋律。……但诗人笔锋一转,从急管繁弦的紧张气氛中挣脱出来,又归于和缓的理性思索:"艰难苦恨繁霜鬓,潦倒新停浊酒杯。"在这种自我反思、自我劝勉中,表现出诗人对生命的留恋。

这种解读不能说没有接触到一些杜甫表达的情感,但是,它解读出的东西是表面的、肤浅的,甚至是隔膜的,并没有透彻地解释出杜甫在《登高》中所表现的透彻骨髓的生命感受。其原因就在于,这种所谓的"整体把握"只是一句一句解释的累加,这种累加的方式把《登高》的整体意义等于一个个意象相加的意义。但《登高》的意义不是这种意象解释的累加,而必须是从整体上把握它的内在形式结构,即从《登高》的意象关系中解读它的意义。

《登高》虽然意象纷繁,但是仔细品读,就可以看到它基本上是由两种意象构成的。一种意象主要是表现生存状态的,另一种意象主要是表现生命感受的。因为它每一联都是如此,因而就形成了整首诗的一个特征:前一句是表现生存状态的,后一句是表现生命感受的。如果我们把《登高》以竖排形式来看,就会看到前面的竖列意象基本上是表现生存状态的,而后面的竖列则基本上是表现生命感受的:

　　风急天高猿啸哀,渚清沙白鸟飞回。
　　无边落木萧萧下,不尽长江滚滚来。
　　万里悲秋常作客,百年多病独登台。
　　艰难苦恨繁霜鬓,潦倒新停浊酒杯。

如果我们进一步思考意象的意义,就会进一步发现,是前面的生存状态决定了后面的生命感受。生存状态的意象成了生命感受意象的"因",而生命感受的意象就成了生存状态意象的"果"。这样,这两类意象就构成了一种因果关系,也就是说,生存状态的意象与生命感受的意象构成了一种因果的结构关系。正是这种因果的结构关系,才构成了《登高》的意象排列方式,才决定了《登高》中两种意象的象征意义,才构成了《登高》的深邃浓重的生命感受内容。

从生存状态和生命感受两种意象关系重新解读,就会非常清楚地看到《登高》的不同于一句一句累加式解读的更深层意义。

首先,在这种结构关系中,我们能够解读出每一联两句意象紧密的内在情感联系,而不是单独地解释每一句的意义。

"风急天高猿啸哀,渚清沙白鸟飞回。"这两个意象的关联是,前一个意象生成了后一个意象,前一个意象的意义决定了后一个意象的意义。是迅疾的风、苍茫的天和悲哀的猿发出的长长的哀鸣("啸哀")使"鸟"在"渚清沙白"上"飞回"。并且,我们还要把这两个意象重新看成一个意象:鸟在迅疾的秋风和苍茫的高天中,伴随着猿的"啸哀"声盘旋。鸟为什么要"飞回"即来回盘旋呢?因为,"风急天高猿啸哀"使鸟儿要找到自己的巢,但"风急天高猿啸哀",又使鸟儿落不下;"渚清沙白"是没有什么树枝可以供它们落下的,鸟儿们在"风急天高猿啸哀"中盘旋着,那是因为它们找不到自己的窝——它们无家可归了。

"无边落木萧萧下,不尽长江滚滚来。"表面看来的对仗句表现的是两个画面,一边是"无边"的"落木""萧萧"飘下落叶,另一边是"无尽"的波涛滚滚而来的长江。但是,从语序的逻辑上看,是"无边"导致了"不尽",是先有了"无边落木萧萧下"才引出了"不尽长江滚滚来"。而从意象的象征意义上看,就更可以看出这一联的内在关系(后述)。教师教学用书解释说:"抒发了漂泊异乡、年老体衰的怅惘之情,也蕴含着与生命的衰弱顽强抗争的精神:独自登高,以切实的体验感受这'风急天高''长江滚滚''落木萧萧'的秋天!"这显然是脱离了整体结构的解释。

后面两联的内在关系就更明显了。因为有了"万里悲秋常作客",才有了"百年多病独登台";因为有了"艰难苦恨繁霜鬓",才有了"潦倒新停浊酒杯"。

《登高》前后的内在关系是由它表现的意象及其意义决定的,因而我们只有抓住这内在的关联,才能正确地解释它的意象及其意义。

其次,我们还要在这种内在关系中。解读它的象征意义。《登高》的象征意义并非是表现在单个意象中,而是表现在意象间的结构关系中。这种解读其实是由《登高》形式本身的内在结构决定的。

要这样解读,当然还是要以"一切景语皆情语"为前提,就是要把《登高》所表现的前四句中所谓的"写景"看成是诗人情感的象征;同时,还要在意象之间的关系中解读它的意义。如果把《登高》的前四句看成是纯粹的写景,就既不能看出景对情的象征意义,又不能在意象关系中解读出情感的意义。比如起句"风急天高猿啸哀"是一个全景描写,写出了三峡急风猎猎、秋高气爽、啼猿悲秋等特点,格调高亢,气势恢弘,境界阔大,读之令人振奋。第二句转写眼前景物,"渚清"对"沙白",色彩如画,加以飞鸟盘旋其中,静中有动,描绘出一幅明丽清爽的峡江秋景图,让人耳目一新。这种脱离情感和脱离意象结构的解释,是不可能揭示出诗的真正意义的。

诗人之所以要描写景象——其实是意象,那是因为要表现他的情感。所谓景物即意象是诗人内部情感的语言,诗人要用这种景物即内部情感的语言来表现他用一般语言概念难以表现的情感,因而所谓的景物其实是意象,是他情感对象化的结果。我们解读诗的时候,就是要通过这种景物即意象的解读,揭示出诗人表现的情感。但是,情况恰恰相反,我们为数不少的诗的解释,是把诗人表现情感的景物描写解释成了纯粹的景物。这是一种"去情化"的解释。在这种"去情化"的解释中,诗人以意象表现的深邃的情感非常遗憾地被遮蔽被抛弃了。

但意象不是孤立地起作用的,意象的象征意义是在意象的关系中产生的。把一个意象从诗的意象结构关系和整体中孤立出来解释,是不能准确地获得诗的意义的。只有把意象看成是诗人情感的象征符号,又进一步把握意象间的关系,才能较为准确地解读出意象象征的情感内容。

"风急天高猿啸哀,渚清沙白鸟飞回。"前一个意象是诗人生存状态的意象象征,也可以看做是整个竖列意象的总体象征符号。它表现的是诗人对外部生存环境的内在感受,因而绝对不能把它看成是对"急风猎猎、秋高气爽、猿啼悲秋等特点"的描写。"风急天高猿啸哀"是外部生存环境内心感受的象征,因而它是肃杀的、苍凉的、萧索的、悲哀的。正是在这样一种生存状态中,才有了"渚清沙白鸟飞回"后一个意象表现的无所归依的生命感受。"渚清沙白鸟飞回"单独看来是多么美丽的意象,但是,在前一个意象特别是整体结构关系中看,这是一个极为孤独、凄凉、飘零的意象。在"风急天高猿啸哀"的情境中,鸟儿无枝可依,就是无家可归。而鸟儿的无家可归正是诗人精神的无所归依、无家可归的象征。

有了前面意象的理解,第二联的"无边落木萧萧下,不尽长江滚滚来"就会获得新的解释。从生存状态和生命感受的结构关系来看,"无边落木萧萧下"也是诗人生存状态的象征性表现,是生命的暮年对生命很快逝去的情感表达。"无边落木萧萧下"当然是对秋天萧索、苍凉、万物走向衰亡的表现,但是,这是一个意象,它不是对秋景的客观化表现,而是一个象征,对生命正在急剧逝去的象征。正是在这样一种生命即将逝去的生存状态中,才有了"不尽长江滚滚来"的意象符号。"不尽长江滚滚来"是由"无边落木萧萧下"的生命即将逝去意象引发出的,因而,它就不是对长江壮阔景象的描写,而是以"不尽长江滚滚来"的意象表现生命悲怆感的无尽无休、浓郁绵长,以及这种生命即将逝去的悲怆情绪对整个生命的弥漫、冲击与笼罩。

那种"滚滚长江,好像是在为秋的来临壮大声势"的解释,完全是离开了两个意象内在关联的解释,也是离开了对诗人情感象征的解释,因而肯定是不正确的。

"万里悲秋常作客,百年多病独登台。"这里的对仗确实极为工整,"万里悲秋"对"百年多病","常作客"对"独登台"。但是,决定这种对仗及其意义的仍然是两者的结构。"万里"象征的是到处,"悲秋"象征的是凄凉,"常作客"象征的是孤独。诗人常年到处漂泊,无所归依的生活才造成了他"百年多病独登台"的深深感触。"百年"为老年,"多病"指年迈体衰,"独登台"又指孤苦无依,表现的仍然是飘零、孤独、苍凉、悲怆和无所归依感。前面的"渚清沙白鸟飞回""不尽长江滚滚来"也正是"独登台"时产生的悲凉的生命感受。

"艰难苦恨繁霜鬓,潦倒新停浊酒杯。"这一联的前后因果关系也是明确的。"艰难苦恨"象征的是一生的坎坷命运,一生的漂泊生涯,一生的苦痛积郁。"繁霜鬓"是在一生坎坷、漂泊和积郁的基础上又增多了衰老、疾病和愁绪,而正是这种生存状态才导致了诗人"潦倒新停浊酒杯"。"潦倒"是指人的整个精神都支撑不起来了,都颓丧了,都崩溃了;"新停浊酒杯"是说原来还可以喝点浊酒借酒浇愁,现在借酒浇愁的心情都没有了。借酒浇愁,是聊以慰藉的,虽然借酒浇愁愁更愁,但是,必定还是有从愁的状态中解脱、挣扎出来的努力。现在,这种聊以慰藉的心思都没有了,借酒浇愁的解脱、挣扎都没有了,那是感觉生命到了尽头,精神已经到了绝望的地步。

把"潦倒新停浊酒杯"说成是诗人晚年的肺病戒酒是不确的,一是因为它的解释暗指了一件实事而剔除了对情感的象征意义;二是这种解释也脱离了两句诗的内在联系。"潦倒新停浊酒杯"是因为前一句的"艰难苦恨繁霜鬓",那是一生穷困潦倒、孤苦飘零、无所归依,正是这种极为艰难的人生历程(生存状态)才导致了悲观绝望的精神状态——"潦倒新停浊酒杯"。如果我们回过头去再看看"渚清沙白鸟飞回"那句,鸟儿在急急的秋风中无枝可依,并且便随着长长的猿的哀鸣,正是诗人精神的无家可归的象征,我们就会接近"潦倒新停浊酒杯"的象征内涵了。

《登高》通过"风急天高猿啸哀"等意象象征了"艰难苦恨"的生存状态,表现了诗人飘零、孤苦、凄凉、悲怆、无所归依、破灭甚至绝望的精神状态。

《登高》表现的两类意象是由诗的内部结构决定的,即表现生存状态中的生命感受。而这种结构关系正是由诗人的情感结构决定的。诗人"登高"时感受到的,就是他一生坎坷、风烛残年生存状态中的一种飘零感、孤独感、凄凉感、无所归依感,甚至是绝望感。而把这两种感受转化成诗的意象表现出来,就自然成了两种意象,而两种意象之间自然也就构成了一种因果性的内在结构关系。

从生存状态和生命感受的因果关系中解释《登高》的意象意义,既可以在整体结构中解释每一联诗句的意义,又可以在结构关系中解释每一个意象的意义。这样的解释是一种结构的解释、关系的解释、整体的解释。这种结构、关系、整体的解释就超越了那种一句一句累加式的解释。

天涯沦落恨的同构性象征

——《琵琶行》故事后面的原型模式

诗人表现他的感情或者他理解到的人的感情,用一般概念难以言说或不可言说,因而诗人的创造方式常常是为他的感情或理解到的感情寻找一种客观对应物,用这种客观对应物的意象来象征他的情感或他理解到的情感,从而使主观情感得到一个外化的表达,使一般语言概念难以言说或不可言说的得到象征性的言说。但诗人的某些情感和理解到的某些情感即使是用客观对应物的意象化方法也是不能够得到表现的,在这时,诗人就自觉或不自觉地运用原型性的象征方法。所谓原型就是指人内心深处的一种情感体验,他是人的最基本也最重要的情感体验,但是这种原型体验又是不能直接进行表现的,诗人只有借助其他故事使这种原型体验得到象征化的表现,因而这种表现形式可以称为"原型性的象征"。"原型性象征"是一种现成的题材或诗人想象的故事,但其所表达的意义并不在它自身,而在于这个现成的题材或想象的故事对原型心理的象征性表现。这种对原型的象征性表现会形成一种"原型模式"。著名的原型批评家鲍特金这样认为:"在诗歌中——在这里我们将特别考虑悲剧诗歌——有一些题材具有一个特殊形式或模式,这个形式或模式在一个时代又一个时代的变化中一直保存下来;并且,这个形式或模式是与被这个题材所感动的人的心灵中的那些感情倾向的某一模式或搭配相呼应的;我们可以断定诗歌中这样的一些题材的一致性。"[①]鲍特金所强调的一些题材的特殊模式之所以被一代又一代保存下来,就是因为这个题材的特殊模式表现了人的内心的原型。根据这种原型批评方法,诗歌研究就应该一方面探索诗歌的原型性象征即原型模式,另一方面又要探讨这种原型性象征即原型模式所表现的原型,用原型的意义解说该诗的意义。

依照这种原型批评方法来重读《琵琶行》,我们会得到一种新的发现:在白居易感动于琵琶女的琵琶曲和感动于琵琶女的命运遭际中,隐含着多重的情感"同构",这种多重同构表现为一个"天涯沦落恨"的原型模式,而正是这个"天涯沦落恨"原型模式所组成的故事成为白居易"天涯沦落"心理原型的原型性象征。

白居易《琵琶行》的创造有两种可能:一种是白居易的实际经验,即他真的亲身经历了与琵琶女邂逅并真的被琵琶女的琵琶曲和命运遭际所感动的事情;另一种是白居易的想象故

---

① 叶舒宪.神话——原型批评[M].西安:陕西师大出版社,1987.

事。但不管是哪一种,都与白居易的心理原型有关,都发源于白居易对他心理原型的表现,都是在给他的心理原型找一种"原型性的象征"。从前一种创造方式来说,他之所以被琵琶女的乐曲深深地震撼,就是因为琵琶女的乐曲和琵琶女的命运遭际深深地触动了他自己内心深处的心理原型;从后一种创造方式来说,他之所以要想象一个倾听琵琶女的乐曲和命运遭际的故事,就是因为他内心深处有一个心理原型要得到强烈的表现。

别有幽愁暗恨生:白居易情感与歌女乐曲的同构

《琵琶行》的故事中隐含着一个"天涯沦落恨"的原型模式。这个"天涯沦落恨"的原型模式是这样构成的:白居易的情感与琵琶女乐曲的同构,琵琶女的乐曲与琵琶女的身世命运同构,白居易的命运与琵琶女的命运遭际同构,白居易的情感与琵琶女的情感与原型模式同构,读者与琵琶女乐曲同构,读者与白居易的情感与琵琶女的情感同构,读者与白居易和琵琶女象征的情感原型模式同构。这诸多的同构共同组成一个一致性的"天涯沦落恨"的情感模式。

白居易的情感与琵琶女乐曲的同构。这种同构是《琵琶行》要重点表现的。《琵琶行》的主体是对琵琶女弹奏琵琶曲的描述和琵琶女自述身世两部分组成的,而对琵琶曲的描写是极其详尽而极为生动的,由此可以看出白居易对琵琶曲极为欣赏。对这种极为欣赏的情感态度,我们却是完全可以理解成琵琶曲对白居易情感的深深打动。但是,琵琶曲为什么能够深深地打动白居易呢?是白居易对琵琶曲的熟悉吗?白居易确实在"序"中说过"听其音,铮铮然有京都声"。是琵琶女弹奏的高超技艺吗?白居易确实写到"轻拢慢捻抹复挑"。是琵琶女弹奏的艺术吗?白居易确实写到"千呼万唤始出来,犹抱琵琶半遮面"。是琵琶曲的动听吗?白居易确实写到"大弦嘈嘈如急雨,小弦切切如私语"。这些确确实实是琵琶女打动白居易情感的东西,但这些都不是打动白居易最根本、最重要、最基本的东西。深深打动白居易的是琵琶曲的旋律结构与白居易内心情感结构的形式同构,也就是说,是白居易的内心情感原型因为琵琶曲的旋律得到了象征性的表现。白居易能够欣赏琵琶曲,更准确地说,白居易能够那样动情传神地描述琵琶曲,最根本的原因就是白居易内心情感对乐曲的"内在的协作"和"自然感应"。从白居易亲历琵琶女弹琵琶曲的创作过程来说,他之所以能够把琵琶曲那样动情地描述出来,就是因为琵琶曲成了他内心情感原型的象征,他是按他的情感原型来描述琵琶曲而不是客观地复述琵琶曲。他是把他的原型情感以琵琶曲的形式表现了出来。如果《琵琶行》是白居易的想象性创作,那他就更是根据他的原型情感来描述他想象的琵琶曲的,在这时,琵琶曲就成了他原型情感的转换象征符号。

那么,《琵琶行》究竟表现了怎样的情感意味呢?《琵琶行》中有三次描写琵琶曲。第一次是送别客人时:"主人下马客在船,举酒欲饮无管弦。醉不成欢惨将别,别时茫茫江浸月。

忽闻水上琵琶声，主人忘归客不发。"那是在"惨将别"时的悲凉、空落、茫然所渴望听到管弦表达此种情感而恰恰"无管弦"的情况下听到的琵琶声。从"寻声暗问弹者谁"和"移船相近邀相见"邀请重弹琵琶曲来看，那第一次弹奏的琵琶曲既表现了琵琶女的"天涯沦落恨"，又表现了白居易的心理原型情感。或者是，白居易心理原型情感突然在琵琶女的琵琶声中得到了象征性的表现，因而才"主人忘归客不发""移船相近邀相见"。

如果说第一次琵琶曲的描写是白居易为自己的心理原型找到了一个契机、一个媒介，那么第二次琵琶曲的描写就是白居易为自己心理原型的具体表现创造了一种符号、一种象征。在白居易的笔下，《琵琶曲》是一个有连续性的整体，正是这个有连续性的整体曲调才使白居易的心理原型得到了象征性的表现。琵琶弹奏的声音是："大弦嘈嘈如急雨，小弦切切如私语。嘈嘈切切错杂弹，大珠小珠落玉盘。"大弦与小弦的错杂，"嘈嘈"与"切切"的复合，"如急雨"与"如私语"的变奏，极为丰富地描绘了琵琶曲的情感表现力；而那"嘈嘈切切错杂弹"的听觉意象转换为"大珠小珠落玉盘"的视觉意象，又使这种看不见的琵琶声曲调变得有色有形，从而使人可感可见。《琵琶行》所表现的情感首先是"间关莺语花底滑"，这又是听觉意象的视觉转换，通过这种转换使琵琶曲所表达的情感得到象征性的传达。"间关"之声是欢快明亮婉转流畅的，而这种叫声是"莺语花底"，灿烂的花朵下面有莺儿的歌声，这种音乐的视觉意象所表现的情感基调是多么的欢快呀！然而"幽咽泉流冰下难"，琵琶声由欢快明亮婉转流畅突然转入幽咽沉郁。那旋律就像泉流冰下那样难：我们仿佛听到了琵琶声的滞涩、艰难、凝重。琵琶声的滞涩、艰难和凝重是情感骤然变化的表现。但这并不是琵琶声的最滞涩处，"冰泉冷涩弦凝绝，凝绝不通声暂歇"是琵琶声的滞涩、艰难和凝重渐渐地走向"凝绝"。琵琶声的视觉意象由"幽咽泉流冰下难"的"难"进一步趋向"冰泉冷涩弦凝绝"的"凝绝"，又由这"凝绝"趋向"凝绝不通声暂歇"的"无声"。但这"无声"并非琵琶声的停止，而是"休止符"的对情感的表现，它是由沉郁、顿挫进一步走向绝望情感的表现。《琵琶行》前面的描写主要是表现由欢快明亮走向幽愁绝望的情感变化的，后面的描写是表现这种变化的情感反应的。"银瓶乍破水浆迸，铁骑突出刀枪鸣。"与前面表现的"冰泉冷涩弦凝绝"决然不同，琵琶声突然像银屏猛然破裂，而旋律的急促像"水浆迸"一样表现出来。"银瓶乍破水浆迸，铁骑突出刀枪鸣"是和前面的"无声"相比较而呈现的；而这"水浆迸"是和"幽咽泉流冰下难""凝绝不通声暂歇"相比较而呈现的。这种转换为视觉的音乐意象所表现的情感基调是激烈、悲愤和憾恨的。"曲终收拨当心画，四弦一声如裂帛。"曲终如帛裂，"四弦一声"表现的是整个琵琶演奏对一个音符的强烈表达，"如裂帛"既是指琵琶声的巨大，又是指琵琶声的戛然而止，而这种旋律正是琵琶女对自己情感的表现符号。

第三次琵琶曲的描写是在听了琵琶女弹奏并听了琵琶女的身世遭际之后。琵琶女的乐曲和身世显然深深地打动了白居易，使白居易产生了强烈的共鸣，因此白居易才向琵琶女自叙身世，并再次邀请琵琶女"莫辞更坐弹一曲，为君翻作《琵琶行》"。琵琶女"感我此言良久立,却坐促弦弦转急"。琵琶女在白居易的身世中既加重了沦落的情感,又获得了同情、怜悯、欣赏和知音,因而她的弹拨就更倾泻着她的积郁已久了的情感和对终于获得知音的倾诉。"凄凄不似向前声","凄凄"是对前面由乐曲和自述身世表现的沦落幽愁情感的更为直接的表达;"不似向前声"是针对前面"弦弦掩抑"而言的"满座重闻皆掩泣",是说最后这一曲特别感人:前曲听过之后是"东船西舫悄无言",可见最后一曲的巨大震撼力。

琵琶女的琵琶曲,第一次曲子的悲戚感受的寻求表达和倾诉,第二次曲子的由欢乐到悲哀,第三次曲子的更为悲切,是一个完整的整体,是这个整体表现着一种沦落恨的情感心理。这三首曲子的情感层次既是琵琶女的,又是白居易的,或者说首先是白居易的,然后才是琵琶女的。琵琶女的三首曲子是白居易内心情感原型的象征形式。特别是第二首曲子,它以音乐意象化方式表现的由欢乐、畅快和明亮到幽咽、忧郁和晦暗的情感变化结构,恰恰是白居易人生命运变化轨迹形成的情感结构模式。我们所说的"同构"就是这种情感模式的"同构"。如果从白居易听琵琶女的琵琶曲的经历看,琵琶女的琵琶曲所表现的情感模式恰好成了白居易情感模式的象征;如果从白居易想象了琵琶女的琵琶曲的角度看,正是白居易的情感模式寻求表现才使白居易创造了琵琶女和琵琶曲的象征符号。

说尽心中无限事:琵琶女乐曲与琵琶女命运的同构

琵琶女的琵琶曲之所以能够深深地打动白居易,是因为琵琶曲的形式与琵琶女的情感是"同构"的,琵琶曲是琵琶女情感的符号、命运的象征。就琵琶女的琵琶曲来说,白居易包括我们读者只是根据它的旋律形式感受到了它的情感结构模式,至于它具体的情感内容在白居易和我们读者没有听到琵琶女的自我倾诉前(读者如果只读《琵琶行》而不读白居易的序)是不得而知的,我们只是大致地知道琵琶女的情感是悲悲切切的,是经由欢乐转为悲哀的,是经过了一个命运重大的转变过程的。

琵琶曲同任何乐曲的旋律形式一样,不可能由一般性概念文字符号表现出来,白居易把这种不可表现的旋律形式转化为意象的形式,使其得到了象征性的表现。《琵琶行》所表现的情感总体结构由欢乐畅快明亮转换为悲切幽咽晦暗。琵琶曲的这种情感基调是由琵琶女的生命体验、命运变化的情感转化为琵琶曲的形式的结果,用艺术符号学的概念说,琵琶曲就是琵琶女情感的对象化、客观化、形式化过程。至于《琵琶行》中说的"初为《霓裳》后《六幺》",和这一总体情感的表达关系并非很大,琵琶女不是为了表现《霓裳》和《六幺》才弹奏她的琵琶曲,而是为了表达自己"平生不得志""说尽心中无限事"才弹奏琵琶曲的。

琵琶曲的结构模式与琵琶女的身世命运变化的"同构",即使琵琶曲的形式意味得到了具体内容的填充、丰富、强化和更为明朗的理解,又使琵琶女的沦落命运的情感得到了琵琶曲旋律形式的艺术化的抽象表达。正是在这种"同构"的意义上,白居易所描写的琵琶女的自述身世才具有了重要的意义;琵琶女的身世和命运变化成了琵琶曲形式意义的演绎和诠释。琵琶女弹奏琵琶曲为什么"千呼万唤始出来,犹抱琵琶半遮面"呢?这不是琵琶女的害羞,不是琵琶女矜持,不是琵琶女"作秀",而是琵琶女不愿意触动和诉说自己沦落的人生经历。琵琶女为什么"未成曲调先有情"呢?这不是一般歌者的情绪表演,不是一般歌者的根据歌曲的拿情作态,而是她自己的整个精神都被自己的沦落之情深深地笼罩着,因而,她所弹奏的每一个音符、每一个段落、每一首曲子,都是从她心灵的深处、从她生命的深处、从她情感的深处流泻或爆发出来的。她对自己身世遭际的倾诉使我们不仅明白了她为什么要弹这样的琵琶曲,更为重要的是,她的倾诉使我们更加彻底地明白了她弹奏的琵琶曲的形式意义。

琵琶女诉说了她的命运变化的轨迹即她沦落恨的因由。她的青春年少可以用一个字来概括,那就是"美"。她的艺术是美的:"十三学得琵琶成,名属教坊第一部。"小小的年纪就弹得一手好琵琶,而其被记录在教坊的第一部里。她的才艺是美的:"曲罢曾教善才服,妆成每被秋娘妒。"教授琵琶曲的老师都赞叹她的弹奏,而她的美丽的装扮是被许多女性羡慕和嫉妒的。她的表演是美的:"五陵年少争缠头,一曲红绡不知数。"数不清的贵族富豪都成为她的崇拜者。但是她的生活就在这样的美中悄悄地变化着:"今年欢笑复明年,秋月春风等闲度。"不知不觉中她的容颜变老了,她的美失去了先前的魅力,她的生活发生了变化:"弟走从军阿姨死,暮去朝来颜色故。门前冷落鞍马稀,老大嫁作商人妇。"不仅青春年少时的美丽没有了,魅力没有了,伴随着美丽和魅力的幻想的美丽的生活也没有了,而且只能不情愿地下嫁给商人了。即使这样,不随心的生活也是痛苦的:"商人重利轻别离,前月浮梁买茶去。去来江口守空船,绕船月明江水寒。"她并没有获得丈夫的爱。

琵琶女倾诉她的人生命运经历了一个重大的变化过程:美的沦落。琵琶女所弹奏的那个由欢乐、畅快、明亮到幽咽、忧郁和晦暗的感情结构的琵琶曲,正是琵琶女人生感受的转化,这就造成了琵琶女的命运与琵琶曲的形式意味的"同构"。琵琶女的第一首曲子,是"夜深忽梦少年事,梦啼妆泪红阑干"引起了她的沦落恨并把这沦落恨表现在了她的琵琶曲中,这就是为什么白居易"忽闻水上琵琶声,主人忘归客不发"的原因。琵琶女的第二首曲子开首的"间关莺语花底滑",表现的欢乐明亮的情感基调正是她青春年少美丽纯洁幻想无限的表达;"冰泉冷涩弦凝绝,凝绝不通声暂歇"正是她由青春美丽到人老色衰的沦落过程的表现;而"银瓶乍破水浆迸,铁骑突出刀枪鸣。曲终收拨当心画,四弦一声如裂帛"则是对她沦落命运的悲愤情感的表现。琵琶女把她的命运沦落的感受对象化、形式化到她的琵琶曲中了。琵琶女是以琵琶曲的形式"说尽心中无限事",因而,琵琶曲就成了琵琶女沦落命运和沦落恨情感的象征符号。

同是天涯沦落人:白居易命运与琵琶女命运的同构

白居易对琵琶曲能够产生深深的共鸣,其原因就在于,琵琶曲所表现的沦落命运与沦落恨情感是与他的"天涯沦落恨"同构的。这种同构既表现在琵琶曲的音乐旋律对他"天涯沦落恨"原型情感的表达上,又表现在琵琶女沦落命运的诉说对他"天涯沦落"的命运模式的进一步唤起上。

白居易的具体人生样式与琵琶女的具体人生样式自然是截然不同的,一个是朝廷命官,一个是民间歌女,但是江州司马与琵琶女的命运模式却是极其相似的,即他们的命运都发生过极大的反差,都经历了沦落的过程,都存在着"天涯沦落恨"的心理原型。正是这种原因,才使白居易对琵琶曲产生了强烈的共鸣,才使白居易对琵琶女产生了深深的同情,才使白居易对琵琶女"为君翻作《琵琶行》"。

但是,从表现心理原型的角度看,白居易"为君翻作《琵琶行》"实在是为自己作的"琵琶行",琵琶女的命运遭际只不过是白居易表现自己情感的媒介而已。琵琶女的沦落命运是白居易沦落的同构形式,而琵琶女的天涯沦落恨正是白居易心理的原型性象征。

《琵琶行》有两个方面以最明确的形式表现了白居易对琵琶女深深同情的内部原因(即"同是天涯沦落人"的缘故),一是序中所说。这是白居易对他和琵琶女"同是天涯沦落人"的直接表白。"元和十年,予左迁九江郡司马。明年秋,送客湓浦口。闻舟中夜弹琵琶者,听其音,铮铮然有京都声。问其人,本长安倡女。尝学琵琶于穆、曹二善才,年长色衰,委身为贾人妇。遂命酒,使快弹数曲。曲罢悯然,自叙少小时欢乐事,今漂沦憔悴,转徙于江湖间。予出官二年,恬然自安,感斯人言,是夕始觉有迁谪意。因为长句,歌以赠之,凡六百一十六言,命曰《琵琶行》。"序并没有说到他听琵琶曲的深刻感受,因为那是由《琵琶行》正文来表现的;序突出了两种身世的同构:琵琶女的沦落命运;白居易自己的沦落命运;并交代了《琵琶行》的缘起:"感斯人言,是夕始觉有迁谪意。因为长句,歌以赠之。"其实这是交代很明白的,是因为在琵琶女的沦落命运中感受到了自己被"迁谪"的沦落命运,才作《琵琶行》的。也就是说,白居易内心中早就存在沦落恨的心理原型,早就有表达的欲望。开篇写的"枫叶荻花秋瑟瑟""醉不成欢惨将别,别时茫茫江浸月"等就是这种心理原型不得表达的郁闷的情感表现;而在听了琵琶女的琵琶曲之后,"寻声暗问弹者谁""移船相近邀相见"和"千呼万唤"等就是心理原型在寻找象征形式的表现了。

二是对贬谪后情感的描写。实则是沦落后的心理表现。"我闻琵琶已叹息,又闻此语重唧唧",这种对琵琶女琵琶曲的叹息实则是自己原先被压抑的沦落恨心理原型的浮出水面;对琵琶女身世诉说更加同情叹息实则是自己沦落恨心理原型的更明确的表达。"同是天涯沦落人,相逢何必曾相识!"讲的是他同琵琶女命运模式的同构,表达的意思实则是自己沦落命运和沦落恨在琵琶女身上得到了复现。紧接着下面的一大段对谪居的描写实则是沦落恨的情感表现:"我从去年辞帝京,谪居卧病浔阳城。浔阳地僻无音乐,终岁不闻丝竹声。住近湓江地低湿,黄芦苦竹绕宅生。其间旦暮闻何物?杜鹃啼血猿哀鸣。春江花朝秋月夜,往往取酒还独倾。"这些描写与琵琶女身世的描写和琵琶曲的描写巧妙地构成了一个重合和两个互补的关系:与琵琶女的身世是重合的,但这种重合不是具体的而是整体命运模式的;与琵琶女的琵琶曲是互补的,不仅琵琶女的身世更主要是白居易的身世成了理解琵琶女琵琶曲意象化的意义的最重要诠释,就如同人们理解"梁祝"的小提琴协奏曲是以梁祝的故事为它的诠释一样;琵琶女的身世的诉说成为并没有描写出的白居易被贬谪前身世的补充;而白居易被贬谪后的沦落恨的情感也成为琵琶女的并没有更多描写的情感的补充。明确了以上白居易的心理原型,我们就会明白白居易的"岂无山歌与村笛,呕哑嘲哳难为听"的真正意义了,那不是因为山歌与村笛的"呕哑嘲哳难为听",而是因为它不能表现白居易的心理原型;而"今夜闻君琵琶语,如听仙乐耳暂明",也不是因为琵琶女的琵琶曲像仙乐一样,琵琶女的沦落恨的琵琶曲与没有人间烟火味的仙乐是没有任何相似之处的,白居易之所以那样感受,是因为只有琵琶女的琵琶曲才使他压抑已久的心理原型得到了象征化表现的缘故。白居易的这种心理原型得到象征化表现的释放感,如同荣格所说:"仿佛有谁拨动了我们很久以来未曾被人拨动的心弦,仿佛那种我们从未怀疑其存在的力量得到了释放";"一旦原型的情境发生,我们就会获得一种不寻常的轻松感,仿佛被一种强大的力量运载或超度"。① 白居易要求琵琶女"莫辞更坐弹一曲"就是这种心理原型作用的结果;而他要"为君翻作琵琶行"就更是他的心理原型要进行外化、客观化与形式化表现的愿望的表达了。

　　白居易被琵琶女的琵琶曲深深地打动,是因为白居易的情感模式与琵琶女的琵琶曲有着一种同构;琵琶女的琵琶曲之所以那样感人,是因为琵琶女的情感模式与歌曲有着一种同构;这两种同构又表现了白居易与琵琶女情感模式的同构。这种情感模式就是"天涯沦落恨"。所谓"天涯沦落恨"就是琵琶女和白居易从京都长安到九江所经历的由中心到边缘、由灿烂的理想到悲剧性的现实、由美丽到衰老、由欢乐到悲苦的"沦落"过程所产生的"沦落恨"。这种沦落恨不仅是属于琵琶女和白居易的,也是属于许许多多的人的甚至属于全人类的,它是许许多多人的情感模式。白居易借琵琶女的沦落命运和沦落恨表现了这种情感模式,因而,琵琶女的沦落便成为"天涯沦落恨"情感模式的原型性象征。琵琶女的从年少美貌到人老色衰委身于不情愿的商人到最终的被冷落既象征化地表现了所有那些被遗弃、贬谪、流放和边缘化的人特别是走向仕途的知识分子的悲剧命运,也象征化地表现了所有产生巨大失落的人的心理感受。而现实中人有谁没有经过大大小小的失落呢?只要有失落就会在琵琶女的沦落恨中感受到深深的共鸣。

---

① 荣格.心理学与文学[M].冯川,苏克,译.北京:生活·读书·新知三联书店,1987.

"天涯沦落恨"情感模式的核心内容是美丽的理想到悲剧性的现实,这种沦落恨又不仅只是属于人们在现实中产生的生命感受,还来源于人们的集体无意识记忆。所谓集体无意识记忆,那是一种种族心理积淀,是通过人的心理生理遗传而保留在现代人心理中的祖先的心理经验。"天涯沦落恨"的心理原型是其中重要的一种,它通过一代又一代生命体验的强化而得以遗传。这种心理经验到处寻求表现,琵琶女以自己的琵琶曲表现了它,白居易以琵琶女的琵琶曲的描写表现了它,而读者就像白居易欣赏琵琶女的琵琶曲一样欣赏着白居易的《琵琶行》,实际上也是以阅读的方式表现它。原型批评家说:"他(荣格)把某些诗歌特有的感情意义——这个意义在任何表达出来的明确意义之外——归之为一些无意识力量在读者心中的掀动,或是在他的意识反应之内掀动,或是在他的意识反应之下掀动,他把这些力量称为'原始意象',或称原型。他把这些原型描写为'无数同一类型经验在心理上留下的沉淀物',这些经验不是个人经历的,而是他祖先经历的,这些经验的一切后果都在大脑组织中继承下来,是个人经验的决定因素。"①白居易的《琵琶行》因象征化地表现了这种原型而成为永恒的经典。

---

① 叶舒宪.神话——原型批评[M].西安:陕西师大出版社,1987.

惘然之情的典象化造型
——《锦瑟》典故运用的符号学批评

> 锦瑟无端五十弦，一弦一柱思华年。
> 庄生晓梦迷蝴蝶，望帝春心托杜鹃。
> 沧海月明珠有泪，蓝田日暖玉生烟。
> 此情可待成追忆，只是当时已惘然。

在人类的文学史上，常常出现这样一种现象，有些作品人们不一定一下子都读得懂，但这不妨碍人们都喜欢它；有些作品即使是专家学者也不能得出一致的看法，但这并不妨碍专家学者们都赞赏它；有些作品恐怕永远也不会获得统一的认识，但这并不妨碍它在文学史上的重要地位。李商隐的《锦瑟》就属于这样的伟大诗篇。一篇《锦瑟》解人难。自从《锦瑟》流布以来，有多少人被它迷醉，有多少人被它折磨，有多少人被它激发点燃，有多少人被它伤透脑筋，有多少人以它为对象抒写了数不清的文字，有多少人以它为焦点发表了林林总总的观点。一篇仅仅56字的诗作何以会造成这样的奇观？这自然在于李商隐《锦瑟》的伟大，《锦瑟》意象的纷繁而又多义，《锦瑟》用典的晓畅而又深奥，《锦瑟》意义的明确而又朦胧。但是，长期的争论不休，"穿凿附会，纷若聚讼"，是不是还有另一种重要原因即人们欣赏诗、解释诗、研究诗的观念和方法的不同呢？

《锦瑟》一诗与一切诗一样，在表达情感时，用的是艺术符号的表现方法。也就是说，李商隐写《锦瑟》用的是艺术符号，而不是一般的语言符号，但我们在欣赏和解读李商隐《锦瑟》时，用的却是一般语言符号，而不是艺术符号。《锦瑟》"解人难"的问题很大程度上就出在这里。由于不能从艺术符号的角度解释《锦瑟》，《锦瑟》情感的典象化造型就成为一种障碍，或者被说成是李商隐对锦瑟的吟咏（咏物说），或者被说成是瑟声适、怨、清、和四种情调（情调说），或者被说成是对一个叫锦瑟的丫环的隐情的表达（咏人说），或者被说成是追忆旧欢之作（怀旧说），或者被说成是对亡妻的怀念（悼亡说），或者被说成是对他自己全部创作的概括（诗序说），或者被说成是寄内、思家之作（思妻所），或者被说成是对一种美的形式的表现（形美说）等。

诗是用艺术符号的方式表达人的情感的。之所以是用艺术符号的方式表达人的情感，那是因为，用一般语言符号的方式不可能表达人的情感。艺术符号与一般语言符号的区别是，一般语言符号即我们常用的语词概念，只能标示出某种情感、情绪而不可能把某种情感、情绪的具体结构样式表达出来。相对于情感、情绪的复杂性、深刻性和深邃性,一般语言符号一筹莫展、不可企及。艺术符号虽然也运用了一般语言符号,但它只是诗人创造诗的意象、结构和形式的手段、材料,而不是用它的概念来直接表达情感、情绪的。苏珊·朗格说:对情感生活的认识,"是不可能用普通的语言表达出来的,之所以不可表达,原因并不在于所要表达的观念崇高之极、神圣之极或神秘之极,而是由于情感的存在形式与推理性语言所具有的形式在逻辑上互不对应,这种不对应性就使得任何一种精确无误的情感和情绪概念都不可能由文字语言的逻辑形式表现出来"。[1] 表达人类情感的诗,只能用艺术符号的方式而不能用一般语言符号的方式。从这一角度看,诗人在诗中创造的就是艺术符号。艺术符号是诗人情感的象征,因而,我们理解诗、欣赏诗和阐释诗时,就应从艺术符号的角度去展开,而不能从一般语言符号的角度去进行。

艺术符号主要是指诗中的意象和结构。诗即意象,诗即结构。意象和结构即情感的象征。意象是指包含着主观情感的客观景物或事物;结构是指表现主观情感的客观景物或事物的意象样式;而象征是指一种意象及其结构方式超过了明显的和直接的意义而具有了更抽象、更普遍的意蕴。意象和结构是诗人为情感造型的艺术创造方式,诗人就是用意象和结构为他体验到和理解到的情感造型的,有什么样的意象、结构就有什么样的象征,因而就有什么样的情感。

以典象化造型象征惘然之情是《锦瑟》一诗的最大特点。《锦瑟》是写失落、失意、失望(也包括失迷)的情感、情绪的,但无论用什么样的失落概念都不能将失望的情感、情绪结构样式给表达出来。要把失落的惘然之情忠实地表达出来,就得给惘然之情造型,也就是给惘然之情的情感、情绪找到"客观同构物"或"客观对应物"。《锦瑟》的"客观对应物"不是自然景物而是由典故抽象出来的典象。《锦瑟》中所写的一切如锦瑟、弦柱、庄生晓梦、望帝春心、迷蝴蝶、托杜鹃、沧海月明、蓝田日暖、珠有泪、玉生烟等,都应理解成是诗人表达他的情感或他理解到的情感的意象和象征。但最典型的还是典象化的情感造型方式。所谓典象就是典故的形象和意象。用典故形象或意象来表达情感,典象便成为情感的象征符号。典象其实是某种原型情感的象征化形象或意象,典象是一种被经典化了的传统,运用典象就是运用原型化的表达方式,运用典象也就是在表达原型的情感。流沙河说:"或思考问题借助于旧典,或发表意见引喻古人;乃至立身处世,待人接物,一举一动,往往自然地联想起历史上的奇闻异事和先圣先贤的嘉言懿行。那些已被历代文人经验化了的古典意境恰好同他个人此时此地的经验层面叠合起来,交融起来,显像在他心中,如果写诗,这便是用典。"[2]"典故又达到了造像水平","便是典象了"。[3] 典故被转换成典象就是艺术符号的创造,典象就成了艺术符

---

[1] 苏珊·朗格.艺术问题[M].滕守尧,译.南京:南京出版社,2006.
[2] 王光东.大学文学读本[M].桂林:广西师范大学出版社,2007.
[3] 王光东.大学文学读本[M].桂林:广西师范大学出版社,2007.

号。诗人以一般语言符号难以表达情感时典象便自然成为情感的象征。

典象化的造型方式比一般意象的造型方式更具艺术性也更复杂难解。《锦瑟》八句诗用了五个典象,这就使《锦瑟》意象纷繁,扑朔迷离。最明显的是"思华年"后面的四句,共用到四个典象：庄生梦蝶,望帝化鹃,沧海珠泪,蓝田玉烟这就使《锦瑟》意象、意义纷繁,扑朔迷离。《锦瑟》所用典故,是约定俗成的"传统"形式,其意义是不言自明的,但一旦我们按照原典故来理解和阐释《锦瑟》的意义,那我们就肯定犯了按图索骥、刻舟求剑的错误。李商隐对这些典故的运用并非是典故的原意,而是化典取象,以象生义——抽象出一种形式并形成一种结构,这种形式和结构具有了一种脱离典故原意的"它性"即形式的意义,这种典象即在典故中抽象出来的形式和结构自然就成为他情感的造型形式。李商隐化典取象、创造抽象形式的方式是,或剔除典故的原意,或只取典故之意象,或在整体结构中为典象注入新意,这就使典象离开了"传统"的原意,达到了对典故的形式抽象。而这种抽象化的形式也离开了实际的具体生活生发出新的意味,并且产生出意境性的"空筐结构"。

首联"锦瑟无端五十弦",虽然没有用典,但也是用旧物创造的新意象。瑟一般为五弦、十五弦、二十三弦、三十五弦、但多为二十五弦。而诗人所描写的瑟却是五十弦。为什么是五十弦呢？"无端"即这种另类的瑟是没有因由、没有理由、没有由来、没有由头的。"无端"也无须因由、无须来由,"无端"即是先天注定、无可更易、别无选择、不可言说的。为什么要无端五十弦？因为诗人表达情感的"无端"惘然思绪使诗人创造了"无端"五十弦的锦瑟。这"无端"即指"思华年"惘然之情的无端,又指引起惘然之情"思华年"的"无端"。"无端"之锦瑟是诗人无端惘然之情的绝妙典象。

"一弦一柱思华年",因为有了"无端五十弦",才繁繁密密曲曲折折浓浓郁郁。弦弦柱柱、杂杂沓沓、交交错错、复复合合,会奏出多么委委婉婉、精精致致、幽幽深深的旋律。而那旋律形象正是诗人惘然之情的音乐造型。"思华年"是对过往人生的回忆。

"思华年"以下四个典象正是诗人惘然之情的具体表达。那是由锦瑟五十弦的弦弦柱柱所演奏出来的。诗人所表达的惘然之情不是某种事件引起的情感和情绪,而是整个人生的生命感受。（诗人只活了五十年,难道这也是"无端"的偶然的巧合么？）

"庄生晓梦迷蝴蝶",用的是"庄周梦为蝴蝶"的典象。原典故是："昔者庄周梦为蝴蝶,栩栩然蝴蝶也,自喻适志与？不知周也。俄然觉,则蘧蘧然周也。不知周之梦为蝴蝶与,蝴蝶之梦为周与？"（《庄子·齐物论》）很显然,诗人在这个意象里剔除了庄子不知是自己变为蝴蝶还是蝴蝶变为自己的迷失与惶惑感,只是取了庄周"迷蝴蝶"的意象来表达自己的情感。"迷蝴蝶"是一种什么样的情感呢？一个"迷"字表现了诗人情感的执著、追求的热烈、投入的赤诚。这不是庄周梦蝶迷失的迷,而是表现自己迷在自己的对象（或恋人或理想）之中,自己完全融入对象之中,自己没有了自己,对象成了自己。"蝴蝶"可以理解成理想的象征,"晓梦"则可以理解成诗人人生的青少年时期。

"望帝春心托杜鹃",用的是望帝魂化杜鹃的典象。原典故是:"昔人有人姓杜名宇,杜王蜀,号曰望帝。宇死,俗说云:宇化为子规。子规,鸟名也。蜀人闻子规鸣,皆曰望帝也。"(《蜀记》)"望帝死,其魂化为鸟,名曰杜鹃,亦曰子规。"(《成都记》)同上一句用庄周"迷蝴蝶"表现自己的痴迷一样,这一句也是用望帝魂化杜鹃的意象隐喻自己的寄托和追求。"托杜鹃"的一个"托"字,表现了灵魂的皈依、寄托、梦想、追求。望帝死了灵魂还化为杜鹃,说明爱的精诚。"杜鹃"与"蝴蝶"一样是诗人理想的象征符号,诗人用"托杜鹃"的典象把自己"迷蝴蝶"的执著、痴迷和热烈的缘由表现得清清楚楚。"春心"可以理解成爱心。

而这两个典象又不是孤立的,而是互补的。前一个典象的意义在后一个典象意义的参照下得到了明晰化的呈现,后一个典象的意义在前一个典象意义的衬托下得到了更明确的表达。"望帝春心托杜鹃"的"托"字使"庄周晓梦迷蝴蝶"的"迷"字发生了向原典故相反方向的改变;"迷蝴蝶"的"迷"字使"托杜鹃"的"托"字得到了生动传神的表现。这两句或者说这两个典象表现的都是痴迷和执著,而下两句或者说下两个典象表现的是这种痴迷和执著追求失落的惘然。

"沧海月明珠有泪",用的是明月使鲛人出泪的典象。"蚌、蛤、龟珠,与月盛虚。"(《大戴礼记》)"南海外有鲛人,水居如鱼,不废织绩,其眼能泣珠。"(《博物志》)诗人以"沧海月明"的修辞使原典故生发了新的意象和意境。沧海,意境辽阔无边;月明,意境深远无限;沧海月明,无限阔大、辽远、渺茫、深邃的空间,但又具体到一颗小小的珍珠之上。无限阔大、辽远、渺茫、深邃的空间和一颗小小珍珠的比较的意象到底是什么意味呢?如果我们能够联系到原典故明月使鲛人出泪的意义,就会理解是"沧海月明"使"珠有泪";如果我们能够注意到"珠有泪"和"迷蝴蝶""托杜鹃"一样是诗人主体情感的隐喻,那么,这"珠有泪"表现的就是人有泪即人的悲哀、悲怆和悲凉了。"沧海月明"是多么的空旷、渺茫、凄清和虚无啊。自己"迷蝴蝶"和"托杜鹃"的痴迷、沉醉和热烈追求的什么都没有了,什么都不存在了,什么都成为遥远的记忆,只有这亘古的沧海、明月,只有这无限的辽远、渺茫和空虚,能不"珠有泪"么?"珠有泪"是诗人灵魂泣血的符号啊。

"蓝田日暖玉生烟",用的仍然是典象。原典为:"蓝田日暖,良玉生烟。"蓝田山在长安县(今陕西省西安市),"其山产玉,亦名玉山"。(《长安志》)"司空表圣(图)云:'戴容州叔伦谓诗家之景,如蓝田日暖,良玉生烟。'"(《困学纪闻·评诗》)司空图所引戴语,在李商隐之前就已经存在,"蓝田日暖玉生烟"是"蓝田日暖,良玉生烟"语序的改造。但改造的不仅是语序,更主要的是剔除了诗的意境风格之意而成为表现内心感受的意象。上一句"沧海月明珠有泪"的"有"字暗含着下一句的"无",但下一句并未出现和上一句对应的"无",而是玉"生"烟,但"生烟"表现的实质却还是"无"。如果我们在前一句"沧海月明"的参照下理解"蓝田日暖","蓝田日暖"就会转化为大地、太阳的意象。"蓝田日暖"即大地太阳的意象是极其阔大、辽远的,但是却有"玉生烟",这就使阔大辽远的空间成为"无"的象征。理解这一句,同样要牢牢地记住,诗人李商隐是为他的生命感受造型,即他写的一切当然包括对典故的运用和新的典象的创造,都是他情感象征的艺术符号,而不是客观的写照。"玉生烟"同"迷蝴蝶""托杜鹃"和"珠有泪"一样,是他内心感受的同构物。"玉生烟"实乃"心生烟"。在"蓝田日暖"——已经脱离了原典蓝田山和诗的风格境界,而成为大地和太阳新的意象新的意境中的"玉生烟",使人感到了"烟"——一种氤氲之气的袅袅的渐渐的升发,而袅袅渐渐升发的玉烟和蓝田日暖又使人仿佛回到了凝固的遥远的荒古,而自己的一切好像都随着这玉烟蒸发了、幻灭了、凝固了。那"迷蝴蝶",那"托杜鹃",连同那"珠有泪"一切都变得虚无了。

其实,这"沧海月明"和"蓝田日暖"是空间的符号,空间包含时间,不存在没有时间的空间。空间的幻灭即是一切的幻灭。沧海和蓝田,月明和日暖是代表一切的。一切都幻灭了,这惘然之情是多么的悲凉和凝重啊。

诗的艺术符号,不是一个一个意象象征意义的相加,而是整体结构形式的象征,或者更准确地说,诗的意义最终是由整体结构决定的。诗的艺术符号性归根结底在于创造一种抽象的形式,而这种抽象的形式就是由诗的结构表现出来的。"这种最抽象的形式是指某种结构、关系或是通过互相依存的因素形成的整体。更准确地说,它是指形成整体的某种排列方式。"《锦瑟》的四种典象当然可以分开解释,但它们实际上是有一种内在的结构的,应该放在一起来领略、玩味和阐释。这内在的整体结构就是诗人人生生命感受的整体造型。那种把中间四句都解释成是惘然之情的意象叠加,就没有注意到这种人生生命感受的整体造型结构。中间四句的前两句是用"庄周晓梦迷蝴蝶"和"望帝春心托杜鹃"的典象表现执著、热烈、赤诚、痴迷、沉醉、寄托、理想、追求,而后两句"沧海月明珠有泪"和"蓝田日暖玉生烟"两个典象是表现无为、空洞、幻灭、悲凉、虚无,一切都失落了、幻化了、幻灭了。"一弦一柱思华年"所"思"的就是这种人生的心路历程,有为化为无为的历程,寄托化为虚无的历程,梦幻化为破灭的历程。弦弦柱柱所奏出的就是这种苍凉、怅惘和悲哀之情。

后两句"此情可待成追忆,只是当时已惘然",指的是,由锦瑟弦弦柱柱"思华年"所"追忆"出来的"情",在"当时"就已经"惘然"——失落、怅惘和悲凉了,说明这"成追忆"的"情"是惘然之情——生命的巨大的失落、怅惘和悲凉。

那么,诗人"惘然"的到底是什么呢?

诗人并没有写出他"惘然"的到底是什么,诗人也无需写出。引发出诗人"惘然"之情的内容可能是具体的,比如失落了的刻骨铭心的爱情,比如失落了的梦牵魂绕的人生理想,比如失落了的激情澎湃的青春等,也可能包含着人生中一切真善美的东西向往的失落。但诗人的任务不是要写出那些具体的内容,而是要写出那些美好东西的失落所造成的心理结构、情感结构、精神结构的总体样式。惘然之情是一种失落了美好的东西造成的强烈的弥漫、笼

---

① 苏珊·朗格.艺术问题[M].滕守尧,译.南京:南京出版社,2006.

罩、占据在生命深处、情感深处、意识深处的生命感受;但它又是不可名状,即用一般语言符号无法表现的,只能用艺术符号去象征,而典象化就是为那种不可名状的惘然之情的造型方式。因而,《锦瑟》的典象化表现方式,是诗人体验到和理解到的惘然之情的象征,而不是造成惘然之情的具体内容。像"河床"的结构形式呈现着河水曾经流过的形式一样,诗的结构形式表现着情感结构的抽象形式,而无需表现造成情感事件的具体内容。因而,我们大可不必一定要把这种典象化的象征解释成什么对一个丫环的恋情等。《锦瑟》是象征的,但是是情感的象征,而非具体事件的象征,《锦瑟》是符号的,但是是情感的艺术符号,而非某事的谜语。

　　李商隐在《锦瑟》中创造了什么?李商隐在《锦瑟》中创造了锦瑟乐器及其音乐的形象,那形象中有"庄周晓梦迷蝴蝶",有"望帝春心托杜鹃",有"沧海月明珠有泪",有"蓝田日暖玉生烟",还有"迷蝴蝶""托杜鹃"之后的"珠有泪""玉生烟"。那是锦瑟幻化出的典象,那典象的排列组合就是锦瑟幻化出的整体旋律,那典象和典象结构就是李商隐惘然之情的造型。因而,锦瑟不是什么别的,锦瑟其实是李商隐情感表达的艺术符号。

　　正因为《锦瑟》的艺术符号性,即用一种典象表达了一种惘然之情的结构样式,从执著、热烈和痴迷到虚无、悲凉和无为,那是一种原型性的情感,诗人把这种原型性的情感典象化了,就是将这种惘然之情客观化形式化了,就使读者可以把自己的失落了的生命感受填充到那种惘然之情的典象的形式中去。爱情失落者在锦瑟中所听见(读到)的是爱情的惘然之情;理想失落者在锦瑟中所听见(读到)的是理想的惘然之情;甚至,老年人在锦瑟中听到(读到)的是整个人生的惘然之情。

　　人生中谁没有失落呢?你没有这种失落难道没有那种失落么?而生命的最后还不是最大的失落么?青春、爱情和理想,一切真善美的有多少没有失落呢?人的惘然之情是一种人生的必然之情。《锦瑟》以典象化的方式表现了这种惘然之情,典象化使惘然之情得到了原型性的象征,惘然之情被造型为一种形式,人们在读到这种形式时,惘然之情就被激活了。因而,《锦瑟》不仅属于李商隐,《锦瑟》属于每一个人,《锦瑟》属于整个人类。

英雄美人情结的艺术象征
——《念奴娇·赤壁怀古》意象的符号意蕴

  大江东去,浪淘尽,千古风流人物。故垒西边,人道是,三国周郎赤壁。乱石穿空,惊涛拍岸,卷起千堆雪。江山如画,一时多少豪杰。 遥想公瑾当年,小乔初嫁了,雄姿英发。羽扇纶巾,谈笑间,樯橹灰飞烟灭。故国神游,多情应笑我,早生华发。人生如梦,一尊还酹江月。

  通常看来,《念奴娇·赤壁怀古》(以下简称《赤壁怀古》)写的是"赤壁"以及面对"赤壁"所生的人生感慨。但我以为这是对《赤壁怀古》的误解。从艺术符号的角度看,《赤壁怀古》不是对赤壁之战"风流人物"周瑜的"怀古",而是苏轼以"赤壁"和周瑜为艺术符号对自己内心情感的抒发和宣泄。

  诗人在诗中所表现的东西不是对客观事物或事件的记述,甚至连回忆也不是,而是诗人借助客观事物或事件为他的主观情感赋形。诗人从不客观地记述什么,诗人笔下的一切都是诗人主观情感的象征符号。有时诗人自己觉得他是在记述什么,那是诗人对自己想要表现什么并不十分明确的缘故,而他所表现的客观事物恰恰是他心灵内部结构的同构物。从这种艺术符号学的角度看,大江、赤壁、周瑜和小乔等不是《赤壁怀古》的内容,而是构成《赤壁怀古》内容的材料;组成《赤壁怀古》内容的是,由大江、赤壁、周瑜和诗人的感慨这些所谓的内容构成的整体关系,即由这些整体关系形成的形式,它们生发出的意义才是《赤壁怀古》的内容。

  艺术符号学最基本的原理是:意象、象征和结构——诗人所表现的一切形式都是情感的象征符号;这种象征符号形成的整体关系和整体结构才是作品的意义。

  根据符号表现的意义,《赤壁怀古》可分为三部分:第一部分是"大江东去,浪淘尽,千古风流人物"一段。即使从表面来看,也不能理解成是写大江的,"大江东去,浪淘尽"似乎是客观的大江,但"浪淘尽"的是"千古风流人物",这就不是客观的大江了,客观的大江不能淘尽"千古风流人物",因而那肯定是主观思想感情的象征了。大江象征着时间、历史,是时间和历史使"千古风流人物"成为过往烟云,即使是"千古风流人物"也被淹没在历史的长河之中。以大江作为对时间和历史的理解的符号是再贴切不过了(《前赤壁赋》中还有"羡长江之无穷"句)。大江浩浩荡荡,奔腾澎湃,一泻千里,一去不复返,和时间与历史的一去不复返在形式上是同构的。但这句仍然不能理解成是对客观时间和历史的描述,而应理解成是诗人对时间和历史的生命感受,是对时间和历史转瞬即逝、一去不复返和"风流人物"也成为过去的感受。

第二部分是中间的一大段:"故垒西边,人道是,三国周郎赤壁。乱石穿空,惊涛拍岸,卷起千堆雪。江山如画,一时多少豪杰。遥想公瑾当年,小乔初嫁了,雄姿英发。羽扇纶巾,谈笑间,樯橹灰飞烟灭。"从诗所描写的"内容"来看,是"故垒西边"和"江山如画"引起了诗人的联想——想象了三国时期周瑜的赤壁大战,好像是在描写周瑜"羽扇纶巾"的运筹帷幄、胜券在握和"小乔初嫁"的"雄姿英发"、风流倜傥以及"谈笑间,樯橹灰飞烟灭"的从容潇洒。但从精神分析的方法分析,并不是"故垒西边"引起诗人联想起了三国时期的"赤壁"之战,也并非"江山如画"使诗人进一步想象了周瑜英雄与美人的故事,包括"大江东去"使诗人想到了"浪淘尽,千古风流人物",而是诗人自己强烈的思想感情,用精神分析的概念说是诗人的"情结"使诗人看到了"故垒西边"并联想到了三国时期的赤壁之战,看到了"江山如画"并想象了周瑜英雄与美人的故事,包括看到了"大江东去"并想象了"浪淘尽,千古风流人物"。诗人所看到、想到和写到的是他自己的思想感情。也就是说,诗人虽然是在写"赤壁"、周瑜、英雄与美人,但实际上是在写他自己的内心世界,他的欲望、他的志向抱负、他的人生理想、他的梦、他对失去了伟大志向和抱负的人生感慨。《赤壁怀古》并非为周瑜作的"怀古"之作,而是苏轼以"怀古"之名宣泄自己的情感。一般理解,诗人可以任意驰骋他的想象,可以驾着想象的翅膀任意翱翔,好像诗人是无限自由的,但事实却非如此。诗人的自由其实是受制约的,甚至可以说诗人其实是不自由的。诗人无论驾着他想象的翅膀怎样地飞翔,都受制于他思想感情即他的"情结"。诗人所写的一切都是诗人思想感情的象征符号,都来源于诗人的"情结",都是诗人"情结"的表现。不管诗人自觉还是不自觉,诗人所写到的东西都成为诗人"情结"的艺术符号。"情结"是指起支配作用的感觉和观念,这些感觉和观念"由个人情绪经验中的一个重大伤害产生出来";"它是这样造成的:一个人在过去曾受某一件事的深刻影响。这种影响的伤害,大得使他潜抑了它,把它埋进潜意识里去";"这个产生在过去的伤害埋藏在人的心理,会在人的意识里固着于一个特殊的观念形式上。这些观念于是变得充满着情绪的电波,并且总是影响他的思想、感觉和生活"。苏轼的内心中存在一个英雄情结,或者也可以这样说,苏轼曾经有一个英雄美人梦,但这个梦破灭了。正是这个英雄美人梦的破灭给他带来沉重的精神打击,使他的思想感情形成了一个"情结":对英雄美人梦的热烈向往和英雄美人梦无法实现的深深悲哀。这就是苏轼为什么要写赤壁、要写周瑜、要写小乔、要写雄姿英发、要写羽扇纶巾、要写"谈笑间,樯橹灰飞烟灭"的最根本原因。苏轼是根据自己的"情结"去写"赤壁"的,因此,《赤壁怀古》中所写的周瑜和小乔以及周瑜的风流倜傥和从容潇洒不是对历史周瑜的描写,而是苏轼自己思想感情的象征,是苏轼自己英雄"情结"的艺术符

---

① 约瑟夫·洛斯奈.精神分析入门[M].郑泰安,译.北京:社会科学文献出版社,1987.

号。艺术符号学理论认为:"诗人是以心理的方式编织事件,而不是把它当做一段客观的历史。"①《赤壁怀古》就是苏轼以自己的"情结""编织"的历史事件。

第三段是结尾一段:"故国神游,多情应笑我,早生华发。人生如梦,一樽还酹江月。"有人将其解释为面对赤壁及周瑜这一"风流人物"苏轼所发的人生感慨,这是不错的,但却是不够的,因为并没有说清楚苏轼所发人生感慨究竟是什么。"故国神游",就是赤壁"神游",而"神游"是非常耐人寻味的。"神"就是精神,就是灵魂,就是情感,就是潜意识,就是梦幻,就是"情结","神游"就是以自己的精神、灵魂、潜意识、梦幻去"游"赤壁,去写赤壁、写周瑜、写雄姿英发、写羽扇纶巾、写"谈笑间,樯橹灰飞烟灭"。"神游"正印证了上面的分析:苏轼是以自己的英雄"情结"去写《赤壁怀古》的。"多情应笑我,早生华发",那是因为"故国神游","我"还做着英雄梦,而"我"已经白发丛生——老了,那英雄梦不属于我了,因而,才生发出"人生如梦,一樽还酹江月"的感慨。"人生如梦",既含有英雄梦的破灭,人生如幻梦一般难以把握的思想,又含有人生短暂、真正的理想不可能实现的意味。"一尊还酹江月",那是何等的悲哀、苍凉和凄怆!苏轼向"江月"倾洒的不仅是他杯中之酒,还是他一腔的抱负、追求和理想,还有他那难以抒泄的心理创伤("情结")和郁闷的无尽心绪。苏轼凭吊和祭奠的不是"千古风流人物",不是周瑜,不是"江月",而是他自己。

《赤壁怀古》的这三个部分是一个整体,这个整体是由诗人的英雄美人梦破灭的"情结"所结构的。第一部分"大江东去"是诗人对时间和历史无情的符号化表现;第二部分"故垒西边"周瑜和小乔是诗人英雄美人梦的符号表现;第三部分"故国神游"是诗人英雄美人梦破灭悲怆心理的符号表现。《赤壁怀古》虽然题为"赤壁赋",写的也是"赤壁"之战的周瑜还有小乔,但最终所表现的却不是"赤壁"和周瑜及小乔,"赤壁"和周瑜及小乔是诗人表现自己"情结"的艺术符号,诗人以"赤壁"、周瑜和小乔表现的是自己英雄美人梦破灭的悲怆情感、情绪。有人说,苏轼写的赤壁并不是真正的赤壁而是假赤壁,难道在黄州生活了七年的苏轼,还不知道真假赤壁吗?赤壁的真假对于周瑜来说无关紧要,因为苏轼真正的目的就不是写赤壁,而是要"神游"。"借他人之酒杯,浇自己胸中之块垒",酒杯的真假倒是无所谓的,宣泄自己胸中的块垒却是最重要的。依此看来,"古"其实也是无所谓的,之所以"怀古",是因为"古"可以成为他表现内心深处难以言说情感的艺术符号。

---

① 苏珊·朗格.情感与形式[M].刘大基,傅志强,周发祥,译.北京:中国社会科学出版社,1986.

理想与幻灭的对立纠结及转换
——《赤壁赋》的结构论分析

《赤壁赋》有一个理想与幻灭的二元对立结构。整篇作品都是被这种理想与幻灭二元对立结构所支撑的。苏轼的游于赤壁之下与纵一苇之所如,凌万顷之茫然的感受,是由理想和幻灭二元对立构成的;苏轼的歌唱"望美人兮天一方"与"如怨如慕,如泣如诉"的洞箫声是由理想与幻灭的二元对立构成的;苏轼的主客对话仍然是由理想与幻灭的二元对立结构构成的。理想与幻灭的二元对立结构是《赤壁赋》最基本的内容。正是这种理想与幻灭的二元对立才最为深刻地表现了苏轼内心深处的矛盾、痛苦与纠结。

泛舟于赤壁之下是理想与幻灭二元对立的艺术符号

《赤壁赋》开头夜游赤壁的第一节就包容了理想与幻灭的二元对立。这个二元对立是由赤壁和游赤壁的艺术符号化表现构成的。

理解《赤壁赋》的理想与幻灭的二元对立,首先要理解《赤壁赋》的艺术符号性的表现方式。不理解《赤壁赋》所表现的思想感情是由艺术符号表现出来的,就不可能理解《赤壁赋》理想与幻灭的二元对立结构。

苏轼为什么要游赤壁呢？这与赤壁在苏轼那里的象征性有关。换句话说,赤壁不仅是一个物理性存在,还是一个心理性存在;赤壁不仅是一个具体的地点,还是一种抽象情感的象征;游赤壁不仅是身体的游,还是灵魂的游。

赤壁在苏轼那里是被符号化和象征化了的。赤壁象征着苏轼的人生理想。从文本形式来看,是"苏子与客泛舟游于赤壁之下"才"诵明月之诗,歌窈窕之章"的。这在文本内部就构成了一种类比:"诵明月之诗,歌窈窕之章"与"赤壁"的类比。之所以构成这个类比,是因为"游于赤壁之下"。也就是说,"诵明月之诗,歌窈窕之章"是因为"赤壁"而引起的,因而赤壁就具有了"明月之诗""窈窕之章"的象征性内涵。

那么,"明月之诗""窈窕之章"象征着什么呢？"明月之诗""窈窕之章"出自《诗经·月出》:

> 月出皎兮。佼人僚兮。舒窈纠兮。劳心悄兮。月出皓兮。佼人懰兮。舒忧受兮。劳心慅兮。月出照兮。佼人燎兮。舒夭绍兮。劳心惨兮。

《月出》写了明月出来,使人想到了美人。但是,《月出》所强调表现的,是美人的姣好,引起了人的"纠""慅"和"惨"即骚动不安。因为,美人像月亮那样,可望而不可即。

从《赤壁赋》开头引用《月出》来看,苏轼是以《月出》的美人象征理想的。这是由《诗经》之后美人指代理想的文学传统决定的。但是,需要特别强调的是,苏轼引用《月出》不仅是以月亮象征理想,还引用了《月出》二元对立的结构:美人和美人的幻灭。正是这个二元对立结构的引进,才使《赤壁赋》一开头就深刻地呈现了苏轼内心的矛盾和纠结。《月出》美人与美人幻灭的二元对立结构转换到《赤壁赋》的开头,就形成了赤壁象征的理想与纵一苇之所如象征的幻灭情感。

赤壁象征苏轼的理想还有另外两个因素:一个是苏轼被贬的经历,另一个是赤壁的历史经历。苏轼被贬的经历使苏轼的人生理想被剥夺了,苏轼原先的忠君报国、建功立业的壮志化为泡影。赤壁的历史经历——周瑜在这里的"羽扇纶巾""谈笑间樯橹灰飞烟灭"的壮举,则使赤壁成为建功立业的象征符号。而苏轼因被贬而失去的理想恰恰在赤壁这个象征符号上得到了极为合适的表现。

正因为苏轼把赤壁看成了失去的理想的象征符号,他才去游赤壁。他游赤壁其实是与他失去理想的一种对话,一种交流,一种宣泄。

如果我们这样看——这样看是符合《赤壁赋》文本实际形式的。苏轼内心中现实与理想的矛盾与纠结,是难以用一般语言概念表述的,因而苏轼总是要对象化到外部客观事物的描写中去的。这样被苏轼投射了它隐秘内心情感的意象,赤壁就成了苏轼内心情感的意象与象征。

赤壁既然是苏轼失去的人生理想的象征符号,那么,夜游赤壁之下的所谓景象描写就是苏轼失去人生理想之后的生命感受了。

"白露横江,水光接天。纵一苇之所如,凌万顷之茫然。浩浩乎如冯虚御风,而不知其所止;飘飘乎如遗世独立,羽化而登仙。"这当然是对苏轼夜游赤壁之下情景的描写,但是,它的艺术意义却并非是对苏轼夜游赤壁情景的反映与再现,而是用这种夜游的意象结构表现苏轼失去人生理想的情感结构。

"白露横江,水光接天"的意象结构是水天连在一起白茫茫没有尽头的一片,它所象征的情感结构是茫茫然没有任何希望。

"纵一苇之所如,凌万顷之茫然",在这样水天连在一起白茫茫没有尽头的一片中,自己乘坐的小船犹如一片芦苇,任万顷波涛颠簸、激荡。"万顷"则把上面的"茫然"渲染得淋漓尽致。"一苇"对"万顷"的意象结构使"茫然"广大无际的情感结构得到最为真切的表现。

"浩浩乎如冯虚御风,而不知其所止",任凭浩浩江风随意吹向任何地方,而不能左右、不能停止,所表现的则是苏轼失去人生理想之后的茫茫然,没有任何方向。

"飘飘乎如遗世独立,羽化而登仙",是被浩浩江风吹得没有任何重量的轻轻飘飘,这种意象结构表现的是苏轼失去人生理想之后的精神失重状态,像变化了羽毛和成仙一样的没有了定力,将内心的空虚写得极富表现力。

对泛舟景象的整段描写,所象征的是一种幻灭感与悲凉感。

把这段景象象征的幻灭感与赤壁所象征的失去人生理想相联系,就会清清楚楚地看到一个二元对立结构:理想与幻灭。

也正是在这个理想与幻灭的二元对立结构支配下,苏轼又展开了第二段"望美人兮天一方"歌唱和"如怨如慕,如泣如诉"而和之的描写。这就使这段的描写同样表现了理想与幻灭的二元对立结构。

> 于是饮酒乐甚,扣舷而歌之。歌曰:"桂棹兮兰桨,击空明兮溯流光。渺渺兮予怀,望美人兮天一方。"客有吹洞箫者,倚歌而和(hè)之。其声呜呜然,如怨如慕,如泣如诉,余音袅袅,不绝如缕。舞幽壑之潜蛟,泣孤舟之嫠妇。

扣舷而歌的歌是"桂棹兮兰桨,击空明兮溯流光。渺渺兮予怀,望美人兮天一方"。这段歌词是对《楚辞·少命司》的化用,或者说就是来源于《楚辞·少命司》的。"望美人兮未来,临风恍兮浩歌"是《少命司》二元对立结构最典型的句子。它所表现的同样是理想与幻灭这个二元对立结构。苏轼用《少命司》的歌词再一次用理想与幻灭二元对立的符号表现他的情感结构。《楚辞·少命司》与上一段《诗经·月出》就自然构成了一个理想与幻灭二元对立的结构模式。而苏轼正是利用这个模式表现他的思想情感的。

"渺渺兮予怀,望美人兮天一方",我的心想得很远,但美人却在遥远的远方("所谓伊人,在水一方")。这不正是失去人生理想的再一次象征么?正因为是失去了人生理想,我们才可以将"倚歌而和之。其声呜呜然,如怨如慕,如泣如诉,余音袅袅,不绝如缕。舞幽壑之潜蛟,泣孤舟之嫠妇"看成是苏轼失去人生理想而生成幻灭与悲哀的艺术符号。"其声呜呜然,如怨如慕,如泣如诉,余音袅袅,不绝如缕",表现了苏轼失去"美人"即人生理想是多么的哀痛不已;而"舞幽壑之潜蛟,泣孤舟之嫠妇"则以极富感人力量的衬托手法把失去人生理想的境况表现得更为深刻与彻底。

理想与幻灭这个二元对立结构是首段描写的核心内容。离开了对这种理想与幻灭的理解,我们就不能感悟到苏轼在"泛舟游于赤壁之下"意象的隐秘的内心纠结与痛苦。

但是,对《赤壁赋》首段的描写,大多是作为景物来解读的。高中语文《教师教学用书》做了这样的阐释:"第1段,写夜游赤壁的情景。作者'与客泛舟游于赤壁之下',投入大自然怀抱之中,尽情领略其间的清风、白露、高山、流水、月色、天光之美。兴之所至,信口吟诵《诗经·月出》首章'月出皎兮,佼人僚兮。舒窈纠兮,劳心悄兮。'把明月比喻成体态娇好的美人,期盼着她的冉冉升起。……游人这时心胸开阔,舒畅,无拘无束,因而'纵一苇之所如,凌万顷之茫然',乘着一叶扁舟,在'水波不兴'浩瀚无涯的江面上,随波漂荡,就好像在太空中乘风飞行,悠悠忽忽地离开人世,超然独立;又像长了翅膀飞升入仙境一样。浩瀚的江水与洒脱的胸怀,在作者的笔下腾跃而出,泛舟而游之乐,溢于言表。这是本文正面描写'泛舟'游赏景物的一段,以景抒情,融情入景,情景俱佳。"[1]

这种解读,把苏轼表现内心情感的意象当做了"投入大自然的怀抱中,尽情领略期间的清风、白露、高山、流水、月色、天光之美"的"游赏景物",就彻底地遮蔽了意象对苏轼复杂情感的象征意义,既不能解读出"纵一苇之所如,凌万顷之茫然"精神失重的幻灭感,更不能阐释"赤壁"是苏轼理想的象征符号,也就是必然的了。

主客对话:理想与幻灭二元对立的象征

与游赤壁的情景是苏轼理想与幻灭二元对立情感表现一样,主客对话也是苏轼理想与幻灭情感的艺术象征。或者可以这样说,《赤壁赋》的二元对立结构最典型地体现在主客对话的描写中。

如果说第一段里苏轼是把理想与幻灭二元对立的情感对象化到了赤壁与夜游赤壁的景象描写中了的话——赤壁象征苏轼失去的理想,赤壁下的夜游感受则是苏轼理想幻灭的生命感受——到了第二段和第三段,苏轼则是把这种由赤壁和游赤壁象征的理想与幻灭的二元对立转换到了主客对话之中。苏子是赤壁象征理想的延续,客则是夜游赤壁产生的幻灭感的延续。但是它不是符号性的延续,而是从象征化表现到思想意识的直接呈现。

要想理解这两段主客对话的意义,牢牢抓住赤壁所象征的理想是关键。主客对话是在赤壁之下和游赤壁的过程中进行的。而赤壁是象征理想的,游赤壁产生的幻灭感是理想丧失后而产生的。主客对话正是在这个基础上进行的。也就是说,主客对话是第一段游赤壁产生的生命感受的具体展开。第一段夜游赤壁意象表现的是理想与幻灭的二元对立,因而主客对话也就应该是这种理想与幻灭二元独立的具体内容,在理想与幻灭的二元独立中,即在理想与幻灭的纠结矛盾中,如何对待已经失去的人生理想,如何对待因失去理想而产生的幻灭感。

"苏子愀然,正襟危坐,而问客曰:'何为其然也?'"是针对上一段,即"客有吹洞箫者,倚歌而和之。其声呜呜然,如怨如慕,如泣如诉,余音袅袅,不绝如缕。舞幽壑之潜蛟,泣孤舟之嫠妇"一段。由于这一段表现的是客(实际是苏轼自己)失去了"美人"即理想而产生的悲哀感与幻灭感,那么,这一段的提问就是提给客的,而客是苏轼自己思想的另一面,即自己的假托,因而苏轼对客的提问就是提给自己的。这个提问是苏轼理想的一元向幻灭一元的

---

[1] 人民教育出版社,课程教材研究所,中学语文课程教材研究开发中心.语文(2)教师教学用书[M].北京:人民教育出版社,2007.

理想与幻灭的对立纠结及转换

发问。这个提问说明苏轼内心对失去理想的留恋、固着、坚持、不肯放弃。

但是,苏轼的另一元,他失去理想产生的幻灭感,又以一种强大的力量消解、解构、摧毁着他坚持的理想。苏子与客的对话实则是苏轼灵魂中两种力量的争斗与撕扯。

客的回答向苏轼提了三问:

"'月明星稀,乌鹊南飞'。此非曹孟德之诗乎?"

"西望夏口,东望武昌,山川相缪,郁乎苍苍,此非孟德之困于周郎者乎?"

"方其破荆州,下江陵,顺流而东也,舳舻千里,旌旗蔽空,酾酒临江,横槊赋诗,固一世之雄也,而今安在哉?"

这三问其实是一个问题:那个曾经显赫一时的"一世之雄"曹操不也成了过眼云烟了吗?在这里,苏轼是在用一种解构的方法,即用曹操的"固一世之雄也,而今安在哉?"的虚无主义态度解构了他对理想的坚持。

客不仅以曹操这样的英雄人物成为过往烟云来表现虚无主义的人生观,还以一般人的渺小存在,把虚无主义的人生观表现得更加沉重:

况吾与子渔樵于江渚之上,侣鱼虾而友麋鹿,驾一叶之扁舟,举匏樽以相属。寄蜉蝣于天地,渺沧海之一粟。哀吾生之须臾,羡长江之无穷。挟飞仙以遨游,抱明月而长终。知不可乎骤得,托遗响于悲风。

生命是极其短促的,时间是无穷的,渴望与神仙一起遨游,与明月而长存,那是幻想。因而,才把这人生的虚无感通过悲凉的箫声表现出来。这就是客对苏子"何为其然也?"的回答。这个回答就是苏轼自己的回答。这个回答就是苏轼对理想失去产生悲哀情感的表现,其间充满了人生的空虚感和幻灭感。

客是苏轼思想中的一元,这一元表现的是对理想失去后的幻灭感。这种幻灭感笼罩住了苏轼的灵魂。因为,在理想与幻灭的二元对立冲突中,苏轼没有办法用理想这一元战胜幻灭感。因为他实现理想的途径被剥夺了,他没有了理想。苏轼所表现的正是理想被剥夺了的痛苦。苏轼不能用理想战胜幻灭感,那他怎样才能把自己从幻灭感的笼罩中解脱出来呢?

第四段苏子的解答就是苏轼自己的解脱方式:

苏子曰:"客亦知夫水与月乎?逝者如斯,而未尝往也;盈虚者如彼,而卒莫消长也。盖将自其变者而观之,则天地曾不能以一瞬;自其不变者而观之,则物与我皆无尽也,而又何羡乎!且夫天地之间,物各有主,苟非吾之所有,虽一毫而莫取。惟江上之清风,与山间之明月,耳得之而为声,目遇之而成色。取之无禁,用之不竭,是造物者之无尽藏也,而吾与子之所共适。"

从苏轼的解答中,我们会清清楚楚地看到,苏轼已经从理想与幻灭的二元对立结构中转换出来,他不再执拗于自己失去的理想,幻灭是因为理想的失去而产生的,不再执拗于自己的理想,幻灭感也就自然不存在了。苏轼实现这种理想与幻灭的解脱是因为在理想与幻灭的二元对立中,他加进了另一元素,正是另一元素的加入,才使苏轼从理想与幻灭二元对立的纠结与焦灼中解脱了出来。这另一元素就是达观的人生态度。

从事物变化的角度看,天地之存在不过是转瞬之间(的事),从不变的角度看,事物是无穷无尽的,又何必羡慕江水、明月和天地呢。

天地之间,物各有主,不是我们的,一毫也莫取;唯有江上之清风,山间之明月,这大自然无尽造化的"声"与"色"才是我们能共享的。

有了这种达观的人生态度,就用不着"诵明月之诗,歌窈窕之章"了,用不着"渺渺兮予怀,望美人兮天一方",自然也就用不着"倚歌而和之,其声呜呜然,如怨如慕,如泣如诉,余音袅袅,不绝如缕。舞幽壑之潜蛟,泣孤舟之嫠妇"了;用不着"寄蜉蝣于天地,渺沧海之一粟。哀吾生之须臾,羡长江之无穷"了;也就更用不着"挟飞仙以遨游,抱明月而长终。知不可乎骤得,托遗响于悲风"了。

第四段达观的人生态度的介入,是苏轼针对他对失去理想的怀念而言的。达观的人生态度与苏轼的理想人生观又构成了一个新的二元对立。但这种对立是苏轼用达观的人生态度对理想人生观的消解。苏轼虽然阐释了变与不变的辩证法,但是,究其根本意义,还是强调宇宙间的一切都是在变化的,没有永恒不变的东西;既然没有永恒不变的东西(包括第三段不可一世的盖世英雄曹操最后也失败了),那么追求那人生理想又有什么意义呢?唯有大自然的馈赠才是"取之无禁,用之不竭"的,才是真正值得人生享用的。

苏子代表达观的人生态度的一元说服了客代表苏轼理想人生观的一元,因而:

客喜而笑,洗盏更酌。肴核既尽,杯盘狼籍。相与枕藉乎舟中,不知东方之既白。

苏轼终于从理想与幻灭二元对立的纠葛与焦灼中解脱了出来。解脱的方法不是用一元战胜另一元,而是用一种达观的人生态度消解了理想的人生观。

苏轼不再"诵明月之诗,歌窈窕之章",不再"渺渺兮予怀,望美人兮天一方",不再"倚歌而和之,其声呜呜然,如怨如慕,如泣如诉,余音袅袅,不绝如缕",不再"哀吾生之须臾,羡长江之无穷",不再"知不可乎骤得,托遗响于悲风"。苏轼进入了一种新的精神境界。

然而,在这种新的精神境界中,我们看到了什么呢?是苏轼对个人人生价值的特别珍视吗?

在"肴核既尽,杯盘狼藉。相与枕藉乎舟中,不知东方之既白"的场面中,我们是不是感到了有一种放浪形骸的意味呢?而在放浪形骸的行为中,我们又是不是感到了一种无可奈何的强求解脱的旷达心绪呢?

在我看来,苏轼达观的人生态度并没有真正说服自己理想的人生观。他是想努力地说

理想与幻灭的对立纠结及转换

服自己,但最终并没有说服自己。如果他真正说服了自己,他就不会那样放浪形骸,而是另一种人生态度了。比如陶渊明"悠然见南山",是彻底放弃了"入世",而自然生成一种"出世"的悠然人生态度。苏轼不是如此,苏轼的放浪形骸是他"故意"为之。当然不能说苏轼是"作秀",他"作秀"给谁看呢?但是,他的"故意"为之是给自己看的,是他自己的强作排遣的方式。是他想从那种失去人生理想的幻灭感中解脱出来的努力。因而,那种"肴核既尽,杯盘狼藉。相与枕藉乎舟中,不知东方之既白"的放浪形骸只是苏轼的排遣方式,并非是苏轼从幻灭中解脱出来的自由境界。在苏轼的放浪形骸中,我们感到了苏轼的无可奈何,感到了苏轼隐隐的悲凉,感到了苏轼的别无选择。

《声声慢》的外部解读与内部解读

寻寻觅觅,冷冷清清,凄凄惨惨戚戚。乍暖还寒时候,最难将息。三杯两盏淡酒,怎敌他、晚来风急!雁过也,正伤心,却是旧时相识。　　满地黄花堆积,憔悴损,如今有谁堪摘?守着窗儿,独自怎生得黑!梧桐更兼细雨,到黄昏、点点滴滴。这次第,怎一个愁字了得!

《声声慢》外部解读的几个严重问题

对李清照这首《声声慢》的解读过去大多是外部解读而少有内部解读。所谓外部解读即是从生平经历出发的解读,是把生平经历强加在文本之中,当成文本的主题意义;而内部解读是形式的解读,是从文本形式入手,阐发形式的情感意味。《声声慢》的外部解读体现在把李清照的生平经历嫁接在《声声慢》的文本上,而缺少对《声声慢》文本形式、情感意味的解读。这种解读方式在现行的中学语文教师教学用书中有很明显的体现,其中有几个问题特别严重。

第一个问题,不是从文本形式出发,而是从李清照生平经历出发,请看下面的解释:

> 《声声慢》是李清照晚年的作品。这时她不但连续经历了国家败亡,远离故乡,丧失丈夫的灾祸,并且,在南方到处辗转逃亡避难中,她丢失了珍爱的文物、古籍,还遭到了政治上的诬陷。她晚年的处境极其凄惨,心境极其恶劣。她用这一曲抒情长调,艺术地表现了自己晚年的生活状况和内心情感。在了解作者生活遭遇的基础上来读这首词时,使人不能不对她产生深深的理解与同情。这也正是李清照这首抒情词动人的力量之所在。[①]

这种解释,看去是有道理的,作品就是对作者情感的表现,当然离不开作者生平经历的了解。但是,作品的意义是由文本的形式生成的,因而,解读作品唯一的途径就是从文本出发,对文本形式的意义进行解读,而不是从作者的生平经历出发,把生平经历嫁接在文本上,当成文本的意义。外部解读的嫁接是这样形成的:把文本形式靠向作者生平经历进行解释,

---

[①] 人民教育出版社,课程教材研究所,中学语文课程教材研究开发中心.语文(4)教师教学用书[M].北京:人民教育出版社,2012.

《声声慢》的外部解读与内部解读

其结果是,把作者生平经历的意义当成了文本的意义,舍弃了文本形式的本来意义。比如,"正在她凄苦无奈时,又看到了空中飞过的大雁,它们是来自北方的旧时相识。作者想到大雁能够按时南来北往,而自己却漂流困顿,寄寓异乡,这正是她伤心的原因。词的上片从秋天里气候的多变,酒难御寒和北雁南飞等几个角度,写自己滞留南方的孤独生活和悲苦心情"①。而有些解读这正是根据作者的生平经历,把李清照的愁说成了失国之愁、失家之愁和失夫之愁。而这种愁的解释是与《声声慢》形式相距甚远的解读。

生平经历为什么不能代替对文本形式的解读呢?因为文本的形式意义不等于作者的生平经历。文本的意义只能从形式解读出来;而在形式之外所做的任何解释都是对形式意义的强加。李清照的生平经历,即国愁、家愁和情愁等只能为李清照提供创作的素材、材料,而不能提供意义;意义是在李清照创造的形式中产生出来的,意义蕴含在李清照创造的意象和整体结构形式中。也就是说,《声声慢》的意义只能是来自《声声慢》的形式,而不是来自李清照的生活经历(题材)。因而,我们解读《声声慢》包括其他的作品,就只能根据《声声慢》的形式,而不能根据作者比如李清照的生平经历。艺术符号理论家苏珊·朗格曾经非常深刻地指出:"谁要是在读诗的时候把它当做一种心理学案卷去读,并时时地联系到作者的生平和写作背景,并以此为根据掺杂更多的个人联想,谁就是在粗暴地对诗进行践踏;因为这无疑于是强行从诗句中挤出的陈述,无疑是将诗的意义任意扩大到了面目全非的地步。这样一种作法只有对诗产生致命的后果,使它听上去毫无真实之感或令人啼笑皆非。"朗格认为,诗的意义来自于诗的幻象和意象;在解读诗作的时候,进一步考察其人的生平及品格,或者注明诗作者成诗的环境,"对于形成那种幻象毫无裨益。这类补充只会以不相干的信息将描述生活的意象弄得混乱不堪。——它们之所以不相干,是因为它们并非由幻象赖以写成的有机原则喷涌而来。这种原则是说:情节中的每一因素也就是情节中的情感表现,因此,诗人是以心理方式编织事件,而不是把它当做一段客观的历史"。② 我们中学语文教学教师用书所出现的问题恰恰也就在这里,不是根据文本幻象——意象解读其意义,而是根据作者生平经历阐释主题。

第二个问题,把作者对情感象征的意象当成了其对某些事实的陈述,从而毁灭了诗词的丰富意义。

诗词表现的意象是对作者体验到和理解到的情感的象征,是情感表现的艺术符号,或者说表现性形式,词人在词中所表现的一切,都是主观现实的客观化,内部心灵的对象化,难以言说情感的符号化。它当然与词人所经历的生活经历有关,但是,它终究不是对生活经历的再现和复写,而是对生活经历产生情感的形式表现。形式表现是意象对情感的隐喻或象

---

① 人民教育出版社,课程教材研究所,中学语文课程教材研究开发中心.语文(4)教师教学用书[M].北京:人民教育出版社,2012.
② 苏珊·朗格.情感与形式[M].刘大基,傅志强,周发祥,译.北京:中国社会科学出版社,1986.

征,是整体结构对隐秘情感的表达,而不是对词人经历生活事件的陈述。符号哲学家卡西尔曾经特别肯定瓦尔堡古代造型形式对后世的持续影响,"他并且指出了,古人在碰到某一些典型的和一再重现的情况时必定创造了某一些特定的简洁有力的表达方式。这些表达方式不仅把某一些发自内心的激荡、张力与悬解方法紧紧地捕捉下来,更有甚者,这些内心的激荡、张力和悬解方法,其实是必须顺着这些表达方式才会走上轨道的。每当一种相同的感触在激荡着的时候,艺术就这一种感受所创造出的图像或造型便会马上活现起来"①。内心激荡即内心情感是需要艺术形式来表达的,这种艺术形式或者是词人的独自创造,或者是对传统形式的借用,但绝不会是对实际生活的摹写。如果我们按图索骥,把词人表现内心情感的艺术形式等作为词人所陈述的事件的时候,我们在很大程度上就毁灭了艺术形式及其诗意。下面的这段解释集中地表现出来这个问题:

  在词的下片又进一步推进,更具体地写自己的处境和心情。黄花满地,当初盛开时可以插在头上,而如今花已枯萎,再也无人摘取。这是明写花,而暗喻岁月流逝,人已衰老、憔悴! 最后,又从时间和天气上来写:白日漫长,她独自一人要苦熬到天黑,但是等到黄昏时候,又有秋雨点滴作响,这种景象,这时的情绪,哪里是一个简单的"愁"字所能概括得尽的!②

《声声慢》所表现的意象是李清照心灵世界的象征,是对她体验到和理解到的情感的造型,各种意象是对她内心难以言说孤独的强烈化、重复化的表现,而整体结构则是对她丧失生命意义的空空落落、生命孤独之苦不可解脱的表现形式。这种意象和结构形式意义的解说可能还是不深刻、不尽如人意的,但是,我们必须朝着这方面解读,即解释意象和结构形式本身的意义,而不是把意象的意义解释成生活事件。当成生活事件的解释带来另外一个严重的问题是,对整首词形式结构的忽略或者无能为力。把词人情感的形式解说成词人的生活事件,由来已久。比如对李清照写的是春天还是秋天的争论,对写的是一天还是一个黄昏的争论,对"晚"来风急改成"晓"来风急的争论,等等。把词人表现情感的意象当成客观物象和生活事件来解释,这种解读是对文本形式的严重忽略和歪曲,这种严重的问题在中学语文教师教学用书中有非常明显的表现,在几乎所有的诗词的解读中都或多或少地犯了这个毛病,比如《赤壁赋》《再别康桥》《雨霖铃》《登高》等。有人恐怕用讲深了高中生接受不了来解释这个问题,但是,这不是一个深浅的问题,而是一个对错的问题。这种解读是在错误理解作品形式和作者怎样创作作品的前提下进行的;这种一个文本一个文本的错误解读就交给了学生错误的文学观念和错误的欣赏方法。

---

  ① 恩斯特·卡西尔. 人文科学的逻辑五项研究[M]. 关子尹,译. 上海:上海译文出版社,2013.
  ② 人民教育出版社,课程教材研究所,中学语文课程教材研究开发中心. 语文(4)教师教学用书[M]. 北京:人民教育出版社,2012.

外部解读的第三个问题,不是从整体结构形式上解读文本的意义,而是一句一句的解释的累加。一个文本的意义是由整体决定的,是整体赋予了单个部分比如词句的意义,因而,解读文本必须从整体出发、把握整体形式的意义、在整体形式意义的基础上解读各个部分,而不是相反,一句一句相加的解释,更不是进行翻译性的解释。《声声慢》的解释大多是一句一句相加的解释,以为这样解释完了最后一句就解释完了整首词。但是这种解释恰恰忽略了它最重要的甚至是灵魂性的内容。一首诗词,是作者一部分一部分甚至一句一句写出来的,但是,这一部分一部分或者一句一句却是由整体构思、整体思想、整体形式生成的。因而,文本的意义是来自于整体的把握,而不是一句一句的相加。整体大于部分相加之和,正好适用于对文本整体与部分关系的理解。李清照是在她整体情绪之下写每一个意象的,她的整体情绪必然表现在整体形式结构之中,因而,我们必须充分注意它的整体结构形式,并在整体结构形式的前提下解释每一个意象。

第四个问题,把作者在文本中提升的一种人类普遍情感完全当成了李清照个人情感的表现,缩小了《声声慢》主题的深刻性。我们当然不能否认《声声慢》对李清照个人情感的表现,没有她个人的生命遭际就没有《声声慢》的创作,《声声慢》是由她个人生命遭际酿就而成的。但是,我们又不能把《声声慢》完全当成是李清照个人情感的表现。这是因为,李清照是为了表达她个人情感进行写作的。但是,这是一个似是而非的看法。李清照是在个人生命体验的基础上写作的,但是,一旦她把自己的生命体验客观化、对象化,她就已经脱离了个人性而提升到了一种普遍性。李清照是用词的形式对情感的表达,而词的形式是一种符号化或者说形式化的艺术,一旦个人的经验被形式化之后,个人的生命体验就成了一种普遍情感的表现方式。这种形式已经成为有着自身形式意味的诗篇,一种脱离了词人个人性的有着独立生命主体性的客体,一种能够凭借自己的意象和结构表现自己主题意义的艺术。这种形式所表现的情感已经由词人个人的情感变成了形式表现的普遍情感。还有一个问题也不能忽视,那就是,李清照不仅要表达她个人生命体验的失落、孤独与苦闷,她还是一个词人,她还要把她的词尽最大可能写得好一点、美一点、精致一点。这个对词的好、美和精致的追求,也就是把她的情感进一步形式化的过程,而进一步形式化的过程,就是把个人情感提升到普遍化的过程。朗格曾经深刻地指出:"诗人用语言创造了一种幻象,一种纯粹的现象,它是非推论性符号的形式。用这一形式表达的感情既非诗人的,或诗中主角的,又非我们的。它是符号的意义。我们领悟起来可能要花费一些时间,而符号却无时无刻不在表现着它。从这个意义上说,一首诗歌不管在什么时候呈现于我们面前,它总是客观地'存在着'的,并非有谁对诗人之所言做出'某种完整的反应'之时,诗歌才存在"。① 当我们再把某些作品当做作家个人情感,比如把《声声慢》当做词人个人情感解读的时候,我们同时犯了两个严重的

---

① 苏珊·朗格.情感与形式[M].刘大基,傅志强,周发祥,译.北京:中国社会科学出版社,1986.

错误,既把诗词的形式当成了词人的个人经历来解读,又毁灭了文本形式本身的意味和艺术生命。

第五个问题,是对艺术想象和艺术创造的严重歪曲。包括《声声慢》在内的所有的作品创造,都是充满想象的艺术创造,而非对现实的实录。对《声声慢》是李清照自身生活实录性的解读,严重减损和歪曲了李清照极富艺术想象的艺术创造。《声声慢》中的所有意象和表现,比如"寻寻觅觅,冷冷清清,凄凄惨惨戚戚","雁过也,正伤心,却是旧时相识",比如"守着窗儿,独自怎生得黑",比如"满地黄花堆积,憔悴损,如今有谁堪摘",等等,这些被人们反反复复重复的千古名句,都是充满了丰富的想象和包容了深刻情感意象的艺术创造,并蕴含着整体的思想情感的结构形式。它是李清照根据情感精心酝酿、匠心独运、反复推敲、不断提炼、苦苦斟酌而成的,这个创作过程就是李清照把她体验和理解到的情感转化为客观意象和结构形式的过程,而不是对一天从早到晚生活景象的实录复写。这种解读不仅严重遮蔽和忽视了作品创造最重要的艺术想象的成分,而且还隐含着对学生进行了错误的写作观念和文学观念教育:对文本的这种解读,培养了学生从写实的角度去进行文学创作,也从写实——反映论的角度理解文学,从而使学生的文学创作缺少想象力。

《声声慢》的形式解读

一首词的意义不是一句一句解释意义的累加,也不是一个意象一个意象意味加在一起的总和,而是整体结构形式的意义,是整体结构作为一个表现性形式的意义。我们只有把一首词的结构形式作为一个整体表现形式来探讨,才能得到这首词的真正意义;而每一句或每一个意象的意义不是由它自身生成的,而是在它的整体结构形式中生成的,一句或一个意象只有在整体结构形式中才能获得它最准确的意义。"艺术品作为一个整体来说,就是情感的意象。对于这种意象,我们可以称之为艺术符号。这种艺术符号是一种单一的有机结构体,其中的每一个成分都不能离开这个结构体而独立地存在,所以单个的成分就不能单独地去表现某种情感。……在艺术品中,其成分总是和整体形象联系在一起组成一种全新的创造物。谁让我们可以把其中每一个成分在整体中的贡献和作用分析出来,但离开了整体就无法单独赋予每一个成分以意味。——艺术符号是一种单一的符号,它的意味并不是各个部分的意义相加而成。"①从这种整体结构形式角度来重新解读《声声慢》,我们就会获得与原来解读大不同的意义。

从整体结构形式来看,《声声慢》是表现生命意义不可挽回地永远失落从而造成永远的孤独的主题。开头的"寻寻觅觅,冷冷清清,凄凄惨惨戚戚"表现的是无着无落和孤独、凄惨

---

① 苏珊·朗格.艺术问题[M].滕守尧,朱疆源,译.北京:中国社会科学出版社,1983.

的总体意象及总体情绪；以下各个意象则是对这个总体意象表现总体情绪的具体化表现。这样，开头的"寻寻觅觅"和之后的诸意象就形成了一种统领和具体表现的关系。"乍暖还寒时候晚来风急"，表现的是孤独的强烈和孤独的难以抵御；"雁过也，正伤心，却是旧时相识"，表现的是没有意义生活的重复、孤独的不可解决；而"满地黄花堆积，憔悴损，如今有谁堪摘"，表现的是生命意义不可挽回的丧失；"守着窗儿，独自怎生得黑"，表现的是孤独的永恒；"梧桐更兼细雨，到黄昏、点点滴滴"，表现的是孤独凄苦的漫长难耐；"这次第，怎一个愁字了得！"呼应开头的"寻寻觅觅"，表现的是生命意义丧失、生命孤独苦闷的言说不尽。

《声声慢》的整体结构形式蕴含的意义是：生命意义的丧失所造成的无着无落感和生命不可摆脱的孤独感。整首词的各个部分是被这个主题决定的，各个部分都是在表现这个主题。

"寻寻觅觅，冷冷清清，凄凄惨惨戚戚"，历来被词评家所称道，认为连用十四个叠字是"造句新警""创意出奇"。但我以为还没有真正解读出李清照连用十四个叠字的艺术真谛。李清照用这十四个叠字的根本目的不是表现某个词义，也不是为了造成特殊的语音韵律效果，尽管这也是这十四个叠字连用的艺术意味，但是，它仍然不是李清照连用叠字的最根本的艺术目的。李清照连用十四个叠字的根本目的是要用这种特殊的语言方式创造一种艺术造型，即创造出一种能够表现内心情感的意象。李清照是用叠字连用的方法为空空落落、无着无落、孤独和凄苦的情感造型，使内心隐秘的情感得到外部化的形象表现。因而，我们不能从叠字连用的词义技巧方面去解释它的意义，这样解释就仍然是以一般语言概念的用法解释它的描述性意义，而不是用词的造型艺术的方式解读它的象征艺术意义。

"寻寻觅觅"等是李清照为表现情感而造型的艺术方法，正是这种造型方法才显示出李清照艺术表现的创造才能。她用"寻寻觅觅"为无着无落而又想要有着有落的情感造型，即创造了一种意象。"寻寻觅觅"不是表现到处寻找的状态，而是表现一个在身边、周围（不是"四处"和"到处"）寻觅、摸索而又寻觅、摸索不到什么的形象及其行为。她之所以寻觅、摸索不到什么，那是因为，她只知道失落了一种非常重要的东西，但她又不知道失落的非常重要的东西是什么，她也就不知道她自己究竟要寻觅、摸索什么。因而，这"寻寻觅觅"的意象与其说是表现寻找失落的什么，还不如说是表现因为失落而产生的无着无落感、想要有着有落感更为确切。

诗词是用造型方式即用创造意象的方式而不是用一般语言概念的方式表达情感的，因而，我们解释诗词的时候就要解释它的意象而不能把诗人的意象还原为一般语言概念去解释，那样，就遮蔽和歪曲了诗人的艺术创造。诗词创作的艺术规律告诉我们，李清照的"寻寻觅觅"创作的是一种艺术符号，即一种意象、一种表现性形式，李清照是用意象、用表现性形式在表现内心的情感，而不是用一般的概念性语言描述情感。按照这种理解，我们反反复复的论述李清照叠字连用而没有看到叠字连用对造型的艺术作用，那就是不到位的解读，甚至是错误的解读。语文教材解释"寻寻觅觅"是"作者经历过许多突发事件的刺激之后,所产生的一种精神恍惚、因若有所失而到处寻觅的状态",没有从"寻寻觅觅"造型的意象的角度解释,就是用一般语言概念的方法的解释,是不可取的解释。

"寻寻觅觅"叠字的运用,是对向周围寻觅、摸索的意象,"寻寻觅觅"的意象使内心空空落落、无着无落而又想有着有落感的一种极为精彩的艺术造型。因为这种艺术造型,才使那种无着无落感和想要有着有落感得到最为传神的艺术表现,也正因为这种造型意象,也才使读者能够真真切切感到诗人表现的那种内心中的无着无落的情感。

如果我们理解了开头"寻寻觅觅"是用叠字为情感造型,我们也就自然理解了后面的"冷冷清清,凄凄惨惨戚戚"也仍然是为情感造型的意象,而不是一般叠字的连用。"冷冷清清"的意象是因为前面"寻寻觅觅"而生发的,是"寻寻觅觅"的无果即仍然是空空落落、无着无落而产生的冷冷清清的意象。"凄凄惨惨戚戚"则是对"冷冷清清"情绪的递进性表现。冷清到什么程度呢?冷清到"凄凄惨惨戚戚"的程度。"凄凄惨惨戚戚"是一种冷清的意象,是叠字法使凄惨意象得到了最为极致的表现,联系到前面"寻寻觅觅"的意象,就使一个内心空落、孤独、凄惨的整体形象栩栩如生地跃然纸上,使人们仿佛看见一位彷彷徨徨、凄凄惨惨、孤孤独独、苦苦闷闷的女性形象。李清照正是以叠字的方法表现了这样一位女性形象,通过这个"寻寻觅觅、冷冷清清、凄凄惨惨戚戚"的女性形象表现她内心无着无落、孤独苦闷的情感。用叠字方法解释,比如,一个凄惨还不够,还要用凄凄惨惨来表现,用凄凄惨惨还不够,还要再加一个戚戚,就表现了孤独之极。这种解读之所以还显得浅显、隔膜,就在于它忽略了用叠字造型的这个最重要的艺术环节。而这个用叠字造型恰恰是李清照最具艺术创造性的环节,也是标志诗歌创作之艺术性的环节。语词是诗词的材料,诗人用语词的材料造型,就像雕塑家用泥土、画家用色彩造型一样,我们最终欣赏和解释的是造型的意象,而不是解释造型的材料。语词解释就是在解释材料或材料的用法,而不是解释诗词的造型意象及其意义。

为什么要"寻寻觅觅"呢?把这个意象与后面表现孤独的意象相联系,我们可以理解那是因为失落了某种重要的东西,"寻寻觅觅"是由弥漫、浸透和笼罩在整个生命中的失落感引起的,因而,"寻寻觅觅"意象表现的就是一种在无着无落的精神状态中想要有着有落的摸索、探寻,并非是真的要寻找什么。"冷冷清清,凄凄惨惨戚戚"即可以理解成"寻寻觅觅"寻找时的精神状态,又可以理解成寻找后什么也没有找到的精神状态。也就是说,寻觅前和寻觅后都是一种孤独、空落和凄惨的精神状态。

从《声声慢》的整体结构看,"寻寻觅觅,冷冷清清,凄凄惨惨戚戚"是整首词精神状态的总体意象表现。

为什么会出现无着无落的精神状态呢?

"寻寻觅觅"的无着无落感导致对有着有落的追寻,但是,在不知道丢失了什么的情况下,也是不会知道寻觅什么的。因为,对生活不能赋予意义便不能改变无着无落感,便不能

《声声慢》的外部解读与内部解读

获得有着有落感,便得继续"寻寻觅觅"。

"乍暖还寒时候,最难将息。三杯两盏淡酒,怎敌他、晚来风急!"对这句我们不能做春天还是秋天、傍晚还是早晨(季节和具体时间)的阐释,而应做生命感受的理解,是前面"寻寻觅觅,冷冷清清,凄凄惨惨戚戚"的具体意象。这是一个女子傍晚独酌的意象,但是,这个意象不是由外部形象,而是由内部感受表现出来的,是由内而外形成的意象。"乍暖还寒时候",指的是酒的"乍暖"还不能抵御"寒"的恒定感受——生活的清淡、寡淡、暗淡,使她觉得酒"淡"——倒不一定真是酒淡;酒虽带来些暖意,但仍然不能改变她寒冷、孤独与凄凉的感受。因为这寒冷不是从外部侵入的,而是从内部生出的。她为什么会有这种浸透骨髓的悲凉感呢?因为孤独——丧失了的那种东西使其感到了寒冷的透彻骨髓,即使饮酒也不能获得温暖。"最难将息",是最难应付、调整之意,"最难"和后面的"怎敌"形成呼应。"乍暖还寒时候,最难将息",就含有借酒浇愁愁更愁的意味,即饮酒也不能改变孤独与寒冷生存状态。"三杯两盏淡酒,怎敌他、晚来风急!"感到晚风的"急",是由生命力"弱"引起的,她的孤独、寂寞与凄凉使她经不起那"晚来风"的侵袭。因而,那"晚来风"说到底并非是自然界的"风",而是主观感受的"风",即她失落了某种东西致使内心孤独、空落、寂寞与凄凉。她要借饮酒来抵御那"晚来风急",但"三杯两盏淡酒"不能使她真正地"暖"起来,她就感到自己不能抵御"晚来风急"了,因而只能依旧处在寒冷、孤独、空落和凄凉的情绪之中。通过这种内心感受的表达,词人完成了外部的意象表现,使我们仿佛看见一个孤独的女子在傍晚独酌,但那"三杯两盏"的酒并没有给她带来多少暖意,她的情思仍然浸透在一种彻骨的孤独、寂寞与寒冷之中。

"怎敌他、晚来风急"句表现的是内心中的寒冷,但并未表现这寒冷是怎样造成的,即她在生活中究竟丧失了什么,她"寻寻觅觅"的是什么,只有与下面的意象相联系才能有明确的理解。

"雁过也,正伤心,却是旧时相识。"这个意象仍然是对孤独情感的表现,但是却透露了失去的究竟是什么。"雁过也,正伤心",可以理解成"触目惊心"的意象。听到雁的凄厉叫声,看见南飞的雁为什么会"伤心"呢?雁在这里是书信使者的符号,而书信指的是爱人的书信。但这雁是"旧时相识","旧时相识"的雁过去没有带来爱人的任何消息,现在就更不会带来爱人的任何消息了。这熟悉的大雁的凄厉叫声唤起的不是希望而是绝望,和开头的"寻寻觅觅"相呼应,不仅表现了什么也没有寻觅到,而且还更加重了空落感、孤独感与凄凉感。这个意象表现带有与其他作品"互文"的特点。理解那个"互文"的文本对理解这个意象的意义是有帮助的。《一剪梅·红藕香残玉簟秋》中有"云中谁寄锦书来,雁字回时,月满西楼"句,表现的是与爱人远隔千山万水,音讯不通,心灵空空、愁绪满满的孤独。这个"雁过也,正伤心,却是旧时相识",所表现的是更加绝望的孤独,没有爱人的消息表明爱人永远的失去。这就在暗中回答了前面丧失了的问题:丧失的是爱。

但"雁过也,正伤心,却是旧时相识"不止是对爱的失去的孤独表现,还有另一层形而上的情感意味,表现了丧失爱的孤独生活的来来去去、反反复复、重重叠叠、无休无止。爱情曾经是有过的,但现在并不存在了;生活虽然在继续着,但生活的意义被抽空了;期待着生命的意义与价值,但还是枉费心机。失去了爱的生活是黯淡的、灰暗的、空洞的、孤独的、凄惨的、苦闷的,因为这种失去了爱的生活是没有生命的具体内容的,因而也就是没有意义的。李清照用这个具体意象表现生命意义的丧失。理解了这些,我们也就理解了"寻寻觅觅"不是对一种具体对象的寻觅,也不是对失去的爱的寻觅,而是对一种生命意义的寻觅。而生命意义是一种不具具体形态的抽象性的东西,因而才导致了"寻寻觅觅"的意象行为——要寻觅但又不知道该寻觅什么的无着无落的行为状态和精神状态。

"满地黄花堆积,憔悴损,如今有谁堪摘?"这个意象更加明显地表现着青春与爱情丧失的孤独感、悲凉感甚至绝望感,当然也就更加具体明显地表现了"寻寻觅觅,冷冷清清,凄凄惨惨戚戚"的情绪。"满地黄花堆积,憔悴损",是青春、生命在没有意义的生活中毁灭的意象化象征。"满地黄花"是花儿枯萎、萎谢、残败、凋落的意象表现;"满地"和"堆积"意象则把花儿残败、凋落的状况表现得极为鲜明、强烈。花儿本应在枝头燃烧般地热烈绽放,但却是"憔悴损"地"满地黄花堆积",这意象使人们想到花儿凋谢了,只剩下了干枯、萧索的花枝。隐喻的是青春、生命的流逝,是无复之遗,再没有什么可失去了,最后只有无穷无尽、无所不在的孤独感与飘零感。与"红藕香残玉簟秋"(《一剪梅·红藕香残玉簟秋》)表现的情感是一致的。"满地"是一地落地的黄花,枯萎的黄花,僵死的黄花;"堆积"是表现枯萎、僵死黄花的落地之繁、之多、之厚。"堆积"意象凸显的是花儿枯萎、凋零、败落景象的惨烈。但它的败落不是经过了热烈开放之后的自然陨落,而是"憔悴损",是"憔悴"使其"损"。是什么使它"憔悴"了呢?这自然使人们想到了上片的"怎敌他、晚来风急",尽管它说的是词人自己而非黄花,但是还是使人们把它和"憔悴损"联系起来:"憔悴"是被"晚来风急"袭击、摧残、煎熬的,联系前后其他意象,那"晚来风急"其实是生命的孤独造成的。生命孤独到"憔悴损"的程度,就是"满地黄花堆积"了。

李清照不是为了表现客观世界的"满地黄花堆积",而是用这个意象表现主观世界的生命感受,即孤独、凋零与毁灭的悲凉生命感受。李清照是在用"满地黄花堆积"的意象结构象征她生命凋零、陨落、毁灭、悲凉的情感结构,这样,"满地黄花堆积"与她的生命凋零、陨落、毁灭和悲凉的情感结构便具有了一种"同构"性:"满地黄花堆积"就脱离了花儿凋落的自然属性,而成为李清照情感结构的隐喻形式。"满地黄花堆积"既是指代李清照青春的丧失与毁灭的,又是指代李清照青春丧失与毁灭所造成的孤独、悲哀的生命感受。"满"和"堆积"形象地把这种情绪浸透、胀满和弥漫整个身心的程度,表现得淋漓尽致。"云中谁寄锦书来?雁字回时,月满西楼"(《一剪梅·红藕香残玉簟秋》),其中的"满"也是浓郁的悲凉愁绪和内心空空的表现。正是这种生命凄清、孤独和悲凉感的"满"和"堆积",才使李清照在上片一开始就用了"冷冷清清,凄凄惨惨戚戚"重重叠叠的词汇来表现她的情绪意象,也才使她在上片的一开头就用了"寻寻觅觅"的意象。她要寻找丧失了、毁灭了的生命意义,她要从那种生命意义丧失和毁灭的孤寂、悲凉和苦闷情绪中解脱出来。

但"满地黄花堆积,憔悴损,如今有谁堪摘?"是一个整体性的句子,是一个整体性造型形式,"满地黄花堆积"与"憔悴损,如今有谁堪摘?"构成了一个更大的意象,生发着新的更大的意义。青春消逝了、生命委顿了,如憔悴了的明日黄花一样,现如今还有谁能够摘取这样的黄花呢?有人解释,这是表现像她这样"憔悴损"的女人还有哪个男人来爱的意思,我以为是不确的。李清照仍然是在表现青春、生命意义的缺失,而不是表现自怨自艾、自怜自叹的情绪,更不是表现希冀男人来爱的思想。"如今有谁堪摘?"这个句子在上、下"怎"句式构成的模式中有了不同于表面的意义。前面的句子是"怎敌他、晚来风急!",后面是:"怎生得黑!""怎一个愁字了得!"这些"怎"字和惊叹号的句式构成了一种结构模式,"如今有谁堪摘?"在这个模式中被重新赋予了形式与意义,自然成了"怎的有人堪摘!"的变化。由于那个"怎"的模式句式中的"怎"是"怎么能"意义的表现,即怎么能敌他晚来风急,怎么能度过漫漫长夜,怎么能用愁字来概括,而且还用了"!"来加重表达的不容置疑的肯定的语气。这样,由"如今有谁堪摘?"变化而来的"怎的有人堪摘!"就成了——怎么能有人堪摘!在"怎"句模式的理解中,"如今有谁堪摘?"就成了青春已逝、爱情不复存在、生命意义已经丧失的思想情感的表现。"怎"句的结构模式表现的是一种情感结构模式,即丧失了意义的生命,怎么能熬过那孤独、空洞和凄苦的日子呢?一种无可奈何、无计可施、无能为力的思想情感是这种"怎"句模式的深层意义。正是李清照这种生命感受太强烈了,使她在一首很短的词中运用了这种语言模式。青春的鲜亮与美丽过去了,生命在没有意义的日子里日复一日地重复着,日复一日地重复就是对生命的摧残与煎熬。爱是生命意义的重要体现,对旧时代的女性来说甚至是生命意义的唯一体现,因而,失去了爱也就失去了生命的意义。像"憔悴损"的黄花一样的人,是没有人爱的,而没有爱的生命还有什么意义呢?"憔悴损,如今有谁堪摘?"表现的是生命意义的丧失,慨叹的也是生命意识的丧失,正如"花自飘零水自流"(《一剪梅·红藕香残玉簟秋》)一样,表现的是青春、生命的逐渐丧失,而不是希冀男人的爱之类。希冀男人的爱的解释把这个意象的生命意义丧失的意义给缩小了,不是确切的解释。

"守着窗儿,独自怎生得黑!"这是一个女人守窗的孤寂意象,也是"冷冷清清,凄凄惨惨戚戚"的具体化表现。"憔悴损"使生命的意义丧失了,生命的意义被抽离出去了,这样"活着"是很难的。一个人孤零零、孤单单、孤苦苦地怎样度过那即将到来的黑夜呢?"守着窗儿"把这种对没有意义的恐惧刻画得极为形象、生动、传神。"守着窗儿"是想守住白天,恐惧黑夜的到来:天渐渐黑了下来,用来照明的油灯或蜡烛还没有点起来,即使点起来,距油灯或蜡烛远一点的空间也是暗暗的、幽幽的、空空的(须知那是一个没有电灯的时代),屋子里的黑已经"生"了出来,外面还有些微亮,一个女人靠窗的一角看着外面,随着夜暗的渐渐生出来,她心中的"黑"——孤独、苦闷与寂寞也同时生出来了。在这里外面的黑和心里的黑"生"出来取得了同构对应。"怎生得黑"不单是恐惧夜的黑暗慢慢生起来,而是恐惧一个人的孤独、苦闷与落寞。但这黑夜、孤独、空落是因为生命意义的失落而产生的,因而,恐惧孤独、恐惧黑夜、恐惧寂寞说到底就还是恐惧生命的空洞、生命的没有意义。"守着窗儿,独自怎生得黑"在整首词中是最突出、最典型的孤独和对孤独恐惧的意象;由于这个意象丰富的心理内涵,就使其获得了原型性的象征,它就像挂在那里的一幅老画儿,以一种亘古的、凝固的姿势表现着一个女人孤苦的内心世界。

语文教材解释说:"白日漫长,她独自一人要苦熬苦等才能到天黑。"这显然是字面解释,而不是意象解释,不仅是浅显的、不得要领的解释,而且是错误的解释。她为什么要苦熬苦等到天黑呢?比起白天来,对一个孤独的女人来说,漫漫黑夜不是更难熬么?

"梧桐更兼细雨,到黄昏、点点滴滴。"也还是"凄凄惨惨戚戚"情绪的意象表达。梧桐繁密而宽大的叶子因为细雨的浇打低垂了,众多的叶子在幽暗中发出湿亮亮的光,这就使孤寂凄凉的情绪更加悲凉。那雨不是急风暴雨,不是豪雨,不是大雨,也不是阵雨,而是"细雨",细雨的绵绵密密和人的孤寂情绪的绵绵密密恰好同构对应。"到黄昏、点点滴滴",更是通过"点点滴滴"的意象化表现把孤寂的情绪渲染得更加冷清、悲凉、凄迷。"梧桐更兼细雨,到黄昏、点点滴滴",是主观情感的客观对象化,它通过一天的梧桐更兼细雨到黄昏的点点滴滴,使独自守着窗儿的孤寂情绪得到了真真切切的外化。

"这次第,怎一个愁字了得!"这种情况,用一个愁字怎么概括得了呢?这是承接"梧桐更兼细雨,到黄昏、点点滴滴"意象而说的,但也是承接整个《声声慢》的意象而说的。"梧桐细雨""黄昏点点滴滴"意象是表现孤寂情绪的,是说一个人独自守着窗儿,怎生得黑的,是说满地黄花堆积,憔悴损的,是说寻寻觅觅、冷冷清清,凄凄惨惨戚戚的,是说整个生命意义的失落的。因而也就是说,那种情绪是不能用"愁"来完全概括的。那是说不尽的愁。

在古代词人中,李清照用"愁"恐怕是最多的一个。"寂寞深闺,柔肠一寸愁千缕。"(《点绛唇·寂寞深闺》)"黄昏院落,凄凄惶惶,酒醒时往事愁肠。那堪永夜,明月空床。闻砧声捣,蛩声细,漏声长。"(《行香子·天与秋光》)"薄雾浓云愁永昼,瑞脑消金兽。"(《醉花阴·薄雾浓云愁永昼》)"寂寞深闺,柔肠一寸愁千缕。"(《点绛唇·寂寞深闺》)"独抱浓愁无好梦,夜阑犹剪灯花。"(《弄蝶恋花离情》)李清照用"愁"最多,但却不是表现一般意义上的愁,而有着比愁更深邃的含义。李清照表现的"愁"是不能用愁来概括的。

为什么不能用"愁"来概括呢?因为它不是某种具体物件的失落,不是某种具体目标没有达到的失落,也不是某种可以具体到一时一地情感的失落。换句话说,它不是具体的失落,不是外部的失落,不是看得见东西的失落,而是一种抽象的失落,一种内心的失落,一种形而上的失落,即一种关于生命意义的失落。没有了生命意义的生活,只是活着,就等于没有了生活的灵魂。在生活中把生命意义这个灵魂丢掉了,这种生活变成了没有意义没有价值的生活。因为是一种意义的失落,因而就造成一种空空落落、无着无落、失魂落魄感,使人觉得一种很重要的东西失落了,但是又不能很明确地知道是什么东西失落了;要苦苦地寻找那失落了的东西,但又不知道寻找什么,也寻找不到。在李清照的体味里,这种失去生命意义的生命感受用一个"愁"字是概括不了的。

人的生命应该是有意义的,人的生命意义体现在人的自由追求之中。人的自由是由人的具体内容构成的,它包括人的美丽青春、美好爱情和美好人生理想的追求与实现等。人在追求这种自由当中使人的本质对象化,从而在具体的实际生活中获得生命的意义。但是,人的生活和生命的意义常常是分离的,即人在具体的生活中并没有获得生命的意义:美丽的青春消失了,美好的爱情毁灭了,美好的理想并没有实现;人是在没有了生命意义的状态中生活着。这是一个永恒的矛盾。这种矛盾虽然是在人与社会、人与人的关系中发生的,比如人对外在力量的服从,从而压抑或者放弃了自己生命的意义,但是,这种矛盾最后是聚焦在人的内心之中的:他的生活与他的生命意义是矛盾的;他的生活正在毁灭他的生命意义;他的没有生命意义的生活给他带来无穷无尽的苦闷与忧伤;他想要觅回那失落的生命意义,但他的所有努力都是徒劳的;他便陷在了难以解脱的孤独、凄楚、苦闷和哀伤之中。

人的生命意义的丧失是最大的丧失,但这种丧失是不具形状的丧失,是悄悄的丧失,是不知不觉的丧失;有时是被迫的丧失,但有时是自愿的丧失。当人觉得有什么东西失落了但又不知道是什么具体的东西失落了的时候,那其实就是生命意义的失落;当人们试图寻觅失落了的东西,却又不知道究竟要寻觅什么东西的时候,那其实就是对失落了的生命意义的寻觅;当人觉得有什么东西本该属于他但却没有属于他而陷于不能自拔、不能解脱的苦闷情绪的笼罩的时候,那其实就是失落了生命意义的苦闷的象征。

生活与生命意义的矛盾与分离,是一个永恒的主题。人们普遍都有这种感受,但是这种感受不可名状、难以诉说,即使是富有表现力的诗人也不易表现。因为它太抽象了,也就太难于表现了。李清照的《声声慢》之所以被高度评价,其原因就在于,她把难于表现的生活与生命意义的矛盾与分离,以及生命意义丧失的情感感受表现了出来,这就使许许多多的人产生了共鸣。

李清照之所以极为精彩地表现了生命的意义与生活的分离以及生命意义失落与寻觅的情感感受,其创造的秘密就在于,她极为成功地创造了(不是复写了)生命意义失落的生活意象。生活意象的结构与生命意义失落的情感结构是"同构"的。正是在生活意象结构与生命意义失落的情感结构的"同构"中,人们体味到了生命意义丧失的生活的孤寂、凄凉和苦闷,也体味到了"寻寻觅觅"对生命意义的思考、摸索和探寻。

寒蝉凄切　对长亭晚
——《雨霖铃》"伤别离"情感的意象化表现

一首诗或词常常表现了某种生活事件，但诗人或词人表现这生活事件的根本目的不是向人们传达某种生活事件，而是创造某种意象，用某种意象表现情感。从这种角度看，诗或词就是意象，就是情感的形式，而不是再现生活事件。

但是，不少关于诗的解读不是从意象形式的角度解读情感，而是从记述的角度解读生活事件，这就使诗的意义的解读受到了很大的限制。

现在通用的语文教材对《雨霖铃》的解读比较明显地存在这个问题。

在"整体把握"中对这首词是这样概括的："这首词是写作者离开京城时，与情人在长亭话别的情景。"并且从以下三个方面对词进行了分析。

第一是"词中首先交代了离别的季节、时间和地点。'寒蝉凄切'，点明节令；'对长亭晚'，点明时间和地点；'骤雨初歇'，点明气候"。

第二是"作者用一个'念'字引出了对别后情景的设想"。

第三是下片，词人"从实写眼前之景转到预想别后之情，虚实相济，利用时间的跨越，多方位地表达了自己的惜别之意"。

经过教材有关话别的季节、时间和地点以及别后情景的设想等分析，就把《雨霖铃》完全作为"与情人在长亭话别的情景"的生活事件来解读了。

但是，《雨霖铃》并不是柳永对与情人话别情景事件的记述与表现，柳永记述这件事是没有任何诗意的。《雨霖铃》的意义是，柳永通过离别意象的创造，表现了"伤别离"的情感。对柳永所描写的别离种种，不能单单理解成是别离的情景，即别离过程的再现，而要理解成别离的意象，理解成柳永用别离的意象表现"伤别离"的情感。

话别情景与"伤别离"情感表现是两种不同的解释原则。前一种解释是作为事实的解释，一个话别事件的解释，后一种解释是一种情感的解释。前一种解释是事实的，后一种是把话别作为一种情感表现符号来解释的。前一种解释是解释景与情，后一种解释是解释意象和整体结构。

《雨霖铃》创造了一系列"别离"的意象，这些意象是为表现"伤别离"而创造的，因而，这些意象我们可以称为"伤别离"意象。

"寒蝉凄切，对长亭晚，骤雨初歇"，是伤别离的原型性象征。寒蝉与长亭是一种原型性

寒蝉凄切 对长亭晚

意象,寒蝉是悲切情感的原型意象,而长亭是离别的原型象征。《雨霖铃》一开篇就用两个原型意象创造了新的"伤别离"意象,从而把"伤别离"的情绪表现得淋漓尽致。寒蝉的叫声是凄凉和悲切的,"长亭"是离别最典型的地点,而"晚"是别离的时刻。因而,"寒蝉凄切,对长亭晚",寒蝉凄切的叫声就是因离别而发的。词人不是在写伤别离的季节与时间,而是为"伤别离"而创造意象。因而,寒蝉与长亭就不是客观化的寒蝉与长亭,而是词人"伤别离"情感的象征,寒蝉对长亭的凄切叫声就自然被理解成词人"伤别离"的哭泣。前两句就把"伤别离"真真切切地表现了出来,其原因就是用了离别的原型意象来象征,而原型意象是最能表现情感内容的。

"骤雨初歇。都门帐饮无绪",是伤别离的情绪意象。"对长亭晚"的"寒蝉凄切",是"伤别离"情感的象征性表现,这种象征性也就必然把第二句"骤雨初歇。都门帐饮无绪"也做了象征性的理解。"骤雨初歇",不止是自然界刚刚下过的急雨、大雨、暴雨,而是两个人因"伤离别"而下的情感的大暴雨,即情感表达的一种隐喻。这情感的大暴雨之后,他们在喝离别的酒。但他们哪里还有心思饮酒,他们的难舍难分又不能不分,不能不分又难舍难分,这就使他们"帐饮无绪"。"无绪",是没有饮酒的情绪,情绪在别处,分别在即,依依不舍而又不能不舍的对最后在一起时光的分外留恋。

"留恋处,兰舟催发。执手相看泪眼,竟无语凝噎",是离别时刻难舍难分的意象。当他们"留恋"的时候,出发的时刻终于到来了。有人催促他上船,两个深深相爱的人就要离别了。从此天涯海角,天各一方,万水千山,世事无常,聚散难料,不知道什么时候还能见面,也不知道还能不能见面,也许,此刻就是永远的离别了。纵有千言万语,也不知如何说起,真是"相见时难别亦难"。"执手相看泪眼,竟无语凝噎",是"别亦难"的意象表现,是情人离别最惊心动魄、难以割舍的意象。它没有一句语言,但却抵得上千言万语;它没有任何难舍难割的痛苦表白,但比任何痛苦表白都痛苦;它没有任何爱的表白,但却抵得上任何爱的表白;它没有任何海誓山盟的话语,但比任何海誓山盟都具有力量;它甚至连一句喃喃细语都没有,但它却胜过一切喃喃细语。"执手相看泪眼,竟无语凝噎",这情人离别难舍难分的意象是另一种语言,是不需要语言的"语言",是没有语言的"语言",是最刻骨铭心的"语言"。

"念去去,千里烟波,暮霭沉沉楚天阔",是"伤离别"最沉郁的意象。"烟波"表现的是迷蒙、混沌、渺茫;这迷蒙、混沌和渺茫又是"千里"的,因而,"千里烟波"的意象表现的迷蒙、混沌和渺茫是阔大的、无边的、无限的。然而,不仅如此,同时还是暮霭沉沉,暮霭又是苍凉、沉郁、惆怅的;但又加上"沉沉",和前面的"烟波"加在一起,这意象就使苍凉的情感表现得特别沉郁、凝重、深邃。而"楚天阔"仍然是对"千里烟波"意象的渲染与扩展,表现"千里烟波、暮霭沉沉"意象的阔大,"阔",是指那种迷蒙、渺茫和空虚感的阔大,即心灵的迷蒙、茫然和空虚,并非指视野的阔大。这个"阔"的意象极为传神,它是诗人内心空阔思想感情的对象化的形式。阔有大的意思,是无限、无边、无际的意象的表达,是指对那种"千里烟波""暮霭沉沉"

意象象征渺茫情绪的表达符号。阔还表现了空,表现了轻,表现了无,是内心几乎什么都没有了、也没有了任何希望的心境的表达。而这种心境的生成正是与爱人离别造成的,这就使"多情"情感表现得极为透彻、浓重和强烈。正是与爱人的分别造成了这种沉郁、空虚、茫然和苍凉的心境。这种心境就是"伤别离"的心境。

但是,这种"千里烟波,暮霭沉沉楚天阔"的意象所表达的空虚的"伤离别"之情不是对离别之后情感的预想,而就是此时"伤离别"情感的表达,是"伤离别"之"伤"的又一种。

"多情自古伤离别,更那堪,冷落清秋节!"这是"伤离别"情感的另一种意象,这种意象可以称为悲秋的意象。"伤离别"这种自古就使人特别痛苦的情感,加上"冷落"的秋天感受,就更加令人痛苦了。不能说"冷落清秋节"就是词人有意的象征,但是,词人感受到了秋天的清冷和悲凉,就不光是对自然界循环的感受,还有生命感受,是人生的挫折所造成的清冷感受投射到了秋天的感受上,这就使"清秋"自然成了生命"冷落"感受的象征意象。这种人生的"冷落"感和与情人离别的"伤离别"感搅和在一起,就使这种痛苦的心情更加沉重了。

这种人生的"冷落"和与情人离别的"冷落"的双重叠加,才使词人生发了又一种"伤离别"的离愁意象:"今宵酒醒何处?杨柳岸,晓风残月。"这差不多又是对原型意象的运用了。杨柳岸、晓风和残月,是最能勾起离愁别绪的意象符号。关于杨柳和残月,有"江上柳如烟,雁飞残月天"(温庭筠《菩萨蛮》),表现的是离愁别绪。古代诗人无数次的运用,就使得它们成为离愁别绪表现的原型性象征。离别使他愁,因而他要用酒来浇愁,但用酒浇愁愁更愁;当第二天早上醒来时,看见的是什么呢?"杨柳岸晓风残月"。由于"杨柳岸晓风残月"是离愁别绪的象征符号,这就表现出词人仍然是处在"伤离别"的痛苦之中。

"此去经年,应是良辰好景虚设。便纵有千种风情,更与何人说?"这是什么样的"伤离别"意象呢?这是一种"空洞"的意象,空洞意象是对空洞情感的象征性表现。与情人离别之后,任何事情都变得没有意义、不值得一提了。虽然"良辰好景"就在眼前,但我感觉好像有好远好远的隔膜,它对我是没有任何意义了;即便我有千种风情,万种柔波,那我又能向谁去表达呢?别了,我的爱,别了,我的情;我唯一有的就是对情人的苦苦思念。

上片看去是描写离别过程,但实际是运用离别过程创造离别意象,用离别的意象表现伤离别的情感。每个意象都是离别过程的一个方面,但都不是为了叙述离别过程,而是为了创造某个离别意象,用不同的离别意象表现离别情感的方方面面;而诸多离别意象就把"伤离别"情感表现得极为浓重和强烈。下片是对离别后情感的意象化表现,悲秋的意象使伤离别更加痛苦;杨柳岸晓风残月的离愁意象使离愁别绪得到了原型化表现;生活空洞的意象更使"伤离别"情感表现得无以复加。

《雨霖铃》创造了若干意象:"寒蝉凄切,对长亭晚",是离别的凄切的原型性意象。"都门帐饮无绪,留恋处,兰舟催发。执手相看泪眼,竟无语凝噎",是离别时刻难舍难分的意象。"念去去,千里烟波,暮霭沉沉楚天阔",是离别最悲凉沉郁的意象。"多情自古伤离别,更那堪,冷落清秋节!"是倍加冷落的意象。"此去经年,应是良辰好景虚设。便纵有千种风情,更与何人说?"是生活空洞虚妄的意象。正是这些意象使"伤离别"的情感所有最典型的方面都得到了最充分的表现。

《雨霖铃》通过这些意象所表现的不是离别的过程,而是离别的情感活动的结构模式——凄切悲哀、难舍难割、悲凉沉郁、倍加冷落、空洞虚妄情感过程得到了最真实的表现。而这个情感活动的结构模式就是"伤离别"情感发生和发展的整体样式。

柳永不是为了告诉人们与情人的离别的那些事而写《雨霖铃》的,而是为了表现与情人离别的那些情而写《雨霖铃》的。因此,《雨霖铃》是为表现离别情感而创造的意象,而不是为记述与情人离别的事件和过程而写的。柳永是为表现他离别的情感创造意象,因而不一定要把柳永写到的东西作为一个与情人离别的事件来看,更不要把它作为一个离别事件来解读。在我看来,那个离别的具体事件不一定是真实的,比如,不是在早晨而是在晚上乘舟离开,不一定是实际发生的,而是为了表现"伤离别"的意象而创造的。早晨离开不是比晚上离开更容易、更方便吗?为什么在晚上而且马上就要天黑离开呢?这不是实际的需要,而是艺术的需要,即意象创造的需要、情感表达的需要。因为千里烟波、暮霭沉沉才能表现"伤离别"的渺茫、沉郁和空阔的意象(当然,这个问题还需要更深入的研究)。

词人创造一首词的最终目的不是为了告诉人们实际发生了什么事情,而是要表达他内心的情感。词人内心情感是不能用现成的概念来表达的,因为在现成的概念中找不到那样的词汇,因而,词人要选择客观事物来使他内心情感客观化和对象化,这样创作的结果是,词人既形象地表达了他内心的情感,读者又清晰地理解了他表达的情感。词人是根据他情感结构的样式来选择客观事物的样式,实际是创造意象的结构样式的,这样,创造的结果就是客观事物——意象结构的样式就成了情感结构样式的象征。"寒蝉凄切,对长亭晚",这种用两个原型性象征结构出新的象征意象形式,所表现的"伤离别"的情感,是什么样的语言都不可能代替的;"执手相看泪眼,竟无语凝噎",这种难舍难分的"别亦难"意象把所有情人离别的情感都囊括其中了;而"千里烟波,暮霭沉沉楚天阔"的意象,又是以一个更大的意象表现了"伤离别"的无限凄凉、无限渺茫和无限空虚的情感;"今宵酒醒何处,杨柳岸晓风残月",又以原始意象表达了离愁别绪的不可解脱;而"便纵有千种风情,更与何人说?"则把从此生活变得虚无的感受表达得深刻至极。一首词里有如此多的"千古名句",代代流传不息,这是诗词史上的一个奇迹。其原因就在于,虽然它是"千古名句",但却不是概念化的,而是意象化的。是意象,"伤离别"的意象使其胜过了千言万语,成为不朽的诗句甚至原型性的象征。凡有离别,人们一定要用这些名句来表达"伤离别"的情感。而柳永之所以创造出"伤离别"的"千古名句",不是因为他记述了离别的过程,而是为离别创造了意象。

词人的创造实践告诉我们,词人所表现的意象是情感的象征,不是实际行为的记述,这个道理还告诉我们,不管是欣赏诗词,还是讲解诗词,都要通过意象解读情感,而不是把诗人表现的意象当做客观事物的实景和事实来解读,那样,我们就会遮蔽、掩盖、扭曲诗的意义。诗人本来是用意象表现情的,我们把意象当景和事来解读的时候,就把情剥离掉了。这种解读诗的方法,就使诗非诗化了。

鲁镇文化和祥林嫂的幽闭恐怖症
——《祝福》主题的重新解释

祥林嫂这个女性与鲁镇文化的二元对立是《祝福》的内在结构模式。这种二元对立的结构模式表现为幽闭与逃避：鲁镇文化对祥林嫂的幽闭，祥林嫂这个寡妇对鲁镇文化幽闭的逃避。祥林嫂这个女性在鲁镇文化的严酷幽闭下患了严重的精神幽闭恐怖症，极力想要从这种严酷的精神幽闭中挣脱出来，寻求自己的生活出路，极力想要从这种严重的幽闭恐怖症中解脱出来，寻求精神的最后逃路，而鲁镇文化则处处越来越严酷地幽闭着祥林嫂的生活出路和精神出路。鲁镇文化不仅在政治上压迫着祥林嫂，在经济上剥削着祥林嫂，在男权上统治着祥林嫂，在神权上毒害着祥林嫂，更为严重的是还在精神上奴役、摧残和折磨着祥林嫂。

祥林嫂的悲剧命运不是由哪一种因素独立作用的结果，而是鲁镇文化构成的总体氛围综合作用的结果；而鲁镇文化最本质的东西就是吃人性。祥林嫂的悲剧正是被这种吃人性所咀嚼的悲剧。祥林嫂想从鲁镇文化的幽闭中挣脱出来的一切努力都落空了，祥林嫂越想从鲁镇文化的幽闭中挣脱出来，鲁镇文化对她的幽闭就越严酷。鲁镇文化从外在的命运到内在的灵魂，一步一步地把祥林嫂幽闭到没有任何生活出路和精神出路的空间。祥林嫂想要逃避的不仅仅是鲁镇文化对她的严酷幽闭和她的严重幽闭恐怖症，而是要逃避她被严酷幽闭的社会角色，但祥林嫂这种社会角色的被幽闭是被注定的，是不可逃避，也逃避不了的。祥林嫂最终被鲁镇文化幽闭窒息而死。鲁迅的伟大之处就在于，他非常典型地以二元对立的结构模式，写出了鲁镇文化和祥林嫂这个女性的不可解决的对立矛盾冲突。他不是写社会的某一个方面（比如地主阶级）、某一个人（比如鲁四老爷或柳妈）、某一种因素比如（不准她这个寡妇参与祭祖劳动），而是写出了整个社会文化——鲁镇是这个社会文化的典型缩影——的非人性、反人性和吃人性本质，写出了这个社会的方方面面特别是人和人的对立、冷漠和摧残，写出了祥林嫂这个女性在鲁镇文化中极力想寻求自己的生活出路和精神出路，寻求心理的怜悯和安慰的愿望。但鲁镇文化就是没有给她任何生活出路和精神出路，没有给她哪怕一点点人性的温暖和同情、精神的怜悯和安慰，在鲁镇新年的吉祥祝福的气氛中祥林嫂带着更大的精神恐惧绝望地死去。鲁迅以祥林嫂幽闭恐怖症的悲剧命运极其深刻地揭示了鲁镇即中国文化的吃人本质。

男权制的幽闭和对男权制幽闭的挣脱

祥林嫂的悲剧命运使祥林嫂患了幽闭恐怖症。所谓幽闭就是外部环境对人的限制、束缚和禁锢；所谓幽闭恐怖症就是外部环境对人的限制、束缚、禁锢和囚禁给人带来的精神恐怖。祥林嫂的幽闭恐怖症是祥林嫂的社会角色带给祥林嫂的悲剧。祥林嫂死了丈夫成为寡妇后社会就开始了对她的幽闭，祥林嫂就渐渐患上了幽闭恐怖症。祥林嫂当然不知道，她的幽闭恐怖症是社会角色强加给她的精神痛苦，但她从夫家逃了出来，一开始，鲁迅就表现出祥林嫂逃避的不仅是幽闭恐怖症，而且是社会规定给她的角色及其悲剧命运。祥林嫂从她丈夫家逃出来，就既是对幽闭恐怖症的逃避，又是对社会角色的逃避。鲁迅并没有用一点笔墨描写祥林嫂死了丈夫后夫家的幽闭，而只是写了她的出逃、出逃后劳动满足的神情以及被夫家的抓回，这就从侧面表现了祥林嫂夫家对祥林嫂的严酷幽闭。鲁迅这样描写了祥林嫂初到鲁四老爷家的表现："人们都说鲁四老爷家里雇着了女工，实在比勤快的男人还勤快。到年底，扫尘，洗地，杀鸡，宰鹅，彻夜的煮福礼，全是一人担当，竟没有添短工。然而她反满足，口角边渐渐的有了笑影，脸上也白胖了。"有人解释说，这是鲁迅描写祥林嫂年轻时健康正常的精神状态，为的是和后来遭受更沉重打击的衰老变态的精神状态的对比；也有人说，这是鲁迅通过祥林嫂表现中国人的奴性、麻木和不觉醒。这种分析并没有从祥林嫂这个女性和鲁镇及其整个社会文化势力的二元对立着眼，只是从祥林嫂本身的变化着眼。只有从祥林嫂这个女性和社会文化势力的对立的角度看，我们才能真正理解了鲁迅的深刻用意。祥林嫂年轻时"死了当家人"，是个寡妇，而在当时的社会对女性的规定是要从一而终。女性的从一而终不仅是指女性的丈夫活着的时候不准另嫁他人，就是丈夫死了也要为丈夫守活寡，所谓"孀居""未亡人"就是对寡妇生活的最好注解；女性没有了丈夫的爱情生活就是霜一样的生活；"未亡人"就是丈夫坟之外的活着的殉葬品。祥林嫂不甘心那种"孀居""未亡人"的男权统治，不甘心那种被规定了的社会角色，不甘心那种"幽闭"性的囚禁生活，祥林嫂从死了丈夫的婆家逃了出来。正是在祥林嫂对婆家男权统治的幽闭生活的反抗中，我们看到了祥林嫂对人性自由的本能要求和追求。因而，祥林嫂在鲁四老爷家辛辛苦苦劳动的满足是她暂时逃避了囚禁生活，即暂时逃避了男权统治，暂时逃避了社会对她的角色规定的满足。那种劳动满足的神情是对幽闭逃避后满足的表现，因而，我们还不能把它完全看成是鲁迅对祥林嫂奴性心理的表现。

然而，那个社会对祥林嫂的规定就是寡妇的"孀居"的生活：夫死从子，无子从夫家。祥林嫂只想从婆家的幽闭中逃脱出来，她不清楚她的出逃反抗的是男权统治的传统势力对她的统治，反抗的是寡妇社会角色对她的囚禁，这在那个男权统治十分严酷的社会是决不允许的。祥林嫂自然被婆家像抓猪一样抓了回去。男权统治的传统，不仅使女性永远地丧失了人身的自由,嫁给夫家就永远地成了夫家的附属物,而且丈夫死后还要被当做商品卖出去。祥林嫂被婆家以八十千卖进了深山野奥里。祥林嫂是痛苦的,祥林嫂也拼命地反抗过:"回头人出嫁,哭喊的也有,说要寻死觅活的也有,抬到男家闹得拜不成天地的也有,连花烛砸了的也有,祥林嫂可是异乎寻常,他们说她一路只是嚎,骂,抬到贺家,喉咙已经全哑了。拉出轿来,两个男人和他的小叔子使劲的擒住她也还拜不成天地。他们一不小心,一松手,阿呀,阿弥陀佛,她就一头撞在香案角上,头上碰了一个大窟窿,鲜血直流。"祥林嫂不惜以生命去反抗,她的反抗是何等的坚决。她反抗的是族权对她新的幽闭,但她反抗的立场是女性从一而终的一女不能嫁二夫的立场,她的反抗是站在夫权的立场上对族权的反抗。这就从更深的层面揭示了封建文化对女性的毒害:女性受害者本身也像施害者一样,具有男权的思想意识。祥林嫂虽然嫁过贺老六,但人们并不叫她贺六嫂,而仍然叫她祥林嫂。这不是习惯问题,而是人们不赞成女性再嫁二夫观念的表现。这表明男权统治的思想意识是何等的根深蒂固。男权统治既以夫权限制着祥林嫂,又以族权支配着祥林嫂。祥林嫂既被夫权意识束缚着,又被族权意志驱使着。祥林嫂既没有自己的思想感情,又没有自己的生活出路。祥林嫂被苦苦地幽闭着。

祥林嫂这个女性的悲剧命运是被注定了的。她的新夫死于伤寒,而小儿子又被狼叼去了。这意外的打击,一方面使祥林嫂原本不幸的命运更为不幸,另一方面又使祥林嫂无路可走。祥林嫂带着更大的精神痛苦重新走进鲁四老爷家,开始了幽闭症的更为严重的精神折磨和灵魂撕裂的痛苦生活。

禁忌迷信的幽闭和对禁忌迷信幽闭的挣脱

祥林嫂无时无刻地感受到精神的压抑,但她又极力地渴望从"幽闭"性的恐怖中逃脱出来。第一次逃出来是到鲁四老爷家做工,由于是暂时逃出了寡妇从夫家的"幽闭"性的囚禁生活,祥林嫂很能做,"到年底,扫尘,洗地,杀鸡,宰鹅,彻夜的煮福礼,全是一人担当",受到主人的赏识。但当第二次再来鲁四老爷家,祥林嫂还想按当年那样去做,她虽然还是个奴仆,但是鲁四老爷家却不准祥林嫂参与"祝福"祭祖仪式的各种劳动了。祥林嫂已经成了鲁四老爷家的二等奴仆。同样是人,祥林嫂却为鲁四老爷打工。祥林嫂当然不可能意识到这是被鲁四老爷压迫着剥削着,祥林嫂是在无路可走的时候想在鲁四老爷家寻求一线生机,她多么渴望像先前那样的劳作呀。然而,祥林嫂却被视为不吉利、不洁净必然带来晦气、带来灾难、带来祸患的不祥的寡妇,鲁府不准她干祭祖的活儿,不准她动一下祭祖的供品,不准她沾一下祭祖的边儿。祥林嫂陷入极度的精神恐怖之中,她极力地想从这种幽闭恐怖症中逃脱出来,然而,她越想逃脱,就越陷入更严重的幽闭恐怖症中,越严重地陷入幽闭恐怖症中,她就越想逃脱。祥林嫂的痛苦既是男权制社会对她规定的寡妇的社会角色的痛苦,更是鲁镇文化给她规定的寡妇不祥的痛苦。鲁镇文化不断地"幽闭"着祥林嫂,从外在性的命运到内在性的灵魂。祥林嫂受着鲁镇文化的多重压迫:男权制的压迫、阶级的压迫和文化的压迫,这就使祥林嫂的"幽闭恐怖症"更加严重。文化本来是人创造出来为人服务的符号,但由于阶级统治的原因,文化符号反倒被统治阶级利用,成了专门为他们服务的工具。祥林嫂第一次来鲁四老爷家还可以做祭祖的劳动,为什么第二次来到鲁四老爷家就不准祥林嫂动祭祖的祭品了呢?

这里面有两个原因:一是来源于鲁镇人们基于男权统治的迷信思想意识,二是来源于鲁镇人们坚信的"交感巫术"原理。

男权统治的思想使祥林嫂因为再嫁一个丈夫(尽管是被逼迫的)而被妖魔化了。祥林嫂嫁了第二个丈夫,这违反了女性从一而终的戒律,祥林嫂死了第二个丈夫,又死了孩子阿毛,这也成为祥林嫂不祥的罪证。祥林嫂虽然再来鲁四老爷家做工,但鲁四老爷家却不许她像过去那样参与祭祖的劳动了,"镇上的人们也仍然叫她祥林嫂,但音调和先前很不同;也还和她讲话,但笑容却冷冷的了"。

由于祥林嫂的被妖魔化,人们也就以原始时代流传下来的"交感巫术"思维方式来对待祥林嫂了。"交感巫术"有两条原理,第一条是"同类相生"或果必同因;第二条是物体一经互相接触,在中断接触后还会远距离地互相作用。前者称为"相似律",后者称为"接触律"或"触染律"。巫师根据"相似律"创造了"顺势"巫术:通过模仿的手段来实现他的愿望;根据"接触律"创造了"接触"巫术:只要该物体被那个人接触过,不论该物体是否为该人身体的一部分,都可以对该物体发生影响。这种"交感巫术"是原始先民不了解大自然的规律,认为有一种神秘的"力"在左右着大自然和人类的生存。先民为了实现自己的愿望就创造了"相似律"和"接触律"的巫术方式,企图以这种方式把握大自然和人类的命运。这显然是荒谬的。但是这种巫术渐渐地变成了迷信。对祥林嫂不准参加祭祖劳动的禁忌就是由此派生的。由于祥林嫂是寡妇,就被荒谬地认为她的丈夫是被她"妨"死的,她是不吉祥、不吉利、带着晦气的,而被她接触过的祭祖的祭品也就被沾染上了不吉祥、不吉利和晦气的品质,而祖上享用了这种沾染了不吉祥、不吉利和晦气的东西,也就自然地会给祖上和鲁四老爷家带来不吉祥、不吉利和晦气的结果。又由于鲁四老爷是压迫者,他就可以去实施这种巫术性的文化,就可以使祥林嫂这个女性陷入极度的精神恐怖之中:她是个另类,她是个不吉祥的人,她是个带着晦气的人,她是个被遗弃的人。鲁四老爷家对祥林嫂的精神越"幽闭",祥林嫂的精神就越恐怖,祥林嫂的精神越恐怖,就越陷入更加剧烈的"幽闭"的精神状态。祥林嫂以辛辛苦苦一年的血汗钱捐门槛的行为并没有改变她寡妇"不干不净"的晦气。当祥林嫂以为捐门槛的行为已经化掉了她的不吉祥的时候,"她便坦然的去拿酒杯和筷子"。然而四婶慌忙大声说:"你放着吧,祥林嫂!"祥林嫂受到了更为沉重的打击:"她象是受了炮烙似的缩手,脸色同时变作灰黑,也不再去取烛台,只是失神的站着";"第二天,不但眼睛窈陷下去,连精神也更不济了。而且很胆怯,不独怕黑夜,怕黑影,即使看见人,虽是自己的主人,也总惴惴的,有如在白天出穴游行的小鼠;否则呆坐着,直是一个木偶人。不半年,头发也花白起来了"。祥林嫂想过一个正常人的生活,就从夫家逃了出来,但男权统治却不给她这样的自由;祥林嫂想做一个顺从的奴隶,但鲁四老爷却不给她这样的权力。不仅祥林嫂的命运被摆布和捉弄,祥林嫂的灵魂也被撕扯咀嚼。

人们的精神幽闭和对精神幽闭的挣脱

　　祥林嫂的幽闭恐怖症既使祥林嫂极力地到处诉求,渴望精神的怜悯和安慰,又使祥林嫂到处受到冷漠和嘲笑,从而陷入更严重的精神幽闭恐怖中。鲁四老爷祭祖的禁忌不仅使祥林嫂的外部行为受到限制,更使她的灵魂受到束缚。祥林嫂的精神被外部文化势力严重地钳制着,从而陷入更加幽闭的状态之中。处在极度幽闭状态的祥林嫂不可能从外部环境而只能从自己的身世上去寻找她悲剧命运的原因,这就从两个方面造成了祥林嫂严重的精神扭曲:一是想以不断的诉求获得人们的同情和理解来缓解幽闭的苦闷和窒息,一是以一年的工钱去捐门槛,企图以巫术迷信的行为改变巫术迷信观念给自己带来的厄运。这两个方面都是祥林嫂想逃避幽闭恐怖的努力。然而,祥林嫂还是失败了。祥林嫂的精神越幽闭就越要逃脱,然而她没有任何逃脱的办法,她只能向人们诉求,求得人们的怜悯和同情,以获得心灵重压的释放和缓解。然而,镇上的人们和鲁四老爷几乎是一气的。祥林嫂不知道人们的巨大变化,不知道她在人们中被视为更为不干不净、能够带来晦气和倒霉的角色。祥林嫂怀着巨大的悲哀和委屈要向人们诉求,她诉求的实质本来是鲁四老爷及鲁镇文化对她的幽闭,但她不知道那是鲁四老爷和鲁镇文化对他的幽闭,可怜的祥林嫂就只能从自己身上去寻找不吉祥的原因,而这不吉祥的原因在鲁镇文化看来是她"妨"死了两个男人。因而,她就只能反复地向人们诉说孩子被狼叼去是她的罪过:"我真傻,真的","我单知道雪天是野兽在深山里没有食吃,会到村里来;我不知道春天也会有"。在反复地向人们诉说悲惨故事的这几句话里,说明了祥林嫂精神的极度恐怖,说明了祥林嫂渴望得到怜悯、同情和帮助,也说明了祥林嫂想极力地从幽闭的精神状态中逃脱出来。然而,鲁镇上没有人真正地理解祥林嫂、同情祥林嫂、怜悯祥林嫂,祥林嫂要在幽闭的黑暗中寻求一点亮光,但到处是黑暗;祥林嫂要在寒冷中寻求一点温暖,但到处是寒冷;祥林嫂要在绝望中寻求一点希望,但到处是绝望。刚开始,"这故事倒颇有效,男人听到这里,往往敛起笑容,没趣的走了开去;女人们却不独宽恕了她似的,脸上立刻改换了鄙薄的神气,还要陪出许多眼泪来"。但这眼泪是祥林嫂悲剧对他们的感染,而不是对祥林嫂这个不幸女性的真正同情,所以,不久,"大家也都听得纯熟了,便是最慈悲的念佛的老太太们,眼里也再不见有一点泪的痕迹。后来全镇的人们几乎都能背诵她的话,一听到就烦厌得头痛"。不仅如此,人们还拿她的悲剧开玩笑,当她继续说"我真傻,真的",人们就接着说:"是的,你是单知道雪天野兽在深山里没食吃,才会到村里来的。"祥林嫂幽闭的恐怖精神诉求遭到这样的冷漠,该有多痛苦呵!"她张着口怔怔的站着,直着眼睛看他们,接着也就走了"。祥林嫂的悲凉是彻骨的,是渗透在灵魂中的,祥林嫂只要一看见小孩子就想起她自己的阿毛,就引出她的阿毛的故事来,但人们却拿她的阿毛寻开心,似笑非笑的先问她:"祥林嫂,你们的阿毛如果还在,不是也就有这么大了么?"鲁迅的叙述是深刻的:"她未必知道她的悲哀经大家咀嚼鉴赏了许多天,早已成为渣滓,只值得厌烦和唾弃;但从人们的笑影上,也仿佛觉得这又冷又尖,自己再没有开口的必要了。她单是一瞥他们,并不回答一句话。"祥林嫂不仅没有得到从幽闭的恐怖中逃脱出来的任何希望,反而更加剧了她的幽闭和精神恐怖。祥林嫂不再向人们诉求,祥林嫂变成了独语:"唉唉,我真傻。"祥林嫂的独语是深深地、透彻骨髓地体验到了鲁镇人们的"又尖又冷",深深地、透彻骨髓地体验到了鲁镇文化的"又尖又冷",深深地、透彻骨髓地体验到了人世间的"又尖又冷",深深地透彻骨髓地体验到了这"又尖又冷"对她无情的幽闭,她的无能为力、无路可走、无可奈何、无助、无援、无望的哀叹。

　　与其他作家不一样,鲁迅并不写祥林嫂第二个丈夫和儿子阿毛的死是因为贫病交加的阶级压迫,而是死于自然的偶然的原因。鲁迅的深刻正在于此,他要写出的不是表面的社会的灾难,而是更深层的人性的悲剧。鲁镇人们对待祥林嫂因儿子阿毛的死而悲哀、恐惧和诉求的态度——看演员表演一样的看客心态,甚至是比看客还阴毒的戏弄、讥笑和刺激,清清楚楚、彻彻底底地暴露出人性中的阴暗、阴冷、阴损和阴毒。这种人性的阴暗、阴冷、阴损和阴毒是比阿毛被狼吃掉更令人恐惧的东西。祥林嫂丈夫的死去和儿子阿毛的被狼叼走是一个自然性的悲剧,但被鲁镇文化濡染之后,却变成了一个更为严重的人性的悲剧。祥林嫂不仅要承受着失去亲人的巨大悲哀,还要承受着来自鲁镇文化施加的更大打击的更为沉重的精神重负。

　　鲁迅的伟大和深刻在于,他还写到了在祥林嫂变成独语即不再向人们诉求对人们不抱任何希望之后,鲁镇上的人们继续对祥林嫂的精神重压和折磨。这是鲁四老爷所没能做到的更大的精神幽闭。鲁迅把祥林嫂的幽闭的精神恐怖及诉求和鲁镇文化的二元对立以这种民众的精神重压和折磨表现得更为分明。鲁迅在《狂人日记》中借狂人所说的中国历史的吃人本质在《祝福》中有了震颤灵魂的具体刻画。鲁镇上的人们参与了"吃"祥林嫂的罪恶。鲁镇上的人们被鲁镇文化统治着,鲁镇上的人们就以鲁镇文化意识去幽闭祥林嫂。被逼再嫁在祥林嫂看来是极度痛苦的悲剧,在鲁镇上的人们看来却是最可笑的笑料,说祥林嫂虽然反抗,但"后来一定是自己肯了";并且说祥林嫂还不如死了好,因为嫁了两个男人,"到阴司去,那两个死鬼男人还要争,你给了谁好呢?阎罗大王只好把你锯开来,分给他们"。祥林嫂本来幽闭的精神恐怖就更加幽闭了。祥林嫂也就只好按照柳妈所说的去捐门槛,以捐一条门槛做替身给千人踏万人跨,赎了这一世的罪名。

鲁镇文化和祥林嫂的幽闭恐怖症

祥林嫂从失去丈夫在婆家幽闭开始,就要逃脱幽闭的精神恐怖,但祥林嫂越逃越陷入更加严重的幽闭精神恐怖之中。鲁镇文化和鲁镇上的人们并没有给祥林嫂逃出幽闭的精神恐怖以任何出路,相反,正是鲁镇文化和鲁镇上的人们使祥林嫂陷入更加幽闭的精神恐怖之中。

灵魂恐惧的幽闭和对灵魂恐惧幽闭的挣脱

祥林嫂的幽闭恐怖症,使她在无路可走的时候向知识分子求救,然而知识分子既没能减轻她的精神恐怖,又没能使她从幽闭的精神状态中逃脱出来,反而加重了她的精神幽闭和精神恐怖。祥林嫂的精神幽闭和精神恐怖,在经历了她被婆家抓回去卖给贺老六、贺老六死去、儿子又被狼叼走、重新来到鲁四老爷家做工,鲁四老爷不允许她参与祭祖、特别是她向人们诉求人们嘲笑她戏弄她、捐了门槛也不能洗刷掉她身上的晦气,仍然不许她参与祭祖劳动等事件后,已经达到了极限。祥林嫂无论在实际的生活道路上还是在精神的出路上,都无路可走了。恰在此时,祥林嫂遇见了"我"这个知识分子。在祥林嫂看来,既然是知识分子,"我"就能够解决她的精神出路问题,就能够解决她的灵魂困惑问题,就能够使她从精神幽闭和精神恐怖中逃脱出来。祥林嫂正是怀着这种最后的希望,瞪着眼睛向"我"走来,而"她那没有神采的眼睛忽然发光了"。然而,"我"这个知识分子与祥林嫂这个女性首先在精神上就是隔膜的。"我"并不知道祥林嫂是向"我"探讨"一个人死了之后,究竟有没有灵魂的"这个问题的,以为祥林嫂是在向"我"讨钱。当得知祥林嫂不是讨钱而是要"问你一件事"的时候,"我"的"诧异"就表现出知识分子"我"与祥林嫂这个下层社会女性的巨大距离和隔膜。"我"为了安慰祥林嫂,说"也许有吧",然而,祥林嫂按照这个逻辑推断出:"那么,也就有地狱了。"人死了之后还有灵魂,这既是祥林嫂的希望,又是祥林嫂的恐惧。她希望有灵魂是她希望在另一个世界与她的亲人见面;她恐惧是因为害怕她到地狱之后被分给两个男人。"我"回答说:"地狱——论理,就该也有,——然而也未必——谁来管这等事——","我"对祥林嫂的追问是支吾搪塞的。但即使不是支支吾吾的搪塞,又真能解决祥林嫂的困惑么?"我"没能走进祥林嫂的内心世界,因而也就不能够解决祥林嫂的精神困惑。

祥林嫂在被鲁镇文化幽闭,幽闭到人生无路可走,精神无处可逃,精神恐惧达到了极限的时候,不仅恐惧着鲁四老爷和鲁镇文化把她妖魔化,把她看成另类,是不吉祥的会带来晦气的寡妇,还恐惧着鲁镇上的人们对她悲剧命运和精神诉求的冷漠,恐惧着人们把玩、捉弄、咀嚼她的精神恐惧,更恐惧鲁镇文化给她带来更大的恐惧——死后到地狱要被生前嫁过的两个男人分成两半。祥林嫂把最后的希望寄托在"我"这个知识分子身上,向"我"求救,但"我"这个知识分子并没有给幽闭到极限、绝望到极限、恐惧到极限的祥林嫂指出哪怕一点希望。"我"这个知识分子在祥林嫂这个女性的悲剧和幽闭到极限的精神恐惧面前,想到的不是祥林嫂的痛苦和出路问题,而是自己的解脱。"我"想到了"我"的吞吞吐吐的回答不会解决祥林嫂的困惑,甚至是由于祥林嫂特别相信"我"这个知识分子的话,反而会加重她的困惑,也就产生一种不安,"匆匆的逃回四叔家中,心里很觉得不安逸。自己想,我这答话怕与她有些危险",预感到了这答话会给祥林嫂带来"危险":"她大约因为在别人的祝福时候,感到自身的寂寞了,然而会不会含有别的什么意思呢?——或者是有了什么预感了,倘有别的意思,又因此发生别的事,则我的答话委实该负若干的责任。"但随后,"我"又以是"偶尔的事"和"而况明明所过'说不清'已经推翻了答话的全局",因而就觉得"即使发生什么事,与我也毫无关系了"。但毕竟这答话更加重了祥林嫂的精神恐惧,但是我总觉得不安,过了一夜,也仍然时时忆起来,仿佛怀着什么不祥的预感,并且在阴沉的雪天和无聊的书房里"这不安愈加强烈了"。然而,"我"总是能够释然的,以明天的走,进城去吃鱼翅来忘掉这一责任。

"我"对祥林嫂死的"内疚"感的解脱,说明了"我"这个知识分子对祥林嫂这个悲剧女性的冷漠。"我"知道对祥林嫂的答话给祥林嫂带来危险,有一种不祥的预感和不安,这就是"我"在听到了祥林嫂死的消息时,感到特别的紧张的原因:"我的心突然紧缩,几乎跳起来,脸上大约也变了色。"这种紧张不是对祥林嫂最终死去的悲剧的关切、同情,而是对祥林嫂死去自己责任的思考。"然而我的惊惶却不过暂时的事,随着就觉得要来的事,已经过去,并不必仰仗我自己的'说不清'和他之所谓穷死的宽慰,心地已经渐渐轻松;不过偶然之间,还似乎有些负疚"。但最后还是这样想:"灵魂的有无,我不知道;然而在现世,则无聊生者不生,即使厌见者不见,为人为己,也还都不错。我静听着窗外似乎瑟瑟作响的雪花声,一面想,反而渐渐的舒畅起来。""我"没能彻底反思自己对祥林嫂问题的回答给祥林嫂带来的更大的精神恐惧,反而却从祥林嫂的死是对祥林嫂的最好解脱来开脱自己。

在鲁迅的笔下,"我"显然是知识分子的典型。从"我"在听到祥林嫂死的消息,"先前所见所闻的她的半生的事迹的片断,至此也连成一片了"来看,"我"对祥林嫂的悲剧命运和"幽闭"的精神恐惧是十分了解的,但"我"这个知识分子既没能解决祥林嫂的精神困惑,又没能使祥林嫂减轻精神恐惧。"我"这个知识分子,鲁镇的外来人,他的文化精神显然是与鲁镇文化不同的,但在鲁镇文化与祥林嫂二元对立的矛盾冲突中,"我"既无力减轻祥林嫂的精神恐惧,更无力改变鲁镇文化,即在鲁镇人们虐杀祥林嫂灵魂面前无能为力,又在祥林嫂逃避幽闭恐惧的诉求求救面前无能为力。鲁迅以他犀利的笔触揭示了知识分子对民众的疏离、隔膜和冷漠,也揭示了知识分子的软弱、怯懦和无能。在鲁迅看来,"我"这个知识分子实际上不仅是祥林嫂悲剧命运的旁观者,而且在某种程度上也加剧了祥林嫂的精神幽闭和精神恐惧。

《祝福》中,祥林嫂逃避的是社会对她的幽闭,然而这幽闭是由她的社会角色决定的,因而,祥林嫂想逃避的实际上是自己的社会角色。但是,这个社会角色既是封建专制和封建礼教强行规定的,也是人们普遍认同的,因而是祥林嫂逃避不了的,祥林嫂没有任何手段可以逃避这种规定。祥林嫂要从死了丈夫的婆家的幽闭中逃出来,但她却被婆家强迫嫁给了另外的男人,祥林嫂本想过这平常的日子,但第二个丈夫又死去,孩子也被狼叼走,祥林嫂要成为为另一个阶级的人"祝福"的人,但她连参与"祝福"劳动的资格都没有,祥林嫂要向人们倾诉她的不幸、痛苦和遭遇,但她所得到是冷漠、嘲笑和捉弄,祥林嫂要从那种到地狱后被嫁给过的两个男人分割的恐惧中逃脱出来,但没有人能给她明确的解释和解脱,却被这种恐惧更牢牢地攥住,祥林嫂要逃避社会对她的幽闭,但是她却受到越来越严重的幽闭,直到最后把她窒息而死。在祥林嫂的感受里,她的死去并不是她被幽闭的精神恐怖的最后解脱,而是更大的精神恐惧的开始。

  鲁迅就是这样深刻,他写出了鲁镇上的人——无论是鲁四老爷,还是祥林嫂的夫家,无论是鲁镇上的民众,还是外来的知识分子,都没有给祥林嫂这样的女性以任何人性的温暖;写出了鲁镇社会——无论是统治阶级,还是被统治阶级,都没有给祥林嫂这个女性以任何出路;写出了鲁镇文化——无论是女性的从一而终,还是对寡妇祭祖的禁忌,都越来越严酷地幽闭着祥林嫂。鲁镇文化是各种压迫、统治、束缚、奴役、愚昧、冷酷和没有人性温暖和怜悯的反人性力量的集合。鲁镇文化的各种反人性力量筑成了一间无形的牢狱,使祥林嫂被幽闭在没有任何光亮的黑暗、寒冷、孤独和绝望中。祥林嫂的人生被这种反人性力量的鲁镇文化吞噬着,祥林嫂的精神被这种反人性的鲁镇文化扭曲着,祥林嫂的灵魂被这种反人性的鲁镇文化咀嚼着。祥林嫂最大的精神需要就是得到周围人的理解:她的诉说能够有人同情,她悲惨的命运能够有人安慰,她的厄运能够有人排除,她的不幸能够有人慰藉,她的痛苦能够有人排解,她的困惑能够有人解释,她的重压能够有人释放……但是,她的这一切努力——获得精神的释放和安慰的希望都统统落空了。不仅如此,祥林嫂越是想要获得周围人的理解和同情,周围的人越是给她施加更大的精神重压,而祥林嫂受到精神重压越大越是要获得周围人的理解和同情,而周围的人越是施加更大的精神重压。鲁迅震颤灵魂地写出了鲁镇文化如何毁灭祥林嫂的过程。鲁镇文化施加在祥林嫂身上的种种重负,使祥林嫂成为鲁镇文化的牺牲品。在某种程度上,鲁镇文化就是旧中国文化的象征,而祥林嫂这个女性就是一般人的象征。鲁迅写祥林嫂被鲁镇文化毁灭就是在揭示旧中国文化的"吃人"性。鲁迅让人们极为深刻地感受到了弥漫在鲁镇各个角落的无所不在的特别是弥漫在人的内心深处的"吃人"文化氛围,极为深刻地感受到了深藏在祥林嫂灵魂深处的被鲁镇文化所"吃"的极度恐惧、到处诉求而无助无奈无路可逃的极度绝望、恐惧和悲哀。

国民性认识的悲观和精神启蒙的决绝

——《药》的复合象征和复合意义

鲁迅的小说是中国自有小说以来最有深刻思想的小说,也是解剖国民性最为犀利的小说。《药》标志了鲁迅在中国小说史上独一无二的思想高度,标志了鲁迅在中国小说史上独一无二的独特风格,标志了鲁迅在中国小说史上独一无二的悲悯情怀。

对《药》的主题历来有不同的解释,一说是揭示辛亥革命的不彻底、批判革命者脱离群众的,一说是描写了革命党人为群众牺牲了生命还得不到群众理解的悲剧,一说是表现民众的愚昧。这些主题的概括,无疑对人们理解《药》具有重要帮助。但是,《药》的主题要比这种概括复杂得多,丰富得多,深刻得多。《药》的根本主题是:《药》以华老栓买夏瑜的鲜血给儿子当药吃的基本情节,刮骨剔肤地揭示出了民众的愚昧、麻木和冷酷;深刻地揭示出了启蒙者鲜血的"药"并没能唤醒愚昧、麻木和冷酷的灵魂;还以象征性的意象进一步表现了,尽管自己的牺牲和鲜血很难唤醒愚昧、麻木和冷酷的灵魂,启蒙者还是要以伟大的牺牲精神去殉道。《药》的内容,表现着鲁迅对国民劣根性的绝望认识,也投射着鲁迅"我以我血荐轩辕"的殉道精神。[①]

《药》的情节是另一种二元对立:以华老栓为代表的民众与先驱者夏瑜的对立。这是不同于《狂人日记》"吃与被吃"、《阿Q正传》"看与被看"的另一种二元对立,这种对立可以概括为"救与拒救"。这是两种精神和两种灵魂的对立和矛盾。夏瑜精神的对立面是不觉醒、愚昧、麻木、冷酷、难以救药的民众;民众灵魂的对立面是以自己的鲜血对愚昧麻木的民众进行精神启蒙的启蒙者夏瑜。夏瑜是被反动统治者砍下了头颅,但夏瑜的生命与其说是为了与反动统治者斗争而牺牲,不如说是为了唤醒愚昧、麻木和冷酷的民众而献祭。而那些不觉醒的、愚昧、麻木、冷酷的民众,对先驱者夏瑜来说,就不仅仅是看客,更是与其疏远、隔膜、不可理喻、嘲弄、诅咒甚至陷害和拒绝精神启蒙(拒救)的民众。夏瑜与其说为反动统治者所害,不如说是为愚昧麻木的民众所害。

《药》是一种客观的写法,他的人物和事件包括细节都是极其真实的,然而,在这种极其真实的客观描写中,又投射着鲁迅自身的思想、精神,包括来自童年情结的潜意识。因此,这

[①] 《药》的这种主题,不仅是鲁迅进行文学创作时的明确目的,还有鲁迅不明确的创作目的,是鲁迅童年严重精神创伤——家道中落和父亲终于被中医治死使他受到的沉重打击、对中国人和中国文化产生的十分强烈的甚至是绝望的认识——所形成的童年情结的潜意识投射。从精神分析的角度看,《药》与鲁迅的童年情结有着因果关系。

客观真实的描写就超出了它客观真实性的意义,又成为一种具有深刻思想的象征符号。

"药"有两种象征意义:"药"首先是疗救精神麻木的药的象征。鲁迅是在着力表现华老栓们的愚昧与麻木,但从鲁迅侧面的描写中,我们虽不十分详细但也大致得知,夏瑜的牺牲"究竟是什么事"。夏瑜是因造反获了杀头之罪的。他明明知道造反是要没命的,但他还是要造反,他造反的意义在哪里呢?与其说是为了真理而斗争,不如说是为了唤醒民众而献身。夏瑜牺牲的意义在于启蒙、在于殉道、在于唤醒民众。夏瑜"关在牢里,还要劝牢头造反",还慨叹着打他的狱卒红眼睛阿义"可怜可怜"。这就是夏瑜启蒙精神、殉道精神的体现。夏瑜不可能不知道,仅以他一己的牺牲不可能战胜强大的反动统治阶级,但是他还是毅然决然地做了那牺牲,他要以那牺牲去唤醒、惊醒那沉睡不醒的人们;夏瑜也不可能不知道,仅以他一己的牺牲不可能唤醒、惊醒那沉睡已久的人们,但是,夏瑜还是毅然决然地做了那牺牲。夏瑜知道反动阶级的强大,夏瑜还知道民众的难以惊醒,但夏瑜是明知不可为而为之,还是以自己的生命做了那伟大的牺牲。夏瑜的这种殉道精神,使我们想到了殉道的原型基督。基督殉道的意义,并不在于推翻什么,而在于对他信徒的精神启示。基督把自己钉了十字架上,那是一种伟大的象征,象征着基督的殉道精神。夏瑜所殉的"道",并非基督的"道",而是一种精神启蒙,用自己喷溅而出的一腔殷红的鲜血,去唤醒那愚昧麻木的人们。正是在这个层面上,鲁迅把夏瑜的鲜血象征了一种"药",先驱者、启蒙者夏瑜以自己的鲜血为药,一种唤醒不觉悟、愚昧、麻木、浑浑噩噩、沉睡不醒之灵魂的药,去唤醒、惊醒酣睡不醒的民众,去疗救他们精神的愚昧和麻木。然而,这种药并没有唤醒沉睡已久的人们,这就使药具有了另一种隐喻的意义:夏瑜的这种献身的革命不可能疗救人们的精神愚昧和麻木。

"药"主要还是华老栓们思想愚昧精神麻木的象征。夏瑜以自己的鲜血为"药",去唤醒愚昧麻木的民众,但民众却以他喷出的一腔热血作为医治痨病的药,这具体的描写构成了一种极为荒诞、极具讽刺意义的深刻象征:"药"并没有发生疗救的作用,启蒙者以自己的血为"药"的启蒙并没有起到振聋发聩、醍醐灌顶的震撼和唤醒的作用,使那些不觉醒的、愚昧麻木的民众从浑浑噩噩中惊醒过来。这深刻地揭示了民众不觉醒、愚昧和麻木到了不可救药的程度,这种象征的意义,是鲁迅内心思想的真实外化。这种外化的内心思想真是"太黑暗、太冷酷"了。

鲁迅写华老栓用夏瑜的血做救治自己孩子痨病的药,和夏瑜用自己的血和生命做救治民众愚昧精神的药,构成了两种象征的对立和对比。这两种象征的对立和对比是启蒙者和民众的对立和对比。

鲁迅描写民众与启蒙者的对立,不是写哪一个落后的国民与夏瑜的对立,就像《祝福》中的祥林嫂不是死于哪一个具体的人的因素而是死于弥漫在鲁镇各个角落和弥漫在鲁镇人心深处的浓重的吃人文化氛围一样,与先驱者夏瑜对立的也不是哪一个人或哪一些人,而是众多的民众与夏瑜的对立。民众与夏瑜的对立,不是阶级的对立,而是一种看不见的精神和灵魂的对立。夏瑜很清醒很深刻地认识到,反动统治者和敌对的阶级是可以被打倒被战胜的,但他们之所以不容易被打倒被战胜,其原因并不在于他们有多么强大,而在于民众的不觉醒、愚昧、麻木和冷酷。民众精神和灵魂的愚昧、麻木是和反动阶级构成了统一战线,这既使他们不能觉醒起来参加推翻反动统治的斗争,又使他们同反动统治者连成一气,构成对启蒙者的敌对力量。

夏瑜是一滴显影剂,通过他的牺牲,使不觉醒、愚昧、麻木和冷酷的灵魂的影像得到震颤灵魂的彻底的显现。这不觉醒、愚昧、麻木和冷酷灵魂的体现者都是那些被压迫最深、最重的受苦人,他们不仅有华老栓、康大叔和茶馆中的那些看客,甚至还有启蒙者夏瑜的母亲。

华老栓是不觉醒的愚昧麻木的老中国儿女的象征。《药》的象征性色彩是很浓重、很鲜明、很突出的。鲁迅把他的人物的姓命为"华"和"夏",华和夏两姓人物就成了华夏民族的象征,不仅姓氏,还有名字,把他的人物命名为"华老栓",还有华小栓,"栓"者,板结、淤滞、凝固、堵截、阻埂、栓塞不通也,不是象征着华姓人的精神愚昧麻木的顽固程度吗?他们正是夏瑜要解救的,而又恰恰是夏瑜难以解救的。夏瑜的牺牲正是为了他们,但他们却是与夏瑜最隔膜的人。他们不知道夏瑜的牺牲是为了他们,他们不知道夏瑜是以自己的鲜血为药在唤醒他们沉睡和麻木的灵魂,他们不知道怎样才能改变自己的悲剧命运,他们更不知道以夏瑜的人血馒头为药医治孩子的病是对启蒙者最大讽刺和最大的亵渎。夏瑜以自己的鲜血作为唤醒愚昧麻木灵魂的"药",却被当做医治痨病的药,可见他们愚昧麻木到了什么程度。鲁迅极其深刻地写出了华老栓愚昧麻木的灵魂,他对夏瑜以血为药唤醒愚昧麻木的民众的意义浑然不知,当然他也不知道以人血馒头治病是一种极其愚昧的思想行为,更不知道用启蒙者以血为唤醒愚昧麻木精神的药当做治痨病的药的更是对启蒙者的亵渎。正是在华老栓的充满阳光的希望中,鲁迅写出了他黑暗绝望的精神:"他的精神,现在只在一个包上,仿佛抱着一个十世单传的婴儿,别的事情,都已置之度外了。他现在要将这包里的新生命,移植到他家里,收获许多幸福。太阳也出来了;在他面前,显出一条大道,直到他家中,后面也照见了丁字街头破匾上'古□亭□'这四个暗淡的金字。"华老栓内心中的光明和希望正是他灵魂的黑暗和绝望。

那位满脸横肉的康大叔的灵魂同样是黑暗和绝望的。它不仅用夏瑜的鲜血去换钱,而且还用夏瑜的牺牲作他的谈资,来换取人们对他的兴趣。

比华老栓、康大叔灵魂更黑暗和绝望的是夏三爷。夏四奶奶是夏瑜的母亲,夏三爷就该是夏瑜的堂伯了。但夏瑜的堂伯却去告官,拿他的亲人夏瑜换了二十五两银子。也许,夏瑜的堂伯本意并不是为了二十五两银子,而是对夏瑜行为的不理解,以为他是大逆不道。这从其他群众的反应上可以看得出来。他们对夏瑜的造反是不理解的,他们对夏瑜不要命是不理解的,他们对夏瑜关在牢中还劝牢头造反是不理解的,他们对夏瑜说打他的阿义可怜是不理解的。他们不仅是夏瑜献祭的"看客",还是夏瑜牺牲的咀嚼者。花白胡子恍然大悟似的说:"阿义可怜——疯话,简直是发疯了。"二十多岁的人也恍然大悟的说:"发了疯了。"茶馆里的从二十多岁到花白胡子——这代表了所有的人——都认为启蒙者和殉道者夏瑜是"疯子",这说明了什么呢?这除了说明民众普遍的愚昧,还能说明什么呢?在《狂人日记》中,人们都把那个清醒的革命战士说成是狂人,而狂人透彻骨髓地感受到了人们"吃人"本性的冷酷,在《药》中不有同样的表现吗?

与夏瑜精神隔膜的,还有刑场上的那些"看客"。在夏瑜就义的刑场,他们像看戏一样鉴赏着夏瑜的牺牲:他们"颈项都伸得很长,仿佛许多鸭,被无形的手捏住了的,向上提着"。这看客的形容是被一只"无形的手捏住了的",这"无形的手"就是一种不觉悟、愚昧、麻木和冷酷的精神。是它"捏住了"民众的灵魂,使他们与启蒙者的精神是那样的隔膜、遥远、格格不入,是它"捏住了"民众的灵魂,使他们成为救治他们英雄牺牲的"看客"甚至是迫害者,是它"捏住了"民众的灵魂,把夏瑜庄严伟大神圣的牺牲看成了一出荒诞不经、荒谬绝伦的滑稽剧。

不独茶馆里的人,不独刑场上的人,夏瑜周围所有的人都是夏瑜牺牲的看客,都与夏瑜的精神是绝对隔膜的,都与夏瑜的精神是绝对对立的,都丝毫不能理解夏瑜牺牲的意义。甚至都在嘲弄夏瑜的牺牲,诅咒夏瑜的牺牲,"解构"夏瑜的牺牲。

夏瑜最亲的亲人,夏瑜的母亲该是理解夏瑜的吧,然而,母亲对儿子也是隔膜的。夏大妈不理解那送给夏瑜的花环是怎么一回事,流着泪对夏瑜的坟说道:"瑜儿,他们都冤枉了你,你还是忘不了,伤心不过,今天特意显点灵,要我知道么?"夏大妈并不知道那花环的意义;夏大妈也不知道"他们"其实并没有冤枉夏瑜;夏大妈也还不知道,夏瑜并不伤心"他们"的冤枉;夏大妈更不知道,夏瑜的牺牲到底是为了什么。母亲是最爱儿子的,因而应该是最了解和理解儿子的,但夏瑜的母亲一点也不了解和理解夏瑜,这表现了启蒙者是何等的寂寞、孤独和悲哀。鲁迅写出了这种陌生、疏远和隔膜以及寂寞孤独和悲哀。"我知道了——瑜儿,可怜他们坑了你,他们将来总有报应,天都知道;你闭了眼就是了。——你如果真在这里,听我的话,——便教这乌鸦飞上你的坟顶,给我看吧。"然而鲁迅并不描写乌鸦飞上夏瑜的坟顶,乌鸦飞走了,这也是象征,象征着虽然是最亲最亲的母亲,也不能安慰启蒙者的灵魂,因为,母亲也和大众一样,与夏瑜的精神是隔膜的,并不知道夏瑜是以自己的血为"药"在唤醒那愚昧麻木的人们。

在《药》中,夏大妈和华大妈对花环和乌鸦都是不理解的,这不理解更深刻地揭示了夏大妈和华大妈与夏瑜的隔膜。花环并非夏瑜感到"冤枉""伤心不过""显点灵"生成的东西,而是革命者对夏瑜的祭奠;乌鸦也没有按着她们的期待落上坟顶,"直向着远处的天空,箭也似的飞去了",那是另一种象征。在夏大妈的感受里,既然花环是夏瑜的显灵,他也应该显灵让乌鸦飞上他的坟头。在夏大妈的思想意识中,花环便在某种程度上是儿子夏瑜灵魂的象征,而乌鸦也应该是儿子夏瑜灵魂的象征。夏大妈期待着象征着儿子灵魂的乌鸦落上坟头:"微风早经停息了;枯草支支直立,有如铜丝。一丝发抖的声音,在空气中愈颤愈细,细到没有,周围便是死一般静。两人站在枯草丛里,仰面看那乌鸦;那乌鸦也在笔直的树枝间,缩着头,铁铸一般站着。"夏大妈"无精打采的收起饭菜;又迟疑了一刻,终于慢慢地走了。嘴里自言自语的说,'这是怎么一回事呢?……'"既然夏大妈把乌鸦作为儿子夏瑜显灵或就是儿子灵魂的象征,乌鸦不落在他的坟顶,这就使夏大妈疑惑了、困顿了、迷茫了。而这疑惑、困顿、迷茫正是夏大妈对儿子夏瑜的隔膜所致。

乌鸦在夏大妈的感受里的象征,是鲁迅的故意所为。鲁迅以夏大妈的象征意义的感受意在揭示夏大妈与夏瑜的隔膜。同时,鲁迅还以乌鸦象征了启蒙者的殉道精神。乌鸦是殉道者的象征。乌鸦"铁铸一般站着",并不飞向坟顶,表现了殉道者对夏大妈的说法决不认同,当夏大妈和华大妈"他们走了不上二三十步远,忽听得背后'哑——'的一声大叫;两人都悚然的回过头,只见那乌鸦张开两翅,一挫身,直向着远处的天空,箭也似的飞去了"。这"箭也似的飞去了",象征着启蒙者的义无反顾、毅然决绝的殉道精神。

《药》的象征意义,无疑使表现的思想感情更为凝重、丰富、深邃。但这种象征意义,不是鲁迅对外在于他自己生命感受的某种思想的象征艺术手法的运用,而是源于他内心深处精神灵魂的外化透射。《药》是鲁迅思想精神的象征。

阿Q转败为胜的心理法术
——《阿Q正传》的重新解读（之一）

精神胜利法是阿Q最突出、最典型的思想性格特征。精神胜利法成了阿Q的代名词。这确实是由于鲁迅把阿Q的精神胜利法这一外在的特征描写得太生动、太精彩、太成功了，这使得人们更多地注意了这一精神特征及其表现和他的典型意义，而忽略了对更深层问题的思索。精神胜利法是阿Q思想行为的表现，但这种思想行为表现到底是以一种什么方式表现出来的呢？精神胜利法的思想行为表现是来源于阿Q的内在心理的，但这种内在心理到底是一种什么样的内在心理呢？精神胜利法又是超越了阿Q农民阶级的身份也超越了民族性而成为人类共同性心理特征的"共名"，这种"共名"的人类共同性的心理特征到底是一种什么样的心理特征呢？我以为，阿Q所有的精神胜利法都是在现实压抑和失败中以想象的愿望满足的象征符号来实现的；阿Q以想象的象征符号达到转败为胜的行为模式是一种心理法术；而阿Q实现精神胜利的心理法术又是来源于一种心理原型；阿Q的心理法术不只是阿Q的，而是属于全人类共同的心理模式。

心理法术是阿Q精神胜利最基本的表现方式。正是靠着这种心理法术，阿Q"成功"地调解着他与现实的激烈矛盾冲突。如果没有了这种心理法术，阿Q与现实的激烈矛盾就无法调和。阿Q的心理法术，最主要的是来源于他的一无所有，正是阿Q的一无所有使阿Q创造了"有"的心理法术仪式。鲁迅在序中写他没有家庭，没有女人，没有土地，没有生产资料，没有房屋，没有固定的住处，没有职业，鲁迅就是在写阿Q的"无"。阿Q的"无"，不仅是物质上的"无"：一穷二白、一干二净、一贫如洗、一无所有；而且是精神上的"无"，精神上也是一穷二白、一干二净、一贫如洗、一无所有。阿Q不仅没有籍贯、没有"行状"（经历）、没有名字，就连自己的姓氏也没有。阿Q不仅是个无产者，而且是个无符号的人。阿Q就是芸芸众生中这样一个渺小、低贱、卑微、微不足道、不足挂齿的人。阿Q的存在相当于"无"——不存在。阿Q的生命、人生、生活对于阿Q本身没有任何价值，阿Q的价值在于给别人做短工，在于供人们取笑。阿Q在实际生活中渺小如草芥，卑微如尘土，低贱如虫豸，谁都可以欺侮他、侮辱他、嘲笑他、捉弄他，阿Q处处碰壁、样样失败、天天遭殃、时时倒霉。阿Q没有任何办法实现自己的生活欲望，更没有任何办法去战胜周围的人的奚落、嘲讽、侮辱和损害，阿Q就只有用妄想的方法去满足自己的愿望。每当生存出现危机时，阿Q绝不采取抗争的方式，绝不想到以别的方式去克敌制胜，绝不坚持不懈地努力争取，绝不反省自己的问题，绝不思考现实环境和他人的原因,更绝不陷于悲观绝望的境地,而是"无师自通"地转向想象、幻想或妄想,他总是能从自己的心理上转变对困难、欺侮、损害、屈辱、碰壁、失利、失意、失败的认识、看法和态度,一旦他从心理上改变了对刚刚失败的事实的认识、看法和态度,他就从本来不可改变的失败的事实和本来不能解脱的痛苦中解脱出来。正是靠着这种方式,阿Q不仅从失败的现实和痛苦的精神中得到了解释、解劝、解脱、解救、解放,而且,还即刻便由一个可怜可悲可叹的失败者变成了一个悠悠然、飘飘然的胜利者——变没有为富有、变不利为有利、变贫穷为"发财"、变弱者为强者、变渺小为伟大、变卑贱为自傲、变保守为趋时、变耻辱为荣耀、变愚蠢为聪明、变愚昧为英雄、变失意为得意。在阿Q的心理法术里,"我要什么就是什么,我喜欢谁就是谁",因而,阿Q无论怎样的失败,"他永远是得意的",无论怎样的节节败退,阿Q都是"十分得意的笑",或者"心满意足的得胜的躺下了",无论怎样的一败涂地,阿Q都永远是"心满意足的得胜的走了"。阿Q的精神胜利正是这种幻想与妄想的"变"的思维模式的不断运用,这种思维模式就变成了阿Q的一种心理法术。法术是"变";仪式则是一种固定不变的程序;阿Q的心理法术仪式,就是指发生在(或说进行在)阿Q心理中的"变"失败为胜利的"不变"的固定的幻想与妄想程序。正是靠着这种心理法术仪式,阿Q就总是能够从一次又一次现实的失败中不断地一次又一次地走向妄想上的胜利。这样,心理法术就成为阿Q的一种最基本的思维模式、一种最基本的行为模式、一种最基本的生存模式、一种最基本的精神胜利模式、一种最基本的原型心理模式,也可以说是阿Q的一种最基本的生存智慧。心理法术成了阿Q改变自己失败和悲剧命运的变幻魔术、灵丹妙药、不二法宝。

  阿Q的心理法术是阿Q的精神畸变。鲁迅怀着最为悲哀、悲凉和悲悯的心情最为充分地写出了阿Q由"无"到"有"的心理畸变过程。鲁迅是在写阿Q"有"与"无"的对立矛盾冲突及其心理变化,心理学家通过对动物和人的习性研究,曾经发现一个"原型意图受挫"从而导致精神变态的规律。人的生存的最基本需要可以称之为"原型需要"。"每一阶段都以一套新的原型规则作媒介,寻求人格与行为的特征模式的发展中得以完成。每一套规则都对环境提出了它自己的要求。如果环境不能满足这些要求,那么,一个明显的后果就是'原型意图受挫'。""当环境未能满足发展中的个体的一种(或多种)基本的原型需要时,就会引起精神变态。"① 作为一个活生生的人,阿Q是有生命欲望的。阿Q的生存应该有一个最基本的需求,那就是吃和住,以及安全的需要和性的满足等,但是社会把阿Q的一切都无情地剥夺了。阿Q连最基本的生理的需要和安全的需要都还不能满足。阿Q是带着基本生理需要的"有"来到这个世界上的,社会却残酷地使他基本"原型需要"的"有"变成"无"。阿Q生存"原型需要"的"有"是阿Q生命的本能需要,社会使他需要的"无"就是对他生命本能即"原型需要"的剥夺和扼杀。渺小、低贱、卑微的阿Q在强大社会势力的扼杀面前"原型意图受挫"。

---

① 安东尼·斯蒂文斯.二百万岁的自性[M].杨韶刚,译.北京:中国社会科学出版社,2003.

"原型意图受挫"的阿Q就发生了精神变态。在"原型意图受挫"时以想象的"原型需要"的满足去调节现实的失败,这就形成了阿Q特有的一种反应模式:每当处于无法生存的境地时,阿Q就由无法生存的失败幻想为精神的胜利。因为这种精神胜利是在"原型意图受挫"时按"原型需要"的想象的满足,又因为这满足不是对现实的真实改变而是自己心理对现实幻想的改变,因而可以被称之为心理法术。正是靠着这种心理法术,阿Q调节着渺小的自我与强大的社会间的矛盾。

阿Q心理法术的这种心理的反应模式,就相当于动物对外界某种刺激的反应模式——动物的反应机制是动物在进化的过程中与周围环境不断发生关系时建立起来的"心理结构模式",每当外界出现某种刺激即有某种信号反应时,动物根据它的心理结构模式就必然作出原型心理特征的反应方式。阿Q一遇到失败的"信号""刺激",就条件反射似的即刻地进入由失败幻想为精神胜利的原型心理反映模式——心理法术仪式。正是这种心理法术的反应模式,才形成了阿Q的精神胜利法思想性格特征及其行为方式。

阿Q的心理法术,同原始性的法术仪式既有相同性,又有不同性。相同性在于,阿Q的心理法术与原始性的法术仪式一样,都是产生于心理愿望的需要,完成的是愿望的满足;不同的是,原始性的法术仪式是以一种戏剧性的模仿来完成的,而阿Q的心理法术则是在阿Q的心理举行的;但阿Q的心理巫术仪式与原始法术仪式的文化功能又是基本相同的。

阿Q的精神胜利法之所以可以称为一种心理法术,其根据就在于,阿Q的精神胜利法同样是使外界的各种力量"受制于或服从于"他自己的意志、愿望或者说是"原型需要",同样是"确信想法能导致现实的改变",同样具有"人类心理具有对外部世界的自然过程造成影响的力量",同样模仿着他要实现的愿望,或者说同样具有这原始人的"法术思维";所不同的是,原始人要有模仿神的祭司,要有祭司对神的模仿,要有一个神话的原型,要有一套仪式性行为等,法术的最终目的是由模仿的神的象征符号表现出来的;阿Q则全不论,阿Q的心理法术仪式是随时随地的,不论什么时间,什么地点,阿Q都可以施行心理法术。凡是愿望不能达到的时候,凡是被欺侮的时候,凡是不开心的时候,凡是不能克敌制胜的时候,他都即刻进行心理法术去进行幻想性的改变。阿Q的想象就是阿Q的心理法术仪式。在阿Q的心理巫术仪式中,阿Q"我要什么就是什么,我喜欢谁就是谁",这种想象的法术仪式比原始模仿的巫术仪式简单而又高级。简单是因为阿Q不用举行巫术仪式,不用对神的崇拜和左右,不用祭司模仿神,也不用神话原型,而高级是因为阿Q仅仅是通过一种心理想象就完成了复杂的原始法术仪式所完成的内容。阿Q的想象就是阿Q心理法术的象征符号,这个简单的象征符号容纳了原始巫术的一切内容,通过这个仪式性的象征符号,阿Q不仅完成了原始巫术要通过复杂的仪式才能完成的愿望表现的功能,更为重要的是,比原始巫术还进一步——原始巫术使用一套象征符号表现愿望和对神的左右,并未实现愿望的满足,但阿Q却还从心理上真正实现了"转败为胜"的目的。正是靠着这种简单而高级的心理法术,阿Q"成功"地排解着社会各种势力对他的压迫,排解着各种人对他的压迫,排解着他本能各种欲望的对他的压迫,排解着一无所有的生活痛苦和到处受到欺侮的精神痛苦。阿Q的心理法术仪式是阿Q精神胜利的最基本方法。

阿Q心理法术仪式的象征符号是想象或妄想。想象就是阿Q的一种模仿方式。这种想象的模仿方式,是对愿望形式的想象,但它同纯粹的梦和白日梦还有所不同,纯粹的梦和白日梦是对被压抑愿望的想象(或伪装)的满足,阿Q的想象是对纯粹的梦和白日梦登峰造极的发展,是在现实失败时把失败转折为胜利的手段。阿Q在实际失败后即刻把和失败相反的胜利的愿望形式想象出来,只要一想象出来,阿Q就实现了从失败到胜利的转折。就这样,想象成了阿Q转折失败的心理法术仪式,想象也就自然成了阿Q心理法术仪式的象征符号。如果说"仪式象征符号最简明的特点是浓缩,一个简单的形式表示许多事物和行动"①,那么,阿Q心理法术仪式的想象性象征符号则是最高级的"浓缩"了,它把原始法术仪式的模仿性的戏剧表演等种种行为都包容在了自身之中,使简单的想象代表了复杂的仪式象征符号。正是靠这种心理法术仪式,阿Q才在社会各种势力压迫的失败中转变成精神的胜利,而转变成精神胜利的阿Q才一次又一次地满足了他的生存需要和精神需要,从而使他在不可能生存下去的危机中苟活下去。

---

① 维克多·特纳.象征之林[M].赵玉燕,等译.北京:商务印书馆,2006.

阿Q想象性的法术思维
——《阿Q正传》的重新解读（之二）

阿Q的法术思维与阿Q的精神胜利

想象性的法术思维使阿Q变无为有。阿Q是社会生活底层中最低贱、最渺小、最卑微的人，低贱、渺小、卑微到好像从来就没有存在过似的。如果说人之所以为人，是因为人创造了符号，人是符号性的动物，人是生活在一个符号的世界里，人的符号性才证明着人的存在，但阿Q却是没有自己的符号的。阿Q的无符号说明着阿Q的存在等于不存在。鲁迅写阿Q的什么都是无，无籍贯、无名字，甚至无姓氏，谁也不知道阿Q姓什么，就是名字也是大家习惯性的叫法，谁也不知道阿Q的名字怎么写，连阿Q自己也搞不清自己姓什么叫什么。其实阿Q根本就是没有属于自己的名字的。鲁迅写阿Q的无，就在于要写阿Q是一个无符号的人。生活在一个符号的世界里，而自己却没有符号，还有存在的价值吗？可见被社会蔑视到什么程度。但阿Q是一个人，阿Q要证明自己的存在，他就要给自己一个经历、一个名字、一个姓氏，甚至包括一个籍贯，也就是一个符号。社会不允许阿Q有自己的符号，阿Q就只有通过巫术仪式的方式给自己一个符号。"有一回，他似乎是姓赵"，"那是赵太爷的儿子进了秀才的时候"，阿Q看到赵家有势力，又新进了秀才，要姓赵的符号，"阿Q正喝了两碗黄酒，便手舞足蹈的说，这于他也很光彩，因为他和赵太爷原本是本家，细细的排起来他还比秀才长三辈呢"。阿Q的手舞足蹈并且声称自己姓赵，那就是阿Q在举行心理法术仪式了。这种仪式可以称为"心理通过仪式"。原始先民在生命转折时要举行"通过仪式"，以模仿的象征符号表明从这一阶段过渡到了另一阶段。阿Q在实际生活中不可能以一种通过仪式从被压迫阶级过渡到压迫阶级的行列中去，阿Q就只有以心理想象的方式去实现这种愿望的转折。阿Q"手舞足蹈"声称自己姓赵，"他比秀才还长三辈呢"，就是阿Q转变的象征符号了。阿Q的心理巫术仪式只是阿Q的妄想。但这妄想并非不起作用，"其时几个旁听人倒也肃严的有些起敬了"。但赵家不准阿Q姓赵，还打阿Q的耳光来制止阿Q姓赵。阿Q的"通过仪式"并未能使阿Q实现阶级的转折。挨了打，又付了地保二百文钱，阿Q"忿忿的躺下了"，但阿Q"后来想：'现在这世界太不成话，儿子打老子……'于是忽而想到赵太爷的威风，而现在是他的儿子了，便自己也渐渐的得意起来"。想象中，赵太爷成了阿Q的儿子，阿Q成了赵太爷的爹,靠着象征符号的转换,阿Q"转败为胜"了。

想象性的法术思维使阿Q变贫穷为阔气。阿Q的一切都是"渺茫"的。阿Q不仅无籍贯、无名字、无姓氏、无符号,而且无土地、无房屋、无女人、无家、无职业、无"行状"(经历)——谁也不知道阿Q的过去,连阿Q自己也不知道自己的过去。"阿Q没有家,住在未庄的土谷祠里;也没有固定的职业,只给人家做短工,割麦便割麦,春米便春米,撑船便撑船。工作略长时,他也或住在临时主人的家里,但一完就走了。所以,人们忙碌的时候,也还记起阿Q来,然而记起的是做工,并不是'行状';一闲空,连阿Q都早忘却,更不必说'行状'了。"阿Q物质上一无所有,又没有自己的"行状",但阿Q又是有欲望的,他不甘心这一无所有,然而他又没有任何实际的办法去实现他的欲望,阿Q便以心理法术仪式创造了他"先前阔"的光荣来历:"我们先前比你阔得多了,你算是什么东西!"阿Q是没有"先前"的,阿Q连自己姓什么都不知道,怎么知道先前阔不阔呢?可见,这先前阔只是他的想象,这想象在阿Q那里是真实的,这想象的真实就成为阿Q的法术仪式,因而并非阿Q的自欺欺人,他是要以这想象性的"阔"来平衡现实的一无所有。

想象性的法术思维使阿Q变卑贱为自尊。阿Q什么都没有,在生活中如草芥、如尘土、如牲畜。阿Q是太卑贱了,卑贱到了谁也看不到他的存在、忽略他的存在、蔑视他的存在、否定他的存在的地步(人们只是在要他干活的时候才想起他)。但阿Q既然是人当然就要有人的自尊,但阿Q在现实中没有办法获得自尊,阿Q就以心理法术的方式获得自尊。阿Q不和别人比现在——现在他太卑贱了,现在他比不过人家,他就不和别人比现在,和别人比未来:"赵太爷钱太爷大受居民的尊敬,除有钱之外,就因为是文童的爹爹,而阿Q在精神上独不表格外的尊奉,他想:我的儿子会阔多了。"阿Q的妄自尊大是出类拔萃、异乎寻常的,但也并非阿Q的自欺欺人,而是阿Q以一种想象的方式改变了他的心理。"我的儿子会阔多了"的想象在阿Q那里就是一种仪式象征符号,阿Q以这种象征符号就即刻改变了自己的自卑从而变得自尊。赵太爷钱太爷大受居民的尊敬,但阿Q却"独不表格外的尊奉",那是因为有了想象中的"我的儿子会阔多了"的象征符号。我们只有理解了阿Q的想象是一种仪式性的心理法术,而想象出的"儿子"是仪式象征符号,才真正理解了阿Q既自欺又欺人,又自卑自大二重组合性格的意义。

想象性的法术思维使阿Q变耻辱为光荣。阿Q头上的"癞疮疤"被认为是他严重的"缺点"被人们嘲笑着,但阿Q却能够从极为忌讳这缺点转换成"高尚的光荣"。对于这癞疮疤阿Q刚开始是避讳的,并且敏感地避讳到和癞疮疤相关的"光""亮""灯""烛"。谁一有意无意地说到这些,"阿Q便全疤通红的发起怒来",口讷的他便骂,力气小的他便打。可见低贱的阿Q是多么不愿意让人们说到他的缺点。由于阿Q渺小卑微就更要维护自己的自尊,就更加敏感到别人的嘲弄和戏弄。阿Q之所以极为忌讳他的癞疮疤并达到要骂要打的地步,原因就在这里。阿Q由于打不过,"于是他渐渐的变换了方针",变为怒目而视了,怒目而视仍改变不了人们的嘲笑和戏弄,阿Q"只得另外想出报复的话来:你还不配"。"这时候,又仿佛在他头上的是一种高尚的光荣的癞头疮,并非平常的癞头疮了。"从极为忌讳的缺点到要骂要打又到怒目而视,最后到"高尚的光荣"的转换,阿Q是在没有任何出路的情况下,"无师自通"地发明了精神胜利法——以想象性的法术使耻辱变光荣,"你还不配"使耻辱的象征符号癞头疮变成了"高尚的光荣"的象征符号,从而实现了失败的转折。

想象性的巫术思维使阿Q变失意为得意。阿Q由于一无所有而被侮辱和损害,阿Q被侮辱和损害而没有任何办法抵抗从而导致精神扭曲变态,把低贱的耻辱看成高尚的光荣,以妄想的方式去改变这耻辱和损害,但这并不奏效。人们还是一个劲地欺侮阿Q,拿阿Q寻开心。阿Q打不过他们,"被人揪住辫子,在壁上碰了四五个响头"。阿Q在形式上被打败了,但在精神上却是胜利了。打了阿Q的人,"这才心满意足的得胜的走了",阿Q呢?阿Q"于是也心满意足的得胜的走了"。因为阿Q在心理上又进行了改变失败的仪式,阿Q想到:"我总算被儿子打了,现在的世界真不像样"(不和儿子们一般见识)。人们不知道阿Q的心理法术仪式,但人们不能允许阿Q的精神胜利,打阿Q的人们不准许被打的阿Q反而心满意足地得胜走了,就揪住他的辫子不准阿Q说"儿子打老子",而要说"是人打畜生",可怜的阿Q两只手都捏住了自己的辫根,歪着头说:"打虫豸,好不好,我是虫豸——还不放么?"但闲人仍不放地"给他碰了五六个响头(比先前还多了几个响头)"。闲人"这才心满意足的得胜的走了"。但阿Q呢?"然而还不到十秒钟,阿Q也心满意足的得胜的走了"。别人"以为阿Q这回可遭了瘟",可阿Q却也胜利了。阿Q从极为屈辱变胜利仍然是在心理上进行了一个转换的仪式,以"他是第一个能够自轻自贱的人"(你别人还做不到呢),"除了'自轻自贱'不算外,余下的就是'第一个'。状元不也是'第一个'么?""第一个"状元不也是'第一个'么?"又成了阿Q的心理法术的象征符号。因为有了这象征符号,本来很失意的阿Q反而却很得意了。

想象性的法术思维使阿Q变痛苦为愉快。生活在最底层的阿Q,谁都可以欺侮他,他也就总得不断遭遇到各种各样的痛苦。但由于阿Q有一个转败为胜的心理法术,他就总是能够把各种各样的痛苦转化为各种各样的愉快。阿Q赌钱总是输,在"压宝"的响亮吆喝声中,阿Q的钱"渐渐的输入别个汗流满面的人物的腰间",虽然他也有过唯一的赢了的一回,但他还是"昏头昏脑"地输了。在这时,阿Q真的很痛苦了呢:"很白很亮的一堆洋钱!而且是他的——现在不见了!说是算别儿子拿去了吧,总还是忽忽不乐;说自己是虫豸吧,也还是忽忽不乐;他这回才有些感到失败的痛苦了。"但阿Q的痛苦是不会持续很长时间的,阿Q会立刻变痛苦为愉快的。阿Q变痛苦为愉快的方法是法术的"转移法",这又是阿Q的一种法术仪式:他猛烈的打自己的嘴巴,"打完之后,便心平气和起来,似乎打的是自己,被打的是别一个自己,不久也就仿佛是自己打了别个一般"。在这种仪式中,阿Q创造了仪式的象征符号——以幻想的另一个阿Q超越了实际的阿Q,于是,阿Q就又"心满意足的得胜的躺下了"。阿Q就由痛苦变得愉快了。

想象性的巫术思维使阿Q变屈辱为骄傲。阿Q是生活中最卑微的弱势人物,生活中最卑微的人物就常常遭到强势人物的欺侮,这种欺侮就给弱势人物如阿Q带来一种深深的极力予以摆脱然而又是挥之不去的屈辱感。阿Q战胜这种屈辱感的一个妙法就是他要欺侮比他更卑微的人物或者攻击他认为更有缺点的人物,来缓解或消灭自己的屈辱感,这迁怒于人的做派是阿Q转嫁危机的另一种法术仪式。阿Q以为王胡是比他更卑微弱小可以欺侮的对象,但他却比不过王胡的抓虱子,"看不上眼的王胡尚且那么多,自己倒反这样少,这是怎样大失体统的事呵!"这于阿Q太愤愤不平了。所以对王胡先是出口骂继而是出手打,但可怜的阿Q还是失败了。在阿Q的感受里,王胡是更卑微的,而他阿Q却失败了,因而阿Q感到了"这大约要算是生平第一件的屈辱"。但阿Q是不能忍受屈辱的,阿Q一定要战胜这屈辱。阿Q战胜屈辱的妙法是"迁怒法":攻击假洋鬼子和戏弄小尼姑。阿Q一向对假洋鬼子是"深恶而痛绝之"的,但阿Q历来本只在肚子里骂,"这回因为正气忿,因为要报仇,便不由得轻轻的说出来了",因而又遭了假洋鬼子一顿"哭丧棒"。"在阿Q的记忆上,这大约要算是生平第二件的屈辱"。阿Q本来是要战胜屈辱的,反而是屈辱加上了屈辱,可怜的阿Q该怎么办呢?但因为阿Q有由失败转换精神胜利的心理法术仪式,因而阿Q就有取之不尽的妙法。"完结法"——被打之后的阿Q感到"完结"了一件事,因而就轻松了。鲁迅的这一笔写的是何等的深刻呀!他把一个受人欺侮凌辱惯了的阿Q的心理变化过程给写透了:被人欺侮凌辱是阿Q每天必须经受的"节目",在阿Q的心理上,那已经是一种惯例的体验、必需的体验,没有这种惯例和必需的体验就像没有完成什么事一样的放心不下,被打之后,也就完成了这惯例必需的节目,也就"心安理得了"。阿Q还有一个"转移法",那就是辱骂、戏弄、欺负小尼姑:"扭住伊的面颊"说"和尚动得,我动不得?"阿Q在这样做的时候,还同时运用了一个"表演法":当阿Q骂小尼姑并"动手动脚"的时候,鲁迅写道:"酒店里的人大笑了";当阿Q使劲扭住小尼姑的面颊时,鲁迅又写道:"酒店里的人大笑了"。在酒店里的人大笑中"阿Q更得意",于是,阿Q"为满足那些赏鉴家起见,再用力的一拧"。弱者的阿Q在戏弄更弱者小尼姑的表演中获得了"看客"的"大笑",阿Q在这"大笑"中获得了前所未有的快感,"早忘却了王胡,也忘却了假洋鬼子",变得"飘飘然的似乎要飞去了"。阿Q的转移法、迁怒法、完结法和表演法都是阿Q的转变心理的仪式,这时的阿Q的行为就都成了阿Q心理法术的象征符号。正是靠着这仪式象征符号的表现,屈辱不堪的阿Q成了骄傲不凡的阿Q。

想象性的法术思维使阿Q变苦闷为健忘。在"恋爱"和"生计问题"上阿Q最基本的生理需求——性和吃是失败的、最惨的,但是,失败最惨的阿Q,精神仍然是胜利的。这精神胜利法仍然来源于他的心理法术仪式。但这次是阿Q真的没有幻想什么胜利,而是健忘,健忘又成了阿Q的心理仪式即心理变化过程。通过健忘,很快地否定悲惨的失败,否定得一干二净,仿佛根本就不曾存在过。正如鲁迅在"恋爱的悲剧"开头所说的:阿Q"永远是得意的:这或者也许也是中国精神文明冠于全球的一个证据了"。生存在最基本的生理需要都不能满足的阿Q其实是极其痛苦的,但阿Q不懂求爱,阿Q只能根据生理本能欲望要和吴妈困觉,阿Q的行为自然遭了一顿痛骂和痛打。但于阿Q并非坏到哪里去:"他那女——的思想也没有了。而且打骂之后,似乎一件事也已经收束,倒反觉得一无挂碍似的。"阿Q之所以这样想,那是因为,在阿Q的无意识的感觉里,他的生理要求是不可能实现的,就像他另外的要求不可能实现一样;他的每一次的愿望都必然是以失败而告终;他不可能有好的结果,必然要遭到侮辱和痛打;阿Q已经习惯了这种生存方式,那痛骂和痛打是他感觉里必然会发生的事,一件惯例的事,一个周期性的事件,不发生就是一件没有收束的事。阿Q遭到痛骂和痛打就"一无挂碍"了。因而,遭到痛骂和痛打在阿Q就是在进行一种变相的仪式,在这个变相的仪式中,阿Q完成了一种心理过程。这是阿Q的麻木。麻木导致了阿Q的健忘。阿Q由失败转换为精神胜利还有一种表现方式是,忘记(消灭)那些标志失败的象征符号。阿Q既消灭了生理欲望,又恢复了心理常态。而阿Q的心理常态总是"得意"的。但阿Q失败的健忘和无事的精神胜利并不能丝毫改变他的悲剧命运。吴妈觉得遭了阿Q的调戏又哭又闹,阿Q却觉得没事了去看热闹,觉得"有趣,这小孤孀不知道闹着什么玩意儿了",虽然逃过了一顿毒打,但却被罚得"倾家荡产",连小布衫也没了,差一点就一丝不挂了。阿Q对失败的健忘和无事了就得意的精神胜利,使他既不明白未庄的女人们忽然都怕他了、酒店不肯赊账了、土地庙的老头子不让他住下去了、赵家不肯让他跨进门槛一步了,又不明白"位置在王胡子之下的"小D怎么会抢了他的饭碗(占了他打工的位置)。阿Q由失败幻想精神胜利的心理法术在这时又特别地起作用了。阿Q"当气愤愤的走着的时候,忽然将手一扬,唱道'我手执钢鞭将你打!——'"几天之后果然看见小D就打了起来,但和他颇瞧不起的小D并未分出胜负。他想和抢了他的饭碗的小D报仇,但这不能解决他的"生计"问题。阿Q几乎什么都没有了,棉被、毡帽、布衫、棉被,就只剩下裤子了,裤子是"万不可脱的",肚子又饿,工作无论如何又找不到了。在阿Q生存出现了更大危机的同时,阿Q的精神也出现了更大的危机:"他在路上走着要'求食',看见熟识的酒店,看见熟识的馒头,但他都走过了,不但没有停,而且并不想要。他所求的不是这类东西了;他求的是什么东西,他自己不知道。"阿Q是在"求食",为什么不想要那"食"呢?阿Q不是因为不饿才不想要,阿Q不是因为没有钱才不想要,是因为他所求的不是这类东西了——阿Q模模糊糊地感到了一种更大的需求,但是是什么阿Q并不知道。但为了解决饿的问题阿Q还是跳进墙院里去偷萝卜了,当被发现和质问时,拒不承认是偷了小尼姑园子里的萝卜,还居然说:"这是你的?你能叫得他答应你么?"当阿Q不能以心理法术转变他的失败而必须面对现实的"生计问题"时,阿Q就变成了无赖。

想象性的法术思维使阿Q变末路为革命。到了穷途末路的阿Q恰好赶上了推翻帝制的革命,这革命就重新使阿Q产生了前所未有的妄想。阿Q先前是极力反对革命党的,在阿Q的感受里,革命党的造反是与他为难的,因而阿Q"深恶而痛绝之"。但看到百里闻名的举人老爷这样怕革命、未庄的一群鸟男女这样慌张,阿Q就由反对革命而变为向往革命了。阿Q向往革命的心理愿望在他喝了两碗空肚酒之后便得到了淋漓尽致的表现。那是一个一无所有的、生活不下去的人的一种被压抑已久的疯狂妄想。阿Q革命的想法使阿Q喝了两碗黄酒,而两碗黄酒就使阿Q"飘飘然起来",不仅如此,阿Q"忽而似乎革命党便是自己,未庄人却都是他的俘虏了"。阿Q借着酒力又创造了使自己变成革命党的仪式象征符号。阿Q总是得意的,但阿Q从未这样地得意过,得意之余禁不住大声嚷道:"造反了!造反了!"革命造反在阿Q那里究竟是一种什么样子呢?阿Q喊道:"好……我要什么就是什么,我喜欢谁就是谁";"发财?自然。要什么就是什么——"阿Q的巫术心理发展到了登峰造极的地步。阿Q心理法术简直无所不能了——他可以创造任何象征符号满足他的任何欲望了。阿Q的革命的象征符号真的发生了效力,未庄的人都惊惧了,赵太爷怯怯的了(并且从原来的"混小子"改称为"老Q"了),赵白眼惴惴的了,大家都害怕了。在阿Q的妄想里,革命就是"来了一阵白盔白甲的革命党,都拿着板刀,钢鞭,炸弹,洋炮,三尖两刃,钩镰枪,走过土谷祠,叫道'阿Q!同去同去!'于是一同去"。革命造反的愿望又是什么样的呢?在阿Q的"白日梦"里革命就是这么三种愿望:一是未庄的男女都向他下跪求饶,以往的宿敌小D、赵太爷、赵秀才、假洋鬼子和王胡一个也不留;二是把未庄最富有的赵、钱两家的财产如元宝、洋钱、洋纱衫和宁式床及桌椅等都让他们给自己搬过来;三是未庄的女人任他挑任他要。阿Q是带着他的妄想去向往革命的。然而,革命不像他妄想的那样发展和结果。革命在未庄只是砸了一块"皇帝万岁万万岁"的龙牌,人们把头上的辫子暂时盘了起来(不割去时还随时准备放下),革命与反革命的都"咸与维新"了。阿Q的命运并没有得到任何改变,阿Q妄想的仪式性的革命目的即精神胜利的原型心理又受到了挫折。阿Q要去投革命党,洋先生却扬起哭丧棒"不准他革命"。阿Q"再没有别的路","从此不能望有白盔白甲的人来叫他,他所有的抱负,志向,希望,前程,全被一笔勾销了"。为报复革命,阿Q想放下辫子,但没有,但阿Q喝了两碗黄酒(赊的),又渐渐地高兴起来了,思想里又出现了白盔白甲的碎片。但阿Q终于对白盔白甲的特别的向往转为特别的仇恨了。他看见了"似乎许多白盔白甲的人,络绎的将箱子抬出了,器具抬出了,秀才娘子的宁式床也抬出了"。这不正是他进行革命仪式时他要得到的东西吗?阿Q又失败了,但阿Q是不能失败的:阿Q"毒毒"地想,你不带我革命造反,我就告你革命造反,而造反是要被杀头的(他在城里时曾经看见过的),并且"满门抄斩"。其实,这仍然是阿Q的心理转换方式,由现实的失败转换为精神胜利的心理仪式。阿Q是个一无所有的人,但他有欲望,"有"和"无"的矛盾使阿Q应该具有革命的倾向,但阿Q的所谓革命是他"有"的欲望被社会使他"无"的精神幻想。革命不能满足他的这种幻想,他就去投降反革命以满足这种幻想。其实,阿Q的革命与反革命都是与真正的革命与反革命毫无关系的。阿Q革命和反革命的动机都是他由现实的失败幻想为精神胜利的原型心理模式所使然的,阿Q的革命与反革命都是他转换失败心理法术的仪式象征符号。

想象性的法术思维使阿Q变奴隶为英雄。阿Q本来还没来得及使他"毒毒"的想法落实,就被稀里糊涂地抓进监牢里了。阿Q看到大堂中的那些人物"都是一脸横肉,怒目而视的看他;他便知道这人一定有些来历,膝关节立刻自然而然的宽松,便跪了下去了"。长衫人物都吆喝说:"站着说!不要跪!""阿Q虽似乎懂得,但总觉得站不住,身不由己的蹲了下去,而且终于趁势改为跪下了。"阿Q虽然总是以想象性的巫术仪式由失败幻想为精神的胜利,常常得意,但是,阿Q的精神胜利法并没有改变他的奴隶性,阿Q的奴隶性是深入骨髓的。阿Q一遇见强势人物就害怕,"自然而然地"跪下,不许跪也跪下去,由蹲"趁势改为跪下"等,最为充分地说明阿Q奴隶性的软弱、怯懦和渺小。阿Q由现实失败幻想为精神胜利的原型心理模式,就是由这种奴隶性的软弱、怯懦和渺小造成的。压迫越强烈,阿Q越懦弱,阿Q越懦弱就越幻想为精神的胜利。当阿Q得知去杀头时,阿Q"两眼发黑,耳朵里嗡的一生,似乎发昏了。然而他又没有全发昏,有时虽然急,有时却也泰然;他一时之间,似乎觉得人生天地间,大约本来有时也未免要杀头的"。但他得知不是直接去法场,而是在被示众,"他不过便以为人生天地间,大约本来有时也未免要游街示众罢了"。在死到临头时,阿Q想唱几句戏表现他的英雄气概(那是当时被杀的人的英雄气概的表现,阿Q终于没有唱几句戏,人们的失望也表现了人们的阿Q气),选择了最能表现英雄气概的"手执钢鞭将你打",同时想将手一扬,但两手是被捆着的,终于没能唱成。但阿Q"在百忙中,'无师自通'的说出半句从来不说的话:'过了二十年又是一个——'"阿Q的"过了二十年又是一条好汉",并非是阿Q为了博得看客喝彩的表演,而确实是他真实心理的表现。"过了二十年又是一个——"是阿Q最后的象征符号,那是阿Q人生最后的死而复生的仪式。也正是靠了这仪式,死到临头的阿Q才不至于精神彻底崩溃。"无师自通",正是阿Q巫术心理的原型表现,是他的原型心理在特殊情境下的激活。

阿Q的一生凡是遭遇挫折、困顿、灾难、倒霉、欺侮、屈辱、失败,都以幻想的法术思维方法进行心理法术仪式,正是依靠这种心理法术仪式,阿Q把现实各种各样的失败转换成了各种各样的精神胜利。每一次失败时阿Q都以这种心理巫术仪式渡过了难关。心理巫术仪式是他克敌制胜的灵丹妙药,是他精神胜利法的具体形式。但是,在生命的最后关头,那种支配了阿Q一生的心理巫术仪式和表现的精神胜利终于瓦解了。在最为恐惧的时刻,阿Q几乎要发出"救命"的呐喊。那是一种极为可怕的东西,在那种极为可怕的东西面前,阿Q的恐惧达到了极点,阿Q一生惯用的以幻想的心理法术仪式的方式战胜现实失败的灵丹妙药不灵了,阿Q的精神彻底失败了。那种东西不是死亡。即使是对于死亡,阿Q心理法术的精神胜利法也还是可以战胜的,阿Q不是"无师自通"地说出了他从来不曾说过的"过了二十年又是一个——"吗?在阿Q的感受里,这显然是一种比死亡更让人恐惧的力量。这种最让阿Q恐惧的力量究竟是什么东西呢?

那是一种来自于人们的没有人性、泯灭人性、耍弄人性、扭曲人性、残害人性的"吃人"的力量。阿Q在临死之前终于最深刻地体验到了、觉悟到了那来自于人们的"吃人"的本质力量(这种力量也是属于他自身的)。阿Q被游街示众的时候,"全跟着马蚁似的人",他们是阿Q游街示众和被杀头的"看客",他们对阿Q的"过了二十年又是一个"的精神胜利法的表现发出"好!!!"的"豺狼叫的声音"。临死前的阿Q终于彻骨地体验到了人们的没有人性和对人性的捉弄。对于阿Q的杀头和死亡,人们是当做一场戏来看的,被杀的阿Q只不过是一名特殊的演员;而人们则是一群特殊的"看客",人们期待着阿Q的演出,欣赏着阿Q的演出,也评判着阿Q的演出。临死的阿Q终于体验到了没有一个人为他被杀头而怜悯、同情和悲哀。阿Q要看吴妈和看那些喝彩的人们了,临死的阿Q为什么要看吴妈和那些喝彩的人们呢?阿Q这时是真的渴望着怜悯和同情了,这仍然是阿Q的"原型需要"。"阿Q在喝彩声中,轮转眼睛去看吴妈,似乎伊一向并没有看见他,却只是出神的看着兵们背上的洋炮";"阿Q于是再看那些喝彩的人们",阿Q在那些喝彩的人们中不仅没有看出一丝一毫的他所渴望的怜悯和同情,相反却令他震颤灵魂地看出了人们对他的冷酷、残忍和凶狠。鲁迅以最深刻的笔触刻画出了阿Q灵魂中对人们残忍和凶狠的极度恐惧:"这刹那中,他的思想又仿佛旋风似的在脑子里一回旋了。四年之前,他曾在山脚下遇见一只狼,永是不近不远的跟定他,要吃他的肉。他那时吓得几乎要死,幸而手里有一柄斫柴刀,才得壮这胆,支持到未庄;可是永远记得那狼眼睛,又凶又怯,闪闪的像两颗鬼火,似乎远远的来穿透了他的皮肉。而这回他又看见从来没有看见过的更可怕的眼睛了,又钝又锋利,不但已经咀嚼了他的话,并且还要咀嚼他皮肉以外的东西,永是不远不近的跟他走。""这些眼睛们似乎连成一气,已经在那里咬他的灵魂。"狼和"看客"的眼睛——阿Q终于看见了最可怕的、以什么样的心理法术也不能战胜的象征符号。阿Q在人们眼睛的"看"中体验到了灵魂的被"咬",这"看"的眼睛是比狼的眼睛更凶狠的"从来没有看见过的更可怕的眼睛"。阿Q是看见了人性中的狼性即兽性,而这人身上的兽性是比狼身上的兽性更可怕的东西,而且那不是一只而是一群。阿Q要喊"救命",这"救命"的呼喊不是对死刑的恐惧,而是对从来没有看见过的更可怕的"看客"的要咀嚼他的灵魂的眼睛的恐惧。阿Q想喊"救命","然而阿Q没有说",这倒不是因为阿Q思想觉醒了,明白了没有谁能来救他的命,"阿Q没有说""救命"是因为他恐惧到了极点,他不能发出"救命"的呼喊,或者说,在他想发出"救命"的呼喊时,就已经魂飞魄散了。阿Q被枪毙了,但被枪毙而死的是阿Q的肉体,而被"看客"们杀死的则是阿Q的精神、灵魂。在被刽子手枪毙之前,阿Q实际上就已经被"看客"们"看"死了。"他早就两眼发黑,耳朵里嗡的一声,觉得全身仿佛微尘似的迸散了。"作为"示众"材料的阿Q的灵魂被"看客"们咀嚼了。常常精神胜利的阿Q,在"嚓"的杀头的刽子手面前并不害怕(他还曾经看过这杀头),但却在"看客"们"连成一气"的"眼睛"面前灵魂出窍了。

阿Q的一生都能以幻想的心理法术去克敌制胜,但是在这种最后的被"示众"的"看客"

们咀嚼灵魂的力量面前,阿Q的妄想的心理法术仪式和精神胜利彻底崩溃了,阿Q不能创造任何转败为胜的象征符号了,源于这种心理法术仪式的精神胜利心理模式也彻底地失败了。这就极其深刻地表现了阿Q极为恐惧的那些"看客"们"眼睛"的力量是多么的强大。

阿Q的心理法术与民族的集体无意识

阿Q的心理法术,在我们看来是不起作用的,阿Q的心理法术改变的是他对自己处境和现实的认识,而对处境和现实没有一丝一毫的改变。但这不等于说,阿Q的心理法术是没有任何意义的。事实上,心理法术之于阿Q具有极其重大的意义。这重大的意义之一是,阿Q靠着这种法术——阿Q也只有靠这种法术来调节他与现实间不可调节的矛盾——他生存的"原型需要"和在现实中"原型意图的受挫";这重大的意义之二是,这心理法术宣泄了阿Q的仇恨和满足了阿Q的精神需要。我们看到,阿Q的心理法术对阿Q悲惨的现实并未有任何改变,也不可能有任何改变,但是对阿Q的心理、情感和精神却有着重要的改变。阿Q之所以痴迷于法术思维的心理法术,之所以在一次一次心理法术并未改变现实之后还不厌其烦地实行心理法术,其原因就在于,只有这心理法术才能宣泄阿Q的仇恨和满足阿Q的精神需求。与其说阿Q是在用心理法术改变他的处境,倒不如说阿Q是在用心理法术满足他的心理、情感和精神需要更为准确。当阿Q被赵太爷搧了嘴巴之后,阿Q用心理法术使打他的赵太爷变成了他的儿子,而被打的自己则变成了赵太爷的爹。阿Q当然不可能实际地变成赵太爷的爹,但阿Q变爹的心理法术却使阿Q宣泄了他的强烈的心理仇恨。当阿Q穷困潦倒难以生存时,他就实行造反的心理法术。这种心理法术,即阿Q的"我要什么就是什么,我喜欢谁就是谁",一无所能的阿Q当然做不到,但这种妄想却满足了阿Q的生存需要和精神需要。没有这种心理法术,阿Q根本就活不下去。这就是阿Q为什么在一次一次精神胜利法失败后还实行心理法术的精神胜利法的心理秘密。阿Q实行心理法术的最根本目的其实并非真的要改变现实,而是想满足自己的精神需要。

这又使我们想起了对原始巫术功能的重新思考。在几千年甚至上万年的漫长时间里,原始先民曾经那样虔诚地实行巫术仪式。当他们长期捉不到野牛的时候,他们就会举行捉野牛的巫术仪式(洞穴中插满箭镞的野牛壁画是仪式的一种)。但捉野牛的仪式并不能保证他们真的就能捉到野牛,但他们还是要照常举行那捉野牛的仪式。是先民们愚昧吗?在那种狩猎的生活方式中,先民还能有什么办法捉到野牛呢?他们举行捉野牛的仪式,一方面确实是要以"果必同因"的模仿性象征符号使他们能够捉到野牛,再一方面是在表达他们的愿望,宣泄他们的感情。这样看来,捉野牛的仪式就不仅是模仿性的象征符号,还是宣泄感情的象征符号。在这种表演的方式中,捉野牛就成为他们满足愿望的象征符号。马林诺夫斯基曾经非常深刻地指出"巫术仪式中的情感要素"的作用,他说:"我们可见巫术的举动是在某种条件下,产生特殊的力量,这条件使那举动整个超自然的性质,且使全部空气变为神话式的,同时使一切手段与目的相同化,而让无出路的情感得到戏剧性的发泄";"他不只是模仿而已,而是借此发泄举动中所含有的情感及生理状态";"这些动作中情感的表示和交感性的预期是一般的重要"。① 马林诺夫斯基的论述,使我们进一步思考到,原始巫术的模仿性象征符号,其主要功能是不是可以作这样的重新考察:宣泄感情、满足未实现的愿望是它的深层心理动因,而要达到"果必同因"的效果是它的显在目的。

巫术的心理动因和巫术的模仿性象征符号方式,不会因时间的流逝而彻底消亡。它会以一种心理模式保留在我们这些现代人的心理结构中。这种心理结构模式是通过种族记忆的种族遗传方式保留在我们现代人的心理结构中的。荣格指出:"人的无意识同样容纳着所有从祖先遗传下来的生活和行为的模式,所以每一个婴儿一生下来就潜在地具有一整套能够适应环境的心理机制。这种本能的、无意识的心理机制始终存在和活跃于成人的意识生活之中。一切自觉意识的心理功能都事先存在于无意识的心理活动中。无意识也像意识一样知觉、感受和思维,也像意识一样具有目的和自觉。"② "每一个婴儿一生下来就潜在地具有一整套能够适应环境的心理机制"是从祖先那里遗传下来的生活和行为的模式。这种行为模式是一种原型。原型是一种种族记忆,就容纳在我们的无意识中。荣格说:"如果允许我们将无意识人格化,则可以将它设想为集体的人,即结合了两性的特征,又超越了青年和老年、诞生和死亡,并且掌握了人类一二百万年的经验,因此几乎是永恒的。"③我们每一个人都是"集体的人",我们的内心在积淀着"人类一二百万年的经验",也积淀着巫术的适应环境的心理机制。由于先民实行巫术仪式的时间太漫长了,因而,巫术仪式作为一整套适应环境的心理机制的原型模式就深深地镌刻在我们的内心中。一旦我们遇到相应的情境,比如我们自身难以克服或根本不能克服的外在势力的时候,这种适应环境的心理机制的原型模式就会被激活。想象性的心理法术是一种原型即人类的原初思维模式,以我们的先民对外在环境作出反应的先天倾向,遗传在我们的生理心理结构中,一旦我们面对和我们的先民相似的情境时,我们就必然与那种原型相遇。

阿Q"无师自通"的想象性心理法术,阿Q心理法术的"我要什么就是什么,我喜欢谁就是谁"想象性象征符号,既是阿Q现实生存需要产生的精神胜利法,又是适应环境的原型性心理机制模式,既是阿Q的强烈的改变现实的手段,又是阿Q宣泄和满足被压抑愿望的形式。一无所有、渺小、卑微的阿Q凡是遇到失败的情境,原始先民适应环境的心理机制的原型模式——心理法术就即刻被激活了。阿Q的精神胜利法实际是一种原型模式,它的基本特征是想象性的象征符号。

---

① 马凌诺夫斯基.文化论[M].费孝通,译.北京:华夏出版社,2002.
② 荣格.心理学与文学[M].冯川,苏克,译.北京:生活·读书·新知三联书店,1987.
③ 荣格.心理学与文学[M].冯川,苏克,译.北京:生活·读书·新知三联书店,1987.

阿 Q 想象性的法术思维

  伟大的鲁迅刻画阿 Q 的形象，目的在于解剖国民的劣根性，表现阿 Q 的愚蠢和麻木，哀其不幸，怒其不争，以引起疗救的注意。但由于鲁迅的深刻，他就由阿 Q 生活和行为的刻画，揭示出了不仅是阿 Q 这样的农民，也包括其他人，甚至包括我们的民族以及整个人类的一种原型心理机制。阿 Q 是一个"集体"的人、"原型"的人、"永恒"的人，在他那里连接着人类一二百万年的经验——集体无意识，那经验——集体无意识是原型性的心理模式，因而是根深蒂固、难以铲除的。如果说这种原型的心理法术是劣根性，那就不只是属于阿 Q 这样农民的，不仅是属于我们这个民族的，而且是属于全人类的。因而，要彻底根除这种劣根性，那是极其艰难的。

对男性和爱情的彻底绝望
——《杜十娘怒沉百宝箱》中百宝箱的象征意义

中国古代小说有一个很大的特点——象征化地表现作者朦胧混沌而又深刻的思想认识,较少地或根本看不出作者对所描写的生活的直接评论;象征化地表现人物的心理,较少或根本看不出作者对人物心理的直接描写。如《红楼梦》写贾宝玉和薛宝钗的"金玉良缘",一个是衔玉而生,一个是没有来由地戴上了一块锁,玉和锁恰好绝妙地配成了一对。玉和锁是与生俱来的、没有缘由的、先天的、命定的、不可思议的、神秘的、宿命的、由不可知力量规定的、不由自主的,这就象征了贾宝玉和薛宝钗无爱婚姻的与生俱来性、先天规定性、不由自主性、不可改变性、别无选择性和命定性。这就把封建社会或者说人的外在力量对人的预先规定、制约、束缚、限制、压抑以象征化的方式表现得极为深刻。金玉良缘是对贾宝玉和薛宝钗爱情命运的象征。这种象征化的方式是在贾宝玉与薛宝钗婚姻的具体描写之上的另一种表现方式,正是这种象征化的表现方式,才使贾宝玉和薛宝钗被社会规定的婚姻的理解具有了更深刻的思想认识。中国古代小说没有现代小说那样明确而又深细的心理描写,更没有西方小说那样繁复而又冗长的"意识流"对人物内心世界的呈现,但是,中国古代小说并不缺少对人物心理的深刻表现。与现代中国小说和西方小说比较起来,中国古代小说是以另一种属于自己的独特方式在表现人物的心理。这种方式就是以细节的刻画暗示出人物的心理,以象征化的形式蕴涵、蕴藉和蕴藏着人物的心理(中国古代小说还有以意象化的方式表现人物的肖像和形象的特点)。这种细节刻画和象征化地表现人物心理的方式,特别是在话本和拟话本小说中更为突出。话本和拟话本是讲给听众听的故事,故事要讲究情节的生动性、连贯性和简约性,这就使这种故事的讲述要避开直接的过细的心理描写。但是,对人物心理的表现又是小说刻画人物表现主题的重要手段,又不能完全没有甚至忽略。中国古代小说的一大创造就是,把心理内容的表现由细节刻画和象征化的表现方式去完成。这是一种暗示性和象征性的心理表现方式。这种暗示性和象征性的表现方式极大地调动了听众和读者的积极参与即再创造再丰富,因而也使这种心理表现方式具有了更大的表现力。

象征化地表现人物的心理和对人物悲剧命运的认识,最典型的要数《杜十娘怒沉百宝箱》了。"百宝箱"象征的巨大心理内涵和巨大的艺术表现力,是世所罕见的。

从原型结构模式的角度看,《杜十娘怒沉百宝箱》所讲述的无非仍然是一个"痴心女子负心汉"(或者"始乱终弃")模式的故事。杜十娘是京城名妓,"久有从良之志",见李甲"忠厚志诚,甚有心向他"。杜十娘与李甲"一双两好,情投意合",杜十娘和李甲真心相爱,唯有恋他,而不见其他男人。鸨母不允,逼迫李甲离开十娘。杜十娘要李甲把她赎出妓院,在杜十娘的帮助下,李甲终于把杜十娘救从妓院赎出。但李甲恐惧父亲不能接纳一个有着妓女经历的女人做儿媳,就去苏杭作暂时停留。但在南去的途中,李甲被富商孙富挑唆,将杜十娘卖给孙富。杜十娘见李甲负心,打开百宝箱散尽金银珠宝,自己跳江自尽。杜十娘的痴情追求和跳江自尽的悲剧催人泪下、撼人心魄,李甲把一个美丽而又痴心于他的女人转卖他人的背信弃义的可耻行为令人切齿痛恨。但与其他"痴心女子负心汉"故事不同的是,在这个爱情悲剧故事中,杜十娘有一个"百宝箱",始而藏匿,继而打开,最后终于散尽万金财宝,随杜十娘一同投入江中。这个"百宝箱",伴随着杜十娘妓女的生涯,它不仅仅蕴藏着百宝,更蕴藏着杜十娘的心理,包含着杜十娘这个女性巨大丰富复杂的心理内容,杜十娘的悲愤和屈辱、痛苦和挣扎,她的往昔的被蹂躏、被摧残、被奴役的妓女生涯的辛酸记忆和刻骨铭心的心理感受,连同她的百宝一同藏在了"百宝箱"之中。杜十娘的梦幻和希望、渴盼和追求,她对未来生活的憧憬和美好愿望,连同她的百宝一同藏在了她的"百宝箱"之中。杜十娘对男性的既怀疑又希望、既希望又怀疑的矛盾心理,连同她的百宝一同藏在了她的"百宝箱"之中。杜十娘对男性的彻底绝望、对爱情的彻底绝望、对这个世界的彻底绝望、对她的希望的彻底绝望等心理内容,都连同她的百宝一同抛洒在了滔滔滚滚的大江之中。"百宝箱"是杜十娘心理的象征。随着藏匿不见的"百宝箱"的出现、打开、散尽箱中之百宝和最后的投入滔滔滚滚的大江之中,读者必然会感受到杜十娘的全部内心世界也在向他们打开,会感受到杜十娘这个古代中国女性的"女性意识",会感受到她这个女性对男性和爱情的彻底绝望。《杜十娘怒沉百宝箱》因为"百宝箱"的象征而具有了巨大而丰富的心理内涵,具有了深刻而凝重的主题。它区别于所有另外"痴心女子负心汉"的小说,而展现出自己独有的并且是恒久的艺术魅力。

杜十娘的全部心理都是以百宝箱来象征的,因而解读百宝箱的象征意义就成为我们重新解读《杜十娘怒沉百宝箱》的关键。

"百宝箱"是杜十娘追求生命自由和爱情自由的象征。作为一个妓女,杜十娘藏有一个"百宝箱","百宝箱"里藏着无数的金银财宝。杜十娘为什么要藏有一个"百宝箱"呢?这是她作为一个妓女在为自己积攒钱财。但是,随着杜十娘打开"百宝箱"拿出钱财为她和李甲作为走向外面自由的世界,特别是当她得知李甲把他卖了的时候,她把"百宝箱"中的万金尽数抛入江中,读者就会发现,杜十娘积攒金钱,并不是把自己的美色作为赚钱的工具,为自己聚敛财富,而是为自己"从良"做准备。当杜十娘把当妓女的钱财藏进"百宝箱"的同时,她也就把作为一个妓女"从良"的愿望、追求生命自由和爱情自由的理想藏进了"百宝箱"。杜十娘当初被逼进了妓院,就成了妓院的奴隶,就被妓院作为性工具而不断出卖,就失去了生命的自由,就失去了自己梦寐以求的爱情。然而,杜十娘对妓院外面的生活,对妓女之外的真正的爱情,对有情有义的男性充满了热烈的期待和渴望。但是,杜十娘挣脱不了这屈辱痛苦的卖身的社会角色,她也就只好在日日被蹂躏的同时夜夜幻想着她美好的爱情。那些被装进"百宝箱"中的与其说是金钱,不如说是她的幻想和希望;那个"百宝箱"与其说是藏钱的箱子,不如说是藏着她的幻想和希望的心。

"百宝箱"是杜十娘朦胧觉醒的女性意识的象征。杜十娘和李甲情投意合,她真心地爱着李甲,她也知道李甲"忠厚志诚,甚有心向他"。但是,杜十娘为什么一开始就不把百宝箱拿出来?为什么让李甲去筹钱?当李甲筹不来钱的时候为什么还不拿出钱来?当李甲确有困难的时候,为什么只拿出赎身钱的一半?杜十娘为什么不告诉李甲她有那么多金钱?当李甲恐惧严父的拒绝不敢回家的时候,她为什么不告诉她有个百宝箱、百宝箱里有那么多金钱?为什么当李甲把她卖了的时候,她还是不告诉李甲她有那么多金钱?杜十娘有很多金钱,但她不想以金钱去获得爱情,因为她知道,再多的金钱也不可能换来真正的爱情。"以利相交者,利尽而疏",我们当然可以说,杜十娘把金钱藏匿起来,怕的是她追求的爱情被金钱异化、扭曲和玷污。杜十娘要的是至真至纯的爱,任什么东西也不能换取的高于一切的"生死无憾"的真情。但仅止于此,是不是还简单了些呢?这里面是不是还包含着杜十娘虽然朦朦胧胧然而已经觉醒了的女性意识呢?杜十娘虽然是一个妓女,但是杜十娘的精神是高贵的,她不是以一个妓女的身份去委屈地委身于男人,不是以自己的金钱去换得男人的爱,也不是以自己的绝色去获得男人的欢心,甚至也还不是像一般女性那样满足于虽然无爱但却有稳定的婚姻生活。杜十娘要的是,要把她作为一个独立的有尊严的与男性平等的不是男性的商品和从属物的女性来爱。这种爱情观是一种不依附于男性的女性意识的觉醒和追求。这是杜十娘在屈辱的妓女生涯中渐渐生成的女性自由意识,但这种觉醒和追求注定了它要迎来一个悲剧的结局。因为,那个社会的男权统治和男权思想并没有给这种女性意识提供哪怕一点点生长的土壤。

"百宝箱"是杜十娘作为一个女性对李甲作为一个男性加以怀疑的象征。杜十娘真心地爱着李甲,但是,她不告诉李甲她有一个百宝箱,百宝箱里有那么多金钱,还表现了杜十娘这个女性对李甲和整个男性的怀疑。人们也许会有另一种思考:如果杜十娘一开始就把百宝箱拿出来,或者在李甲不敢回家时把百宝箱拿出来,杜十娘的命运不就有另一种可能了吗?不就避免了悲剧的发生了吗?杜十娘和李甲不就会获得美好的爱情了吗?但是,作为妓女的杜十娘,作为经历了无数个男性的杜十娘,使她有了一个特殊的角度去认真观察感受男性的情感、思想和灵魂。这个特殊的角度就是女性意识的角度。杜十娘要的是至真至纯的爱,但是,在她屈辱的妓女生涯中,她听够了那些甜言蜜语,那些海誓山盟——那些都是对她的真情的一次又一次的无情的欺骗。她看惯了那些淫荡卑鄙的笑脸——那些都是对她的美的一次又一次的贪婪的玷污。她看穿了男人以金钱去买她们的目的——那些都是对她的尊严一次又一次肆意的侮辱。在杜十娘的感受里,男性是把女性当做泄欲的工具来使用的,她的美并没有赢得男性真正的爱,而是成为男性更愿意使用的工具。杜十娘要的不是男人与她片刻的欢娱,不是以她的美色换取男人的短暂的爱,甚至也不想凭着自己无数的金钱去换得安稳的婚姻生活,杜十娘是太想要她梦寐以求的爱情了。杜十娘多想有一个把她不当作妓女的人来爱她呀,但是,这样的男性有吗?她苦苦地渴望着,然而她又深深地怀疑着。在她女性的经验里,有一种认识越来越清晰、越来越强烈:以金钱买她的美色的爱很可能是靠不住的,男性很可能是靠不住的。百宝箱的藏匿就是女性杜十娘对男性和爱情怀疑的象征。

"百宝箱"是杜十娘这个女性对男性和爱情彻底绝望的象征。杜十娘被迫在那个肮脏的世界为男人服务,被迫成为男人的泄欲工具,但是杜十娘的心是纯洁的,她向往着自由生活,向往着人性生活,向往着爱情生活。在痛苦煎熬和苦苦的渴盼中,她遇见了李甲,她以为李甲是"忠厚志诚"真正爱她的,哪想到李甲还是把她当商品给卖了。李甲卖她的缘由是,他的父亲不能接纳一个妓女做儿媳,因而他只好与杜十娘去苏杭作"浮居",在去苏杭的途中,李甲被孙富所挑唆,把杜十娘卖给了孙富,准备拿钱回去向老父认罪。孙富挑拨的理由是:"若为妾而触父,因妓而弃家,海内必以兄为浮浪不经之人。异日妻不以为夫,弟不以为兄,同袍不以为友,兄何以立于天地之间?"李甲之所以上了孙富的圈套,被孙富的花言巧语说动,根本的原因就在于,在李甲的内心深处还是没有把杜十娘当成一个爱情的伴侣来看待的,还是没有把杜十娘当成一个正常的女性来看待的,还是没有把杜十娘当成一个与男性平等的人来看待的,这在李甲和杜十娘发生关系的一开始就已经表现出来了:"初时李公子撒漫用钱,大差大使",是把杜十娘作为美色来买的。对于后来的表现,小说的叙述者说:"李甲原是个没主意的人,本心惧怕老子,被孙富一席话说透胸中之疑",这个分析是深刻的。李甲的没主意,恰恰证明了李甲对杜十娘并没有真正的认可。然而,仔细分析,李甲又是有主意的,他听信了孙富的挑唆之后说:"闻兄大教,顿开茅塞。"就是他拿定了主意,而这主意在他的内心深处是有基础甚至早就存在的,孙富的挑唆不过替他把他的主意"说透"了罢了。李甲不仅背叛了(背叛的是他的承诺而不是爱情,他从来也没和杜十娘产生真正的爱情,只是贪恋杜十娘的美色而已),还把杜十娘当商品给卖了,最根本的原因不在于他"惧怕老爷",而在于他本身根深蒂固的男权思想。当杜十娘得知李甲把她卖了一千两银子,杜十娘熊熊热烈燃烧的爱情之火,顷刻间被李甲泼出的背信弃义的大水所浇灭。杜十娘彻底绝望了。杜十娘以决绝的态度做的三件事表现了她的彻底绝望:杜十娘先是打开箱子,命李甲"抽第一层来看""再抽一箱""又抽一箱""最后又抽一箱",杜十娘则把箱中金银珠宝"尽投之于大江中";继而是对李甲的深深谴责,谴责李甲"妾椟中有玉,恨郎眼内无珠",谴责李甲"中道见弃,负妾一片真心",谴责李甲"妾不负郎君,郎君自负妾耳";最后"十娘抱持宝匣,向江心一跳"。杜十娘为什么要打开百宝箱,把万金财宝尽数抛入江中又自投江中呢?杜十娘为什么不留着"百宝箱"去寻找另外的男人呢?杜十娘为什么不用"百宝箱"去寻求自己的生活之路呢?那是因为,杜十娘终于看透了李甲(表面看来是"忠厚志诚",内心是假的),终于看透了男性,终于看透了这个世界,也终于看透了女性的必然的悲剧命运。杜十娘深深地感受到了这个世界是个残酷无情的世界,没有真正爱情的世界,没有真心的世界。所有她见过的男人都是无情的、没有真心的,都是没有真正的爱的,都是把她当做玩物的,欣赏她的美丽的,用金钱买她的姿色的,都是不把她当人看的,都是无情的。这个世界连同这个世界上的男人不值得她去爱,不值得她留恋,不值得她活下去。她厌弃了那些肮脏的闪闪发光的金钱——那些金钱都是对她尊严一次又一次的侮辱,她厌弃了那些卑鄙龌龊的男性——那些男性都是对她的女性纯洁美丽的一次又一次的玷污和欺骗。"百宝箱"是杜十娘心的象征,那里面有她对男性爱的渴望和期待,杜十娘把金钱抛入江中也就把她对男性爱的渴望和期待抛入了江中;在抛空了的"百宝箱"中,杜十娘装进了她对男性的绝望和憎恨。杜十娘抱持百宝箱跳入江中,表现了杜十娘对男性、对爱情的彻底绝望。

　　百宝箱是女性被男性专制的象征。"百宝箱"是一个特殊的箱子,它是妓女所使用的东西,它的存在证明了一个特殊制度的存在:男性可以用金钱去买女性的性,女性成了被买卖的商品;"百宝箱"藏着杜十娘用性换来的金钱,也藏着杜十娘的希望,"百宝箱"说明了女性被奴役的屈辱;"百宝箱"是杜十娘心的象征,但"百宝箱"并不能给杜十娘换来真正的爱情,说明男性并没有把杜十娘这样的女性当成同等的人来看待。造成杜十娘悲剧最根本的原因,不在于孙富的挑唆,不在于李甲的负心,也不在于李甲父亲的封建礼教,而在于那个社会的男权制和男权思想。杜十娘是因为贫穷而被逼进了妓院,因而她想要积攒更多的钱获得人身的自由,但无数的金钱并没有使杜十娘实现自己的愿望。这说明,造成杜十娘悲剧的原因并不仅仅是经济上的。杜十娘的"百宝箱"检验出男人对女性的"殖民"现象:男性是女性的"殖民者"。女性不仅受到阶级的压迫、奴役,还受到男性的压迫、奴役,还有蹂躏、摧残、折磨、践踏、凌辱、欺侮、玩弄。男性对女性的"殖民"统治是比殖民地和阶级统治更严酷、更漫长、更隐蔽然而也更有力量、更难以消除的社会痼疾。女性是男性的"殖民":男性可以任意地"爱"或"不爱"女性,任意地接纳女性或抛弃女性,任意地施舍女性或蹂躏女性。在男性的统治下,女性只是男性的性玩物、性工具、性对象。只要男性愿意,男性就可以花钱去玩女性这个性玩物,就可以使用女性这个性工具,就可以搞到女性这个性对象。女性的被奴役,首先是阶级统治的罪恶。由于有产阶级对无产阶级的压迫、剥削和奴役,就使无产阶级处于极度贫穷、一无所有、难以生存的境地。无产阶级被有产阶级(或称有钱阶级)盘剥得除了几乎赤条条的身体之外什么都没有。为了生存,无产阶级的男人只有靠持续地出卖自己的体力被有产阶级压榨,而无产阶级的女性只有靠不断地出卖自己的肉体为有产阶级男性作性服务的工具才能存活下去。女性走投无路、被逼无奈,不得不走进烟花柳巷,那是有产阶级留给她们的唯一的生活出路。妓女并不是那些女性心甘情愿的"社会分工"角色,妓院并不是那些女性的家,那里给她们带来的不是温情、关怀和欢乐,而只能是耻辱、蹂躏和无穷无尽的伤害和痛苦。有产阶级逼良为娼,使无产阶级女性靠卖笑、卖身、卖性而生存,迫使无产阶级的女性成为有产阶级男性的玩物。女性被奴役,更为隐蔽的是男性的罪恶。对于女性来说,男性是她们的第二个统治阶级。女性的第一个统治阶级是社会有产阶级（或者说是有钱阶级），女性被他们压迫着，没有独立的经济地位也就没有了社会地位，女性失去了人身的自由。失去了经济地位和社会地位的女性，没有什么可依靠，只有依靠男性。男性就成了女性的"诺亚方舟"，就成了女性的救世主，就成了女性的上帝。女性依附于男性而生活，就造成了女性的附属地位。女性和男性不是伙伴的关系、平等的关系、互尊的关系、互爱的关系，而是男性的附属品，男性的玩弄对象。女性在男性面前成了"第二性"。同样是人，"第二性"却被"第一性"压迫着、奴役着，"第二性"在某种程度上就变成了非人。在这种阶级压迫下，由于女性对男性的依赖，而使男性成为女性的另一个阶级。成为女性压迫者的男性并不能自觉地产生人的平等意识、人的自由意识和人道主义的精神，相反，对女性的压迫和奴役，却成为男性的集体无意识，男性可以任意摆布女性，可以任意买卖女性，可以任意蹂躏女性。被逼进妓院的女性就更是男性的性奴隶。那些美丽或不美丽、年轻或并不怎么年轻的女性，她们对生活怀着比正常人更美好、更浓烈、更热切的期待和想象，然而，她们已经是身陷地狱般的魔窟里，满怀着希望受着无尽的摧残。她们当中有的人由于经年累月地遭受性奴役，而变得麻木、迟钝和对生活丧失最后的信心。她们当中有的人对从良还抱着最后一丝丝的希望，她们苦苦地煎熬着，苦苦地等待着，苦苦地企盼着，渴望着有那么一个有情有义的男人，救她们于水火。然而，男人们并没有像她们想象的那般美好，那般有情有义，那般把她们也当人看。她们想象的男人只存在于她们的夜梦和白日梦里，并不真的出现在她们的眼前，更不能救她们于水火。等到色衰多病、人老珠黄，她们就被无情地抛出妓院的大门，而沦落为社会的"第三性"。第一种人当然是男人，因为他们是男人，他们就成为"第一性"的人；第二种人是女性，因为他们是女性，所以就成为"第二性"的人；第三种人就是妓女，因为他们是妓女，所以他们就沦为"第三性"。"第一性"的人可以统治"第二性"的人，就更可以奴役"第三性"的人。做过妓女的女人就更不是人了。她们虽然走出了妓院，但是她们已经是被社会包括奴役过她们的男人们所不齿和歧视的社会"渣滓"、另类人。她们不可能有好的下场，她们也绝望于这无爱的人间。杜十娘抱着象征着她的心的"百宝箱"投入江中就是最深刻的象征。

百宝箱是拯救和再生的"方舟"的象征。杜十娘不甘心被蹂躏、被摧残、被折磨的卖性生活，她要挣脱出这肮脏的世界，获得她理想的爱情生活。但是，残酷的现实并没有给她这样的女性留出任何一条道路可供她选择，她也就只能依靠自己的"百宝箱"去获得新的希望。当杜十娘把她用自己的"颜色"和性换来的金钱装进"百宝箱"的时候，她也就把自己的渴望新生的愿望装进了"百宝箱"。这时，"百宝箱"就成了杜十娘获得拯救和再生的"方舟"。"方舟"在世界各民族的神话传说中，都扮演着帮助人类逃脱洪水的灾难，使生命得以延续的角色，是拯救和再生的象征。杜十娘想用"百宝箱"给自己创造一个方舟，以使自己获得拯救和再生，但这是绝不可能的，因为那个社会，准确地说是那个社会中的男性，并没有给杜十娘这样的女性提供方舟得以航行的任何空间。杜十娘为自己积攒了无数的金钱，她的方舟不能说不结实,但是,杜十娘连同她的"百宝箱"即她的方舟还是跳进了滔滔滚滚的大江,这与其说是杜十娘自己跳进了滔滔滚滚的大江,还不如说是那个封建社会和那个社会男性的整体力量构成的波涛汹涌的邪恶大水,终于把杜十娘和她创造的方舟彻底淹没。

  象征的通常解释是,以某一事物代表、表示别的事物或观念。某种事物象征某种观念有的是比较明确的,有的则是不明确的;有的是单纯的象征,有的是多重象征。《杜十娘怒沉百宝箱》属于后一种。"百宝箱"是对一种看不见的心理和未被揭示出真相的客观现实的一种表达形式——通过"百宝箱"把杜十娘这个妓女的复杂丰富深邃的心理暗示出来,通过"百宝箱"也把女性被男性统治奴役的现实揭示性地表现出来。"百宝箱"的意义不是独立存在的,它是与杜十娘妓女的悲剧的命运及杜十娘所生存的男性文化环境交融在一起生成的。"百宝箱"象征意义的生成性构成了"百宝箱"象征意义的朦胧性,而"百宝箱"象征意义的多重性又构成了"百宝箱"象征意义的丰富性。"百宝箱"既是杜十娘复杂心理的象征;又是男性文化体制的象征;同时还是女性渴望获得拯救和再生的"方舟"的原型的象征。《杜十娘怒沉百宝箱》因"百宝箱"的象征而闪射出永久性的艺术光辉。

"木石前盟"与"金玉良缘"象征符号的具体内涵
——《红楼梦》①宝黛与宝钗见面的心理分析

一部长篇小说的第一章虽然有自己独立的意义,但是它却是一部长篇整体的一部分,在整体结构中有着不同于单独看来的更深刻的意义。因而,单独的一章最终的意义就只能在整体相互依存的结构关系中去确立。一部小说的节选性欣赏和讲解,是不可能以整部小说特别是长篇的联系为前提的,然而,对整部小说其他最相关的章节进行必要的联系比较分析确实十分必要、也确实是能够做到的。依照这种方法,我们把《红楼梦》第三回宝玉与黛玉见面("托内兄如海荐西宾,接外孙贾母惜孤女")和第八回宝玉与宝钗见面("贾宝玉奇缘识金锁,薛宝钗巧合认灵通")进行比较分析,就会看到更为深邃的内容甚至更为震颤灵魂的主题。贾宝玉与林黛玉的一见如故,虽然是照应了前世的"木石前盟",但它却是源自于宝玉和黛玉的心理原型的,因而,"木石前盟"就成了人的理想爱情的象征;贾宝玉与薛宝钗的见面是陌生的,他们虽然没有贾宝玉和林黛玉见面的一见钟情,但贾宝玉出生就带来的玉和薛宝钗没有缘由戴上的锁却组成"天成"的一对,因而,"金玉良缘"就成了他们最终婚姻的象征。"木石前盟"象征的是先天的爱情,"金玉良缘"象征的是后天的规定,这两者就是贾宝玉和林黛玉、贾宝玉和薛宝钗爱情悲剧命运的象征。而贾宝玉和林黛玉的见面、贾宝玉和薛宝钗的见面就既表现了这象征符号又表现了象征符号的具体内涵。

"木石前盟"与恋人的原型

《红楼梦》第三回写贾宝玉与林黛玉见面,都写了他们"倒像在哪里见过的",对这种感受我们都觉得很有意思、很有意味,并且觉得很神秘、很怪异,但这种感受究竟是怎样形成的,它包容了怎样的思想情感的秘密,它到底是一种什么样的心灵感受,它对读者有着怎样一种艺术感染力,他们之间的爱情或者进一步说对表现整部《红楼梦》的主题到底有着怎样的艺术作用?在了解荣格的阿尼玛和阿尼姆斯原型前,我们理解得并不透彻,甚至很模糊。由于没能读透这种作家深深蕴藏的心理情感秘密,在很大程度上我们也就没有读懂"木石前盟"和"金玉良缘"的象征。

---

① 以下凡引用《红楼梦》的,均引自《红楼梦》卷一,人民文学出版社,1980年版。

贾宝玉与林黛玉见面似曾相识的感受是他们阿尼玛和阿尼姆斯原型的具体体现。我们还是再来看看他们初次见面时的情境吧：

（宝玉进屋）黛玉一见便吃一大惊，心下想道："好生奇怪，倒像在哪里见过一般，何等眼熟到如此！……"

宝玉看过黛玉，笑道："这个妹妹我曾见过的。"

贾母笑道："可又是胡说，你又何曾见过他？"宝玉笑道："虽然未曾见过他，然我看着面善，就算是旧相识，今日只作远别重逢，亦未为不可。"

他们刚刚见面，为什么一个会觉得"倒像在哪里见过一般，何等眼熟到如此"，一个感觉"看着面善"呢？这就是他们所见的对象与他们心中的阿尼玛或阿尼姆斯原型重合了。

阿尼玛和阿尼姆斯是荣格原型理论中一对相当重要的概念。荣格把人公开展示的一面，称为精神的"外部形象"，而把男性的阿尼玛和女性的阿尼姆斯称为"内部形象"。阿尼玛和阿尼姆斯是两个最为原始的意象。阿尼玛原型是指男人心理中的女性心象；阿尼姆斯原型则是指女人心理中的男性心象。荣格在解释这一原型时说："每个男人心中都携带着永恒的女性心象，这不是某个特定的女人形象，而是一个确切的女性心象。这个心象根本是无意识的，是镂刻在男性有机体组织内的原始起源的遗传要素，是我们祖先有关女性的全部经验的印痕或原型，它仿佛是女人所曾给予过的一切印象的积淀……由于这种心象本身是无意识的，所以往往被不自觉地投射给一个喜爱的人，它是造成情欲的吸引和拒斥的主要原因之一。"而每个女人心中也都携带着永恒的男性心象。荣格的这段议论包含了他关于阿尼玛和阿尼姆斯原型的最基本思想：第一，每个人的心中都有一个异性的原型，男性心中必然有一个女性的原型，女性心中必然也有一个男性的原型；第二，异性原型在人的心里不是一个很具体的异性形象，而是一个关于异性形象形式的无意识理解（比如男人喜欢女人的温柔、美丽，女人喜欢男人的潇洒、健壮、多才）；第三，这种异性原型是人的天生的原始起源的遗传要素，男性也分泌女性激素，女性也分泌男性激素。更重要的是，异性原型即男人心中的阿尼玛和女性心理中的阿尼姆斯，是一种原始意象的无意识积淀，即是由我们的祖先开始一直到现在，在与异性不断的接触中而形成的"全部经验"所构成的"心象"（即原型）；第四，由于这种异性心象或者说异性原型是一种无意识积淀的结果（不是对某个具体异性形象的感受），因而它就具有一种对异性的理想的、审美的、先验形式的性质；第五，又由于它是一种原始意象的积淀，是一种理想的、审美的、先验的形式，因而人们就总是把他内心的这异性原型投射给他或她所亲爱的人（所谓的"情人眼里出西施"就是其把西施的原型投射给了所爱的人）；第六，异性原型是造成情欲吸引的主要原因：男人只有在看到了他心目中的阿尼玛形象，他才能真正唤起爱欲，女人只有在找到了她心目中阿尼姆斯的形象，才能产生无限柔情；第七，异性原型也是造成异性间不满、对立或悲剧的原因：当男性的爱情对象与他心目中的阿尼玛

"木石前盟"与"金玉良缘"象征符号的具体内涵

原型不符时,当女性的爱情对象与她心目中的阿尼姆斯原型不符时,感情的不满就已经发生,而感情对立甚至进一步的悲剧结局就已经预先埋藏。

林黛玉看见的贾宝玉是她内心深处的阿尼姆斯即理想的男性"心象";贾宝玉看见的林黛玉是他内心深处的阿尼玛即理想女性"心象"。林黛玉在看见贾宝玉之前,贾宝玉作为一种"心象"、一种原始意象、一种原型就已经在她心灵深处无意识地活了多年;贾宝玉在看见林黛玉之前,林黛玉作为一种"心象"、一种原始意象、一种原型,也已经在他心灵深处无意识地活了多少年。因而林黛玉一见贾宝玉"便吃一大惊",贾宝玉一见林黛玉便感觉"我曾见过"。他们的"好生奇怪",也是因为他们过去从来没见过面,第一次见面就觉得特别熟悉。而这种特别熟悉的原因就在于他们内心的阿尼玛和阿尼姆斯原型。是它们导致了这对青年的"情欲的吸引",导致了这对青年的"一见钟情",导致了这对青年的"木石前盟"。

林黛玉的阿尼姆斯原型和贾宝玉的阿尼玛原型是他们爱情对象的无意识积淀。他们初次见面都觉得非常熟悉,那么导致他们非常熟悉的阿尼姆斯和阿尼玛原型的具体内容是什么呢?我们还是再来看一看见面时他们各自的具体感受吧。

在黛玉的眼里,宝玉的形象是这样的:

> 头上戴着束发嵌宝紫金冠,齐眉勒着二龙抢珠金抹额,穿一件二色金百蝶穿花大红箭袖,束着五彩丝攒花结长穗宫绦,外罩石青起花八团倭缎排穗褂,登着青缎粉底小朝靴。面若中秋之月,色如春晓之花,鬓若刀裁,眉如墨画,面如桃瓣,目若秋波,虽怒时而若笑,即瞋视而有情;项上金螭璎珞,又有一根五色丝绦,系着一块美玉。

《红楼梦》便是在写出黛玉看到宝玉这种形象时才写到黛玉"好生奇怪,倒像在哪里见过一般,何等眼熟到如此"的心理感受的。在黛玉有了这种心理感受之后,作者接着又从黛玉的视角写了宝玉换了装束后的形象:

> 越显得面如敷粉,唇若施脂;转盼多情,语言常笑;天然一段风骚,全在眉梢;平生万种情,悉堆眼角。

那么,黛玉在宝玉的眼里是一种什么形象呢?"宝玉早已看见了一个袅袅婷婷的女儿":

> 两弯似蹙非蹙罥烟眉,一双似喜非喜含情目。态生两靥之愁,娇袭一身之病。泪光点点,娇喘微微。闲静时如娇花照水,行动处似弱柳扶风。心较比干多一窍,病如西子胜三分。

贾宝玉"曾见过的"就是这种形象。这是一种什么样的形象呢?他们在各自的眼里都是诗意的、美的、光辉的呈现。他们之所以都是诗意的、美的呈现,是因为他们各自都是审美的、诗性的观照或"投射"。而他们审美的、诗性的观照和投射的美的标准,诗性的标准是早就积淀在他们心中的,与其说他们各自看到了自己钟情的对象,莫不如说是他们各自找到了自己梦幻、想象中的情人，他们是把他们各自的阿尼玛和阿尼姆斯原型形式投射给了对方。也就是说他们各自眼中的对方都是他们各自内心深处异性原型的投射。曹雪芹之所以能够探测人的心灵秘密，也就在于他不是以纯客观的或另外第三者的视角来写他们的形象，而是以他们各自的视角写他们各自的形象。这就既写出了他们的形象，更主要的写出了他们各自形象在各自内心产生的感受，并使这种感受具有两个尤为突出的特点。第一个突出的特点是，隐秘地显示出他们各自所感受到的（不光是看到的）形象是他们此前的对情人形象的一种审美形式的积淀。看曹雪芹对两个形象的描写，如果忽略了他们是各自对方视角的特殊性，我们就会觉得它很一般，很平庸，甚至很俗气，如那些"面若中秋之月，色如春晓之花""闲静时如娇花照水，行动处似弱柳扶风"等。然而他们是以各自对方的内心感受到的，意义就完全不同了。这种看去很俗的形象（描写），是《红楼梦》以前及其同时许多小说、戏剧描写青年男女形象常见的"模式"。贾宝玉、林黛玉从这个模式的角度去感受对方，这恰恰证明了他们在看见对方之前就受到这个"模式"的影响，就在他们各自的内心预先形成了"美人""情人""爱人"的审美形式。而一旦带有这一形式特点的形象出现时，他们各自都把自己预先形成的审美化、理想化、梦幻化的形式投射给对方，使对方呈现出（另外的人看不到的）诗意的、美的光辉。而他们的每一方之所以能够显示出对方所看到的特点，其原因也还在于先前那个对青年男女美人描写模式的影响。这种影响在每个人身上都是整体性而非单一性的。贾宝玉和林黛玉既受那个模式——中国文化中所反复出现的"美人"形象——来构拟、想象、感受和审美地选择他们各自的情人、爱人，同时，他们也根据那个模式的特点来塑造自身的形象。也就是说，贾宝玉在无意识地积淀着"阿尼玛"的同时，也在无意识地凝聚着"阿尼姆斯"；林黛玉在无意识地积淀着"阿尼姆斯"的同时，也在无意识地凝聚着"阿尼玛"。"阿尼玛"和"阿尼姆斯"在他们各自内心都是以二而一或一而二的形式同时形成和出现的。当贾宝玉向林黛玉投射出"阿尼玛"原型时，他自身也强烈地显现出"阿尼姆斯"的特点。比如第一次出现在林黛玉面前时，他是显示出"面若中秋之月，色如春晓之花"的美男子形象，等换了衣服再见林黛玉时则是："转盼多情""天然一段风骚"了，而林黛玉向贾宝玉投射她的"阿尼姆斯"原型时，她也在显示自身的"阿尼玛"特征。这样就造成了贾宝玉和林黛玉"情意交融"的显示和投射。

以他们各自视角感受到对方形象的描写，带来第二个尤为突出的特点是，还突出了他们各自感受到对方形象的情感特征。由于这是一种既显示又投射的双重意义的情意交融的见面，双方就自然而然感受到对方的情感特征，又表现出自身的情感特征。贾宝玉"转盼多情""天然一段风骚，全在眉梢"，林黛玉的"罥烟眉""含情目""娇喘微微""娇花照水"等，既是他们感受到的对方的性感的形象美，又是他们自身显示的情感形象美。这种情感内容也是包含两层意思的：一是自身形象的情感特征美，如贾宝玉的"面若中秋之月，色如春晓之花""眉如墨画，面如桃瓣"等；林黛玉的"态生两靥之愁，娇袭一身之病"（西施式的美，荣格曾指出男人喜欢女人的病弱、无靠),"行动处似弱柳扶风"等。二是他们各自既显示又投射出来的情意美。如贾宝玉的"天然一段风骚,全在眉梢,平生万种情,思悉堆眼角",林黛玉的"两弯似蹙非蹙罥烟眉,一双似喜非喜含情目"等。这既是他们情感的投射,又是他们情感的形象表达。

贾宝玉与林黛玉见面的阿尼玛和阿尼姆斯原型的呈现显示了真正的爱情价值、人性价值。阿尼玛和阿尼姆斯原型是一种无意识的心理积淀,而这种无意识的核心内容就是理想恋人的渴望。贾宝玉、林黛玉一见面就似曾相识,就"吃了一大惊"等,完全是与他们无意识中理想恋人的原型相合作用的结果。因而,他们的一见如故、一见倾心、一见钟情就完全是由他们内心中理想恋人原型所决定的。这就显示了它非凡的艺术价值。曹雪芹不是写他们经过了长期的接触和感情积累才产生爱情的,而是一见面就闪电般照亮、雷鸣般震撼,一见面就产生了爱的感情,就充分地肯定了原型在爱情中最基本、最重要、最宝贵的因素(价值)。甚至可以这样说,贾宝玉与林黛玉的一见如故、一见倾心、一见钟情就是原型作用的结果。《红楼梦》后来写他们两人的诗词唱和"志同道合"以及爱情的缠绵曲折,都是以原型为基础发生的。

曹雪芹先写两人阿尼玛和阿尼姆斯原型的显现,然后才写他们两人爱情的发展和遭遇(而不是反过来),这充分显示了曹雪芹对人的潜意识秘密的理解、对爱情价值的理解。贾宝玉、林黛玉见面的阿尼玛和阿尼姆斯原型的显示是爱情意义、爱情本真状态的敞开。"木石前盟"虽然写了他们前世的因缘,但那只是对贾宝玉与林黛玉一见如故因原型发生爱情的一种神秘性的解释,而说到底这爱情的神秘性仍然是来自他们内心原型。

"金玉良缘"与婚姻的规定

贾宝玉和薛宝钗见面的"金玉"相对是贾宝玉和林黛玉见面阿尼玛、阿尼姆斯原型显现的意味深长的反衬、对照。曹雪芹之所以伟大,就在于他不只是写了贾宝玉和林黛玉见面各自的心理感受,同时还写了贾宝玉和薛宝钗见面的情景,这就一方面使贾薛见面成了贾林见面的反衬,另一方面,也使贾薛见面成为一种更具深刻意义的象征,与贾林见面的象征形成一种对立发展。甚至可以说,整部《红楼梦》的爱情悲剧就是由这两种见面的不同象征意义而展开的矛盾冲突,《红楼梦》的爱情悲剧和人生悲剧首先就蕴含在了这两种见面的不同描写里。

贾宝玉和薛宝钗第一次见面应该是在第四回薛姨妈、薛蟠和薛宝钗初进荣国府时。然而曹雪芹却没有给人们描写贾宝玉和薛宝钗初次见面时的情景。曹雪芹也写了薛宝钗的容貌,"生得肌骨莹润,举止娴雅",但完全是客观角度叙述,而不是贾宝玉看见的,更不是贾宝玉的主观感受。贾宝玉在薛姨妈来时,在又一个少女宝钗来时,他不可能不照面,见面是必然的礼数。然而作者却没有写他们见面的情景甚至都没有写到他们见面的文字,这并不是没有内容可写,而是通过不写的方式写出他们的情感内容(犹如中国画的空白)。也就是说,他们初次见面是平平淡淡的,是没有贾宝玉和林黛玉见面那种阿尼玛和阿尼姆斯原型显现震撼心灵内容的,也就是说,在贾薛之间并没有贾林之间的那种来自纯粹本真的情感的吸引(后面再次见面的描写就进一步证实了这一点),在作家看来,这种不写的内容是读者在读过贾林见面的具体描写之后应该能从对比的角度领略到的。

贾宝玉和薛宝钗见面的正面描写是在第八回,贾宝玉去看生病在家的薛宝钗:

> 宝玉掀帘一步进去,先就看见宝钗坐在炕上作针线,头上挽着黑漆油光的纂儿,蜜合色的棉袄,玫瑰紫二色金银线的坎肩儿,葱黄绫子棉裙:一色半新不旧的,看去不见奢华,惟觉雅淡。

而薛宝钗看贾宝玉呢?

> 宝钗一面和宝玉说话,"一面看宝玉头上戴着累丝嵌宝紫金冠,额上勒着二龙捧珠抹额,身上穿着秋香色立蟒白狐腋箭袖,系着五色蝴蝶鸾绦,项上挂着长命锁、记名符,——另外有那一块落草时衔下来的宝玉。"

曹雪芹是从他们各自的视角来写对方的,这同贾林见面描写的艺术方式是一致的,但是作家只写了他们仅仅是看到了对方外在的东西(衣着样式颜色等),而偏偏没有写感受到了什么。这同贾宝玉看林黛玉完全看到的是情态美(罥烟眉、含情目、娇喘微微、娇花照水、弱柳扶风等)而很少看到一点外在衣着形成强烈的对比;同时,薛宝钗的外在衣着在贾宝玉的眼里(其实从深层来说来是一种精神感受),总体印象也是"陈旧"的:"黑漆油光""蜜合色""玫瑰紫""葱黄绫子"等都不是鲜亮色彩,而是"雅淡"的。这就说明薛宝钗出现在贾宝玉面前的也是一个"似曾相识"的人,但是她是生活中的"似曾相识",而不是林黛玉在贾宝玉灵魂中的"似曾相识"。而贾宝玉在薛宝钗眼里,看到的也完全是那些外在的东西,她也没有林黛玉感受到贾宝玉的"多情""风韵"种种。这一切写出来,还未写出来的内容都意在揭示:贾宝玉与薛宝钗的见面(又一次)既没有阿尼玛和阿尼姆斯原型的投射,又没有阿尼玛和阿尼姆斯原型的显示美。他们各自在对方身上既没有看到和感受到爱的内容,在自己身上又没显现出爱情意识,他们的见面不是那种双重投射的"情意交融"的见面。

那么,他们的见面是一种什么样的见面呢?

他们在各自的身上惊奇地发现了与自己身上恰好配成"一对"的玉和锁!薛宝钗看见了贾宝玉身上戴的那块镌着"莫失莫忘,仙寿恒昌"的宝玉;贾宝玉看见了薛宝钗身上戴的那个刻着"不离不弃,芳龄永继"的锁。玉和锁成为"金玉良缘"的一种象征。这是上天早就给他们安排好的"见面",他们一出生就无可言说地、没有什么理由地戴着这"玉"和"锁"。"玉"和"锁"就先天地、预设地、不由自主地、不可改变地、不可超越地、命定地成了一种"良缘"!

然而这是一种什么样的"良缘"呢?他们"见面"时没有性爱意识,更没有来自意识深处的阿尼玛和阿尼姆斯原型力量的冲击,然而却必然地要成为相爱的"一对"。这"金玉良缘"是一种多么可怕的力量啊！它一方面要使这一对没有性爱意识、没有爱情的青年男女结合在一起,另一方面又要使那一对贾林本真意义上的爱情得不到实现并遭到无情的毁灭。联系到《红楼梦》后面的具体故事情节,我们知道,阻碍和毁灭贾林爱情、硬要无爱的人成为眷属的是残酷的封建专制制度和封建伦理道德。"木石"是有灵性的,是人的感情的象征,"前盟"是内心原型的象征;"金玉"是人力所为,是对人的灵性即人的情感剔除,"良缘"则是后天价值观念的体现。"金玉良缘"就是那外在于人的残酷制度和伦理道德的艺术象征。而贾林见面阿尼玛和阿尼姆斯原型显现的描写,是人的以情爱为内容的爱情价值的显现,它是构成"木石前盟"的最深刻内涵。这样,在《红楼梦》中,"木石前盟"与"金玉良缘"的矛盾冲突,实质上就是阿尼玛和阿尼姆斯原型与非阿尼玛和非阿尼姆斯力量的矛盾和冲突,即爱情与封建专制和伦理道德的冲突。在"金玉良缘"面前,贾林的阿尼玛和阿尼姆斯原型只是作为一种梦幻、想象、渴望、希冀、憧憬、诗意而毁灭了。阿尼玛和阿尼姆斯是性的象征、青春的象征、美的象征、爱的象征、理想的象征、人的象征。阿尼玛和阿尼姆斯原型的毁灭就是情的毁灭、青春的毁灭、美的毁灭、爱的毁灭、理想的毁灭、人的毁灭。

《红楼梦》爱情之梦是由贾林的阿尼玛和阿尼姆斯原型构建起来的,阿尼玛和阿尼姆斯原型的毁灭才是《红楼梦》梦的毁灭。曹雪芹确实是伟大的。他把他最深刻的生命体验凝聚成巧妙的艺术形式,使其成为蕴藉深邃的生命感受的象征,让后人生生代代永远去感受它、体验它、琢磨它、玩味它、欣赏它、研究它。

附带说明的是,作为一种原型的阿尼玛和阿尼姆斯,《红楼梦》在中国文学中也并非首创,它虽不那么明显但也确实受到了戏剧《牡丹亭》的影响。《牡丹亭》中杜丽娘与柳梦梅的爱情描写其实就是他们心中阿尼玛和阿尼姆斯原型的实现。

苦闷的象征
——《项链》故事的深层意蕴

  《项链》是由这样三部分构成的,第一部分:玛蒂尔德悲哀的感慨和狂乱的梦想;第二部分:玛蒂尔德因借到项链而获得舞会的成功和陶醉;第三部分:玛蒂尔德为偿还丢失的项链而改变的人生。这三部分是被一种大于各部分的整体结构支撑的。这种整体结构就是表现玛蒂尔德要实现被社会强制压抑的潜意识愿望的绝对不可能。第一部分玛蒂尔德悲哀的感慨和狂乱的梦想,写出了在玛蒂尔德意识层面里,不满足于下等人的生活,而向往上流社会生活,但实际上表现的是玛蒂尔德潜意识层面被压抑的理想爱情和美好生活的愿望。玛蒂尔德悲哀的感慨和狂乱的梦想是玛蒂尔德潜意识愿望被压抑的苦闷的象征。第二部分,玛蒂尔德因借到项链而获得舞会极大的成功和陶醉,是玛蒂尔德被压抑的潜意识愿望获得满足的情绪表现,写出了玛蒂尔德在满足女性虚荣的意识层面之下,实际上满足的是少女时代被压抑的与上流社会男性结识、相爱的潜意识愿望,项链成了玛蒂尔德潜意识愿望满足的象征。但因项链而参加的舞会是被压抑愿望的一种相当于做了一个愿望满足的梦的替代性满足,因而本质也是苦闷的象征。第三部分,玛蒂尔德为偿还丢失的项链而进行长达十年之久的艰辛劳作和挣扎,不仅表现了玛蒂尔德潜意识愿望的不可能实现,而且还遭致更悲惨命运的惩罚,说明玛蒂尔德被压抑的潜意识愿望永远的不可能实现。项链是玛蒂尔德人生苦闷的象征。玛蒂尔德项链的故事是一种更大的象征,它以玛蒂尔德愿望的被压抑和被压抑愿望的不可能实现,象征了人的悲剧命运,在人的愿望和社会强制压抑力量的两种矛盾冲突中,人的美好愿望被压抑在潜意识之中永远也不可能得到满足。《项链》是人的苦闷的象征。

白日梦:玛蒂尔德被压抑愿望的想象性满足

  每一个人都对生活有着十分美好的愿望,而作为一个少女,对美好生活的愿望就更加充满了绚烂的梦想、浪漫的诗意和无限的憧憬。但无论作为一般的人,还是一个美丽的少女,无论其对生活有着怎样美好的理想,都必须生活在现实中,而不能生活在他(她)的美丽的梦想中。这就构成了一种很大的难以解决或根本就不可能解决的矛盾:人的美好生活愿望和人的现实生活的矛盾。人虽然有美好的生活的愿望,但在现实中这种愿望又不可能完全实现或根本就不可能实现,但是,生活在现实中的人又不肯完全放弃那美好生活的愿望。因为有了美好生活的愿望,人就感觉到现实生活的不如意、不美好、不满足;就感觉到现实生活的沉重、艰难和困苦;当人感觉到现实生活的沉重、艰难和困苦的时候,人就越发梦想那美好的生活。人有美好的梦想,但人又按现实生活着,这样,人的美好愿望就被压抑了,人生的矛盾和纠葛就产生了,人生的苦闷和痛苦也就产生了。美好愿望的被压抑是人生的基本矛盾和冲突,美好愿望被压抑而产生的苦闷和痛苦是人的基本情感。文学艺术所表现的,说到底就是这种最基本的东西。

玛蒂尔德的项链的故事,表现的就是人的美好愿望和现实生活的矛盾。这种矛盾借项链的故事表现出来,因而,项链就成为一种象征符号。

在项链出现之前,莫泊桑首先为项链的出现及其深刻的象征意义作了有力的铺垫,这铺垫就成为项链象征的重要内涵。

这铺垫或者说项链象征的深刻内涵是,玛蒂尔德被压抑的愿望和由此产生的苦闷及其热烈的梦想。下层社会阶层的出身,使玛蒂尔德的理想爱情和美好生活的愿望受到了强制性的压抑。玛蒂尔德的出身和婚姻是不幸的。玛蒂尔德虽然美丽,但由于出身贫寒、低微,不可能结识上流社会的男子,上流社会的男人也不可能爱她、娶她。玛蒂尔德虽然对爱情有美好理想的愿望,但是,她只能和同样地位低下的小小的抄写员结婚。这说明,玛蒂尔德的爱情和生活,是和她美好的愿望相背离、相矛盾的。"她也是一个美丽动人的姑娘",这一个"也"字深刻地说明了玛蒂尔德与其他女性的相同与不同。相同的是都是同样的美丽的女性,"因为在妇女,美丽、风韵、娇媚,就是她们的出身;天生的聪明,优美的资质,温柔的性情,就是她们唯一的资格"。然而,她们又是绝对不同的,绝对不同的是,由于家庭出身导致的社会地位的不同,就导致了不同婚姻和人生命运。这又说明,美丽、风韵和娇媚,聪明、优美和温柔,她的这种自然的"出身"和"资格"是被社会的出身和资格所改变了。美丽、风韵和娇媚,聪明、优美和温柔的天性,理应得到理想的爱情和美好的生活,但就因为社会地位的低下,却并没有获得理想的爱情和美好的生活。玛蒂尔德的愿望被社会强制压抑在潜意识中,这就形成了玛蒂尔德的一个情结。正是这个情结促使玛蒂尔德不断地产生"悲哀的感慨和狂乱的梦想"。"她觉得她生来就是为着过高雅和奢华的生活,因此她不断地感到痛苦"。"她不能讲究打扮,只好穿得朴朴素素";"住宅的寒碜,墙壁的暗淡,家具的破旧,衣料的粗陋,都是她苦恼",玛蒂尔德理想的爱情和自由生活的愿望被社会强制压抑着,玛蒂尔德陷入了强烈的苦闷之中。

正因为玛蒂尔德美好的愿望被强制地压抑着,所以她才不断地做着绚烂的"白日梦",使她被压抑的愿望得到想象的替代性的满足。她看着替她做琐碎家务事的小女仆,心里就引起悲哀的感慨和狂乱的梦想:"她梦想那幽静的厅堂,那里装饰着东方的帷幕,点着高脚的青铜灯,还有两个穿短裤的仆人,躺在宽大的椅子里,被暖炉的热气烘的打盹儿。她梦想那些宽敞的客厅,那里张挂着古式的壁衣,陈设着精巧的木器,珍奇的古玩。她梦想那些华美的

香气扑鼻的小课室,在那里,下午五点钟的时候,她跟最亲密的男朋友闲谈,或者跟那些一般女人所最仰慕、最乐于结识的男子闲谈"。每当她在铺着一块三天没洗的桌布的圆桌边坐下来吃晚饭的时候,"她就梦想到那些精美的晚餐,亮晶晶的银器;梦想到那些挂在墙上的壁衣,上面绣着古装人物、仙境般的园林、奇异的禽鸟;梦想到盛在名贵的盘碟里的佳肴;梦想到一边吃着粉红色的鲈鱼或者松鸡翅膀,一边带着迷人的微笑听客人闲谈"。

  精神分析学说告诉我们,梦是被压抑愿望的想象性满足,未满足的愿望是梦的原动力。人们的白日梦即幻想是与人们的夜梦一样的,也是被社会强制压抑愿望包括潜意识愿望的想象满足。玛蒂尔德美好爱情和理想生活的愿望是被社会所压抑的,玛蒂尔德没有漂亮的服装,没有奇异的珠宝,没有可心的丈夫,玛蒂尔德什么都没有,"然而她偏偏只喜爱这些,她觉得自己生在世上就是为了这些。她一向就向往着得人欢心,被人艳羡,具有诱惑力而被人追求"。正因为对自己的人生有着深深的"悲哀的感慨",玛蒂尔德才在自己的内心深处产生出"狂乱的梦想"。玛蒂尔德的梦想就是玛蒂尔德的白日梦。玛蒂尔德以白日梦为自己创造了另一个世界,在这个世界中,玛蒂尔德按照自己的愿望重新安排了自己的生活方式,在这种满意的生活方式中,玛蒂尔德被社会强制压抑的生活得到了彻底的改变,那种贫穷、低贱和肮脏的现实存在完全转化为富有、高贵和亮丽的诗意理想生活。我们必须看到,在玛蒂尔德梦想的白日梦中,她不仅仅是变得富有,更主要的是她在这种梦想中改变了出身、身份和地位,她变得高贵了,她进入了上流社会,在这个上流社会中,她变得"被人艳羡,具有诱惑力而被人追求"。玛蒂尔德白日梦的核心内容就是高贵的生活和结识上流社会的男性。这完全可以从玛蒂尔德创作白日梦的触发因素上得到证明。玛蒂尔德第一次的白日梦是因为她看见了小女仆潜意识中感到了自己身世的低微而"引起悲哀的感慨和狂乱的梦想";第二次白日梦是因为看到了丈夫"揭开锅的盖子,带着惊喜的神气说:'啊!好香的肉汤!再没有比这个好的了!'……"时,潜意识中感到了丈夫的不如意,而引起的丰富的梦想。这就说明,玛蒂尔德对她的出身、生活和丈夫是极为不满意的。在玛蒂尔德的白日梦中,玛蒂尔德被压抑的愿望包括少女时代被压抑的潜意识愿望——能够进入上流社会结识上流社会的男子从而获得如意的婚姻——获得理想的爱情和美好的生活——得到了想象性的实现和满足。其实,读者一点也不难理解,玛蒂尔德的白日梦即梦想活动的心理动因,那是因为她出身的贫寒,不能结识上流社会的男子从而获得理想的爱情和美好的生活。玛蒂尔德的情结即被压抑的未满足的愿望是她创作白日梦的心理动因。玛蒂尔德的白日梦是玛蒂尔德苦闷的象征。

  玛蒂尔德的梦想是玛蒂尔德苦闷的象征,而不能看做是玛蒂尔德的爱慕虚荣,也不能看作是对所谓资产阶级生活方式的向往(这样来看就把深刻的《项链》看得太简单了)。这是玛蒂尔德作为一个美丽的女性,最美好的生活愿望被社会强制压抑产生的苦闷而引起的梦想,这梦想不仅是可以理解、同情、悲悯的,而且也是合情的、合理的、合乎人性的。这有什么可指责、否定和批判的呢？莫泊桑的用意也不在于同情还是指责、肯定还是否定、批判还是赞扬，而在于揭示出人在美好愿望与社会强制压抑的矛盾纠葛之间，人的苦闷、焦灼、挣扎、渴望与梦想。

项链：玛蒂尔德被压抑的潜意识愿望的象征

人在现实中必须按现实原则生活，而不能按理想原则生活。理想使人的现实感受更加痛苦；更加痛苦的现实使人梦想理想的生活。人的梦想是人在痛苦生活中的一种心理平衡机制，人在不能实际地改变现实的时候，常常梦想地改变现实。人不这样做，就会更加苦不堪言。玛蒂尔德悲哀的感慨和狂乱的梦想就是这样产生的。但玛蒂尔德梦想的深刻又不止于此，伟大的莫泊桑正是在这种悲哀的感慨和狂乱的梦想的基础上使玛蒂尔德身上发生了项链的故事，因而，这项链的故事就成为玛蒂尔德的另一种梦想，在这种梦想中玛蒂尔德被社会强制压抑的愿望得到了一种替代性实现。莫泊桑的高明之处就在于，他不仅生动地表现了玛蒂尔德狂乱的梦想，他还使玛蒂尔德狂乱的梦想有了一次假定性的实现。正是玛蒂尔德狂乱梦想的假定性的替代性实现，才使玛蒂尔德的人生悲剧更加悲哀、凄楚和沉重，项链的故事才更具深刻、深厚和深邃的象征意义。

当我们理解了玛蒂尔德的情结和由这情结引起的人生悲哀的感慨和狂乱的梦想之后，我们才会真正理解玛蒂尔德项链故事的深刻意义。项链的故事是由玛蒂尔德的丈夫弄到一张教育部长邀请他们夫妇参加教育部礼堂"夜会"的请柬引出的。玛蒂尔德知道这是上流社会的夜会，参加这夜会的女人不仅漂亮，而且更高贵。玛蒂尔德又知道自己虽然漂亮但并不高贵，玛蒂尔德不能把自己打扮得更漂亮（包含富有）起来，更不能把自己装扮得高贵起来，因而，玛蒂尔德并没有向她丈夫预料的那样高兴，相反，却"懊恼地把请柬丢在桌上"，当丈夫劝说时，又"用恼怒的眼睛瞧着他，不耐烦地大声说'你打算让我穿什么呢？'"并且，玛蒂尔德还悲痛地哭了起来："两颗大大的泪珠慢慢地顺着眼角流到嘴角来了"。当丈夫用打算给自己买猎枪的钱给她买了像样的衣服之后，玛蒂尔德还是"郁闷、不安、忧愁"，因为，"叫我发愁的是一粒珍珠、一块宝石都没有，没有什么戴的。我处处带着穷酸气。"好心的丈夫让她戴几朵鲜艳的玫瑰，她还是不依："在阔太太中间露穷酸相，再难堪也没有了。"还是她好心的丈夫替她想到了到她好朋友那儿去借几样珠宝。

玛蒂尔德平时并没有要求她丈夫一定要给她买像样的衣服和精美的首饰，为什么只是在参加上流社会的夜会时才对她丈夫做这样的要求呢？实际上是为了圆她的一个梦，一个被压抑的少女时代的潜意识愿望满足的梦。表面看来，玛蒂尔德的懊恼、恼怒、郁闷、不安和忧愁是因为没有像样的衣服和精美的首饰，怕在阔太太面前露出穷酸相，而把自己打扮得漂亮、富有和高贵，进入上流社会而结识理想的男子，但驱使她这样做的正是她少女时代被压抑在潜意识中理想爱情和自由生活的美好愿望。我们当然不能说玛蒂尔德去参加夜会就是为了寻求更理想的男人,而只是说,玛蒂尔德是在她理想爱情和自由生活这种被压抑的潜意识愿望的驱使下去参加夜会的。精神分析告诉我们:"欲望善于利用现实提供的机会,按照过去的模式,勾画未来的图像。"玛蒂尔德借项链参加舞会的事情正是她"圆"自己为实现的梦。玛蒂尔德的这种潜意识愿望可以在以下几个方面得到进一步的证明。

一是玛蒂尔德的丈夫对玛蒂尔德潜意识愿望朦朦胧胧的了解。玛蒂尔德的丈夫费了好大劲才弄到那张请柬完全是为了玛蒂尔德,因为他感到了玛蒂尔德的内心世界,感到了她的被压抑的潜意识愿望。从他的话里我们完全可以感受得到:"亲爱的,我原以为你一定很喜欢的。你从来不出门,这是一个机会,这个,一个好机会!我费了多大力气才弄到手。大家都希望得到,可是很难得到,一向很少发给职员。你在那儿可以看见所有的官员。"正因为玛蒂尔德"很喜欢",她的丈夫才"费了多大的力气弄到手",而"很喜欢",还是因为"你在那儿可以看见所有的官员",而不是官太太,这显然与玛蒂尔德潜意识的情结有关。

二是玛蒂尔德的丈夫并没有去参见上流社会的夜会,这更说明,玛蒂尔德的丈夫弄那张教育部礼堂夜会的请柬完全是为了玛蒂尔德。"她丈夫从半夜起就跟三个男宾在一间冷落的小客室里睡着了。"她丈夫难道不愿意结识上流社会的官员吗?很显然,玛蒂尔德参加上流社会的夜会有她不同于丈夫的目的。这目的是由她情结驱使的圆她少女时代的梦,但这在玛蒂尔德本人可能也是意识不到的。

三是在项链的选取上,进一步显现了玛蒂尔德的潜意识愿望。玛德尔德在她朋友那里并不是一下子就选取了她的项链的,她是先在她朋友拿给她的匣子里选了又选,然后又问朋友"再没有别的了吗?",可见玛蒂尔德对那挂项链是多么的认真!为什么呢?因为那挂项链寄托着她少女时代起就产生然而又被社会压抑的美好愿望的梦。莫泊桑正是深深地探究到了玛蒂尔德的潜意识心理,才那样精细地描写着玛蒂尔德对项链的选取和选中了时的异常兴奋:"忽然她在一个青缎子盒子里发现了一挂精美的钻石项链,她高兴得心都快跳出来了。她双手拿着那项链发抖。她把项链绕着脖子挂在她那长长的高领上,站在镜前对着自己的影子出神了好半天。"她曾担心她朋友不能借给她这件,当她朋友答应借给她这件时,"她跳起来,搂住朋友的脖子,狂热地亲她,接着就带着这件宝物跑了。"玛蒂尔德的兴奋和狂热,不是她选中了她中意的项链,而是潜意识中的愿望在项链这件首饰上得到某种程度的满足。项链成为情结的替代物。

四是玛蒂尔德在舞会上的极其成功和陶醉,最为有力地证明了玛蒂尔德的潜意识愿望。玛蒂尔德获得到了前所未有的成功:"她比所有的女宾都漂亮、高雅、迷人,她满脸笑容,兴高采烈。所有的男宾都注视她,打听她的姓名,求人给介绍;部里机要处的人员都想跟她跳舞,部长也注意她了。"玛蒂尔德的满脸笑容、兴高采烈是因为她比所有的女宾都漂亮、高雅和迷人,这正是玛蒂尔德朝思暮想、梦寐以求的。因而,玛蒂尔德才如醉如痴、如迷如狂、如梦如幻:"她狂热地、兴奋地跳舞,沉迷在欢乐里,什么都不想了。她陶醉于自己的美貌胜过一切女宾,陶醉于成功的光荣,陶醉在人们对她的赞美和羡妒所形成的幸福的云雾里,陶醉在妇女们所认为最美满、最甜蜜的胜利里。"这陶醉的光荣、幸福和最美满、最甜蜜的生命感受,表面看来是因为玛蒂尔德被所有人赞美和羡慕,但更主要的是,玛蒂尔德因为出身、身份和地位低微的强制限制,被压抑的潜意识愿望得到了满足。玛蒂尔德的舞会是玛蒂尔德的又一个梦,在这个特殊的梦里,玛蒂尔德被压抑的愿望得到了一次代偿性的满足。

这一切,都是因为玛蒂尔德借了一挂精美的项链。因而,这项链就成为玛蒂尔德潜意识愿望的象征符号。在人的白日梦中,人的愿望包括潜意识愿望是无需通过象征符号来表现的,而在人的真的夜梦里,人的愿望特别是潜意识愿望是需要象征符号来表现的。玛蒂尔德的项链的故事相当于玛蒂尔德一个愿望满足的梦,在这个梦中,项链就成了玛蒂尔的潜意识愿望的象征。玛蒂尔德所有被社会强制压抑而缺少的东西,玛蒂尔德所有被社会强制压抑而形成的美好愿望,玛蒂尔德所有被社会强制压抑而产生的梦想,都在项链这个首饰上得到了象征性的表现。

项链:玛蒂尔德压抑和痛苦的符号

人的梦想是人的被压抑愿望的象征,但同时,也是人的苦闷的象征。因为,人的梦想正是人被强制压抑愿望的表达,因而它也就成了人的苦闷的象征符号。人的美梦不仅是人的愿望的象征性表达,也是人的苦闷的象征性表现。人的苦闷常常是以美梦的形式象征出来的。项链是玛蒂尔德美好愿望的象征,那是因为,项链凝聚着玛蒂尔德所有美好的愿望,玛蒂尔德的梦想说明了玛蒂尔德的苦闷,而项链的出现,使玛蒂尔德的梦想有了真实的(尽管也是假定的)实现。项链使玛蒂尔德的梦想成真;然而项链的丢失,又说明了项链所象征的那种美好的生活并不属于玛蒂尔德;玛蒂尔德为偿还项链而进行的长达10年的苦难生活是对玛蒂尔德追求梦想生活的惩罚。这就表明了项链的象征作用。项链不仅仅是玛蒂尔德的一件首饰,而是玛蒂尔德人生苦闷的象征。

玛蒂尔德在舞会之后可怕地发现,项链丢失了。在无论怎样地寻找都无济于事之后,玛蒂尔德夫妇开始了长达10年之久的还债人生。也就是说,玛蒂尔德为了那场上流社会的舞会——那个梦想中的潜意识愿望的满足——竟付出了10年的艰辛的人生。在这长达10年的艰辛人生中,玛蒂尔德的思想感情、人生命运发生了极大的甚至是翻天覆地的变化。

一是玛蒂尔德"懂得穷人的艰难生活了"。玛蒂尔德"一下子显出了英雄气概,毅然决然打定了主意。她要偿还这笔可怕的债务。她就设法偿还。她辞退了女仆,迁移了住所,租赁了一个小阁楼住下。"这是玛蒂尔德人生观的变化。项链的丢失和偿还丢失的项链,使玛蒂尔德不再对被压抑的爱情和进入上流社会生活想入非非,而是死心塌地地过着穷人的生活了。玛蒂尔德"一下子现出英雄气概",毅然决然地要偿还可怕的债务,当然是玛蒂尔德思想品质的表现,但是,莫泊桑所着力表现的是,戏剧性的生活使玛蒂尔德的人生、命运、性格、品质发生了重大或根本性的变化,而不是在表现玛蒂尔德的品质使她的生活发生了重大变化,也不是在赞赏玛蒂尔德的品质。"穷人的艰难生活"并不是玛蒂尔德自己选择的生活,恰恰相反,却是玛蒂尔德逃避的生活。但玛蒂尔德的出身低微,不可能获得美好的爱情和理想的生活,玛蒂尔德曾经狂乱地梦想那种生活,为了那种被压抑的潜意识愿望能够实现,她向朋友借了精美的项链,正像那精美的项链不属于她,那富有、高贵的生活也不属于她,项链丢了,她要偿还,并要为此付出极为沉重的代价。这不是玛蒂尔德的错误、罪过,这是生活的错误和罪过。玛蒂尔德"懂得穷人的艰难生活了",是不平等的阶级生活(社会)对玛蒂尔德的不公和惩罚。"懂得穷人的艰难生活了",是生活使玛蒂尔德最终成为另一种人,一种玛蒂尔德不愿意成为的那种人。玛蒂尔德不愿意过那种生活,但生活逼迫玛蒂尔德必须过那种生活。

二是玛蒂尔德懂得了作为一个穷苦女人该做的事了。"她懂得家里的一切粗活儿和厨房里的讨厌的杂事了。她刷洗杯盘碗碟,在那油腻的盆沿上和锅底上磨粗了她那粉嫩的手指。她用肥皂洗衬衣,洗抹布,晾在绳子上。每天早晨,她把垃圾从楼上提到街上,再把水从楼下提到楼上,走上一层楼,就要站住喘气。她穿得像一个穷苦的女人,胳膊上挎着篮子,到水果店里,杂货店里,肉铺里,争价钱,受嘲骂,一个铜子一个铜子地节省她那艰难的钱。"这是玛蒂尔德人生命运的变化。玛蒂尔德的这种艰难的人生是无数女性的艰难的人生。她们日复一日、月复一月、年复一年、永无休止、永无尽头地做着那种永远也做不完的繁重、肮脏和艰难的活计。玛蒂尔德这样的女性人生的意义就该如此吗?玛蒂尔德这样的女性被生活套上了枷锁,被这生活的枷锁牵着向前走。她们如同套在车中的马或牛,表面看来是马或牛在拉着车向前走,而实际上是车推着、逼着马或牛向前走。这倒使我们想起了臧克家《老马》的诗:"总得叫大车装个够,它横竖不说一句话,背上的压力往肉里扣,它把头沉重的垂下!""它有泪只往心里咽,眼里飘来一道鞭影。"老马是那些被压迫的劳苦大众的象征,"老马"不愿意拉那沉重的车,但"老马"却被那车和那鞭影逼迫着。玛蒂尔德就是那匹"老马"。玛蒂尔德是可怜、可悲、可叹的。玛蒂尔德之所以可怜、可悲、可叹,就在于玛蒂尔德本该有着理想的爱情、过着一种美好的人的生活,但玛蒂尔德却过着一种非人的生活;玛蒂尔德梦想着另一种生活,可玛蒂尔德却过着她最不愿意过、最讨厌的生活。在生活面前,玛蒂尔德别无选择。

三是玛蒂尔德终于成为她不愿意成为的另一种人。十年艰难的还债生活过去了,玛蒂尔德"现在显得老了。她成了一个穷苦人家的粗壮耐劳的妇女了。她胡乱地挽着头发,歪斜地系着裙子,露着一双通红的手,高声大气地说着话,用大桶的水刷洗地板。"玛蒂尔德被生活彻底地改变了,不仅改变了她的命运,还改变了她的整个的人。当年的美丽、风韵、娇媚都被粗俗、粗壮和粗笨所改变了；当年的聪明、优美和温柔都被简单、笨拙和粗犷所改变了。这些改变究竟是一种什么样的改变呢？被改变的是属于玛蒂尔德的人的美和自由。玛蒂尔德丧失了人的这种美和自由。莫泊桑非常深刻地写出了玛蒂尔德的这种美和自由的可怕的丧失。玛蒂尔德的好朋友，那个具有项链的过着富有、高贵生活的佛来思节夫人，是作为玛蒂尔德的另一种人生对照而出现的。当年的好朋友，现在"她依旧年轻，依旧美丽动人"，但是，玛蒂尔德却变得让佛来思节夫人"竟一点也不认识她了"。玛蒂尔德彻底地失去了本该属于她的美，彻底地失去了本该属于她的自由，也彻底失去了本该属于她悲哀的感慨和狂乱的梦想。玛蒂尔德变得麻木了。玛蒂尔德只能回忆她的梦想——那场舞会聊以自慰："她丈夫办公去了，她一个人坐在窗前，就回想起当年那个舞会来，那个晚上，她多么美丽，多么使人倾倒啊！"这个回想仍然是苦闷的象征。玛蒂尔德被项链逼迫得只顾去进行还债的"生活"，生活使她忘记和改变了生活的意义。玛蒂尔德悲剧性的命运使玛蒂尔德完完全全成了另一种人，一种和玛蒂尔德理想的人相反的人。玛蒂尔德并不感到过分的悲哀，但读者呢？读者不会为玛蒂尔德感到悲哀吗？玛蒂尔德用十年生命去还的那个项链竟然是假的，这又说明了什么呢？除了说明生活的荒诞性、荒谬性、荒唐性，在这种荒诞性、荒谬性和荒唐性的生活中人的被欺骗性、被捉弄性，还能说明什么呢？假项链，更是玛蒂尔德人生苦闷的象征。

李白的恋母情结
——《静夜思》深层意蕴的重新探讨

李白的《静夜思》,是妇孺皆知、皆诵、皆懂的一首小诗,也许我们无意识地理解了这首诗,但我们能说我们真正理解了这首诗吗?我们自以为理解了这首诗,但我们意识的理解是何等的浅薄呀。我们觉得这首诗是那样浅显易懂,也许是所有唐诗宋词和所有中国古典诗词中最明白晓畅的一首,然而,正是我们的自以为的明白晓畅,我们才忽略了对这首诗深层意蕴的深入思索与探讨。我们只是朦朦胧胧地感受到了这首诗由明月引起了对故乡的怀念,但我们始终没有思考诗人为什么由月光想到了"霜",又由"霜"想到了"月",并由"月"想到了故乡?诗人为什么这么联想呢?

生命感受的象征物

从艺术符号学的角度看,诗中所描写的一切都是情感(也包括潜意识愿望、集体无意识愿望)表现的符号。诗中没有绝对纯粹的自然景物,诗中所有的一切都是情感表现的符号。所谓主观情感的自然化,自然现象的主观化。诗中所出现的所谓自然景物已经是诗人表现情感的象征物。艺术符号理论家苏珊·朗格说:"任何一件艺术品都是这样一种形象,不管它是一场舞蹈,还是一件雕塑品,或是一幅绘画、一首诗,本质上都是内在生活的外部显现,都是主观现实的客观显现。这种形象之所以能够标示出内心生活中所发生的事情,乃是因为这一形象与内心生活中所发生的事情含有相同的关系和成分的缘故。"[①]依照艺术符号学的方法来看《静夜思》中的"霜"和"月"就不是自然界中的"霜"和"月",而是李白表现他情感的"霜"和"月"——"霜"和"月"是表现李白情感的艺术符号。

但是,"霜"和"月"究竟表现李白什么样的情感呢?

从描写月和故乡来看,这是一个游子思乡的诗作,而从霜和月的对比来看,霜是代表游子浪迹天涯孤独的人生感受的,而月无疑是代表对故乡的怀念的。

"露从今夜白,月是故乡明"(杜甫);"几回沾叶露,乘月坐胡床"(白居易);"关山秋来雨雪多,行人见月唱边歌"(张籍);"汉月正南远,燕山直北寒"(董思恭);"月皎昭阳殿,霜清长

---

① 苏珊·朗格.艺术问题[M].滕守尧,朱疆源,译.北京:中国社会科学出版社,1983.

信宫"（李白）。唐诗中有多少这样的句子呢？露和月成为一种对仗结构，因而，霜和月表现的是一种相反相成的符号意义。如果说，露和霜是寒冷的漂泊人生感情的无意识象征，而月则是温暖和家园的无意识情感象征。霜（露）和月是情感的无意识象征，是诗人为表现他们漂泊人生感受而创造的原型性象征和原型性结构。

"床前明月光，疑是地上霜。"诗人为什么会由月光联想到霜呢？这当然与月光的清冷有关，但更主要的是与诗人的漂泊的人生感受有关。漂泊异乡为异客的李白，此时的心情是孤独和寂寞的，正是这种孤独和寂寞的漂泊人生感受使他由月光联想到了霜，因而，霜就成为李白漂泊人生感受的客观同构物（象征物），表现着李白的孤独、寂寞、凄清、寒冷、困顿、失意、抑郁、创伤等。

"举头望明月，低头思故乡。"这里有明月，有故乡，诗人之所以联想到了明月和故乡，那是因为，生命感受中有"霜"的缘故，漂泊异乡为异客，是漂泊的人生感受使诗人想到了故乡即家园的温暖、爱抚、安慰、呵护、温馨、慈爱等，因而，月是李白漂泊人生旅途中对故乡怀念的象征性符号。霜和月与故乡的意象是一种对应、对照的结构，也是一种前因后果的结构关系。

不仅有明月，有故乡，有"疑是地上霜"和"思故乡"的内在心理活动，还有"举头望"和"低头思"的外部行为。这"举头望"和"低头思"的外部行为恰恰是内在心理活动的外化形式。这"举头望"和"低头思"的外部行为显然不能是在屋内我们今天的床上，唐代的屋内不可能有举头望明月的那样大的窗子（天窗）。这就牵扯到了对"床"的理解。有人说，唐代的床并非是指我们今天睡觉的床，而是把"井栏"称为床。如果这样理解，李白就是月夜里在井栏旁徘徊——由月光想起霜又由霜而思念起故乡的。有人说床——井栏也是李白对故乡怀念的象征物，因为有"背井离乡"的说法，井就是故乡的象征符号，李白想起了故乡就来到了床——井栏旁。但我以为，这种说法，有两种东西不大好解释：一是就整首诗来看，李白对故乡的思念是一种见景生情的无意识行为，而不是有意识为之的；李白是由床前明月光，疑是地上霜而引起了对故乡的思念而不是想起了故乡才特意到井栏旁去的；二是李白另外诗中"床"的理解：《长干行》中有"绕床弄青梅"，如果把床理解成井栏就不好解释了。那个苦苦思念自己爱人的妇女，回顾和自己的爱人"青梅竹马"，是"折花门前剧"，即在门口做游戏的，而做的是"郎骑竹马来，绕床弄青梅"，即对成人的结婚和结合仪式的模仿游戏。"郎骑竹马来"，这个"竹马"就是男孩胯下的竹竿，而"绕床"的床如果理解成井栏就不好解释了，因为"青梅"是女性的象征，在井栏弄青梅显然是不对的。人们读"绕床弄青梅"很自然地理解成了今天的床，但这也不对，因为唐代一般是不把睡觉的今天称为床的用具称为床的，而是称为"榻"的（但床的称呼在唐代以前确实就有的）。那是什么东西呢？最近，学者收藏家马未都先生把当时李白写的床解释为："是一个马扎，古称'胡床'。"所谓胡床是"游牧民族的兄弟们翻身下马，从马背上打开一个捆扎的东西，坐在屁股底下，这个东西就叫马扎，意思是马背上扎捆的东西。至今这种家具我们还在应用,出去乘个凉,聊个天,拿个马扎最方便"①。马未都先生以杜甫《树间》"几回沾叶露,乘月坐胡床"和白居易《咏兴》"池上有小舟,州中有胡床,床前有新酒,独酌还独尝"为佐证论证李白的"床"是胡床即马扎是有说服力的,李白的床为"马扎说"可成定论。我认为马未都先生"胡床"的考证对解释李白的两首诗是有重要贡献的。"绕床弄青梅",是在马扎前进行的,那"弄青梅"的游戏确实是把马扎当做睡觉用的床了。如果把李白"床前明月光"中的"床"理解成马扎不仅全诗通顺了,而且更重要的是,诗的意象和意境的空间更丰富、更阔大、更厚重了。那是在一个院落里,诗人先是可能坐在马扎上,看到了眼前的月光,联想到了霜进而联想到了明月并进而联想到了故乡。这是诗人写出来的,但还有诗人没有直接写出来却包含在诗中的,那就是与诗人的联想和思念包括潜意识心理活动结合在一起的外部行为活动。诗人的外部行为活动同样表现着诗人的内心世界,或者说诗人外部行为的意象使诗人的内心活动有了更充分的表现。诗人由霜联想到明月和故乡,由"举头望明月",引起"低头思故乡",那就不是坐在马扎上了,而是在院子里踱步徘徊、流连忘返了。因而,那举头望明月和低头思故乡,就不是在睡觉床上或井栏周围的举头和低头,而是在院落里较大空间的举头和低头;那举头望明月和低头思故乡,也不是一瞬间的举头望和低头思,而是较长时间的往返徘徊不断地举头望和低头思;那举头望明月和低头思故乡,更不是外部行为的简单复写,而是由无限联想、无限怀念、无限忧郁形成的反复徘徊中的举头和低头。而这种状态的举头和低头意象,才使诗人对明月和对故乡儿时的种种记忆一幕一幕地浮现在心中;而只有这样的举头和低头的意象,才使诗人对故乡无限怀念的刻骨铭心、梦牵魂绕的情感表现得悠远、强烈而又深沉。

恋母情结的表现符号

李白在院落里流连忘返、徘徊,"举头望"和"低头思"的外部行为是他由月亮联想起了故乡内部心理活动造成的。然而,李白由月亮引起的所思的仅仅是故乡吗?

诗人的联想和想象常常是由他的潜意识决定的,因而诗人创造的诗的意象就是潜意识的象征符号。月亮的意象凝聚着童年时期的记忆,这记忆首先是引出了故乡的思念。但是,童年时期故乡记忆永远不能磨灭、永远刻骨铭心、永远鲜亮如初的内容是什么呢?显然是母爱。童年时期母爱的记忆是和月亮意象融在一起了,母爱的情感感受是融入月亮意象的记忆之中了。这种记忆方式可能源于人情感的意象性记忆方式。人的生命感受和情感以及潜意识常常融入一种意象和情境中去被记忆的;当那种相似或相同的意象及情境再次浮现时,包容和承载在那意象中的情感、感受和潜意识也就同时复活了,用原型理论家荣格的话说就

---

① 马未都.马未都说收藏·家具篇[M].北京:中华书局,2008.

是,相似的情境激活了原型。而这个道理也可以反过来理解:当人的原型性心理需要表现和表达时,它也就需要相应的意象和情境的创造。从这个角度来看,李白的由明月思故乡实际是对母亲的思念。

明月是母亲原型的替代性符号,还可以由以下道理来说明。每个人都深深地思念自己的母亲,从刚刚认识母亲的儿童到耄耋老人,每个人都有恋母情结,尤其是在不顺的时候,儿时遭遇冤屈母亲给予安慰爱抚的心理经验就会发生作用,人就自然形成了对母亲爱抚的情感需求。但一般来说,儿童思念母亲,特别是受到冤屈时思念母亲,是人之常情,而一个成年人遇到冤屈、挫折、孤独时思念母亲,好像就不太容易被理解,这对成人来说,好像是不合适的,成人不应该有儿童似的心理需求及其表现。然而,事实上成人的儿童式的对母亲的心理需求是不可避免的,这就形成了一个矛盾:成人的、儿童式的、对母亲的心理需求和这种心理需求表现得不合时宜。为了解决这个矛盾,既表现这种心理需求又合乎常理,人们有时就不自觉地采用了替代性的方法:用一种事物象征了成人对母亲的思念。李白在他人生漂泊中感到孤独寂寞、困顿寒冷时联想起的月亮,其实就是对母亲思念的"遮蔽性记忆"。

月亮之所以成为李白思念母亲的"遮蔽性记忆",那是因为月亮意象与母亲这"另一种受压抑的思想有着连带的关系",而这种"连带的关系"是由约定俗成的文化传统决定的。

月亮与母亲"连带的关系"是在更为遥远的女神崇拜即生殖崇拜文化模式中形成的。在女神即生殖崇拜文化模式中,人们不仅要塑造女神的形象——这形象常常是突出女性丰乳肥臀、鼓腹大阴的生殖特征的,人们还要以那种特别能够生殖和复活的动物和特别能够繁衍的植物来作为大母神原型的象征,比如猪、熊和蛙以及柳树等。猪之所以被先民所崇拜是因为猪的肥硕和多产;熊之所以被先民所崇拜,是因为熊的冬眠春出自然习性代表了人们死而复生的愿望,而柳树之所以被先民崇拜,是因为柳树在春天最先复活,并且柳叶形似女阴。除此之外,人们还以其他事物象征大母神。月亮之所以被先民所崇拜,就是因为月亮的"有容乃大"代表了大母神巨大的子宫,月亮的盈亏也代表了女神的死而复活。为了强化月亮的大母神的象征意义也是为了强化大母神的生殖能力,在神话故事中,人们还让蟾蜍和兔子住到月亮上去,那是原始先民"互为认同"原始思维方法的体现。"互为认同"是原始先民女神崇拜的普遍规律,那是要以蟾蜍和兔子的特别能够繁殖的特性说明月亮符号的象征意义,也是以蟾蜍和兔子的繁殖能力增强月亮的生殖功能。我国新石器的仰韶文化、齐家文化中都有蛙形象的装饰符号,"其腹如鼓,通体呈半圆形,背上有圆形的黑色斑点和网格图案,一望而知是蟾蜍的形象"。① 先民之所以想象蟾蜍住在月亮中,那是因为蟾蜍的圆形(包括多产)与月亮的圆形有关,因而,蟾蜍的图像就成为月亮崇拜的一种象征符号。而兔子与月亮的关系是"兔子的繁殖因为在时间上跟月亮周期的一致而受到人们的崇敬";"兔子的不断繁殖象征着月

---

① 朱狄.信仰时代的文明——中西文化的趋同与差异[M].北京:中国青年出版社,1999.

亮的自我更新"。①

月亮还和女性有着更天然的"连带的关系",月亮的圆缺和女性的信水时间恰好是重合的,因而人们称女性的信水为"月经"。能够作为女性和大母神象征的月亮,自然也就成了母亲象征的文化符号。以研究《月亮神话》而著称的哈婷指出:"原始人认为,女人一定有和月亮一样的本性,这不仅因为她们和月亮一样,都有'膨胀'的趋向,而且还由于她们也有与月亮的月周期一样长的月经期。在许多语言里,表示月经的字与表示月亮的字,不是相同就是联系很紧。这一事实说明,女人和月亮普遍地被认为存在着密切的关系"。② 在中国人的观念中,大地是属于阴性的,月亮是属于阴性的,女性也是属于阴性的,因而,大地被称为"地母",月亮被理解为"月母"。被称为中国第一女神的女娲,其实也是月亮女神,在汉代就已出现到唐代还有表现的伏羲女娲图中,下部绘有月,中有玉兔、桂树、蟾蜍③。李白是在这种普遍文化传统基础上写他的《静夜思》的,因而,李白《静夜思》中的月亮就是李白母亲的无意识象征。

母腹的原型性象征

然而,月亮意象除了李白在人生孤独寒冷寂寞时对母亲的无意识思念之外,还有没有另外的甚至包括李白自己也不很明晰的潜意识愿望呢?

精神分析方法认为,人有一种愿望——这愿望又常常是恋母情结,是被压抑在意识之下的,这种被压抑的潜意识愿望,虽然是被压抑在自意识之下,但并不是被消灭了,而只是使人意识不到它的存在罢了;而且它时时活跃着,寻找着适当的时机宣泄被意识压抑的潜意识愿望。被压抑的潜意识愿望的宣泄并非是以本来的面目而是以伪装的形式来实现的,因为只有伪装才能躲过意识即超我、理性、道德等的稽查。在这种时候,诗人的联想就必然是由潜意识或集体无意识决定的了。

按照精神分析理论研究,人,尤其是男人的,潜意识总会有一种恋母情结。这种恋母情结是这样形成的:刚刚出生的人并非完整意义上的人,因为他来的时候并不带来理性、意识、道德等观念,而完整意义上的人是一个社会人、文化的人、理性的人,但刚刚出生的人只是一个具有人的可能的动物(放在狼窝里就是狼孩,放在人的环境里就成为人孩),因而刚刚出生的人是带着动物的欲望来到这个世界上的。这个还没有来得及被社会化和文化化的人是以最原始、最自然的动物本能与母亲接触的,精神分析专家曾非常明确地指出:"人类心灵的最持久的性格派生于这一事实,即在所有动物中,我们人类处于母亲怀抱中的时间最长。人类

---

① 朱尔斯·卡什福特.月亮的传说[M].余世燕,译.北京:希望出版社,2005.
② 哈婷.月亮的神话——女性的神话[M].蒙子,龙天,芝子,译.上海:上海文艺出版社,1992.
③ 朱尔斯·卡什福特.月亮的传说[M].余世燕,译.北京:希望出版社,2005.

出生得太早,他们出生时还不是成品,还不能对付外部世界。结果,他们在这危险的宇宙中的全部防御体系就是母亲,在母亲的保护下,他们的宫内期在体外延长了。""母亲怀中的至福是子宫内美好环境的再现"①。按弗洛伊德的说法,这就使儿童和母亲具有了一种特别的感受,弗洛伊德称之为人的最初的性感受。但这是不符合文化和道德习俗要求的,随着儿童的渐渐长大,带有这种感受的儿童与母亲的亲切关系就被强行终止,儿童对母亲的爱恋就被压抑在潜意识之中了,"恋母情结"就这样自然地形成了。"情结"是由一种心理创伤构成的,这心理创伤就是愿望被压抑造成的。愿望被压抑在潜意识之中,依据弗洛伊德的说法,就像大锅里的开水那样滚滚沸腾着,没有疏泄口,就得爆炸。因而,被压抑的潜意识愿望对人具有一种情感动力的巨大能量,时时在暗中支配着人、驱使着人、规定着人的思想和行为,但人又意识不到是这种情结作用的缘故。人不仅意识不到情结的支配作用,而且也意识不到自己是在不自觉地以伪装的形式实现着被压抑愿望的满足。这就造成了这种现象:人们觉得他是在进行其他活动,然而,这活动最深刻、最基本的心理动机却是愿望被压抑造成的情结;这样,其他活动就成了潜意识愿望被满足的替代活动,而这活动中的事物就成了潜意识原型的象征物。

李白《静夜思》中的月亮和故乡,以及对月亮的举头望和对故乡的低头思,就是人的这种被压抑愿望伪装满足的普遍规律造成的。无疑,月亮是母亲原型的象征,举头望和低头思是恋母情结的伪装形式,"恋母情结"这一"人类心灵的最持久的性格"导致了李白"举头望明月,低头思故乡"。

如果说,《静夜思》的这种恋母情结的分析,还不会有太多人反对的话,那么,要是把《静夜思》的精神分析推到极端,恐怕就不会得到普遍的认同了。

弗洛伊德对梦的解析同样可以适用于对文学作品的分析。弗洛伊德认为梦中出现的事物就是潜意识愿望的象征,而这种事物,即符号象征意义的考察,是既可以在神话、童话和民间传说中得到证实,又可以在民俗中得到确认的。根据这种方法,我们来进一步探究月亮的象征意义,就会看到月亮不仅是我们上面分析的母亲原型的象征,而且还具有另外的更深入的象征意味。

前面我们分析李白的恋母情结时,说到因为先民的生殖崇拜,把月亮看成是大母神的象征,那是因为月亮"有容乃大"的圆形形象,和先民理解的母亲子宫圆形形象是同构的,因此月亮就变成了大母神的象征。先民不仅把月亮看成是母亲子宫的象征,而且还把好多圆形的形象事物看成是母亲子宫的象征,比如圆形的陶罐、建筑和坟墓等。据考古发现,在中外古代好多墓葬中常见以陶罐做陪葬品的现象。陶罐并非作为装东西的器皿而是作为巫术的文化符号而被使用的。其实陶罐当初就不是作为器具而是作为巫术象征符号被创作出来

---

① 坎贝尔.千面英雄[M].张承谟,译.上海:上海文艺出版社,2000.

的,而陶罐所象征的就是女神的子宫。有研究者曾十分细心地指出,制作陶罐的泥土中还伴有谷物的壳子,并认为那是巫术同类相生思想的表现,谷物的壳是谷物果实的子宫,用很多谷物的子宫制作陶罐,就使陶罐所象征的子宫具有更大的生殖能量。那么,为什么形成了人死后要用象征子宫的陶罐作陪葬的习俗模式呢?那是人死而复活愿望的表现。因为陶罐是象征子宫的,人死后以象征子宫的陶罐作陪葬,是一种巫术仪式,表现的是人重新回到母亲子宫,重新开始孕育和再生的过程。用陶罐作陪葬是人向生而死这一循环过程的巫术方式的体现。对女神研究作出极为重要贡献的金芭塔丝在《活着的女神》中指出:"在新石器时代的宗教信仰中,死亡和转化轮回的过程是循环往复的";"诞生是一个循环的一部分,这个循环当中也包含了死亡,就像女神的子宫显而易见赋予了我们生命,它也把我们带回到死亡。在象征的层面上,个体回到了女神的子宫当中等待再生";"所以我们可以有'作为子宫的坟墓'这一看法。阴户和子宫的形象——自然形态的和几何形态的——属于支配地位。它们或是在坟墓建筑中被发现,或是作为坟墓自身的象征"。[①] 正是基于这样一种巫术的思维方式,人们也把"有容乃大"的自然界中的月亮作为母亲子宫的象征。有文化人类学家曾深刻揭示,有些民族把月亮的盈亏当做女神的死而复活的神话来看待和讲述。还有学者指出:"以增、圆、缺三种形象出现的月亮,……还有罐子,这个相当于腹部的容器,新的生命就来自这里"[②]。

  人们潜意识中把月亮作为母亲子宫的象征,更主要与人的生命体验和生命愿望有关。人有一种最原初的生命体验,那就是从母亲子宫来到这个世界上经历的由温暖到寒冷的转变过程。人不愿意离开熟悉、安全、舒适、温暖的子宫来到这个陌生、难受、寒冷、不安全的世界,但人又不得不来到这个他不情愿来的世界。来到这个陌生寒冷的世界极其痛苦过程使人一生下来就产生了要回到温暖舒适的子宫——最原始"故乡"的强烈愿望。人一出生就经历了"离家"的精神历程,并产生了"回家"的强烈愿望。这是人的最初始、最深刻的生命体验,它不是因知识性的记忆而是因生理性的体验而保留在人的生理心理结构中的,因而它是一种最原始、最原型的人生体验。人后来的"家"的概念,当然有亲人和爱的记忆,但最原始的原型记忆当然是潜意识的还在母亲子宫的记忆。正因为有了这个内核性的、最本能的"离家"和"回家"的体验记忆,以后人生历程的离家才有了牵魂动魄的、更强烈的回家愿望。以后的离家和回家只不过是人出生时"离家"和"回家"生命体验的无意识重复。这样看来,家在某种程度上就是母亲子宫的象征。

  《静夜思》"举头望明月"和"低头思故乡",在意识层面是对家的思念,而家在李白最初始的生命体验中曾经是代表母亲子宫的,因而在潜意识层面李白对家的思念则是对母亲子宫

---

① 金芭塔丝.活着的女神[M].叶舒宪,等译.桂林:广西师范大学出版社,2008.
② E.M.温德尔.女性主义神学景观[M].刁承俊,译.北京:生活·读书·新知三联书店,1995.

的怀恋。李白借"霜"表达生命感受的寒冷、孤独、失意以及思念家乡,其实潜意识中就是怀念母亲子宫的温暖、庇护和舒适。由"霜"和"月"及"故乡"所对举的象征,在最根本的象征意义上,就是人离开母亲子宫的"故乡"漂泊流浪的生命感受和再次回到"故乡"强烈愿望的表现。回归故乡并非是生命的复原,因为生命不可能复原,而是表达再生的渴望。

李白回归故乡的情感愿望还有另一种更深层的意蕴:人的永恒回归、集体无意识愿望的表达。上面我们说到的原始时代,人死后用陶罐作陪葬品,就是永恒回归的文化仪式。永恒回归的文化仪式是人类最初的情感愿望,它构成了一种神话模式,并形成了一种集体无意识,在这种文化仪式消失了的时候,这种集体无意识愿望仍然需要一定的表现方式去表现它。回归需要一个神圣的空间。月亮,或家,或潜意识中母亲的子宫,是李白"神圣的空间"。以研究永恒回归神话而著称的伊利亚德说:"一个神圣空间的揭示使得到一个基点成为可能,因此也使在均质性的混沌中获得方向也成为可能,使'构建'这个世界和在真正意义上生活在这个世界上也成为可能";"每一个神圣的空间都意味着一个显圣物,都意味着神圣对空间的切入"①。李白的月亮是李白神圣的空间,李白是借这个神圣的空间,表达他永恒回归的潜意识愿望。因而,《静夜思》也属于永恒回归的神话模式。"一种神圣模式的表达是通过宇宙中一种特殊的存在模式进行的"(伊利亚德),而月亮这种存在模式在李白这里不是西方的由月亮的出生、死亡和再生与人的出生、死亡和再生的神话类比认识,而是把月亮作为母腹,即子宫的同构性象征符号。

李白的向月而死——看见水里的月亮就向月亮跳去——是传说,但这传说和"举头望明月,低头思故乡"结合起来,就太富于深刻意味了:那意味既是文化人类学意义上的仪式性的回归"故乡",又是李白的浪漫的、奇异想象的、诗性的回归"故乡"。那是人类永恒回归的神话模式借李白向月而死的变形创造。

天体中的月亮,是文化的月亮、象征的月亮、神话的月亮、承载人们复杂情感的月亮。《静夜思》正是因为如此地表现了人们的集体无意识愿望,才被无数的人们传诵不衰、反复吟唱不已的吧?

---

① 伊利亚德.神圣与世俗[M].王建光,译.北京:华夏出版社,2003.

后　记

　　这本《中学语文名篇新讲》是经过15年努力结出的果实,也是对师范类大学语文教育一次艰难"转身"的记录:由对语文教育现状的被动适应转向主动探索与引领。

　　本书的缘起应该追溯到2000年我作为中文系教学副主任时与几位同事到中学的调研。我们调研的预设目的是对在校生培养规格的探讨与制定。因而,我们更多的是走访吉林省最有影响力的重点中学,调查那里骨干教师的突出特点与局限等,同时,也多次走进课堂,观摩包括吉林师范大学中文系毕业生在内的优秀语文教师的语文课。听课的主要目的是分析合格或优秀语文教师是由哪些基本素质构成的,为探讨和制定合格语文教师的规格寻找依据。这样做的指导思想其实是很明确的,就是要使师范生能够很快适应中学语文教育。但在调研时我们却发现教师文本讲授的非文学化的严重问题。但由于我们是要探讨"适销对路"的问题,根据调研情况制定了"一笔好字,一副好口才,一手好文章"的"三个一"标准,并且提出"三个一"工程(后来又增加了"一堂好课""一种好的人文素养",变为"五个一"工程)。这个对文本解读的问题就被搁置下来。但是,文本解读的问题却长期萦绕在我的心头,挥之不去。在成为吉林师范大学文学院的院长之后,我就更加深入地思考了这样一个问题:师范院校的语文教育除了适应语文教育现状之外,是不是还有一个探索和引领的任务?师范生在"三字一话"(粉笔字、钢笔字、毛笔字、普通话)和"三基"(基础知识、基本技能、基本能力)之外,是不是还有一个深层理念和知识结构更值得重视的问题?学生在成了语文教师之后是不是还有一个持续发展实践能力和创新能力的问题?

　　带着这样的问题,我们便开始了语文文本的重新解读,与此同时在本科和硕士生课程中开设了语文名篇选讲、语文教育问题研究等新的选修课。重新解读文章在《文学评论》发表3篇,其中《荷塘月色》的文章曾引起不小的争鸣;而开设的名篇选讲、语文教育问题研究等也获得同学们的热烈反响。这种重新解读文本在语文教育界也形成了一定的影响,曾多次应邀到重点中学、大学、吉林省教育学院和长春市教育学院举办的语文教师骨干培训班讲授文本形式解读专题。这就更加增强和坚定了我们对语文教育探讨和引领的信心。

　　单篇解读的结果是,我们不仅发现了语文文本解读现状的严重问题,同时也发现了正在通用的语文教材文本解读的模式化的严重问题。我们虽然是在讲语文,但是,由于我们经常是用作家生平和创作背景在填充文本,我们经常是在用语言的陈述功能而不是在用语言的造型和隐喻功能解释诗词,语文文本形式并没有得到应有的解释。因而,我们的解读始终与

后 记

诗词形式及意义是疏离、隔膜甚至南辕北辙的。

我们的这种探索与努力得到了吉林省社科办金钟祥主任的大力支持,"语文经典重读"获得立项,其成果获得项目一等奖,论文和著作分别获得政府二等奖等。金钟祥主任曾多次来我校研究成立语文教育研究基地问题,隶属于吉林师范大学的"吉林省社会科学重点领域语文教育研究基地"就这样成立了。

这本《中学语文名篇新讲》就是在这个过程中产生的。

《中学语文名篇新讲》之所以在北京大学出版社出版,完全是得益于责编唐知涵女士的帮助。我的一篇重新解读《雨巷》的文章被唐知涵女士编在《中国现当代诗词名作欣赏》之中,收到唐女士寄来的样书,很是欣赏,那是一本较薄的小册子,干干净净,漂漂亮亮,雅致美丽,很少有错别字,由此看出她不仅是一位非常负责的、高水平的编辑,而且还是一位能够将书籍美化的编辑,于是我就产生了把这本书交给她编辑的想法。当我把书稿发给唐女士,很快就得到了唐女士的回复。书稿在经过唐女士的斟酌修改、编排设计、装帧包装,包括书名的拟定后,大大增色。谢谢唐女士,谢谢北京大学出版社。

这是一本探索性的书,对目前高中语文文本解读现状特别是对正在通用的语文教材提出了质疑,对一些重要篇章也进行了重新解读。其中肯定存在不少问题,诚恳地希望得到语文教育界教师和专家们的批评、指正。

杨朴:吉林师范大学:吉林省社会科学重点领域语文教育研究基地
吉林师范大学博达学院语文教育研究所
杨旸:国家开放大学北京实验学院
2015 年 3 月 1 日